司法认同论

Judicial Identity Theory

吴英姿 著

图书在版编目(CIP)数据

司法认同论/吴英姿著.—北京：北京大学出版社，2022.11
国家社科基金后期资助项目
ISBN 978-7-301-33478-2

Ⅰ.①司⋯　Ⅱ.①吴⋯　Ⅲ.①司法制度—研究—中国　Ⅳ.①D926

中国版本图书馆 CIP 数据核字(2022)第 189167 号

书　　　名	司法认同论 SIFA RENTONGLUN
著作责任者	吴英姿　著
责任编辑	周　菲
标准书号	ISBN 978-7-301-33478-2
出版发行	北京大学出版社
地　　　址	北京市海淀区成府路 205 号　100871
网　　　址	http://www.pup.cn
电子信箱	law@pup.pku.edu.cn
新浪微博	@北京大学出版社　@北大出版社法律图书
电　　　话	邮购部 010-62752015　发行部 010-62750672 编辑部 010-62752027
印　刷　者	北京圣夫亚美印刷有限公司
经　销　者	新华书店
	730 毫米×1020 毫米　16 开本　18.75 印张　356 千字 2022 年 11 月第 1 版　2022 年 11 月第 1 次印刷
定　　　价	59.00 元

未经许可，不得以任何方式复制或抄袭本书之部分或全部内容。
版权所有，侵权必究
举报电话：010-62752024　电子信箱：fd@pup.pku.edu.cn
图书如有印装质量问题，请与出版部联系，电话：010-62756370

国家社科基金后期资助项目
出版说明

　　后期资助项目是国家社科基金设立的一类重要项目,旨在鼓励广大社科研究者潜心治学,支持基础研究多出优秀成果。它是经过严格评审,从接近完成的科研成果中遴选立项的。为扩大后期资助项目的影响,更好地推动学术发展,促进成果转化,全国哲学社会科学工作办公室按照"统一设计、统一标识、统一版式、形成系列"的总体要求,组织出版国家社科基金后期资助项目成果。

全国哲学社会科学工作办公室

目　录

导　论 ··· 1

第一章　司法的社会认同原理 ·· 10
　第一节　社会认同理论 ··· 10
　第二节　司法认同的概念与类型 ····································· 19
　第三节　制度认同型司法认同的形成条件与影响因素 ················· 29

第二章　转型时期司法认同危机 ······································ 35
　第一节　司法认同危机与审判方式改革 ······························ 35
　第二节　重树司法认同的努力 ······································· 40
　第三节　制度认同型司法认同的浮现 ································· 46

第三章　司法认同危机的要素分析 ···································· 55
　第一节　法律失效消解社会对司法的信任 ···························· 55
　第二节　程序的正当化机能不足无助于司法的社会认同 ··············· 72
　第三节　司法公正的价值共识难题 ··································· 87

第四章　司法认同危机的体制根源 ···································· 93
　第一节　政法体制及其运行逻辑 ····································· 93
　第二节　治理二元结构与法律失效 ·································· 114
　第三节　司法地方化问题 ·· 122

第五章　司法认同危机的机制根源 ··································· 132
　第一节　"类行政"的司法结构 ····································· 132
　第二节　"类行政"的制度机理 ····································· 142
　第三节　"类行政"的运作方式 ····································· 151

第六章　以去地方化为中心的体制改革 …………………………… 162
  第一节　治理模式转型与司法功能调校 ……………………………… 163
  第二节　司法体制改革的突破口:诉访分离 ………………………… 175
  第三节　司法去地方化:司法与行政关系的规范化 ………………… 186

第七章　以去行政化为中心的机制改革 …………………………… 197
  第一节　内部治理结构去行政化改革 ………………………………… 197
  第二节　去行政化改革的路径依赖 …………………………………… 214
  第三节　构建新型审判管理机制 ……………………………………… 225
  第四节　法官思维方式的去行政化 …………………………………… 231

第八章　增强沟通理性提高司法认同 ……………………………… 240
  第一节　司法理性的特质 ……………………………………………… 240
  第二节　中国司法的理性化 …………………………………………… 254
  第三节　司法沟通理性与社会认同 …………………………………… 268
  第四节　以程序保障为重心增强司法制度的有效性 ………………… 282

结　论 …………………………………………………………………… 292

导　论

司法的社会认同就是人们基于对司法制度的正确认知,进而对制度认可、赞同而产生的心理上的归属感、信任感。从内心里对司法制度有认同感,当事人就会服从司法裁判,自觉自愿履行裁判确定的义务。司法认同与司法制度有效性是相互促进的关系:司法认同的形成以司法制度功能的正常发挥为前提;同时司法认同又是提高司法制度合法性(正当性)、增强司法制度有效性的重要力量。在更为宏观的层面,司法认同构成国家认同与政治认同的重要内容,是坚持中国特色社会主义道路自信、理论自信、制度自信、文化自信所必须直面的问题。

社会对司法认同的表现之一是对司法制度的高度信任,其结果是使司法获得权威。而司法制度具有权威、获得民众信任与认同,正是司法公信力高的状态。因此,认同与权威、信任是司法公信力的三个不同维度。在理论层面,司法认同理论更突出当事人和社会公众的主体性地位,重视当事人和社会公众关于司法制度的内心感受,强调各方主体在相互交往行动过程中对司法公信力所起的作用。因此,从认同角度审视当代中国司法公信力问题,以增强司法的社会认同度为重点研究提高司法公信力的路径,具有其独特的理论意义。

一、司法认同与政治合法性

"认同"是社会心理学上的一个重要概念。"认同"(identity)在英语中有两层含义:一是同一性,即自我归类,是指个体与他者有共同的素质或者相同的状况;二是特殊性,即个体不同于他者的个性。自我认同就是通过将自己归入某个"同类"群体,同时又努力保持自己的个性、证明自己存在的意义的过程。根据人际与群际的不同层面,认同可以分为个人(身份或角色)认同和社会(群体)认同两个层次。如果说,个体认同是指个人对自身特点的自我描述,是个人行动特有的自我参照,那么社会认同是指某个社会或群体的全体成员以自己"作为其中一员"的自我描述。简言之,认同意味着人们对某一事物在心理上的归属感。在个体角色认同层面,认同是一个人自我角色定位的过程,是行动者根据他人的期待理解自身角色、按照这种理解来扮演角色的过程,即自我的身份认同。在社会认同层面,认同是指个体作为特定群体(社会)成员对所属群体的归属感和对群体规范等制度的认可和自愿遵从的心理状态。总之,无论是侧重行动者个体的、相对微观的自我角色认同理论,还是聚焦群体(社会)的、相对宏观的社会认同理论,认同理论研究的核心都是关于"我(们)是谁""我(们)在哪里"的反思性理解。① 这种"归属"的心理包含将自身与认同对象归为一类的"同一性"的身份角色识别过程,以及对所属群体规范的价值肯定,由此产生的对所属群体的自豪感、信任感,和自愿服从群体规范、保持统一行为模式的意愿与心态。认同有微观和宏观的不同层面。微观层面,认同主要是角色认同,包括身份认同、性别认同、民族认同、文化认同等。宏观层面的认同是指政治意义上的国家认同、执政党认同、制度认同等。认同心理的理论意义在于,认同感显著影响着人们的行为方式与据以作出某种选择的准则。

司法认同在本质上属于制度认同。制度认同是人们基于对特定社会制度的认可而产生的一种归属感,表现为对该制度发自内心的信任与价值肯定以及在行动上的遵从与维护。在这个意义上,制度认同具有双向的积极功能:制度和规范越是有效,越容易影响人们关于自身角色的认同;同时,获得民众认同的制度又能从民众的理性、情感中得到滋养和巩固。制度自信之源在于社会认同。而且制度认同与政治认同、执政党认同之间有着显著的正相关关系。② 较高的制度认同会转化为政治认同、国家认同,提高执政党的合法性。司法制度在其中扮演着微妙而关键的角色。司法是国家设立的介入社会纠纷的制度安排,其本质特征是用法律来判断是非、确定权利义务关系,其使命是公正解决纠纷,通过不断产出社会正义促生秩序。司法解决纠纷的领域遍布社会关系的方方面面:民事、刑事、行政、社会保障……可谓与民众生活息息相关。民众最容易通过司法感知国家和执政党的政治安排。于是,司法制度能否有效发挥作用,常常被民众用于检验国家能否公正高效地满足社会利益需求,评价执政者的执政能力,事实上成为国家的政治认同的风向标。这可以解释为什么上个世纪 80 年代的政治体制改革首先从司法领域改革开始。

如果说司法改革的直接目的是重树司法权威,提高司法公信力,那么其更深远的目标是提高社会对执政党的政治认同,加强执政能力。从当代中国政治制度发展的历史可以看出,社会认同危机始终是推动体制改革的原动

---

① 周晓虹:《认同理论:社会学与心理学的分析路径》,载《社会科学》2008 年第 4 期。
② 欧阳景根:《社会主义多民族国家制度性国家认同的实现机制》,载《浙江社会科学》2011 年第 5 期。

力。回顾当代中国的司法改革,可以大致将改革历程分为三个阶段:20世纪80年代到90年代初的审判方式改革,20世纪90年代到21世纪头十年的司法制度改革以及当下正在进行的司法体制改革,以党的十八大关于司法改革的有关决定为标志。无论改革举措如何,改革的动力都是回应社会批评,改革的目标都是争取社会认同。如今,司法制度改革已经持续了近40年,从单纯的审判方式改革,到司法体制层面的改革;从法官专业化、职业化到司法权运作机制革新,改革举措层出不穷,制度创新不断,模范法官年年产生。然而吊诡的是,司法的社会认同度却未能获得明显的提升,司法公信力不足。司法公信力失落不仅降低了司法能力,而且危及社会对执政党执政能力的信心和政治认同。因此中共十八届三中全会将提高司法公信力确定为司法改革的目标。十八届四中全会《中共中央关于全面推进依法治国若干重大问题的决定》明确了以回归司法规律为主线,切实从司法体制、机制层面深化改革的框架。《最高人民法院关于切实践行司法为民大力加强公正司法不断提高司法公信力的若干意见》和《最高人民法院关于全面深化人民法院改革的意见——人民法院第四个五年改革纲要(2014—2018)》(以下简称《四五改革纲要》)也表达了深化司法改革,努力提高司法公信力的决心。党的十九大从发展社会主义民主政治、深化依法治国实践的高度,作出深化司法体制综合配套改革、全面落实司法责任制的战略部署。《最高人民法院关于深化人民法院司法体制综合配套改革的意见——人民法院第五个五年改革纲要(2019—2023)》(以下简称《五五改革纲要》)提出,要在更高站位、更深层次、更宽领域、以更大力度深化新时代人民法院司法体制综合配套改革,提高制度的有效性,推动公正高效权威的中国特色社会主义司法制度成熟定型,全面提升司法能力、司法效能和司法公信。可见,重树司法的社会认同是人民法院一直以来改革的目标指向与动力源泉。当前中国正推行全面深化政治体制改革的战略,制度重构遍及社会、经济、政治各领域,由此引发的利益冲突往往以纠纷的形式汇聚司法。司法能否获得当事人和社会的认同直接或间接地影响到社会对国家政策、制度和执政党能力的评价。不难理解,当前司法改革的直接目标是提高司法认同,而更深远的目的是提高社会对执政党的政治认同。因此,研究司法的社会认同原理,分析影响司法社会认同的因素,透视削弱我国司法社会认同的原因,不仅有助于改善司法社会认同、提高司法公信力,而且对提高社会对国家和执政党的政治认同具有重要意义。另外,评价某项司法改革举措是否成功,也应当以是否有效提升了司法的社会认同为标尺。从这个意义上说,以司法的社会认同度为参照,回顾司法改革的历史,检讨改革的得失,总结经验教训,针对正在进行的司法改革进行评估,展望改革的未来,并提出有针对性的改革对策,对当下正在推进的司法体制改革和制度创新具有重要的现实意义。

二、司法认同的理论价值

既有研究主要是以"司法权威"与"司法公信力"为关键词进行的研究,从司法"认同"角度进行的探讨不多。比如,季金华在其《司法权威论》一书中,从司法权威的概念界定、基本理念及司法权威树立的社会机理等方面进行了基础性研究。指出市场经济与司法权威的互动关系,并从国家和社会的相对分离、政治权力的运作范式角度考察司法权威原理,然后从观念、制度保障、监督等角度探讨了司法权威确立的路径。[①] 该论著总体上以西方现代司法制度为范本进行阐述,可以为本书提供一些基础性的理论元素。但因与中国问题联系不够,未能深入到中国司法体制、机制层面进行深入探讨,对现实问题的回应不足。关玫以司法权构成为基础,以司法权的公共性必然需要公信力为出发点,以司法权包含的判断力、自律力、说服力、约束力为要素,分析司法公信力的构成。以司法公正作为司法公信力的评价标准,以"满意度"为衡量指标,从司法体制、社会结构两个方面初步分析了当代中国司法公信力缺失的原因。对司法权地方化、行政化进行了批判。最后就提高司法公信力提出对策建议。[②] 毕玉谦等从社会进化的角度,对司法公信力的起源,司法与社会物质文明、经济发展、政治文明之间的关系进行分析,分析形成司法不公的原因,就提高司法公信力举措进行对策研究。涉及司法公正理念、司法体制、社会经济文化环境、诉讼程序原理、具体司法制度完善等。[③] 章武生等对司法公正的社会评价进行了实证研究,用历史的、现代的眼光审视司法公正的社会价值取向,并就进一步的司法体制、机制改革进行了探索。[④] 除此之外,有关司法公信力问题的论文数量很多,表明司法公信力问题已然成为全社会关注的问题。[⑤] 这些论文多从司法独立、司法权威、司法公正、司法公

[①] 季金华:《司法权威论》,山东人民出版社 2004 年版。
[②] 关玫编著:《司法公信力研究》,人民法院出版社 2008 版。
[③] 毕玉谦主编:《司法公信力研究》,中国法制出版社 2009 年版。
[④] 章武生等:《司法公正的路径选择——从体制到程序》,中国法制出版社 2010 年版。
[⑤] 此类论文数量近百篇,如董丽君:《论司法权威》,载《湖南社会科学》2003 年第 1 期;关玫:《司法公信力初论——概念、类型与特征》,载《法制与社会发展》2005 年第 4 期;刘治斌:《论司法公信之建构——以法官为中心》,载《宁夏社会科学》2006 年第 6 期;吴美来:《论我国司法信任的养成》,载《西南政法大学学报》2009 年第 1 期;孙笑侠、褚国建:《判决的权威与异议——论法官"不同意见书"制度》,载《中国法学》2009 年第 5 期;王国龙:《审判的政治化与司法权威的困境》,载《浙江社会科学》2013 年第 4 期;胡玉鸿:《试论司法权威的外在基础》,载《华东政法大学学报》2013 年第 6 期;姜涛:《诚信体系建设与司法公信力的道德资本》,载《江苏社会科学》2014 年第 2 期;等等。

开、司法廉洁等方面分析了司法公信力不高的原因。相关结论也为一些实证研究所印证。比如江西高院"人民法院司法公信力现状调查"课题组所作的实证研究证实,无论法院内部自我评价还是当事人、社会公众的认知,都表达了对当前司法不公、司法腐败、司法能力不足等问题的批评。法院不断强化审判管理,努力提高审判质量和诉讼效率,但并没有改变司法公信力不断趋弱的状况。这严重影响了司法的自信度和法官的职业认同感。[①]

司法公信力危机也是近半个世纪西方各国学界重点研究的问题之一。20世纪末期开始,西方各国展开了有关司法公信力的民意调查。然而数据并不令人乐观。1998年,美国律师协会所作的《美国司法体系的认知报告》显示,公众对美国司法系统的信任度为30%,有27%的公众表示"极度不信任"。[②] 1999年,美国国家州法院中心所作的《公众如何看待州法院》调查结论类似,仅有23%的民众对自己所在社区的法院表示出较多的信心。[③] 2000年,加拿大的民调显示,有43%的民众给司法体系投了不信任票。[④] 同期欧洲各国公众对司法系统的整体信任度为44.8%,其中法国和英国的数据分别为45.8%和49.1%。[⑤]

面对无法忽视与回避的公众信任危机,西方各国实务界和学术界展开了相关研究。传统的分析路径大致认为,低效率、高成本、不公正等司法表现的瑕疵是公众对司法不满的重要原因。[⑥] 早在1906年,美国著名法学家罗斯

[①] 江西省高级人民法院课题组:《人民法院司法公信现状的实证研究》,载《中国法学》2014年第2期。其他实证研究还有:四川省高级人民法院课题组:《人民法院司法公信力调查报告》,载《法律适用》2007年第4期;孙海龙、高伟:《裁判文书及其公信力现状调查和改革路径研究》,载《法律适用》2007年第5期;柏亚琴、张广永:《南京市司法公信力实证研究》,载《金陵科技学院学报(社会科学版)》2010年第4期;北京市第一中级人民法院课题组:《关于加强人民法院司法公信力建设的调研报告》,载《人民司法》2011年第5期;孟祥沛、王海峰:《司法权威之影响因素及其构建:上海实证研究》,载《政治与法律》2012年第3期;娄必县、张仁虎:《司法公信力的检讨与重塑——基于二审改发率、上诉率和信访变迁的三维考察》,载《法律适用》2013年第1期;浙江省余姚市人民法院课题组:《关于人民法院司法公信力的调研报告》,载《人民司法》2013年第5期。

[②] ABA, "American Bar Association Report on Perceptions of the U.S. Justice System", *Albany Law Review*, Vol. 62, No. 4, 1999, p. 1321.

[③] National Center for State Courts, "How the Public Views the State Courts: A 1999 National Survey", May 14, 1999, Washington, DC., p. 12. https://www.ncsc.org/consulting-and-research/areas of expertise/court-leadership/state-of-the-state-courts,最后访问时间:2022年6月30日。

[④] Julian V. Roberts, "Public Confidence in Criminal Justice in Canada: A Comparative and Contextual Analysis", 9 *Canadian J. Criminology & Crim. Just.* Vol. 49, No. 2, 2007, p. 161.

[⑤] 王禄生:《英美法系国家"接触型"司法公开改革及其启示》,载《法商研究》2015年第6期。

[⑥] 〔英〕阿德里安·A.S.朱克曼主编:《危机中的民事司法》,傅郁林等译,中国政法大学出版社2005年版,第4—6页。

科·庞德就提及了公众对司法的不满,认为拖延是导致公众不满最为关键的原因。这被认为开启了美国学界对该国司法系统表现不良的批评。① 这一阶段的学术研究采用了非常接近"司法认同"的新的分析视角,即认为司法的封闭性,或者说司法与民意缺乏互动同样是造成司法公信力不足的重要的原因。美国司法协会原副会长弗朗西斯·泽曼斯曾评价说:"法院和公众觉得彼此都是异数,并且彼此缺乏了解。"②在一些学者看来,司法与民意缺乏互动会导致公众有关司法体系的知识十分匮乏。匮乏的司法知识至少会产生两方面负面影响:第一,由于缺乏必要认知,公众可能形成对司法体系的误解。罗纳德·德沃金就曾指出:"任何国家部门都不比法院更为重要,也没有一个部门会像法院那样受到公民那么彻底的误解"。③ 第二,由于缺乏必要认知,民众可能会形成对司法系统不切实际的期待。比如人们以为法院不应该有任何错案,但事实绝非如此。基于上述论断,美国学者主张要解决司法领域的公众信任危机就必须转变传统司法公开的范式,并由其推出了名为"司法接触"的改革。这一改革强调司法与公众、媒体和学校的充分接触,从而增加理解、消除误解、构建信任。④

总的来说,既有研究主要是从司法制度本身的角度探讨司法权威或社会信任司法的问题,即研究更多关注司法制度本身的品质,诸如审判权独立、司法公开、司法公正等,较少从当事人和社会公众主体性的视角关注司法如何获得合法性问题。显然还是把当事人和社会公众当作单纯的"制度受众",或者说当作司法改革方案设计过程中的"他者"的逻辑展开的。或许正是因为如此,既有研究不可谓没有共识,提出的对策不可谓不详尽,但总是让人觉得缺少点什么。从社会认同的角度看,这缺少的一点正是司法制度的运用者与承受者的主体源动力。单纯从制定者角度讨论该改革完善司法制度、提高司法公信力,无非"剃头挑子一头热"。如前所述,认同具有不同于权威、信任的视角。尤其是制度认同,更为重视制度相对人的主体性、选择权和内心情感归属,且其形成非常依赖社会互动过程。因此,从认同的角度研究当代中国司法,就是换个角度考察司法权威与司法信任问题。而从社会认同角度寻找

---

① Roscoe Pound, "The Causes of Popular Dissatisfaction with the Administration of Justice", 14 *Am. Law.* 445(1906).
② Frances K. Zemans, "In the Eye of the Beholder: The Relationship between the Public and the Courts", *Justice System Journal*, Vol. 15, No. 2, 1991, p. 722.
③ 〔美〕德沃金:《法律帝国》,李常青译,中国大百科全书出版社1996年版,第10页。
④ Richard L. Fruin, "Judicial Outreach to High School Government Teachers", *Judges' Journal*, Vol. 42, No. 4, 2003; Kevin M. Esterling, "Public Outreach: The Cornerstone of Judicial Independence", *Judicature*, Vol. 82, No. 3, 1998. 转引自王禄生:《英美法系国家"接触型"司法公开改革及其启示》,载《法商研究》2015年第6期。

人们接受与服从法院裁判结论、自觉履行生效裁判的根据,就不能只考虑司法制度本身或其他一些外在因素,更需要立足于当事人和社会公众的内在原因。尤其是分析司法认同危机的病理,需要从当事人"公正解决纠纷"的基本利益需求在司法制度框架内能否得到有效满足这一制度层面进行探究,或许能够发现司法公信力失落的根本原因。这一点使得司法认同的理论研究具有不可替代性。

三、分析框架与研究路径

本书首先在社会学范畴的认同理论基础上,以制度认同为核心概念,构建司法认同基本原理。并以司法的社会认同要素为分析框架,对当前司法的社会认同问题进行研究。具体说,围绕司法认同的研究,应当着重从以下几个方面展开:(1)谁的认同？司法的社会认同主体是多元的,包括当事人个体的认同与社会公众的普遍认同,城市居民的认同与农村社会的认同,法律人(职业共同体)的认同与非法律人的认同,不同主体司法认同的标准和程度肯定存在差异。本书站在一般社会成员的层面,从普遍性角度提炼司法认同的一般规律;同时立足特殊社会群体(如信访人),分析影响其司法认同的主要变量,有助于反思当下司法制度存在的问题,深入司法认同问题的分析,证成提高司法认同的对策建议。(2)司法认同的结构要素与形成基础是什么？司法认同与司法权威、司法信任存在诸多交集,但是因为视角的不同而各有侧重。司法权威、司法信任理论均因单向度视角而有一定的局限,不可能替代司法认同理论。需要通过理论阐述构建起完整的司法认同理论,解析构成司法认同的结构要素和影响司法认同的主要变量,并将有关理论用于司法认同的问题分析和对策研究。(3)以什么为"他者"构建"自我"？认同的核心概念是"自我",反过来说,"自我"是由一系列"认同"构成的。因此,司法认同是司法制度塑形和发展的原动力。在深化司法体制改革的当下,中国司法能否摆脱西方中心主义的自我(即以中国司法为"他者")的制度认同？传统中华司法、"马锡五审判方式"在当代司法认同中的地位和作用是什么？这都是构建中国特色社会主义司法制度亟待解决的问题,也是本书研究理论框架构建的基本思路。

研究的进路是以社会认同的类型化分析为基点,将中国司法置于社会结构转型的历史背景,结合司法公信力普遍失落的现实,论证司法社会认同机制正在经历的变迁,并以对司法与社会双向的不适应导致社会认同危机的判断为起点。一个基本的理论假设是:中国司法认同正在经历从身份认同到社会认同的重要转型,连带的司法的信任机制正在由人际信任转向社会信任,司法权威模式由克里斯玛型权威转向法理型权威。而无论社会认同、社会信任还是法理型权威,都指向借助制度这个中介。换句话说,制度化程度及其有效性成为转型中司法社会认同的关键要素。当代中国司法认同的本质正在转向制度认同。

当制度认同成为当前司法认同的本质时,司法制度的基本构成要素——法律、程序及关于司法公正的价值共识——就成为考察司法认同度的具体变量。本书因此从法律的有效性(依法裁判原则是否得到严格遵循)、程序的有效性(程序的正当化作用能否得到发挥)、司法公正的价值共识(司法与社会能否保持有效沟通)三个维度分析影响当下司法认同度的因素。通过司法实践中普遍出现的非法律因素影响裁判、诉讼程序失灵和制度化沟通平台缺失等三个方面的问题,揭示司法认同度低下的直接原因。

进一步追问导致司法认同危机的深层次原因,还需要深入司法体制与司法权运作机制层面进行分析。在司法体制方面,政法一体的司法体制,政治正确优于法律正确的价值取向,政治理性充盈而公共理性不足,司法实践中政治逻辑常常取代法律逻辑,是导致法律失效、司法的非专业化倾向和依赖性的根本原因。在司法权运作机制方面,上下级法院关系行政化,法院内设机构行政化,法官管理方式类公务员化,审判过程管理与审判责任行政化,是导致诉讼程序失灵、法官角色变异的主要原因。

要从根本上消除削弱司法认同的原因,必须改革司法体制和司法权运作机制,激活法律与程序,即提高司法制度的有效性。司法改革涉及的面很广,触及政治体制和国家权力格局,注定是一个长期的过程。眼下最为关键的问题是为改革找准突破口,彻底拔出违背司法规律、削弱司法公信力的病根,并设计出相应的改革步骤,考虑必要的过渡性方案,有序推进。本书力求追踪改革前沿,以提高司法制度有效性为中心,抓住导致司法制度有效性不足、削弱司法认同的重点问题,从治标更要治本的层面论证改革举措的合理性与可行性,找到改革的突破口和具体对策。具体包括:(1)司法体制改革。改革的目标是确保司法权公正独立行使,个案司法中依法裁判原则得到严格遵循。司法体制改革应当以信访的法治化改造为突破口,逐步实现诉访分离、调审分离,解决信访—司法二元结构问题。(2)司法权运行机制改革。以回归司法规律为主线,以落实"审理者裁判、裁判者负责"为重点,构建诉权对审判权的制约机制,激活诉讼程序的约束作用,重构审判管理模式。(3) 以提高司法沟通理性为重点,站在社会核心价值体系重构的高度,讨论司法公正价值共识形成机理,构建司法过程中的公共领域,发挥人民陪审制制度化沟通平台的作用,让社会理解司法、亲近司法,让人们"在每一个案件中感受到公平正义"的点滴认同,逐步积累成为社会对司法的普遍认同。

第一章　司法的社会认同原理

第一节　社会认同理论

一、认同与社会认同

1. 认同

认同,最基本的含义是个人对自身角色(即互动论上的"自我")的识别、理解和认可。"认同"(identity)在英语中有两层含义:一是同一性,即自我归类,是指与他者有共同的素质或者相同的状况;二是个性亦即特殊性,即作为实体的个人所具有的不同于他者的鲜明的个性。自我认同就是通过将自己归入某个"同类"群体,同时又努力保持自己的个性、证明自己存在的意义的过程。[①]"自我"是互动论的核心概念。自我认同是互动论的重要理论贡献。在互动论看来,认同的主体性不是单向的,而是互动意义上的,是在不同主体之间的相互沟通、交流过程中建构的。互动理论就是研究人怎样把自己作为客体来看待,从而在与他人的交往互动中确定自己的身份、地位,辨识交往行为规则,继而按照这种理解来行动。互动论主张,自我是由一系列"认同"所建构的。个体对自身角色认同的过程,就是他在特定的社会关系中所处的位置及相应的行为规范,内化为该个体自我标定的参照系和行为规范的过程。这些关于自身角色身份的认同又是按照显著性和重要性的不同而分为多个层次的。当个体对自身角色认同呈现多元化乃至相互冲突时,就有能力过滤或屏蔽掉一些他认为不重要的感觉和解释。而那些处于较高层级序列的认同对个体角色的理解与扮演具有更大影响力。如果某种认同在个体与他人的互动中占据非常重要的位置,个体凭借该认同的程度达到当作自己的责任的高度的时候,他对该角色的自我认同就越高,也会越投入到这一角色的扮演中。如果这样一个认同是基于众多他人的观念,或者说与社会基本伦理道德规范、主流价值观相吻合,个人成功地充当这样的自我就能获得社会的赞扬和尊重。在这一过程中,社会结构制约着人们对他们自身和他人的理解。

[①] 周晓虹:《认同理论:社会学与心理学的分析路径》,载《社会科学》2008年第4期。

认同之所以对人的社会行为具有影响力,是因为每一个人都希望自己的行为被他人接受。因此,麦考尔和西蒙斯认为,使自己的角色认同在他人眼中合法化是推动人们行动的力量。人们通过不断执行角色行为来反复评估、检测自己的角色认同是否正确,以便适时修正然后固化角色认同。从"观众"的角度看,当一个人自我角色认同准确、其根据这种认同所作出的行为得体妥当的时候,人们会回报以角色支持(role support),包括对其行动表示赞同、承认其在某个位置上的合法性,甚至接纳其为该角色扮演而形成的风格、情感和个性。①

2. 社会认同

根据人际与群际的不同层面,认同可以分为个人(身份或角色)认同和社会(群体)认同两个层次。如果说个体认同是指个人对自身特点的自我描述,是个人行动特有的自我参照,那么社会认同就是指某个社会或群体的全体成员以自己"作为其中一员"的自我描述。社会认同理论是社会学家在研究群体间行为时提出的,最初聚焦于种族中心主义(ethnocentrism)的研究。种族中心主义表现出强烈的内群体偏好(in-group favoritism)伴之以外群体歧视(out-group derogation)。社会认同理论认为,社会认同建立的原理或要素包括:社会分类(social-categorization)、社会比较(social comparison)和积极区分原则(positive distinctiveness)。② 首先是自我归类。特纳(Turner)指出,人们会自觉地将事物分门别类。在对他人进行归类时,会以"我"为标准区分出"内群体"和"外群体",将符合内群体的特征赋予自我。③ 因此这也是一个自我定型的过程。群体划分也是群体比较,或者说比较内群体与外群体之间的差异、特征,使得群体区分更具有意义。在这种比较中,出于自尊的需要,群体成员倾向于积极区分原则,即个体为了体现自尊而有突出其特长、表现得比其他成员更出色的自我激励动力。如果个体过分热衷自己的群体,认为它比其他群体好,并且从寻求积极的社会认同和自尊中体会群体间的差异,就容易引起群体间的偏见、冲突和敌意。此外,群体成员社会认同的动机还包括减少不确定性及寻找群体成员资格的意义等方面。④

---

① 〔美〕乔纳森·特纳:《社会学理论的结构》(下),邱泽奇等译,华夏出版社2001年版,第38—40页。
② Tajfel H., "Social psychology of Intergroup Relations", *Annual Review of Psychology*, 1982, 33:139. 转引自张莹瑞、佐斌:《社会认同理论及其发展》,载《心理科学进展》2006年第3期。
③ 张莹瑞、佐斌:《社会认同理论及其发展》,载《心理科学进展》2006年第3期。
④ 周晓虹:《认同理论:社会学与心理学的分析路径》,载《社会科学》2008年第4期。

3. 认同理论

简言之,认同意味着人们对某一事物在心理上的归属感。认同心理的理论意义在于,认同感显著影响着人们的行为方式与据以作出某种选择的准则。在微观层面表现为个体的角色扮演,在宏观层面表现为对国家和政治的评价与态度。因此,认同理论被广泛地运用于行为科学、政治学的研究。围绕认同的社会学研究和心理学研究收获了很多理论成果,最有影响力的是以美国互动论为基础的角色认同理论,和欧洲社会心理学在批判互动论基础上发展出来的社会认同理论。实际上,角色认同理论与社会认同理论并非根本上的分野,其核心都是关于"我(们)是谁""我(们)在哪里"的反思性理解。只不过二者的视角各异,论证的侧重点不同而已:前者侧重行动者个体的、相对微观的层面,后者聚焦群体(社会)的、相对中观、宏观的层面。在角色认同理论中,角色是认同的基础,它注重的是一个人做什么(what one does);而在社会认同理论中,群体是认同的基础,它注重的是一个人是什么(who one is)。二者在核心概念、主要理论命题和研究结论上存在诸多交集(比如都立足于"个人认同"这个基点,既强调认同受结构限制,又承认个体选择,等等),具备整合成为综合的认同理论的基础。① 事实上,认同理论已经被广泛运用于身份认同、文化认同、民族认同、制度认同、国家认同的分析,分别涉及微观、中观、宏观层面的认同问题,而学者们并不需要就其所用的"认同"究竟是角色认同理论范畴抑或社会认同理论范畴作严格区分。可以说,二者客观上已经被糅合。正是在这个意义上,本书拟综合角色认同和社会认同理论的主要成果作为分析工具。本书中所用的"认同理论""社会认同"等概念都是在这个意义上使用的。

二、认同的基本原理

1. 认同的结构要素

无论自我认同还是社会认同,从本质上讲,都是行动主体在与他人的社会互动中自我参照、自我知觉(认知)、自我界定的过程。② 据此,认同的结构要素主要有四:

第一,参照,即标定。认同是人们面对一定的社会、群体时,参照特定的社会或者群体特征、边界来确定自己的归属过程。社会心理学研究发现,人

---

① 周晓虹:《认同理论:社会学与心理学的分析路径》,载《社会科学》2008 年第 4 期。
② 同上。

们能够以他人或者另外的群体作为参照系,在人与人关系的网络中标定自己所占据的位置或者"结构性角色",据此决定自己的行为。一个人所充当的某个角色反映的就是他与特定的人之间的相互关系。换句话说,认同是行动主体对自身角色以及与他人关系的一种定位。在司法认同的情形,个体会选择社会系统中其他制度为参照,标定司法在社会中的地位与作用,以此为准据确定自己在司法过程中的行为规则。

第二,区分,即比较、界定。自我认同就是通过将自己归入某个"同类"群体,同时又努力保持自己的个性、证明自己存在的意义的过程。如石德生的分析:认同(identity)是一个"求同"与"存异"同时发生,或者说"认""同""异"同时存在的动态过程。"认"是指对自我和社会关系的认识;"同"即求同,寻求与他者共有的素质、特征或状态;"异"即存异,通过个体努力构建不同于他人的个性。① 亨廷顿指出,认同是建构性概念,人们根据文化来界定自己的认同。他区分了身份认同与群体认同,指出人们关于"我们是谁?"的问题是一个人类可能面对的最基本的问题。人们回答这个问题的传统方式是界定对于自身最有意义的事物:祖先、宗教、语言、历史、价值、习俗和体制等。当人们寻求群体(部落、种族集团、宗教社团、民族)认同时,他们会从有利于促进自身利益的角度来界定自己的认同。同时,属于一个社会共同体的人们为了建立关于"我们"的认同,必须寻找对立面,建构"敌人"。他说:"对于那些正在寻求认同和重新创造种族性的人们来说,敌人是必不可少的","我们只有在了解我们不是谁,并常常只有在了解我们反对谁时,才了解我们是谁",即从对"敌人"的想象中寻求"我们"自身的形象。② 在司法认同的情形,司法制度的可识别性,即作为区别于其他制度的本质特征越显著,社会就越容易识别和理解之。如果司法具有自己的运作规律,而且能够始终遵循其内在规律进行运作,社会就越容易界定和评价之。

第三,归属,即自我归类(self-categorization)或"去人格化"过程。如果自己的特征与某一群体特征有相似性,则将自己归入到此群体之内,心理上形成"求同""我群体"的认识;如果自己的个性特征与某个群体存在较大差异,则将之划入"他群体"之范围。当个体经过自我类别化,建立了与群体的心理联系之后,倾向认为自己是内群体的代表。这被称作"自我刻板印象化"(self-stereotyping)。这种自我刻板印象会约束个体作出更加符合群体规范的行为,与群体特征保持一致,减少个人特征的显露。结果是个体在强化社

---

① 石德生:《社会心理学视域中的"社会认同"》,载《攀登》2010年第1期。
② 〔美〕塞缪尔·亨廷顿:《文明的冲突与世界秩序的重建》(修订版),周琪等译,新华出版社2010年版,第4、12、14页。

会身份认同的同时,压抑其独特性,即"去人格化"的心理过程,也是"群体心""群体思维"的来历。这从另一个角度揭示了从众行为的机理。① 司法认同的形成也是由行动者的归属心理构成的。当行动者认知了司法制度的本质特征及规范内容,并从心理上接受这些规范准则,他就会自觉受这些规则的约束,按照制度规范要求为司法行为,从而使得司法过程形成一定的秩序,具有安定性、可预见性。

第四,情感,即对自己所归属的群体或社会所产生的正面的、积极的情感,包括支持、赞同、自豪等,由此衍生出安全感、忠诚感、责任感等情感。泰费尔指出,认同是"个体认识到他(或她)属于特定的社会群体,同时也认识到作为群体成员带给他的情感和价值意义"②。情感意义是与身份相连的。因为在心理上归属于由具有相同身份的人组成的群体,并且因为身份相同而更可能与群体其他成员经常接触。久而久之,个体往往对这部分人产生情感甚至依恋,还容易产生"移情效应"——把这种情感延伸到没有直接接触的本群体其他成员身上。同时,与具有相同群体成员身份的人相处很容易建立起信任关系,因而群体边界的存在能给人带来安全感。而出于维系信任关系与对安全的需要,个体还会进一步产生某种程度的忠诚感。这种忠诚感在道义上就体现为义务感、责任感和献身精神。③ 司法的社会认同与司法的公信力呈显著正相关关系——认同度越高,民众越信赖司法,司法的权威就越高。

2. 认同的特征

认同包含主体性、反身性、互动性、实践性四个特征。

首先是主体性。所谓认同,说到底是人的自主意识,无论是选择以某种系统为参照系,还是以某种标准进行区分、比较、归类,乃至决定自我的角色定位、群体归属,都是由行动者的主体性决定的。尽管这种决定必然受制于社会结构。认同,特别是制度认同,能够赋予行为或规范制度合法性,因此与"权威"存在交集。但在解释被统治者为什么自愿服从于权力的统治上,认同具有不同于"权威"的且不可替代的规定性。仔细品读韦伯关于权威的理性类型概念,可以发现无论传统型权威、克里斯玛型权威还是法理型权威,都是将统治对象完全作为权力的"他者"来讨论的,没有考虑到相对人的主体性。

---

① 石德生:《社会心理学视域中的"社会认同"》,载《攀登》2010年第1期。
② Tajfel H., *Differentiation Between Social Groups: Studies in the Social Psychology of Inter-group Relations*. Chapters 1~3. London: Academic Press, 1978. 转引自石德生:《社会心理学视域中的"社会认同"》,载《攀登》2010年第1期。
③ 欧阳景根:《社会主义多民族国家制度性国家认同的实现机制》,载《浙江社会科学》2011年第5期。

认同则不同，主要是从权力相对人的主体视角，从其主动地识别、理解和选择的立场，解释其愿意服从于权力的原因。

其次是反身性。主体性的另一面就是反身性，即反思、反省的特征。认同揭示了人具有不断反观自身、反思自己关于角色和群体规范的理解是否正确的能力，根据认同标准中所体现的角色来看待自我，并采取合适的行为以维护自我扮演的角色与认同标准的一致性。

第三是互动性。认同都是在人们互动的过程中形成和调适的。认同也因此是长期的、持续动态的。从这个角度说，制度认同的形成需要重视制度所牵涉的各方主体间的交往互动，切忌制度制定者单向度的认知视角。

第四是实践性。认同不是天生形成的，而是行为者在社会互动过程中，通过交往、沟通，逐步形成对社会规范的认知、理解，再根据这种认知、理解不断调适自己的行为，以达到认知性期待与规范性期待统一的过程。因此，认同是基于个体实践理性，通过社会交往实践证成的过程。

3. 认同的基础

欧阳景根在研究民族认同时发现，认同存在的基础有二：一是身份关系，一是利益需求。其中，需求是个体寻求认同最基本的动机与支撑。从这个角度说，认同在本质上是个体基于利益需求而主观选择的结果，同时也会因为对这一身份角色的长期性的持续需求而不断得到强化。如果把个体身份因素（宗教、语言、习俗、地域等族群性）称为"原生性"认同基础，那么个体对于某种利益的需求即为非原生的社会"建构性"认同基础。但原生性因素在影响认同的诸要素中并不居于显著性层级。认同之所以发生，其根本原因还在于利益需求。只有在可行的原生认同与可见的工具利益汇合时，个体才会有意识地寻求认同。① 当某种社会环境或群体能够支持这种利益需求的实现时，个人就倾向于将自己归入该群体。

此外，影响认同形成的情景性因素还有：互动对象的可接近性，互动方式（比如主动还是被动），以及预期的利益需求实现程度等。在不同的社会认同中，人们往往更容易形成家族认同、宗教认同、民族种族认同、单位认同等身份认同，就是因为与家庭成员、本民族其他成员等对象的接触最容易也最频繁，互动方式也比较平等、主动，相互帮助实现个体利益需求的机会也很多，人们更容易经常直接感受到、体认到并运用到这种认同。相比之下，国家、制度等政治认同就相对淡薄、抽象，如果有更容易接近的组织和个人可以满足

---

① 欧阳景根：《社会主义多民族国家制度性国家认同的实现机制》，载《浙江社会科学》2011年第5期。

个体利益需求，就可能阻断个体的国家认同、制度认同。

三、作为制度认同的司法认同

1. 制度与制度认同

康芒斯把制度解释为"集体行动控制个体运行的机制"①。在这个意义上，制度是组织人类共同生活所需要的、规范和约束个体行为以决定人们相互关系的一系列规则。道格拉斯·诺思认为，制度创新是西方世界兴起的原因。他发现，有效率的经济组织是经济增长的关键，也是西方世界兴起的原因所在。而保证组织有效率的关键在于在制度上作出安排，以形成一种"将个人的经济努力变成私人收益率接近社会收益率的活动"的刺激。现代社会的特征之一就是：人们借由一系列制度建构起相互关系，在政治、经济及其他社会生活领域形成交往互动的激励结构。制度的根本作用在于通过对个人与组织行为的约束与激励，防止损人利己的行为倾向，从而形成社会秩序。可见，好的制度能够恰当地调整和处理人与人之间的关系，维系社会关系的和谐，保持社会秩序与社会稳定，实现社会整合。②

但制度发挥推动社会发展作用的前提是转换为社会成员自觉的行动。从这个意义上说，某项制度是否有效以及是否有生命力，在很大程度上取决于这种制度及其统治下的人们对于该制度的认可和接受程度。这就是制度认同问题。制度认同是人们基于对特定制度的认可而产生的一种政治归属感，是一种发自内心的信任、拥护和愿意遵从的情感。制度认同内在地包含着两个方面：一是价值上的肯定，即这个制度经过了人们关于善的诘问，在人们的价值评价中获得了正当性。③ 二是有转化为现实行为的趋势，即这个制度被人们认为是应当遵从的，并逐步内化为人们的自觉行动。④ 当社会大众不仅对国家提供的社会制度体系加以肯定，还自觉地以这套制度要求的规则来规范自己的行为，使自己的行为保持在这个制度框架所允许的范围内时，就形成了制度认同。制度认同是制度有效性的前提。因为制度只有得到大多数社会成员在观念上的认可和行动上的支持，才能发挥制度功效。⑤ 有效

---

① 〔美〕康芒斯：《制度经济学》，于树生译，商务印书馆2021年版，第87页。
② 〔美〕道格拉斯·诺思、罗伯特·托马斯：《西方世界的兴起》，厉以平、蔡磊译，华夏出版社1999年版，第5页。
③ 王结发：《制度认同与政治合法性》，载《行政与法》2014年第5期。
④ 王立洲：《当代中国人制度认同的现状及对策——基于制度文化自觉的视角》，载《理论月刊》2012年第12期。
⑤ 王结发：《制度认同与政治合法性》，载《行政与法》2014年第5期。

的制度能够成为维系社会秩序的纽带和规范社会行为的指南,成为激发社会发展的动力装置。相反,如果制度总是需要通过强制才能获得实现,不仅制度运行成本会大大提高,更重要的是还会滋生大量的规避制度的行为,致使制度名存实亡。制度认同又是制度生命力的保证。因为获得认同的制度体系反过来能够从民众的理性、情感中得到滋养和巩固,使得制度具有自我发展和不断更新完善的生命力。①

制度认同的结果是制度获得了合法性或谓正当性,是统治或权力具有权威性的社会心理基础。在这个层面,制度认同与统治权威发生交集。但是,两者侧重点是不同的。尽管韦伯在讨论统治权威的时候,也强调权威的正当性前提,认为权威是被统治者基于自愿的服从。但是,其关于权威的理想类型概念(克里斯玛型权威、传统型权威和法理型权威)都是从统治或权力的单方视角来讨论的,或者说是把被统治者当作权力的对象和"他者"构建起来的。这种关于正当性或合法性的独白式的定义,忽略了被统治者的主体性角色和作用,未能站在互动立场考察,难免陷入强权意志的陷阱。正如王结发指出的,由于韦伯的研究仍然持一种"总体性社会"的立场,在他的概念中,被统治者(社会成员)作为能动的、自主的个体是缺席的,仅将民众作为"他者"为行为者制定行动理由,而不是从行为者本身寻找理由。这是一种强权政治的逻辑,按照这一逻辑,基于不同的政治意识形态,人们还能够非常容易地找到一些其他理由。② 即便是以规则制度的合法性为权威基础的法理型权威,民众的价值也仅限于构建作为统治工具的制度与规则的参照系。关于制度"正当性"的标准,是统治者单向度的"独白式"的考量。于是,在韦伯那里,"合法性"最终蜕变为形式上的"合法律性"。以这种形式合理性作为统治合法性的唯一来源,如果与极权结合,就有滑向类似纳粹主义这样的专制主义甚至极权主义的危险。卢曼因此批评道:"当纯粹正当性的合法性得到承认时,即当法律是由按照明确规则通过负责任的决定而产生,并因此而受到尊重时,社会的法律就被实在化了。因此,在关于人类共存的核心问题上,专制就变成了一种制度。"③ 相反,制度认同强调的是受制度约束的社会成员的主体性选择。在社会成员认同制度的前提下服从制度规范,不是因为习惯或者领袖的个人魅力,也不是出于恐惧或无奈,而是基于内心的信念和理智的确信,认为该制度是公正的且契合其利益需求。总之,从合法性来历的角度可

---

① 王立洲:《当代中国人制度认同的现状及对策——基于制度文化自觉的视角》,载《理论月刊》2012年第12期。
② 王结发:《制度认同与政治合法性》,载《行政与法》2014年第5期。
③ 〔德〕尤尔根·哈贝马斯:《合法化危机》,刘北成、曹卫东译,上海人民出版社2000年版,第128页。

以认为,统治或制度权威是社会认同的结果。

2. 司法认同与国家政治认同

司法的社会认同就是人们基于对司法制度的认可而产生的心理上的归属感、信任感。当特定社会的司法获得普遍的社会认同时,其公信力就树立起来了。

包括司法认同在内的制度认同直接关涉一个国家的社会认同,特别是执行者的政治合法性问题。制度认同与政治认同、执政党认同之间有着显著的正相关关系。[①] 较高的制度认同会转化为政治认同,即制度意义上的国家认同,会极大地提高执政党的合法性。特别需要指出的是,国家认同不简单等同于民族认同。认同是按照显著性和重要性的不同而分为多个层次的。当个体对自身角色的认同呈现多元化乃至相互冲突时,人有能力过滤或屏蔽掉一些他认为不重要的感觉和解释。而那些处于较高层级序列的认同对个体角色的理解与扮演具有更大影响力。如果某种认同在个体与他人的互动中占据非常重要的位置,个体凭借该认同的程度达到当作自己的责任的高度时,他对该角色的自我认同就越高,也就会越投入到这一角色的扮演中。如果这样一个认同是基于众多他人的观念,或者说与社会基本伦理道德规范、主流价值观相吻合,个人成功地充当这样的自我就能获得社会的赞扬和尊重。显然,社会结构制约着人们对他们自身和他人的理解。[②] 在民族认同中,民族、种族、宗教、语言、习俗等原生性因素处于相对显著性位置,主要表现为身份认同、文化认同、族群认同。而国家认同的核心是政治意义上的组织、机构、制度、规范等非原生性认同因素,主要表现为制度认同、执政党认同。社会认同的形成受身份、文化、习俗影响的显著性层级明显减弱。社会成员更关心的是利益需求能否实现、公平正义等价值诉求是否得到满足。换句话说,一个人可能对其所属的民族及其传统文化有高度的认同,但不一定意味着他对所属国家及其制度的合法性也有同样高度的认同。转型时期中国正在进行的经济、政治体制改革,就是回应社会对旧体制的不满,改革旧制度、创立新制度,重新寻求社会认同的过程。制度认同问题因传统与现代性的冲突、本土生存发展与全球化趋势的紧张而显得异常突出。[③] 典型的例子

[①] 欧阳景根:《社会主义多民族国家制度性国家认同的实现机制》,载《浙江社会科学》2011年第5期。

[②] 〔美〕乔纳森·特纳:《社会学理论的结构》(下),邱泽奇等译,华夏出版社2001年版,第43—44页。

[③] 欧阳景根:《社会主义多民族国家制度性国家认同的实现机制》,载《浙江社会科学》2011年第5期。

是:香港、澳门领土的回归解决了,但港澳同胞对中华人民共和国制度认同的形成尚待时日。

在庞大而复杂的制度体系中,司法制度扮演着微妙而关键的角色。因为,司法是国家设立的介入社会纠纷的制度安排,其本质特征是用法律来判断是非、确定权利义务关系,其使命是公正解决纠纷,彰显社会正义的同时维系社会秩序。司法解决纠纷的领域遍布社会关系的方方面面:民事、刑事、行政、社会保障……可谓与民众生活息息相关。民众最容易通过司法感知国家制度。于是,司法制度能否有效发挥作用,常常被民众用于检验国家能否公正高效地满足社会利益需求,评价执政者的执政能力,事实上成为国家的政治认同的风向标。

第二节 司法认同的概念与类型

一、概念的普适性与特殊性

人们为什么认同某种司法制度?这个问题的回答需要分析影响司法认同的各种因素。与认同非常接近的两个概念是权威和信任。有关权威理想类型、信任的分层研究成果中,都包含认同的元素。而不同时代、不同社会结构下,形成不同的权威和信任类型,从中可以发现影响司法认同的不同因素,据此可以对司法认同进行类型化分析。而司法认同类型化分析的结论,可以作为分析我国当下司法认同问题的理论工具。司法认同的结果是司法权威的树立。因此,反观司法权威形成的不同路径中认同的机理,可以识别司法认同的不同类型。同理,认同本身包含信任。信任形成的不同机制也能映照出认同的不同类型。基于此,本书利用了马克斯·韦伯的权威理想类型与卢曼、吉登斯等社会学家关于信任类型的理论成果,将之作为司法认同类型化的划分基础,紧扣认同的基本特征,从行动者的主体性、互动性、实践性等,分析不同类型司法认同的形成路径与规律。

第一步要解决的是韦伯权威理想型概念的有效性问题。有人或许会从两个方面质疑韦伯权威概念的有效性。一是,韦伯的权威"理想类型"(idea type)是以欧美社会从传统农业社会向现代工业社会转型为背景,建立在单线进化论基础之上的有关传统与现代的讨论,不过是"传统—现代"二元对立模式的各种变式而已。这种理论叙事是否当然对当代中国公信力问题有解释力? 二是,韦伯有关权威的概念,主要是针对政治生活(即统治关系)而言的。而政治过程与司法过程存在本质区别,能否解释司法现象?

首先,就西方理论的普适性和特殊性问题,周晓虹有过精辟的论述。他指出,社会都是由"人"组成的群体结构。无论东方人还是西方人,或是处于特定历史时期的人,只要是人类群体,就会因为"人性"的基调而产生共同的期望和追求。正是这些共同的期望和追求,让西方人组成的西方社会和东方人(包括中国人)组成的东方社会必然存在一致性或普遍性。这种共性也决定了不同社会的发展变迁会出现一些类似的、带有规律性的东西,尽管各个社会发生变化的时间、动力机制千差万别。而且在相同的历史阶段,不同社会呈现的社会问题也是很类似的。比如从农耕社会向工业社会的转型(即从传统走向现代)就是典型的例子。当代中国不仅正在发生现代化转型,而且早期西方社会现代化过程中广泛呈现的矛盾和问题,如人口膨胀、分配不公、贫富差距、失业贫困、越轨与犯罪、社会失范、社会冲突等,随着工业化和市场化的不断发展而纷纷呈现出来。这说明西方国家在现代化进程中形成的理论以及具体的解决方式对中国问题具有借鉴意义。但在承认西方一般社会科学叙事具有普适性的同时,不能将之视为"放之四海而皆准"的公理或准则。要认识到,这些理论叙事起初也是建立在特殊性的社会实践基础上的话语体系,只是随着现代化进程逐步全球化而获得了普遍意义。而基于这套话语体系提出的政策逻辑和治理技术不仅是理论的产物,更是具体国家政治经济条件、文化传统、哲学观念综合作用的产物,因此具有自己的特殊性。① 这提醒我们,要注意区别分析问题的理论原理与解决问题的具体对策,尤其警惕后者的特殊性、局限性。

其次,关于权威理想型对司法问题的解释力问题。如果不从方法论上把握韦伯的理论起点,很难真正理解他的理想类型概念及其运用价值。韦伯运用了"科学"的方法,或者说是按照科学的特征来构建自己的理论体系。科学理论的一个预设前提是:客观世界(包括自然界和人类社会)具有某些基本的属性和过程,这些基本的属性和过程可以用来解释具体环境下一定事物的发生、发展和消灭的现象。由于涉及事物的原理,科学理论的表述必须是抽象的、超越具体经验事实的。换句话说,科学理论关注的不是具体条件下人们的具体行为和互动,而是一般意义上人类行为的本质。科学理论是基本的、普遍的,同时是可以通过一定的方法用具体情形对其进行系统的检验的。正因如此,科学理论的表述不仅比日常用语更注意规范性,而且尽量选择中性的、客观的和明确的术语,使其对所有的检验者保持统一的含义。② 科学与

---

① 周晓虹:《"中国研究"的国际视野与本土意义》,载《学术月刊》2010年第9期。
② 〔美〕乔纳森·特纳:《社会学理论的结构》(上),邱泽奇等译,华夏出版社2001年版,第1—2页。

意识形态的区别就在于：意识形态表达的是我们在经验世界中应当怎样，而科学揭示经验事件事实上是什么，但不作价值判断。这些关于科学的观点至少在自然科学领域获得了广泛的共识。韦伯是在社会学的范畴内分析法律现象的。尽管在社会科学领域人们关于科学与理论的观点一直存在争议，但韦伯在《经济与社会》中认真地论证：社会学必须是一般意义上的社会科学。而社会学作为科学，必须避免道德和政治价值判断。法学或者法哲学的基本概念和定义以伦理和政治价值判断为要素。比如有人认为法律具有内在的自由倾向（康德和黑格尔），有人则主张法律应当符合平等、正义、民主或者人民福利，而且得到道德的认可（托马斯·阿奎那），等等。在科学研究的框架里，社会学家不能采用这些定义。韦伯在使用法律领域的术语时，也不考虑是否与他个人的伦理、政治或者审美取向一致。他尝试运用自然科学的方法，通过精确的观察来研究复杂的社会现象，强调以科学家的中立眼光来描述社会现象及其相互关系，力求准确和避免作伦理价值的判断。① 为了揭示各种社会现象及其相互关系，韦伯感到首先需要对各种相辅相成的社会关系作出清晰的定义、分类，并予以系统化，以便在观察和分析某种具体的社会现象时可以根据某种分类方法进行整理、归类、比较，达到促进人类思维和利于后人查询、研究的目的。

　　正是考虑到这一点，韦伯创造了一整套他称之为"理想类型"的概念体系，作为深入分析社会现象之间相互关系的前提，比如：理性、合法性等。韦伯所说的"理想类型"可以理解为纯粹的定义化情形，也可以翻译为"理念类型"。这种理想类型或者纯粹的类型从来没有在历史上存在过。它们是人为建构的概念。韦伯特别指出这种概念具有乌托邦式的(utopia)"纯洁性"。尽管它是一种主观建构，但并非凭空虚构。它是以理论结构的形式体现着某个时代社会文化现象的内在逻辑和固有规则。这种人为构设的概念类型之所以能够称为"理想的"，是因为它概括的社会现象是同类社会现象中最接近于典型的，是一种"理想化的典型"。其理论价值在于有助于发展研究中的推论技术："它不是'假设'，但能够为假设的建构提供指导；它不是现实的一种描述，但却欲图为这种描述提供一种明确的表达手段。"② 类似于几何学的纯粹结构。纯粹的几何结构在现实中几乎是不存在的，但是不用这些人为的概念，对现实物体的科学分析是不可想象的。韦伯的理想类型概念的意义就在

---

① 〔德〕马克斯·韦伯：《论经济与社会中的法律》，张乃根译，中国大百科全书出版社 1998 年版，导论部分。
② Max Weber: *The Methodology of the Social Science*, New York: The Free Press, 1949, p.90.

于:作为思想范畴的人为构设,这些概念便于人们在研究各种社会现象时,可以通过比较社会现象与理想类型,辨别出现实中的不确切含义。① 韦伯在他的论著中始终如一地运用理想类型的方法阐述某种社会现象。

韦伯的理想类型概念的理论贡献是伟大的,对同时代社会科学家的影响巨大。帕森斯、罗尔斯等学者都采用了这样的方法,提出了自己的理想型概念。如罗尔斯的"纯粹的程序正义"、帕森斯的"普遍主义"与"特殊主义"、卢曼的"系统信任"、吉登斯的"现代性"等。这些概念为人们分析和解释不同社会、不同时代、不同学科的问题提供了分析工具。基于上述理由,本书相信,韦伯的权威理想类型概念不仅可以用于分析中国问题,而且可以用在司法领域。吉登斯等人的信任理论也是如此。

二、权威、信任中的认同因素

第二步是运用权威、信任的理想类型理论研究成果,解析出认同形成的基本因素。

1. 权威理想型

权力与统治是韦伯论述其政治社会学的基石性概念。他区分了建立在合法的与不合法的基础之上的统治。认为真正的统治需要有被统治者的自愿服从的成分,即"合法性"或者正当性。他认为:"没有任何支配关系会自愿把延续的基础局限在物质的、情感的和假想的动机上。相反,每一个支配系统都企图建立和培养其合法性。而所主张的合法性类型不同,服从的类型、用以保证这种服从的行政系统,以及行使权威的方式,都会发生根本性差异。同样,行使权威的效果也有根本性差异。"②这种基于合法性的统治就是权威。根据合法性基础的不同,韦伯把权威分为克里斯玛型(或感召型、人格魅力型)权威、传统型权威和法理型权威。

在克里斯玛型权威的统治关系中,权力的威信形成于统治对象对统治者神圣或出类拔萃之非凡特质的崇拜。领袖人物的人格魅力能够激发大众的忠诚或情感,从内心里信任领袖人物的言行,自愿遵从其号令,甚至成为其忠实的追随者和信徒。克里斯玛型权威的来源是领袖人物的人格魅力。由于追随者对有超凡魅力的领袖人物的承认和情感是无条件的、无功利目的的,

---

① 〔德〕马克斯·韦伯:《论经济与社会中的法律》,张乃根译,中国大百科全书出版社 1998 年版,导论部分。
② Max Weber: *Economy and Society*: *An Outline of Interpretive Sociology*, trans by G. Roth and C. Wittich, New York: Bedminster Press, 1968, p. 213.

因此,这种权威的力量既很强大,也很脆弱。强大表现为有克里斯玛权威的人物几乎可以任意行使自己的权力;脆弱则表现为一旦失去其人格魅力,权威的力量便立即消失,无法行使任何权力。强大或脆弱均取决于追随者的承认。

在传统型权威中,权力获得服从的力量来自古老传统的神圣性,统治者的权力被认为源自神圣的传统。权威的合法性依赖于社会成员对自古形成的秩序的默认和维护,人们对传统习惯的遵从和对代表传统的长者的尊敬。① 在这种权威体制下,统治者取得权力的主要方式是根据世代沿袭的惯例或习俗。统治者的身份通常是世袭的或者继承来的,如长老、皇帝等。在这种统治体制中,一方面传统赋予了统治者相当的专断权,另一方面,统治者行使权力都要假传统之名,所谓"名正言顺"。违反祖制的行为不具有合法性,将危及统治地位。

在法理型权威中,权力获得服从的力量来自法律和规则,人们确信权力者是依据法律规定来发号施令的,其获得公信力的方式是统治行为的合法律性。这种权威的基础是对所实施的规则的合法性,以及被推至权威位置上的人会根据这些规则发号施令的权力深信无疑。统治者或管理者并不具备私有的权力,其权威来自法律明文规定的地位。任何权威必须依法律行使其权力,一旦超出法律,其权力行使即丧失认可和支持,人们不再服从。统治或管理双方的关系也是由法律事先规定好的。这种权威的合法性基础是人们对已经制定出来的法律的信仰,人们遵从统治行为是因为确定了合法的非个人秩序。② 法理型权威最大的特点是非人格化。表现在以下相互关联的方面:(1)法律规则的理性取向。(2)法律由刻意制定的抽象的规则组成,司法就是把这些规则适用于具体个案,行政管理要在法律规定的范围内进行。(3)无论多高级别的统治者,其发号施令的行为都要服从一种非个人的秩序。(4)个人仅仅作为政治成员服从权威,而且所服从的是法律。(5)组织成员之所以服从他的上级是因为那些非个人化的制度,而不是服从该上级本人,换句话说,成员仅在制度规定的范围内有义务服从上级的命令。③

在行动逻辑与精神气质上,不同类型的权威由于合法性来源的不同而风格迥异。典型如克里斯玛型权威与法理型权威的区别:在法理型权威里,由于法律与规则是权威合法性的基本来源,任何个人和组织,不管地位高低、能力大小、秉性如何,均应严格遵守法律,这就是其行动逻辑。法律必须公开、

---

① 〔德〕马克斯·韦伯:《经济与历史支配的类型》,康乐等译,广西师范大学出版社2004年版,第303—304页。
② 同上书,第304页。
③ 同上。

明确，并取得相关各方认可。即便法律在适用于具体情形时显示出某种不完备，最终的决定也要从既有规则中找到依据。反对任何单方面的任意行事、秘密决定、突破常规。与之形成鲜明对比的是克里斯玛型权威。由于其权威来源于特定人物的人格魅力以及人们对这种魅力的信仰，且都具有偶然性和不确定性，因此其权力的行使也不会服从既有的规则。为了显示其超凡能力，魅力型权威还特别热衷于打破成规。这使得克里斯玛型权威在精神气质上具有革命性，与法理型权威的守成性形成鲜明对比。①

在三种权威类型中，法理型权威是较为现代的权威和统治形式。韦伯描绘了克里斯玛型权威下社会发展的一种轮回式特征：一旦克里斯玛型人物领导的革命成功，这类统治就面临着常规化的问题；常规化的结果往往是转变为传统型或法理型权威。而无论是传统型还是法理型权威，当它经过鼎盛时期走向衰落时，又可能因为新的克里斯玛型人物的出现而发生新的革命，进入下一个周期。韦伯在考察了现代世界所经历的理性化历程后断定，现代社会理性已经替代克里斯玛型权威成为最重要的变革力量，法理型权威日益强大，终将成为一般的统治权威模式。因此，社会变迁的趋势是：克里斯玛型权威终究要向法理型权威方向转变。②

2. 信任的层次

信任通常被描述为：对某人或某物之品质或属性，或对某一陈述之真实性，持有信心或依赖的态度。信任是一个复杂的社会与心理学现象。从心理学角度，信任通常被定义为对他人善良所抱有的信念或一种较为稳定的心理特质。这是一种对他人品格、行为特质、能力的心理反应，也是一种对他人行为可靠性的期待。社会心理学家揭示了信任所包含的"冒险"的成分，即信任一个人，相当于把是否给自己带来伤害的选择权交付给了对方。③ 什托姆普卡因此将信任定义为：相信他人未来的可能行动的赌博。信任的两个元素是：信心和承诺。④ 罗佩尔和赫尔姆斯则指出信任包括三种成分：可预测性、可依靠性和信念。其中，信念是最高程度的信任，主要表现为对他人的确信与安心。吉登斯将现代社会中的信任定义为："对一个人或一个系统之可依赖性所持有的信心。"⑤ 心理学实验表明，如果互动的双方缺乏信任，就不可

---

① 冯仕政：《法治、政治与中国现代化》，载《学海》2011年第4期。
② 参见周晓虹：《西方社会学：历史与体系》，上海人民出版社2002年版，第376—381页。
③ 翟学伟、薛天山主编：《社会信任：理论及其应用》，中国人民大学出版社2014年版，第4—8页。
④ 〔波兰〕彼得·什托姆普卡：《信任：一种社会学理论》，程胜利译，中华书局2005年版，第33页。
⑤ 〔英〕安东尼·吉登斯：《现代性的后果》，田禾译，黄平校，译林出版社2011年版，第30页。

能产生理性的个人行为。当双方都只考虑自身利益,选择自身利益最大化、损失最小化时,双方都会遭受损失。在合作主义导向下,即使行动环境并不具备生产信任的条件(比如相互不了解、无法沟通等),个体也倾向于生产值得信任的行为。相反,在竞争环境中,即便有形成信任的积极条件,个体也倾向于生产怀疑或不信任的行为。①

信任感的形成基于三个方面的社会行为:认知、情感和行为。认知即个体对他人或社会系统的认识、感知和判断。这是行为人作出是否相信对方的决定的前提。齐美尔认为,个体对他人的信任的认知基础介于完全的了解与完全的无知之间。因为,一方面,如果完全了解,对他人可能的行动有清楚的预测,就没有必要用信任来发展和维系其间的互动关系了,即信任没有存在的必要。另一方面,如果个人对他人完全不了解,认知程度为零,他也无从对对方产生任何信任。② 与认知互为补充的是情感基础。互动的人们之间产生的情感会推动信任进一步提升。因为人们发现,破坏信任将导致所有参与者——包括破坏信任者本人——的情感遭到打击,他们会进而倾向于增进相互的认知以尽可能避免这种破坏行为的发生。而表达信任的行为及其带来的后果对信任的维系和完善更是具有明显的作用。信任是相互的。如果个人发现,对方的行为表现出他是信任自己的,那么他对该对象的认知程度就会加深,同时有助于建立相互之间的情感因素,并积极地用更多表示信任的行为作为回报。反之,背叛信任的行为只能破坏对方信任的认知与情感基础,信任也就无法形成和维系。而且,自认为对他人很了解、付出情感越多的个人,当遭遇该对象的信任背叛行为时,他对该对象的认知和情感的颠覆会更加彻底,重建信任的难度更大。③

将信任置于社会整体层面,它则是一种不可还原为单纯个体行动的社会事实,是在不断互动过程中逐渐形成的社会关系状态。信任之于行动者个人的功能是"简化",即将复杂的社会环境简单化。当个体在充满未知和风险的未来社会中,对所处的环境和社会关系的可靠性充满信心时,他往往会作出安全、获益的预见。因此在行动决策上会更加敢冒风险,更加大胆和果断。信任是个体适应复杂社会环境的行动策略,通过简化社会环境而不断发现获益的机会。卢曼发现,信任者借助信任可以卸下难以承受的复杂性。而滥用信任的人必定要背负上这种复杂性,以确保互动对象能够获得足够的信息来

---

① 翟学伟、薛天山主编:《社会信任:理论及其应用》,中国人民大学出版社 2014 年版,第 20—21 页。
② 同上书,第 55 页。
③ 同上书,第 56—58 页。

判断是否可以选择相信他。结果,他将使自己陷入被复杂性压力所压垮的危险中。①

在不同的人与人互动过程中形成的信任,认知、情感、行为所占的比重可能是不同的,因此可以分为情感型信任、认知型信任、理性型信任三种类型。② 在以血缘关系为核心的首属群体内部,人们之间的信任主要是基于情感因素,属于典型的情感型信任。次属群体则主要是认知型信任。随着社会的发展,社会结构分化,人口流动半径扩大,首属群体逐渐消失,人们交往的对象变为不太熟悉的人,对其没有足够的时间和条件去形成情感型信任,只能在具备一定制度保障(如法律)下,形成认知型信任。信任的理性程度也随之增加。信任的对象也从主要是以个人之间的人际信任为基础的小规模的信任转变为以制度保障为基础的信任。这在人类社会从小规模农业社会向现代化工业社会转型的过程中尤为明显。卢曼因此将信任区分为个人信任和系统信任两类,个人信任是以被信任者个人特性是否具有可信度为基础。而系统信任通常是建立在社会各种系统,如司法、政治、经济等沟通媒介(如法律、权力、货币等)不被滥用且持续发挥作用的基础之上,也可以称之为"制度信任"。二者最大的区别在于,系统信任的信任对象与个人特质无关,但却与系统的运转机制有关,并假定所有交换各方会遵守特定的规范。③

吉登斯进一步将信任与现代性特征联系起来进行分析。他论证说,基于现代性的下列三个动力源,现代社会信任只能是基于制度的理性型信任:

第一,时间与空间的可分离性。前现代社会构成日常生活基础的时间计算与特定地点总是联系在一起的。即大多数人的大多数情况下,社会生活的空间维度都是受"在场"(presence)即地域性活动的支配的。就是说,如果不参照特定社会的特定地点或空间标志,就无法说清是什么时间。比如说要回答"现在是几点钟?"这样的问题,就必须先明确是北京时间还是伦敦时间。而现代性的降临,通过"缺场"(absence)的各种要素,出现了时间与空间的分离。地点、场所很容易被远处的社会影响所穿透。肉眼可见的"现场"可能同时受那些远在他方的元素的影响,由在场和不在场的多个元素所构成。网络虚拟空间就是典型的例子。时—空分离还成为现代性的极端动力机制。它

---

① 〔德〕尼克拉斯·卢曼:《信任:一个社会复杂性的简化机制》,瞿铁鹏、李强译,上海人民出版社2005年版,第84页。
② 翟学伟、薛天山主编:《社会信任:理论及其应用》,中国人民大学出版社2014年版,第58页。
③ 〔德〕尼克拉斯·卢曼:《信任:一个社会复杂性的简化机制》,瞿铁鹏、李强译,上海人民出版社2005年版,第65页。

为下面两个特征创造了初始条件。

第二，社会关系从彼此活动的地域性关联中脱离出来，即吉登斯所谓的"脱域"。脱域之所以可能，是因为时空分离，社会活动所存在的场域得以通过对不确定的时间的无限次穿越而多次重构，因而社会活动可以不受所在物理性地域范围的约束。脱域得以实现还有赖于两种机制的成熟，一是"象征性标志"的产生，二是专家系统的建立。前者是指各种系统中的交互媒介，如经济领域中的货币，某个政治集团使用的代表其政治合法性的符号等。后者是指由专业人员及其技术成就组成的体系。现代社会大多数人的日常生活都离不开各行各业的专家，如医生、律师、会计师、理财专家、建筑师等。而所有的脱域机制都依赖于信任。在这里，被赋予信任的不是某个人，而是那个抽象的象征性符号和专家系统，是一种抽象能力。比如人们在使用货币时都是在假设，那些从未谋面的人也都承认该货币的价值。他信任的是货币，而不是可能使用这些货币的某个人。我们多半不会在购买房屋、登楼入室之前先了解该房屋的建筑参数或先熟悉建筑方面的法律法规。我们默认了建筑设计师和建筑工人的专业水平和能力。但与其说我们是信赖某个特定的建筑师，毋宁说是更信赖他所使用的专业知识的可靠性。象征标志与专家系统把社会关系从具体情境中分离出来，让时—空获得延伸，使不在场的人们在不直接参与的情况下也能获得一种"预期的保障"，从而形成信任。其中的关键因素正是这些符号与专业技术的非人格化特质，加上法律制度和公众批评等外部约束机制。吉登斯因而指出："现代社会信任的本质是，在一系列给定的后果或事件中表达出的对诚实或他人的爱的信念，或者对抽象原则（技术性知识）之正确性的信念。"[①]

第三，知识的反思性运用。吉登斯指出，现代社会"关于社会生活的系统性知识的生产本身成为社会系统之再生产的内在组成部分，从而使社会生活从传统的恒定性束缚中游离出来"。现代性的时空分离和"脱域"机制，使得信任并不具备现实的"看得见"的基础，而只是行动主体为了获得"本体安全感"而不得不具有的心理状态。因此现代社会的信任中隐含风险。试想，一旦人们对货币、法律等象征性指标系统不再信任，世界秩序将遭遇灭顶之灾。正是因为意识到信任与风险交织在一起，促使现代人"不断对规则、制度和社会秩序进行反思，以确保它们是值得信任的"[②]。

[①] 〔英〕安东尼·吉登斯：《现代性的后果》，田禾译，黄平校，译林出版社2011年版，第15—25、30页。

[②] 翟学伟、薛天山主编：《社会信任：理论及其应用》，中国人民大学出版社2014年版，第107页。

卢曼指出,在社会关系日益复杂、高度分化,熟人关系在人们交往中不再居于重要地位的现代社会,系统信任较之于人际信任有更加广泛的适用范围。因为:(1)系统信任是对一般化的沟通媒介的信任。这种信任是通过人们连续地、反复地运用这些一般化沟通媒介所获得的肯定性经验,自然而然地建立起来的。这种信任具有降低交往关系复杂性的功能。所以,信任是"一个社会复杂性的简化机制"。(2)系统信任使得信任扩散开来,从而有了抵抗力。因为,这种信任几乎不会受个别不满的影响。个体的不满总是通过解释被消解,或者被当作偶然出现的特例而不被理会。而个人信任很容易被小的欺骗所破坏。(3)系统信任还具有不受动机形态影响的特点。个人难得有机会质疑自己愿意对一般化沟通媒介赋予信任的动机。这种不问动机的特质与信任的普遍化一起,让系统信任达到较高的层次,哪怕一旦有欺骗就是堪称危险的层次。(4)对系统信任的控制更加依赖专家知识。因为更多依赖专家知识,系统信任为一般人所无法掌控。于是,怀有信任的人感觉被置于无法预见的环境中,不得不保持信任。信任就这样被"制度化"了。在一个复杂而又必须合作的社会,信任的制度化、普泛化免除了个人对信任的艰难证明,为生活提供确信的基础,有效减少了个人生活焦虑。①

3. 认同类型及其影响因子

如果说克里斯玛型权威和传统型权威可以归入身份认同,而法理性权威属于制度认同,那么人际信任与系统信任也大致与这两种认同类型一一对应。身份认同与制度认同的区别在于原生性与建构性认同因素的显著性层级不同。

所谓原生性认同因素包括出生地、民族、种族、语言、性别、传统、习俗等文化因素。所谓建构性认同因素主要指国家、官方机构、政治、法律等正式制度因素。认同的形成以原生性因素为主时,个体形成的是身份认同和文化认同;相对地,当认同的形成显著地依赖国家正式制度或政治因素时,个体形成的是制度认同。克里斯玛型权威和传统型权威下,行动者无论出于对统治者个人魅力的认可与拥戴,还是出于对传统习俗规范的接受与顺从,其中起决定作用的是原生性文化因素,是一种将自我归属于特定群体、以特定群体成员身份为具体行为的情感。在克里斯玛型权威下的认同中,被统治者对统治者个人的信赖、服从,严重依赖于领袖的个性化人格特征。如果随便换一个人来替代,这种认同就可能不复存在。类似地,传统型权威下的认同,严重依

---

① 〔德〕尼克拉斯·卢曼:《信任:一个社会复杂性的简化机制》,瞿铁鹏、李强译,上海人民出版社 2005 年版,第 74—75 页。

附于特定的地域和社会关系。超出这个范围,认同即随之消失。

法律型权威以及理性型系统信任中的认同,则是借助制度规范形成的认同。制度的抽象性、普适性,使得这种认同具有超越具体人格和地域的特征。

三、司法认同类型

在司法认同情形,也可以按照权威和信任的不同类型与认同的内在联系进行相应的划分。在司法过程中,许多因素可能影响当事人的认同感,比如法律的有效性,程序规则的合理性,国家政策,伦理道德,法官个人性格、品格、能力等素质,当事人之间的互动关系,社区舆论、政治要求、意识形态等社会环境,等等。当个性化、非正式制度对认同的影响力大于普适的正式制度时,司法认同呈现的身份认同的特质就浓厚些。当法律、程序等正式制度对认同的显著性层级明显更高的时候,司法认同更接近制度认同类型。

属于身份认同的司法认同,伦理道德、传统习惯、地方习俗等非法律元素比较容易进入司法过程,常常成为法官裁判需要考量的因素。法官个人的职业道德、职业能力、性格特征等个人魅力在说服当事人接受裁判方面具有实质性作用。而上述因素的个性化、非实定性,使得司法过程多少带有不确定性特征。而各种因素的可谈判、可妥协、可变化,使得各方当事人之间容易出现博弈格局,有时法官会利用这种博弈关系促成案件解决。比如在调解为主要的司法方式的情形,当事人对司法的认同就更多依赖于法官个人的素质与技巧。[1]

相对地,基于法律和程序的司法认同属于制度认同范畴,具有去人格化特征,认同程度不因法官和当事人的个性化而有所区别。制度性司法认同更看重法律的明确性和有效性、程序规则的约束力和裁判的既判力能否得到维护。

第三节 制度认同型司法认同的形成条件与影响因素

一、司法认同的基本特质

认同的特征决定了司法认同的基本特质。首先,认同的主体性,要求司法要以行动主体为中心,充分尊重和保障行动者的权利。这可以解释按照正当程序的要求设计的司法程序是以程序保障为核心的。其次,认同的反身性

---

[1] 吴英姿:《法院调解的"复兴"与未来》,载《法制与社会发展》2007年第3期。

要求司法要有反思理性。司法获得认同不是靠司法权的强制属性,相反,需要设置合理的反思、纠错机制来吸收当事人的不满,修正程序瑕疵,从而将司法行为保持在制度设定的轨道中运行。再次,认同的互动性要求司法具有较强的沟通理性。司法与生俱来就有的专业性和技术性,决定了支撑司法系统持续运转和正常发展的主体必须是法律专业人员。从社会信任角度说,社会对司法的信任显著依赖职业法律人组成的专家系统。借助他们对法律的精准掌握与准确运用,保持司法按照法律和程序设定的轨道运作,保证法律这套"制度化不信任"确实发挥促进信任关系的作用。但是,与专业性和职业化相随相伴的是职业封闭性危险。放任职业法律专家垄断法律的制定、解释与运用,难免因专家的闭目塞听而导致法律与司法脱离社会,最终走向社会认同的反面。因此,司法需要保持与社会的沟通,在沟通中拉近法律与社会的距离,不断获致社会理解与支持。司法的沟通理性表现在通过有效对话达成共识作出裁判,以及裁判文书的充分说理。复次,认同的实践性与司法的实践理性高度重合。实践理性是指人所具有的为实现目的而选择正当行为的能力。① 法律是人类理性的化身,也是实践的产物。因此,法律所体现的理性是典型的实践理性。法律的目的是实践,就是为人的正当行为确定一个标准。作为"法律的判断"的司法,其使命是将法律通过一个个案件的裁判"肉身化"并反复再生产。无论从其属性还是运作规律看,司法理性必然以实践理性为核心。最后,也是最重要的,司法认同还建立在公共理性的基础上。现代社会民主政治的基本原则以及转型时期价值多元的社会现实,决定了司法认同主体的多元化。不同的主体决定其司法认同的利益需求和价值标准千差万别,需要寻求各主体利益诉求最大公约数,即所谓"公意",必然要求司法要有公共理性。

二、司法认同形成的基本条件

总的来说,制度认同的形成需具备以下三个基本条件:(1) 行动者对制度及其规范内容的认知理解;(2) 对制度品性的价值偏好和利益诉求;(3) 制度的有效性,即制度能否有效实现其目标和价值承诺。② 据此,司法认同的形成条件包括:

第一,司法制度的目标是否契合社会成员的利益需求。社会成员对于司

---

① 与之相对的是"理论理性",其着眼事物的"是如何",目标在于认识事物的"本来面目",以"解释世界"为宗旨,侧重于强调人的认识如何由不知到知、由知之较少到知之较多,与对象相符合相一致的能力。
② 王结发:《制度认同与政治合法性》,载《行政与法》2014 年第 5 期。

法制度的利益需求体现在他们利用司法制度所追求的目的上。于是,司法制度的目的与社会关于司法的期待是否相吻合,以及司法实践是否能有效实现该制度目的,将显著影响司法的社会认同。当事人选择和利用诉讼的目的可以分为两个层面:根本目的在于保护自己的实体权利;直接目的在于解决纠纷。国家设计和利用民事诉讼制度的目的也有两个层面:根本目的在于治理,即维护社会秩序;直接目的是解决纠纷。可见,当事人和国家利用民事诉讼的最终目的不尽相同,但直接目的都是解决纠纷。需要进一步明确的是:作为制度认同的一种,司法认同的形成还取决于司法制度与其他制度的识别度。如果司法制度与行政裁决、调解协商等其他纠纷解决方式边界不清容易混同,司法的社会认同便难以形成。"解决纠纷"无疑是所有纠纷解决方式共同的目的。司法制度与其他解纷方式的本质区别,或者说其特有的、不能为其他解纷方式替代的属性,是其作为"社会正义再生产装置"的价值。"公正"解决纠纷、防止私力救济中的"丛林规则"是国家设立司法制度干预社会纠纷的最重要理由。于是,公正解决纠纷即为司法制度对社会作出的承诺,也是社会对司法制度的期待。

第二,司法制度的有效性,即司法在多大程度上能够兑现其对社会作出的公正解决纠纷的承诺。其中"用法律来判断"恰是司法制度的本质属性。司法的制度功能在于通过干预社会纠纷维系和实现社会正义的不断再生产。因此,司法制度的生命力植根于其公正性。司法的社会认同也取决于司法制度在多大程度上能够实现公正的制度功能。在一般意义上,社会关于"公正"的界定是"以事实为依据,以法律为准绳"。鉴于事实判断和法律解释等实体问题的公正标准常常是模糊的,司法实现公正的主要途径是通过正当程序。因此,程序性是司法制度与其他制度相比最为显著的特征。而司法的个性化、社会对司法认知的外部性等特征,最终促使社会一般人感知司法公正的往往不是哪一方当事人胜诉的结果,而是裁判者的中立性、举证责任分配的公平性、证据认定的逻辑性、裁判理由的充分性等裁判过程是否正当。是为司法"通过程序实现正义"的运作规律。因此,能否依法裁判、是否严格遵循程序规则可以充当司法制度有效性的两个基本评价指标。司法的正当程序的核心是程序保障,包括要求法官亲历案件审理全过程,并从内心和外观两个方面保持中立,平等保障当事人诉讼权利,赋予当事人陈述辩论权、处分权和异议权,确立诉权对审判权的制约机制等程序规则。

第三,社会关于司法公正的正确认知与价值共识。这首先要求司法具有可接近性和透明度。人们对制度的认知性期待的形成,与其所获得的制度相关信息的质量和数量密切相关。一种制度即便充分体现了社会"公意",倘若人们不能充分获得其信息,或者专家话语体系所构造的制度文本不为社会公众所理解,就很可能妨碍个体关于制度的认知性期待与规范性期待达致统一。因此,司法信息公开的程度、信息的质量以及获取这种信息的成本都会影响司法认同的形成。其次,还要求司法具有较强的沟通能力和易理解性。现代民主社会条件下,尤其是在现代信息技术及网络普及的时代,个体自我意识与自主开展社会交往的能力越来越强,继而超越过去的作为"外在授权"的被动存在者,成为"内在授权"主体。每个人都具有成为自己的立法者和仲裁者而不再根据外在权威的意志行事的可能性。社会的多元化带来人们各自不同的利益诉求和信仰,形成价值多元化和韦伯所说的终极价值私人化的社会格局。同时,现代社会成员大多经过市场经济的洗礼铸就了经济型人格——一种患上"私人化之症"的人格特征——都倾向于采取自我优先、追求自身利益的最大化和社会承认优先权的行动策略。① 因此,人们关于司法公正的价值判断必定是多元的、自我中心主义的。这在客观上要求司法制度要有强大的沟通能力,以帮助人们超越自我中心主义的价值标准,尽可能就司法公正的价值判断达成共识。

三、影响司法认同度的主要因素

1. 法律的有效性

现代民主社会的法律是经过民主程序形成的社会公意的集合。因此,严格依照法律来判断当事人之间的争议和责任,是保证司法公共理性的基本原则。制度的"意"必须体现社会的"公意"。只有这样,司法制度的规范性品性才能与绝大多数社会成员的规范性期待取得一致,从而获得社会广泛的认同。有人认为,与制度体现"公意"条件相匹配的另一个认同条件是社会成员的素质,即社会成员具备"公民"的素质是制度认同的主体性条件。因为制度致力实现的"公共善"并不必定契合每个社会成员的价值偏好或利益最大化要求。因此,公民能否超越"自我中心性"立场,涵化出"普遍化他者"意识,以"主体间性"立场理性审视自己的规范性期待,决定了制度能否获得社会的广泛认同。②在司法认同情形,当事人和社会公众的法律意识的确会影响到社会对司法的认同。不过,如果法官能够始终如一地按照法律进行裁判,就是在民众中反复宣称法律的规则,彰显法律的有效性。这对民众法律意识乃至公民素质的养成都具有正向推动作用。

---

① 王结发:《制度认同与政治合法性》,载《行政与法》2014年第5期。
② 同上。

因此,法律的有效性成为影响司法认同的第一要素。所谓法律的有效性,即存在一套为社会成员接受的法律,且依法裁判的原则得到严格执行。司法的本质是"法律的判断"。法理型司法权威树立的前提条件,是法律的权威性,即法律被社会成员认为是正当的、应当服从的。而法律的权威性与司法权威有相互促进的关系。当法律借由一个个司法裁判不断获得再生产时,法律的权威也得以树立,社会规则意识也得以强化,并逐渐内化为个人的行为习惯。当新的裁判依然是严格依据法律得出的结论时,自然会得到当事人和社会的认同。同时,该要件还包含生效裁判获得实现的含义。当事人自觉履行加上强制执行的有效性,最大限度地将裁判确定的权利义务转化为现实的法律关系,是司法的规则再生产功能的必要保障。

2. 程序的正当化作用

程序规则的有效性即司法程序符合正当程序要求,严格按照程序作出的裁判被认为是正当的、可以接受的。性质上,程序规则的有效性也属于法律有效性的一部分。但因实体公正标准(即事实判断与法律解释)的模糊性,司法公正很大程度上依赖程序来实现。程序的显性功能是使审判在外观上获得正当性(legitimacy)。其隐性功能是:其一,通过尊重和程序保障,让当事人对裁判产生信任,更容易接受裁判结论;其二,通过将争议问题转化为法律技术问题,避免敏感问题上的立场对立,更容易形成价值共识,使裁判更容易被接受。① 程序的上述功能有助于审判的过程和结果在整体上为当事人以及社会上一般人所接受、认同和信任的性质②,即公信力。

程序能够发挥正当化功能的必须具备下列品质:首先是程序公开。程序公开的意义在于司法过程的信息公开。司法公开有助于当事人对司法形成认知性期待。行动主体对司法制度认知性期待的形成,与他所获得的与其有关信息的质量和数量密切相关。司法制度虽然体现了社会"公意",但如果人们不能获得其客观真实的信息,或者专家话语体系所构造的制度文本不为社会公众所理解,那么也可能因为社会成员对它的认知性期待与规范性期待无法实现统一而不能形成对它的认同。③ 因此,司法程序的公开程度、公开信息的质量以及获取这种信息的成本都会影响司法制度认同的形成。其次是程序保障。程序保障即尊重程序主体的主体性地位,保障其各项程序权利的实现。而程序保障的结果是程序效力,即程序经过所产生的结果对程序主体

---

① 苏力:《法治及其本土资源》,中国政法大学出版社1996年版,第140页。
② 王亚新:《社会变革中的民事诉讼》,中国法制出版社2001年版,第6页。
③ 王结发:《制度认同与政治合法性》,载《行政与法》2014年第5期。

具有约束力,任何人不能随意推翻要求重来。最后是程序安定。包括两层含义,一是程序的推进要严格按照法定规则进行,使程序有条不紊并可预见;二是程序要有终局性,即程序的最终结果——生效裁判——具有既判力,已经生效裁判判断过的事项,非出现法定事由不得再次争议和审理。无论程序效力还是程序安定性,都是当事人和社会公众对司法规范性期待形成的主要渠道,也是认知性期待得以与规范性期待反复比对、验证并达成一致的重要保证。

3. 社会关于司法公正的价值共识

社会关于司法公正的价值共识,通常表现为司法公正观与社会核心价值观相吻合。在日益复杂、价值多元的现代社会中,法律往往是社会共享价值的体现。所以法律关于公平、正义的价值取向通常构成现代社会核心价值观的重要内容。而在促进司法公正价值共识方面,又需要司法具有可接近性,并保持与社会的沟通。

首先是司法的可接近性,或司法的社会亲和度。认知、情感和评价构成认同的三个维度。① 这三个维度都以行动者与认同对象的经常接触、充分了解为前提。② 因此要实现牢固的司法认同,也同样必须让司法给人一种"只要需要,就在身边"的触手可及的亲近感觉,而不是高高在上、遥不可及的神秘感和疏离感。让司法具有可接近性也成为近年来许多国家司法改革的内容,其目的都是为了提高司法的社会认同。

其次是司法与社会保持沟通的能力。司法认同不可能仅仅是一种理论态度,而主要是一种实践精神。理论上说,有法律和程序的保障,当事人和社会公众就可以对司法制度形成认知性期待与规范性期待的统一。但是,由于法律的相对稳定性和程序规则的固定性,加上法律技术的专业化,并非每个案件的司法过程都能让当事人形成这种认知统一。这就可能导致司法的价值、功能和目标在具体个案中的实现出现障碍。"当事人原初的认知性期待和规范性期待统一在实践中未能得到证成反而被解构,就有一种上当受骗的感觉。"③这样的情形有阻断社会的司法认同的风险。这个风险是所有社会司法认同永远的难题。只有在司法与社会之间构建起制度化的沟通平台,保持长效沟通机制,才能尽可能减少这种认知不统一。

---

① 柴宝勇:《论政党认同的含义及其要素》,载《探索》2009年第1期。
② 欧阳景根:《社会主义多民族国家制度性国家认同的实现机制》,载《浙江社会科学》2011年第5期。
③ 王结发:《制度认同与政治合法性》,载《行政与法》2014年第5期。

第二章 转型时期司法认同危机

以认同类型为分析框架,一个可能的判断是:当代中国司法认同正在由身份认同转向制度认同,同时意味着司法的信任也从个人信任转向制度信任(或系统信任),连带地导致司法权威模式从克里斯玛型向法理型转变。而习惯了依赖法官个人的品德、技术与能力获得当事人认同的中国司法和社会尚不适应,各种改革思路的路径依赖并没有换回社会理解与重新认同,司法认同出现危机。①

第一节 司法认同危机与审判方式改革

一、"马锡五审判方式"的社会认同

陕甘宁边区政权批判和废弃旧司法与国民党司法制度,创造了全新的司法理念和独特的司法技术,对当代中国司法制度及其理性品格的塑形具有深远的意义。在司法权与政权关系上,确立了"司法半独立原则",即司法机关在党和政府的领导下,依照法律从事审判工作,行使审判权。在司法理念上和司法方法上,确立"司法为民"观点,即司法为人民服务目标,以人民满意作为司法公正的评价标准,以群众参与、监督审判为司法民主的保障等。这一套理念和技术在实践中获得了巨大的成功,不仅深受边区民众的欢迎拥护,而且因为司法充当了党的政策的宣传员、贯彻者的角色,也为巩固政权的合法性做出了贡献,政治效果显著。而这一切与边区特定的历史条件和马锡五个人的具体性格是分不开的。

马锡五原名马文章,祖籍陕西延川,出身农民,没有受过多少正规教育。1934年加入刘志丹队伍,曾被派到国民党军队中从事"兵运"。后随刘志丹创建陕甘宁边区,是陕甘宁边区创始人之一。1935年加入中国共产党。1936年任陕甘宁边区苏维埃主席。历史学家根据发现的史料分析,马锡五虽为农民而社会阅历丰富,眼界开阔。抗战时期,被任命为陕甘宁边区陇东

---

① 吴英姿:《论司法认同:危机与重建》,载《中国法学》2016年第3期。

分区专员兼理司法,担任陕甘宁边区高等法院陇东分庭庭长,是一位虽然从来没有受过法学专业教育,却因战时体制的安排而意外地走上了司法道路的人。农民出身的马锡五有着天然的亲民形象。他素来不喜闲坐办公室,好到地方走动,直接接触基层民众,非常熟悉本地风俗习惯,容易了解农民们的心理和诉求。他提出的解决问题方案,当地农民易于接受,确实给农民解决了一些长期解决不了的问题。在陕北农民眼中,马锡五不摆架子,说话随和,办事认真,能解决问题。马锡五在百姓心中地位极高,当地百姓尊他为"马青天"。① 马锡五的工作态度和工作作风不仅满足了基层民众的身份认同,而且与边区政府提倡的"群众路线"工作方式十分吻合。边区政府看中了"马锡五审判方式"在社会动员和增进民众对政权拥护方面的积极作用,给予充分肯定,继而对之进行了归类,认为晚清以来除"马锡五审判方式"外,其他的都是资产阶级审判方式。"马锡五审判方式"获得了高度的政治合法性,并被当作样板和模范在边区司法工作中推广,后来被总结为司法审判的十六字原则:"依靠群众,调查研究,调解为主,就地解决"。其强调司法人员"依靠群众、调查研究"发现案件事实,以"调解为主"、简化程序、方便群众诉讼,主张"具体问题具体处理",反对拘泥于既有的形式、制度和程序的所谓"坐堂问案",发动群众参与审判等司法理念与司法技术②,非常契合边区特定历史时期社会政治经济环境与政治需求,且符合当时人们对包青天式法官的期待。③ "马锡五审判方式"造就了当代中国司法既不同于古代司法、也有别于西方现代司法的"新传统"。④

"马锡五审判方式"在相当长的历史时期内获得了高度的社会认同。在认同类型上,这种认同当归入身份认同的类型。之所以如此断言,一是司法的政治目的是争取民众支持。在当时的特定历史条件下,一切政治经济制度安排均服从于打赢战争、争取社会支持。司法被当作政治动员的手段之一来运用,其政治任务就是将民众争取过来,站在共产党一边。在司法理念和司法技术上,司法人员被要求"在情感上、政治立场上必须首先同人民同心同

---

① 侯欣一:《马锡五审判方式的历史考察》,http://www.doc88.com/p-7836802378695.html,最后访问时间:2020年1月23日。
② 参见侯欣一:《陕甘宁边区司法制度、理念及技术的形成与确立》,载《法学家》2005年第4期。
③ 详见侯欣一:《从司法为民到人民司法——陕甘宁边区大众化司法制度研究》,中国政法大学出版社2007年版,第124—180页;汪世荣等:《新中国司法制度的基石:陕甘宁边区高等法院(1937—1949)》,商务印书馆2011年版,第273—280页。
④ 强世功:《权力的组织网络与法律的治理化——马锡五审判方式与中国法律的新传统》,载强世功编:《调解、法制与现代性:中国调解制度研究》,中国法制出版社2001年版,第204页以下。

德"。因此,司法过程就是争取当事人及其周边民众进行身份识别和重新归类的过程。二是促使认同形成的显著性因素主要是与本地传统习俗、语言文化等相关的原生性因素,建立在"属我同类"的认可与亲近感上。比如马锡五不喜按法言法语断案,而是按照群众生活语言断案,善于将边区政府的政策与本地风俗习惯结合起来,等等。这些都是当时来自陕北这个社会区域之外的司法人员所不具备的特质。而建立在身份认同和对特定法官个人信任基础上的司法权威是典型的克里斯玛型权威。事实证明,"马锡五审判方式"能否有效实施、社会效果好坏,很大程度上依赖司法人员的素质与能力。在边区政府强力推行"马锡五审判方式",强调运用调解手段解决诉讼案件的过程中,一些司法人员并不胜任这种审判方式,又迫于调解率的要求,于是屡屡出现久拖不决、过于迁就当事人要求、变相强迫调解等行为,受到民众的批评。①

二、社会变迁带来司法认同危机

"马锡五审判方式"的特点是:法官调查案件事实,听取人们关于审判的意见,主要采取调解手段,在田间地头开庭等。因为马锡五的审判方法贴近民众,反映民意,因此很受人们欢迎。新中国成立以后,"马锡五审判方式"得到进一步的推行,并与改革旧司法、建立人民司法的运动结合起来,形成了以调解为主的新型司法制度。1982年《民事诉讼法(试行)》将调解确定为民事诉讼的正式制度,即法院调解制度。"以调解为主"是1982年《民事诉讼法(试行)》规定的民事诉讼基本原则。为鼓励法官多用调解处理民事案件,调解结案率成为评价法官工作能力和法院工作成绩的重要指标之一。因此,在一般情况下,法官都是用调解方式来处理案件。即使在当事人不愿接受调解的情形,案件处理也往往以法官坚持调解,想方设法让当事人接受调解方案告终。总体上看,直到20世纪80年代,法院调解制度及以此为核心的民事审判方式都具有高度的社会支持度。

20世纪80年代的经济体制改革引发中国社会深刻的变化,并带动社会结构变迁和社会控制机制的转型。② 新中国成立后的30年时间里,意识形

---

① 详见侯欣一:《从司法为民到人民司法——陕甘宁边区大众化司法制度研究》,中国政法大学出版社2007年版,第200页;侯欣一:《陕甘宁边区司法制度、理念及技术的形成与确立》,载《法学家》2005年第4期。

② 如果把社会界定为人们的有序交往关系和状态,那么只有在相互交往的人群中存在一定的规范体系,并且这些规范为人们所接受,成为社会交往的行为模式时,社会才是真实的和稳定的。于是,以规范为尺度,社会的行为被分为正常行为和异常行为。社会控制就是通过对人们行为的引导和对异常行为的规制造就正常行为的社会机制。社会控制手段包括正式制度(如法律和司法制度等)和非正式制度(如意识形态、道德和宗教等)。

态借助单位和村社结构,有效控制着人们的思想和行为模式,实现了社会的高度整合与稳定。司法在整个社会控制体系中处于边缘地位,在有限的控制机能上保留了传统司法控制刑法化的特征。改革开放以后,随着市场经济的发展,在现代传媒的作用下,以个人权利为核心的个人主义、消费主义和以市场经济秩序为根基的法律等现代性因素大肆侵入中国社会,冲击着中国人传统的价值观念,人们被消费主义所裹挟,金钱至上的货币理性成为很多人的行动指南。① 以亲情为基础、以传统为导向的宗法礼俗已无法与经济理性抗衡。社会对新的社会控制机制的渴求客观上促进了法律和司法制度的发展。社会控制的形式转向以法律或司法控制为主。②

社会控制机制和治理模式向"法治"的转型,宣告了新传统司法"黄金时代"的终结。20 世纪 80 年代中后期的司法改革,揭开了司法权威模式转型的序幕。这一时期的司法改革,就是针对以"马锡五审判方式"为雏形建立起来的调解为主的司法模式进行的审判方式改革。

三、审判方式改革与司法认同模式转型端倪

自 20 世纪 80 年代中期始,以法院调解为主的司法制度不适应市场经济发展背景下的纠纷解决需要,"马锡五审判方式"的合法性遭遇挑战。一方面是诉讼案件数量激增,传统的调解型审判方式因周期长、占用的司法资源较多而显得效率低下;另一方面调解的无程序特征为审判权滥用提供了空间。普遍的案件积压和司法腐败招致社会对法院和司法制度的诟病。加之 90 年代以后,程序主义逐渐影响我国的司法领域,程序公正与效率成为司法改革的主题。法院开始探索审判方式的改革,而法院调解成为首当其冲的改革对象。改革的主要内容是引入西方现代司法制度和司法理念,推行司法专业化和审判规范化。主要的改革举措包括:"走出调解误区",强调调解的自愿原则,反对强迫调解;强调及时审理,避免"久调不决";要求法官在查明事实、分清是非的基础上调解,不要"和稀泥"式的调解;强调当事人举证,重视法律解释和证据规则等法律技术,鼓励开庭审理作出判决。法院不再以法官的调解结案率作为评价和考核的指标,相反以当庭宣判率和裁判文书的质量来评价法官的工作成绩。这些改革举措在人民法院第一个、第二个五年改革纲要中体现得很充分,并写入 1991 年颁布的《民事诉讼法》。在这场改革中,法院调解在审判中的地位一定程度上被边缘化了。20 世纪 80 年代法院调解结案

---

① 贺雪峰:《村治模式:若干案例研究》,山东人民出版社 2009 年版,"中国村治模式实证研究丛书总序",第 2—5 页。
② 吴英姿:《论司法认同:危机与重建》,载《中国法学》2016 年第 3 期。

率达到 70% 以上,有的法院达到 80% 甚至更高。而 90 年代以来,法院调解结案率逐年下降,到 90 年代末下降到 40% 左右,2002 年下滑到 31.9%。据 2004 年的司法统计数据,全国法院民事案件一审调解结案率为 31%,二审这个数字仅有 8%。①

审判方式改革指向的审判规范化、程序化和法官职业化发展,让司法权威的法理型模式开始浮现。但是,法理型司法权威所赖以建立的基础——法律完善并成为社会价值观的核心——的建立并非易事。法官适应新的审判方式也需要时间。加上执行难、司法腐败等问题,一时间,司法能力不能满足社会日益增长的需求的矛盾尖锐起来。尽管法院不断推出新的改革举措以争取社会认同,但还是出现了令人尴尬的局面:几乎每年都出现被民意围攻和改变的案件,如张金柱案、刘涌案、彭宇案、许霆案、邓玉娇案、李昌奎案、于欢案……一次次将司法与民意的矛盾推到风口浪尖。比如 2009 年 5 月 16 日,被告人昭通市巧家县农民李昌奎将王家飞掐晕强奸,用锄头将其打死,又摔死年仅 3 岁的王家红。2010 年 7 月 15 日,昭通市中级人民法院一审因李昌奎犯强奸罪、故意杀人罪判处死刑。2011 年 3 月 4 日,云南省高级人民法院二审改判死刑缓期执行。被害人家属通过网络和微博向社会公开表达对裁判的不满,并上访。7 月 3 日,中国网记者以《云南一男子强奸杀害两人 终审因自首悔罪获免死》为题进行报道,瞬即在网络上引发高达百万条的激烈讨论和关注。90% 的网友表示对裁判的不满与对被害人的同情。后云南高院出面回应社会的质疑。不料其言论更加激怒了民众。舆论压力之下,云南省高院启动审判监督程序。2011 年 8 月 23 日,李昌奎再审被判死刑。而类似李昌奎案的被民意围攻和改变的司法无疑会给司法的社会认同度减分。这些案件至少有两个共同的特点:(1)司法技术(包括事实认定、证据规则、法律适用、定罪量刑)等的正确性受到民众的质疑;(2)司法对民意表现出"专断"与"被动"两个极端——裁判时无视受害人和民众的意见与感受,闭门造车;当案件成为公共事件后又经不起舆论的拷问,随风而倒。而司法被民意改变的结果必然是社会对司法能力的不信任,司法认同陷入危机。类似情形一再重演,与这些年来法院苦苦争取社会认同的努力背道而驰。法院裁判经常受到舆论围攻,当事人申诉、信访量居高不下,社会对司法的信任和信心被严重削弱,党委和政府对司法在维护社会稳定方面的表现也颇有微词。司

---

① 杨润时主编:《最高人民法院民事调解工作司法解释的理解和适用》,人民法院出版社 2004 年版,第 236 页。

法认同再陷危机。①

第二节 重树司法认同的努力

一、路径之一：引入风俗习惯

社会对司法的认同危机的一个表现是，一些案件的裁判与执行因与地方风俗习惯相冲突而引发当事人及当地民众的不满。为应对此种情形，一些基层法院曾尝试将地方风俗习惯引入司法裁判和执行工作。比如，江苏省泰州市姜堰法院发动全院法官对民间习俗进行系统收集，形成10余万字的调查报告，其中包括近千条民俗。在此基础上分类、筛选，剔除"恶俗"，陆续就赡养、家庭共有财产分割和商事交易等方面的民商事案件的审理、执行工作出台指导意见。包括根据本地民间习惯制定了赡养义务的履行标准和方式，要求法官妥善处理家庭共有财产纠纷，有条件认可当地商事交易中的习惯，执行工作中充分尊重当地的风俗习惯，以彰显执行工作的"人文关怀"，指导法官和执行员对当事人进行心理疏导，提高当事人服判息诉比例。该法院的做法得到上级法院的肯定和重视。江苏高院民一庭在其2004年第4期《民事审判资讯》上刊登姜堰法院规范意见全文，并要求全省法院学习借鉴。最高人民法院专门成立"民俗习惯的司法适用"重点课题组，以泰州中院为骨干力量，围绕善良习俗民事司法运用收集典型案例，召开座谈会，形成调查报告。其研究结论对基层法院将善良习俗有条件地引入司法裁判的做法给予高度肯定。该研究报告的对策建议后来转化为泰州市中级人民法院2007年6月发布的《关于民事审判运用善良习俗的若干意见（试行）》（以下简称《善良习俗意见》）。该《善良习俗意见》旨在指导和规范民事审判运用善良习俗的行为，具体分七类常见问题规定了处理指导意见：婚约引起"彩礼"等财物纠纷、同居引起相关纠纷、赡养纠纷、抚育纠纷、财产继承纠纷、违反丧俗及其他善良习俗的侵权纠纷、相邻纠纷等。根据《善良习俗意见》的要求，法官在处理这些纠纷时可以引用善良风俗，包括民间的道歉方式，如请酒、敬茶、挂红等。在同居引起的有关纠纷里认可了农村的所谓"事实婚姻"；在析产继承纠纷里，规定了原《物权法》最终没有规定进去的"居住权"。而关于"什么是善良风俗"的问题，《善良习俗意见》认为应该包括三个特征：一是普遍公认性，即一定地域范围内被社会成员普遍认为是善良的、形成风俗的；二是合法性，即不违反法律和国家的政策，不损害社会公共利益，不侵犯他人合法权益。三

---

① 吴英姿：《论司法认同：危机与重建》，载《中国法学》2016年第3期。

是反复适用性,即该风俗习惯被反复运用于人们的社会生活中,事实上规范着人们的行为。至于善良风俗进入司法裁判的适用原则,《善良习俗意见》采用了补充性原则,即法律、政策有明文规定的必须适用法律、政策,没有明文规定的可以参照本地的善良风俗。同时,因为善良风俗具有地方性的特点,通常情况下只适用于本辖区当事人。双方或一方是辖区外的当事人,一般不适用,或是经过法官行使释明权以后适用。①

借助传统元素争取社会认同,带有类似于"传统型权威"及身份认同的双重特征。但在乡土社会迅速解体的大背景下,地方风俗习惯作为社会规范的有效性已然不足,以之作为裁判理由并不能获得社会的普遍认同。依据风俗习惯裁判只在少数案件中获得过较好的社会效果,具有偶然性、局部性。在大多数情况下,风俗习惯不过是当事人选择利用的"备用砝码"。就法院介绍的情况看,涉及风俗习惯的纠纷案大多数都是通过调解解决的。此外,《善良习俗意见》中不乏超越法律甚至与法律规定相冲突的"权利"安排。如此或许在局部带来了"案结事了"的结果,但从宏观角度看势必造成法律与习俗的博弈,破坏法律与司法的安定性,给当事人一种可以"讨价还价"的印象。长期来看只会损害法律和司法的权威,最终引发当事人和社会公众关于司法的认知性期待与规范性期待的不一致,难以形成稳定的司法认同,可谓得不偿失。

二、路径之二:回到马锡五

法院重寻社会认同改革的另外一个思路是"回到马锡五"。法院反思那些引发当事人申诉上访,特别是引起社会广泛关注、受到舆论批评热议的案件,认为审判方式改革的指导思想发生了偏差,"盲目崇拜、照抄照搬西方的司法制度和审判模式,淡化法院职权,强调当事人主义和司法的消极中立,提倡所谓的一步到庭、当庭宣判。这种忽视中国国情、超越实际、脱离群众的一判了之的做法带来了大量的问题,产生了大量的涉诉上访案件,群众很有意见。"②导致法院裁判得不到社会理解认同的一个重要的原因,是司法的专业化、精英化的趋势令司法"不接地气",裁判结果与社会现实脱节、与公众情感背离。③ 而"马锡五审判方式"是历史和现实的选择,其探索总结的深入群众查明真相、巡回审理群众参与、调判结合案结事了、简化程序便民利民等司法方式,是将诉讼制度与中国国情有机结合的产物,是党的实事求是思想路线

---

① 吴晓锋:《中国民事审判开始重视运用善良习俗》,www.legaldaily.com.cn,最后访问时间:2015年9月3日。
② 张立勇:《论马锡五审判方式在当代的继承与发展》,载《人民司法》2009年第7期。
③ 张立勇:《弘扬马锡五审判精神积极践行党的群众路线》,载《河南日报》2013年10月16日第6版。

在人民司法领域的生动体现，不仅切实可行，而且获得了群众广泛认可与拥护。① 为此，法院重拾"马锡五审判方式"的宝贵传统，重视其对当今的司法工作的启示意义，鼓励法官多采取巡回审判、调查走访，特别是依靠群众解决纠纷的成功经验。提倡法官在处理社会关注、当事人对立情绪大的案件时，不仅要主动听取当事人的意见，依法进行释明，而且要走进群众中，主动吸纳、参考案件发生地群众的意见，以疏解对抗情绪，增强当事人对裁判的认可度。② 2013 年 6 月，中央发动了为期一年的"群众路线教育实践活动"，法院系统把弘扬马锡五审判精神作为司法工作积极践行党的群众路线的主要方式。巡回审判、调解为主、主动调查案件事实、征求当事人和群众意见基础再作出裁判等做法得到赞扬与推广。全国法院连年推出的模范法官，如金桂兰、尚秀云、陈燕萍等，其工作方式与经验无不是"马锡五审判方式"的现代版。③ 江苏省推出的"陈燕萍工作法"是其中一个典型的个案。

陈燕萍是江苏省靖江市人民法院的一名法官。她长期在人民法庭工作，摸索出一套贴近基层社会实际、有效化解纠纷的工作方法。陈燕萍工作法包括以下几个方面：对当事人"温情接待、耐心倾听、换位思考"；为查明案件事实"指导举证、深入调查、严格审核"；在适用法律时"转换法言法语、把握法律精神、引入情理风俗"，追求所办理的案件"原告放心，被告信服，群众满意"。陈燕萍工作法被概括为："真心贴近群众：用群众认同的态度倾听诉求；深入调查研究：用群众认可的方式查清事实；注重释法析理：用群众接受的语言诠释法理；真情化解纠纷：用群众信服的方法化解纠纷。"在人民法庭工作的十四年间，她办理了 3100 多件案件，无一错案、无一上访、无一投诉，近 70% 的案件调解解决，获得当地社会的高度认同，包括基层民众的广泛赞誉和党委政府的高度认可。在江苏省高级人民法院总结的《陈燕萍工作法研究报告》(2010 年)中指出："陈燕萍工作法并非陈燕萍法官一人独创，而是千千万万基层法官的缩影，只是她的事迹更加出色而成为广大基层法官的代表。"④其实，陈燕萍工作法亦非史无前例，近几年法院系统树立的典型，如尚秀云、宋

---

① 阎庆文：《坚持党的群众路线弘扬人民司法优良传统——新形势下继承发扬马锡五审判方式的体会》，载《中国审判》2013 年第 11 期。

② 张立勇：《弘扬马锡五审判精神积极践行党的群众路线》，载《河南日报》2013 年 10 月 16 日第 6 版。

③ 在《人民法院报》关于各地"模范法官"的宣传报道中，"好法官"都有一些共性：擅长调解，有耐心，善于做思想工作；深入群众，到街道、村庄走访调研；有爱心，关心、资助孤寡老人、留守儿童、生病当事人，甚至帮当事人做家务、干农活；能吃苦，节假日加班加点，有的因劳累过度病倒在工作岗位上；等等。

④ 江苏法院陈燕萍工作法研究小组：《将党的群众路线落实到具体的审判实践中》，载《人民法院报》2010 年 3 月 31 日。

鱼水、金桂兰、顾双彦等,尽管所处的地域不同,面对的纠纷性质不同,地方民风习惯不同,处理具体案件的策略各有千秋,但如果上升到"工作法"层面则有惊人的相似。法官处理纠纷的策略与司法方法往往是回应本地民众解决纠纷具体需要的产物。从社会认同角度分析陈燕萍工作法形成的原因,可以从一个侧面研究当代中国司法的生存环境及其影响因素,并可从中发现司法制度未来发展可能的轨迹。

陈燕萍工作法获得社会认同的重要原因之一,是司法的社会政治功能存在障碍。如前所述,社会转型带来社会控制机制的转变,推动法律与司法走上社会治理主角的位置。而在社会自我解纷能力长期萎缩的情况下,纠纷解决过分依赖制度供给,是推动作为社会控制结构的法律和司法发展的又一动力。但是,社会控制的真空状态只是为法律和司法接替意识形态成为主要的社会控制机制创造了机遇,如果据此就得出法律和司法控制已经在社会控制体系中占据了主导地位的结论还为时过早。社会控制系统的结构性转型过程中很容易出现"空挡",即原有的社会控制结构丧失或部分丧失控制功能,而法律和司法这个替代结构的功能未能到位。下文将论证:由于法律和司法与变化了的社会结构不相适应,法律和司法要发挥社会控制功能仍有很多障碍。因此,司法的弹性运作成为弥补司法功能障碍的替代选择,法官的人格魅力也是司法获得社会理解与支持的重要补充。这是陈燕萍工作法得到普遍认同的重要原因。

1. 法律合法性不足要求司法具有一定的弹性空间。从总体性社会走向市场化过程中产生的社会分化和断裂,也导致社会规范的片段化。① 习惯、家规、宗教等传统社会规范不再适应新的社会关系而失效,法律又不可能面面俱到。而且现代法律主要是围绕市场来制定的,越是远离市场的地方(或者市场化程度越低的社会领域),失范的程度就越高。人们更多以自身利益最大化为原则和行动指南,以至于不得不用减少相互之间的交往来避免纠纷和无序。② 这愈发导致社会结构的松散和失范。再加上以下两个方面的原因,使得法律对社会转型期的多元价值的包容性不足,法律的社会认同度因而也就不高:一方面立法的民众参与度不高,一个供民众广泛民主协商的公共领域尚未成型,各种价值缺乏对话平台,难以达成共识并影响立法,部门(包括司法机关)立法的格局仍然是立法的主打方式;另一方面法律对政治及其意识形态的依赖性依然很强。这样的立法难免带有浓厚的部门本位主义

---

① 孙立平:《失衡:断裂社会的运作逻辑》,社会科学文献出版社2004年版,第115页。
② 骆建建:《十字路口的小河村:苏北村治模式初探》,山东人民出版社2009年版,第73—74页;董磊明:《宋村的调解:巨变时代的权威与秩序》,法律出版社2008年版,第27页。

色彩,脱离社会生活。一些法律颁行很久都不为民众所知晓,更谈不上被民众所接纳并成为解决纠纷的准据就不足为怪了。

  法律合法性不足常常成为法官审理案件的难题,也是当事人不服裁判的主要原因。信访成为司法挥之不去的伴生物,给法院、法官带来无尽的压力。于是在审判实践中,严格依据法律进行裁判的一般原则很容易让位于个案中灵活适用法律的"弹性司法"(或者"柔性司法")策略,即要求法官根据特定时期社会经济条件,注重考虑政策取向,兼顾民间情理要求,以纠纷的彻底解决为目标,鼓励法官"创造性"地解释法律和运用法律程序。比如在国际金融危机这样的特殊时期,法院要求人民法院在解决纠纷的过程中保持"适度弹性"——"不能简单套用法律条文",而是"把依法保障企业发展稳定,作为依法服务'三保'工作的重心所在,正确解读法律原则和政策精神,慎重把握审判尺度,充分运用弹性司法方式,最大限度地化解矛盾纠纷,避免刚性裁判带来的负面影响"①。并不是所有的案件都涉及应对金融危机、服务"三保"的重大问题,但"特殊情况特殊处理"的弹性司法取向却是司法的日常工作场景,陈燕萍工作法就是其中最具有代表性的一个。

  2. 社会纠纷的复杂性,要求司法更多人性化。转型时期中国社会纠纷呈现出现实性与非现实性冲突并存的特征。② 对于夹杂非现实性因素的纠纷,司法往往是无能为力的,特别是在法律对社会多元价值的包容性较小的情况下更是如此。这类冲突的性质很对立,又无法通过法律与司法的格式化得到是与非的评价,只能是朝着激化的趋势发展。法院曾经采取过"关门"策略,对这样的纠纷不予受理③,避免"惹火烧身"。但是,法院很快发现,一旦当事人选择信访渠道寻求解决和发泄不满,法院的处境就变得更加被动。在不得不处理这样棘手的案件时,人性化的司法和人格化的法官更加容易获得当事人的信任和社会的支持。于是法院特别推崇司法的柔性运作,即所谓

---

① 公丕祥:《应对金融危机的司法能动》(中篇),载《光明日报》2009年8月13日第九版。
② 科塞将社会冲突分为现实性冲突和非现实性冲突两类。现实性冲突有具体或者特定的目的,而非现实性冲突则涉及诸如终极价值、信仰、意识形态以及阶级利益等不可调和的分歧与斗争。现实性冲突指向冲突的对象本身,包含人们对具体目标的追求,以及人们对通过冲突实现这一目标的成本的估计。达到这个目标就可能消除冲突的潜在原因,因而妥协与调和更有可能替代冲突。而非现实性冲突因为涉及核心价值观,容易从情感上把参与者动员起来,最终转移冲突的真正对象,把敌对情绪作为目的本身表达出来,使他们不愿妥协。一般情况下,现实性冲突的烈度较小,而非现实性冲突的烈度较大。但如果现实性冲突的持续时间较长,随着参与者投入大量的感情,形成意识形态,现实性冲突也会转化为非现实性冲突。参见〔美〕L.科塞:《社会冲突的功能》,孙立平等译,华夏出版社1989年版。关于转型时期中国社会纠纷的特征的详细论述,见吴英姿:《"大调解"的功能及限度——纠纷解决的制度供给与社会自治》,载《中外法学》2008年第2期。
③ 如《广西壮族自治区高级人民法院关于13类暂不受理案件的通知》(桂高法〔2003〕180号)。

"柔性司法",就是要求法官在解决纠纷的过程中,不能简单套用法律条文,而要重视当事人利益的平衡,善于寻找法律与情理的结合点,强调针对特殊情形的政策考量,倡导减少冲突和对抗的"和谐司法观"等。这在陈燕萍法官审理的案件中比比皆是。① 陈燕萍工作法之所以取得了良好的化解纠纷、恢复和谐的效果,起决定作用的不是法律与程序,而是陈燕萍个人的同情心和所付出的辛苦甚至金钱;让当事人愿意接受司法处理结果的主要不是法律原则与程序规则所宣示的公平正义价值,而是投桃报李式的互惠关系,是当事人在法官的帮助下找到心理平衡的结果,是"爱心—感化—息讼"为机理的纠纷解决方式。

3. 司法的理性化规约能力差强人意,司法的正当化更多依赖法官个人素质与技术。司法发挥社会控制功能的原理是:通过法律化约复杂的社会规范,使人们的行为具有可预测性和确定性,再通过程序和既判力使这种可预测性和确定性成为现实,从而使人们的行为处于实际的控制之中。② 司法控制是对社会行为的理性化规约的一种形式。但是,当前的司法结构并不完全具备这种理性规约能力,屡屡出现社会控制功能障碍:首先,由于司法的制度化程度低,程序的非制度化运作导致司法过程存在大量的不确定因素,人们难以预测司法结果,而且在变动不居的裁判结果中看到了"会哭的孩子有奶吃"的侥幸,因此严重降低了社会对司法的信任,进而影响了司法的社会控制功能。③ 其次,屡屡发生的司法腐败行为致使司法结构自身出现了大量的社会控制问题。最后,司法与社会的亲和度差。④ 制度设计的不尽合理,司法救济的成本过高,不良的司法行为,以及操之过急的司法改革举措,都在不同程度上削弱了司法的社会亲和度。而司法的亲和性与其社会控制功能呈正相关关系。社会控制功能障碍导致司法把社会纳入法律场景的能力有限,法官完全按照程序规则审理案件的结果常常不为当事人和社会所接受,法官不得不在程序规则之外付出更多努力,用个人的道德、魅力以及与当事人周旋

---

① 陈燕萍案例中大多数属于此类,在此仅选几个为例:"案结事了情不了""走进当事人心里""'老爷'—'法师'—'姑娘':称呼里的真情故事""是她暖了我们的心",等等。
② 参见程竹汝:《司法改革与政治发展:当代中国司法结构及其社会政治功能研究》,中国社会科学出版社 2001 年版,第 187 页。
③ 近年来,法院稍有不慎就会触动舆论敏感的神经,不断有诉讼案件成为媒体讨伐焦点,从中可见一斑。
④ 司法的社会亲和度指的是社会对司法的亲近程度。一个社会亲和度高的司法表现为,人们与司法没有隔膜感,进入司法过程是轻松、方便、容易理解的。司法制度设计是否合理、科学,法官的司法行为是否与制度的价值相容,诉讼成本高低,都会影响司法的社会亲和度。

的"司法智慧"弥补司法能力的不足。陈燕萍工作法就是真实写照。①

但是,当事人对个别法官的信任是否等于社会对司法的普遍认同?法官在个案中树立起的威信加起来是否就是司法公信力?普遍存在的司法公信力失落的事实给出了否定的回答,突出表现在:(1)再审程序频繁、反复启动,裁判的既判力得不到维护。(2)法院裁判执行难直接削弱司法权威,不断削弱司法公信力。(3)司法与社会沟通不足,法院裁判难以获得社会的理解和信任。彭宇案、李昌奎案、吴英案等舆论改变司法的事情连年发生,暴露出司法的专断与被动两个极端:作裁判时无视社会意见,闭门造车;当裁判引发社会关注和批评后又经不起舆论的拷问,随风而倒,使司法公信力陷入危机。(4)涉诉信访居高不下,社会"信访不信法"情绪弥散。这正是司法公信力低下、社会认同度不高的显著标志。②

下文将论证:社会转型,尤其是治理模式转型,使当代中国司法认同模式开始了本质的转变。而一定时期内司法制度与社会双向的不适应,是导致司法认同危机的主要原因。

第三节 制度认同型司法认同的浮现

迈向现代化的大趋势与全球化背景,特别是市场化的迅速扩张,让中国社会的信任从情感型、认知型人际信任向理性型制度信任转变。与此同时,克里斯玛型司法权威逐渐不适应时代的需要,法理型权威可能是中国司法发展的大势所趋。这决定了司法认同模式势必向制度认同转型。

一、司法认同模式转变的必然性

1. 克里斯玛型权威赖以存在的社会条件不复存在。克里斯玛型统治是一种前理性时代的权威模式。这种权威赖以存在的社会多半是规则、程序等正式制度缺乏,主要依靠领导人的意志实现思想统一、行动一致的社会。特别是当社会出现某种危机时,人们渴望摆脱困境的需求会激发克里斯玛型领袖人物的出现,所谓"时势造英雄"。克里斯玛型人物凭借个人的智慧、能力带领社会成员走出困境的同时,树立起个人的威信。这种威信的力量很大,甚至能够影响和改变崇拜者的价值观和行为模式。中国改革开放以前的社

---

① 吴英姿:《陈燕萍工作法的社会认同分析——司法的社会政治功能视角》,载周泽民、公丕祥主编:《司法人民性的生动实践——陈燕萍工作法研究与探讨》,法律出版社2010年版,第98—108页。

② 吴英姿:《论司法认同:危机与重建》,载《中国法学》2016年第3期。

会,政治、经济、文化、社会权力与资源高度集中且完全由国家垄断,社会结构高度统一且连带性极强。而法律等正式制度缺失、组织机构的制度化程度低下,政治意识形态是主要的社会控制手段,社会主要依赖品德高尚、个人能力强的"能人"来实现秩序和发展。这样的社会结构为克里斯玛型权威提供了绝佳的条件。所以在相当长的历史时期内,国家的强盛主要依靠"明君""圣主""英明领袖",单位的发展主要依靠"能人"。当然,克里斯玛型权威的特点也决定了其缺陷:因为领袖权威并不是建立在正式的规则和程序的基础上,所以个人权力几乎无所限制;领袖权威发展到一定程度往往被神圣化,变成唯一正确、不可置疑的观念,民众失却自由思想和言论,只有跟随和服从。而权威过于依赖领袖个人,其周期必然以领袖者的自然寿命为限。所以完全靠个人魅力形成的权威往往是短命的,除非权威领袖能够将自己的个人权威转化为一种持久的制度或职位的权威。① 这是克里斯玛型权威难以超越的宿命。

在以市场化为特征的经济结构转型引发的多米诺效应下,中国社会结构正在发生巨大变化。市场需要更多规则和制度,以保证交易的可靠性、可预见性和稳定性,意识形态和个人能力发挥作用的空间首先在这个领域迅速缩减。接着这种情形又扩散到文化、教育乃至司法领域,并已经引起了政治结构及其功能的一系列变化。党的组织体系、政策和意识形态虽然在社会整合中仍然发挥着重要作用,但原先历史条件下所形成的权威资源开始转移或分散,在乡村、民营企业、自由职业等党组织体系的边缘地带,其整合作用明显萎缩。眼下党仍然在努力发展和充实主流意识形态的内涵,但无法改变意识形态多元化的趋势。来自不同文化和思想体系的文明价值交汇、融合,一些共有的价值成分,如自由、人权、公正等,获得越来越多的社会成员的认同。与此同时,法律和公共政策的社会整合功能日益突出,司法的公共政策功能逐步显现。②

2. 社会治理的法治化要求司法认同模式转型。中国社会变迁的"市场—法治"趋向,在纠纷解决领域尤其明显。由于社会自我解决纠纷能力尚未恢复,传统民间权威不复存在,纠纷当事人更多依赖公力救济,法律和司法的作用越来越显著。有学者曾经指出,影响社会纠纷解决方式有效性的因素主要有两个:(1) 解决纠纷依据的合法性,即为纠纷当事人共同认可的规范

---

① 周晓虹:《西方社会学:历史与体系》,上海人民出版社 2002 年版,第 378 页。
② 程竹汝:《司法改革与政治发展:当代中国司法结构及其社会政治功能研究》,中国社会科学出版社 2001 年版,第 272 页。

或价值标准;(2)纠纷解决者的权威性。① 但在民间权威"祛魅"的当代中国社会,第二个因素所占据的权重明显减轻,纠纷当事人对法律的依赖程度正在增强。人民调解的衰落就是典型的例子。近年来,党曾试图通过开展"大调解"运动重振人民调解,缓解司法的压力,但过去那种依靠政治资源和国家权力发挥解纷作用的人民调解已成明日黄花。实践中的人民调解越来越依赖法律和司法。尽管各地采取了很多措施,人民调解并未能重现过去的辉煌。真正发挥作用的是附设在法院的人民调解。总之,尽管中国的社会结构转型仍然在进行中,未来转型结果尚难预见,但一个看得见的趋势是:克里斯玛型司法权威赖以存在的社会条件正在逐步消失。时代呼唤一种全新的认同模式——制度认同型司法认同。

3. 制度认同型司法认同模式条件正在成熟。(1) 社会主义法律体系建成,为法理型权威司法奠定了制度基础。当代中国社会发展的趋势是,社会对法律的需要越来越强烈,法律和司法在社会控制和社会整合中扮演的角色越来越重要。同时,社会整合度越高,对法律和司法的依赖就越明显。这也是现代社会民族—国家发展的共同规律,也与法律的不断理性化能力有关。在价值多元时代,法律的公共理性势必得到强调,因为它必须兼容不同阶层、不同文化、不同信仰的价值、原则,以便获得全体社会成员的接受和支持,维持整个社会的和谐与秩序。而司法要在最大范围内获得社会认同,必然要从法律中寻求裁判理由。2008年3月8日,在十一届全国人大一次会议第二次全体会议上,时任全国人大常委会委员长吴邦国向大会做工作报告时宣布:"中国特色社会主义法律体系已经基本形成"。② 至此,中国形成了以宪法为核心,以法律为主干,包括行政法规、地方性法规等规范性文件在内的,由七个法律部门、三个层次法律规范构成的法律体系。国家经济、政治、文化、社会生活的各个方面基本做到有法可依,为依法治国、建设社会主义法治国家、实现国家长治久安提供了有力的法制保障,也为司法权威向法理型转变提供了制度基础。(2) 司法机构的组织化为法理型权威司法提供了组织保障。组织化通常被视为传统社会与现代社会相区别的一个重要特征,是现代社会高度分化、高度专门化的对应物。其中,法制统一与法律实现是社会

---

① 比如旧中国社会宗族调解的有效性就是建立在宗族组织的权威,及人们对族规、风俗习惯的公认和遵守基础上的。调解结果的合法性基于与传统习俗价值取向的吻合及当事人的共识。参见范愉:《社会转型中的人民调解制度:以上海市长宁区人民调解组织改革的经验为视点》,载傅郁林主编:《农村基层法律服务研究》,中国政法大学出版社2006年版,第189—190页。

② 《全国人民代表大会常务委员会工作报告——2008年3月8日在第十一届全国人民代表大会第一次会议上》,http://www.gov.cn/2008lh/content_925541.htm,最后访问时间:2021年8月18日。

组织化的突出表现。司法机构的组织化表现为法院设置的体系化、不同级别法院职能分工明确、相互关系有严格的程序规则加以制度化、法院内部机构设置服从于司法活动规律性,等等。为实现法律的理性化约能力,需要有高度的组织化和制度化的司法机构来实现法律。① 这决定了现代司法权威模式只能是法理型权威。(3)党的十八大确定的回归司法规律的改革思路为司法转向法理型权威提供了动力。十八届四中全会关于司法改革的要求,均涉及司法体制与运行机制的深层次问题,明确提出要保障审判权的独立行使,改革违背司法规律的行政化运行方式,并针对法官队伍建设和法院人事管理制度等提出了新的要求。最高人民法院《四五改革纲要》着重在影响司法独立的人事制度、财务、管辖和法院内部机构设置等方面提出了改革方案,改革的目标再次指向专业化方向。

4. 社会信任机制正在发生深刻变化,客观上要求司法认同模式转型。高兆明对当代中国社会生活中存在着的信任危机现象进行了分析。他指出,这种信任危机在根本上是缘于现代性进程中对传统的批评、否定与抛弃;但因缺乏孕生哺养出现代性社会精神与人格类型的精神资源,未能及时创造新的价值体系,造成一种"传统断裂"的无根状态。加之个人面对复杂社会无法控制的乏力感,使得个人寄希望于制度,期望有一个基本公正的制度、体制能在安全、稳定、可预见性上给予某种庇护承诺。但是,由于体制、机制和规则存在的不合理,导致制度承诺乏力,不能给社会成员以信心和依赖。② 陈洪杰在此基础上,用吉登斯的现代性与制度信任为分析工具,初步揭示了司法信任危机问题:处于走向现代化过程中的中国司法,遭遇越来越多的具有"脱域"特质和陌生人之间的复杂纠纷,"马锡五审判方式"逐渐被理性推理的现代审判方式所取代,社会对司法的信任由对法官个人的信任转向对司法制度承诺的期待。但是,一方面是一些个案当事人不满司法裁判,另一方面是司法的现代化改革带来的社会不理解,加上司法腐败等因素,导致司法与社会的疏离。法院从未放弃的塑造"司法为民"的政治道德面相的努力,包括不断推出的法官模范典型,并未能改变社会对司法的信任危机。相反,"由于司法道德化策略要求审判既要合情合理,又要依法裁判。但两套话语体系之间可能存在的巨大鸿沟,司法常常无法兼顾。每当遇到这样的情况,无论法官如何取舍,都可能遭遇社会质疑,反而使司法陷入更大的社会信任危机。可见,司法信任危机的根本原因并非法官个人品质问题,而是司法制度承诺及其有

---

① 程竹汝:《司法改革与政治发展:当代中国司法结构及其社会政治功能研究》,中国社会科学出版社 2001 年版,第 277 页。
② 高兆明:《信任危机的现代性解释》,载《学术研究》2002 年第 2 期。

效性问题"①。

彼得·什托姆普卡指出,在民主制度中信任文化的生成基于两个方面:责任性和事先承诺,二者的实质是"制度化的不信任"。制度化的不信任就是对那些可能违反制度、背弃承诺的行为事先设置制度障碍和矫正机制,以为那些愿意冒信任的风险的人提供一种支持或保险。因此,制度化的不信任越多,自发的信任就会越多。② 长期以来,中国司法制度更多依靠法官个人在具体案件中的行为获得当事人的信任,甚至存在一段没有程序法的历史时期,"制度化不信任"的法律构建基本是空白。三大诉讼法的相继出台及历次修改,审判方式的改革,特别是证据规则的逐步成熟,开启了向制度信任的方向转型的历程。在法律关系复杂、涉及专业技术知识、法无明文规定的新型疑难案件中,司法的公正对法官的法律解释方法、证据规则技术、裁判理由论证等能力有更多的依赖性,也更多需要程序凭借自身公平、公开、公正和效率的品质发挥正当化机能。虽然法官解释法律等能力不可避免存在个体差异,但总体上说,决定司法公正性和裁判的可接受性的应该是非人格性的法律和程序。

二、制度认同型司法认同的雏形

从历史发展的视角看,当代中国司法已经不可能再"回到马锡五"。即便是马锡五式的法官模范,也已然出现了一些或多或少接近法理型权威模式的特征。比如陈燕萍工作法,在细微处观察,可以发现其与马锡五审判方式的微妙区别,即较多地融合了现代司法的程序规则意识,更多地发挥了法律形式正义对司法的正当化作用。在陈燕萍处理的案件中对证据的重视是引人注目的,包括指导当事人收集提供证据,注意识别证据的真实性与证明力,用证据证明的案件事实作为裁判的依据等。尽管多数判断可能出自法官经验生活的直觉和朴素的逻辑推理,但是却与证据规则的基本原理不期而遇。另外,从陈燕萍法官的工作思路和话语中,可以读出中国法官的自我角色意识——一种区别于政府公务员、居委会干部和民间解纷权威的职业角色意识——正在觉醒,包括对法律的信仰,以及维护法律尊严的意识和自觉提高法律技术等。③ 再比如,法院在开展"能动司法"运动时,极力宣称这是在"承认和遵循司法规律下的能动",是在"思考如何在依法司法、公正司法和维护

---

① 陈洪杰:《现代性视野下司法的信任危机及其应对》,载《法商研究》2014年第4期。
② 〔波兰〕彼得·什托姆普卡:《信任:一种社会学理论》,程胜利译,中华书局2005年版,第186—187页。
③ 比如陈燕萍案例中的"她用耐心缝合手足情""原告被告都冤枉""她让老汉坚信法律的公正""移风易俗播新风""锐利的法眼""未成年人受伤索赔,女法官创新办案",等等。

司法权威前提下,服从中国社会政治经济发展大局,满足基层社会对纠纷解决的需要"①,等等,看得出一种在遵循司法规律与发挥政治功能之间保持平衡的努力。

在众多法官模范中,宋鱼水、邹碧华以其专业水平、有效法理论证、尊重当事人诉讼权利、严格依法裁判和调解等方式,赢得了当事人"胜败皆服"的赞誉,也在社会上树立起一种全新的法官典范——一种包含法理型权威特征的形象。宋鱼水,中国政法大学民商法学专业毕业,研究生学历,博士学位。曾任北京市海淀区人民法院知识产权庭法官、庭长,北京市海淀区人民法院党组成员、副院长,北京市第三中级人民法院党组成员、副院长。现任北京知识产权法院党组成员、副院长兼政治部主任。在官方总结中,宋鱼水的事迹被称为"公正司法的新型法官"②:(1)把握办案尺度。这个"尺度"就是法律上的公正和原则。宋鱼水说:"只要办事公正,什么问题都好解决。"对于蛮横不讲理的,她总是坚持原则,毫不退让。(2)公正审理每一件案子。宋鱼水说:"作为法官,一生中有可能审理几千件案子,但许多当事人一辈子可能只进一次法院,打一次官司。如果这一生中仅有的一次官司,让他们受到不公正待遇,或让他们得到一个不明不白的判决,他们心里就会留下深深的伤痕。伤害一个当事人,就会多一个不相信法律的人。而维护一个当事人的合法权利,就会使人们增加一分对法律的敬畏、对社会的信心。"(3)不办人情案。(4)详尽解析案情。"辨法析理,胜败皆服"这八个字成了人们对宋鱼水办案的最恰当的评语,也成了宋鱼水不断追求的目标。经她手审理的案子,绝大多数当事人都表示服气。她始终遵循一个信条:不能让当事人接受一个想不明白的判决。(5)尊重当事人的陈述。她尊重当事人的态度让当事人对她产生信任,愿意接受她的裁判或调解方案。(6)科学调解案件。宋鱼水倾听当事人的发言,不单是尊重当事人,其中也分析当事人心理,找出当事人存在心理疙瘩的症结,对症下药,让当事人"服法服理服气"。此外,宋鱼水是一个学习型、研究型法官。她曾说,"案子没有画上句号之前,我永远是一个学生"。她认识到,作为法官,每天要面对和解决纷繁而又具体的法律案件,涉及各种专业知识,仅仅懂法是不够的。因此,需要努力地学习、学习、再学习,从而以广博的知识充实自己,以知识的力量支撑起公正的天平。坚持勤学不辍的动力还源于她对所从事的审判工作的切身感悟。在中国"硅谷"中关村这样知识密集的地域做知识产权庭的庭长,其复杂性和挑战性远非尚待完善

---

① 公丕祥:《应对金融危机的司法能动》(中篇),载《光明日报》2009年8月13日第9版。
② 《公正司法的新型法官宋鱼水》,CCTV-新闻频道,http://finance.cctv.com/news/special/C13356/index.shtml.最后访问时间:2020年1月25日。

的法律所能涵盖和承应。这不但要熟练掌握相关的法律条文和审判技巧,更要善于运用法律和非法律手段协调和化解矛盾。①

邹碧华,北京大学法律系经济法专业毕业,法学博士,高级法官,华东政法大学、上海财经大学、上海对外经贸大学博士生导师,中国民法学研究会理事、上海市第九届青联委员、上海市劳动和社会保障学会劳动法专业委员会副主任。2006年当选"上海市十大杰出青年""上海市十大优秀中青年法学家""上海法院审判业务专家"。曾任上海市长宁区人民法院院长、上海市高级人民法院副院长等职务。官方介绍资料把邹碧华描述为"学者型法官"和司法改革的"燃灯者":(1)学者型法官。邹碧华对知识如饥似渴,抓紧每分每秒研读专业书籍,撰写研究报告,绝不浪费一丁点时间,说话做事颇具务实主义风格,是一个真正把法律当作一项事业来做的人。他结合自己的审判经验与理论研究心得,撰写出版《要件审判九步法》一书,理论和实践相结合,着眼于培养法律思维方法和提高法律适用能力,对于法律从业人员提高业务能力具有很强的启发意义。(2)业务能力强,不仅拥有法律专业上的睿智,而且非常体恤当事人和律师,深受当事人与律师的尊敬与信任。他常说:"我们做法官的既要善解法律,也要善解人意。""做一个有良心的法官"是他一生的追求与坚守。他善于从具体审判工作中发现一般性问题,比如在协调基层法院涉及"乐客多"超市的141起涉案金额高达2300万余元的群体性诉讼中发现涉外投资监管的薄弱环节,及时提出建立商业领域经营风险预警机制的司法建议,更为有效地保护了债权人的权益。他的文章《法官应当如何对待律师》和题为《司法改革背景下构建法律共同体的几点思考》的演讲在律师界广为传颂。文章阐述了法律职业共同体建设对中国法治的重要性,指出:"法官与律师之间应当互相尊重,职业共同体的构建要先从法官做起,法官应当包容、超越、谦和、关怀,具有清醒的职业认知和高尚的精神境界。"他生前常把这句话挂在嘴边:"律师对法官的尊重程度,体现了一个国家的法治发达程度;法官对律师的尊重程度,体现了一个国家的司法公正程度。"为促进法官和律师在执业活动中形成良性互动,邹碧华在担任上海长宁区人民法院院长期间,推动该院制定出台了《法官尊重律师十条意见》(2010年),这让律师们感动且敬佩。(3)管理能力强,注重改进工作机制,提高工作绩效。在长宁区人民法院担任院长期间,邹碧华曾主导开发过一套信访管理软件,通过这套软件,当事人、律师和法官/信访接待者都能查询到信访案的来龙去脉,包括初访时间、处理人、处理方案、信访人目前去向,等等。这套科学的信访管

---

① https://baike.so.com/doc/6480036-6693739.html,最后访问时间:2020年1月25日。

理系统在全国政法系统非常有名。针对执行投诉多、管理薄弱,他设计改革了执行流程,改变以往"一人一案管到底"的传统运行模式,将执行分成接待、查控、研判、强制四个相互牵制、监督的环节,大大提高了执行绩效,执行投诉率下降了76%,为后来江苏省高院"854执行模式"所借鉴。有当事人投诉曾经打33个电话找不到法官,他就建起法院"小总机",安排专人接听,为当事人提供咨询服务。这一模式成为法院系统12368热线电话的雏形。在担任上海市高院副院长后,邹碧华主导推动了律师诉讼服务平台建设。该平台不仅让所有在上海法院从事律师业务的律师都从中获益,而且让各项程序在可视化下进行,大大提高了司法透明度。该平台还专门设置了网上评价功能,法官与律师可以进行双向评价,以实现相互监督,在保障律师执业权利的同时,有效维护了当事人的诉讼权利,增强了当事人诉讼权利对审判权的制约力量。(4)在探索司法改革方面,邹碧华勇于担当,是有理想、有追求的"燃灯者"。他曾参与研究制定了最高人民法院"审判权力运行机制改革试点"方案、"司法公开平台建设改革试点"方案,主持制定了上海法院信息化建设三年规划,综合运用互联网、大数据、云计算等信息技术,用信息化力推司法公开(其中6项应用属于全国法院首创)。2014年6月,上海被中央确定为全国首批司法体制改革试点地区,他不仅是试点方案设计的主要参与者,而且主持起草了《上海法院司法改革试点工作实施方案》。面对改革引发的种种怀疑、争议甚至反对意见,邹碧华知难而进,他说:"改革怎么可能不触及利益,怎么可能没有争议?该担当时必须担当。"他并不避讳"在各种力量相互制约、各种思想相互碰撞、各种利益相互博弈的背景下,很难形成一种周全详尽的方案"。但他认定了司法改革的意义所在,因而不畏困难、坚持前行,对改革充满信心:"改革这种事情一直是一点一点往前拱的,每次能有一点点进步就是成功!"他坚持司法改革"既要有理想,又要接地气",始终把科学管理贯穿于司法改革之中,要求所有方案建议均要建立在扎实的实证调查与科学论证基础之上。他常说"一切以数据说话""根据实际情况制定方案""不准毛估估"。他提出的改革方案不是理念的简单堆砌,而是带领课题组查找资料,整理数据,向国外同行请教,用翔实的数据形成研究报告,提交决策部门参考。他非常重视各种批评意见,专门请人搜集网络和微信上所有"吐槽"司法改革的文章和段子,为自己提个醒。他总说:"有数据、重事实,就容易得到大家的理解和支持,就能更好地推进改革。"因此,邹碧华提出的许多改革建议和方案都具有很强的可操作性。为此,有人说他是"法院系统最优秀的产品经理"。邹碧华认为先进理念不能超越中国实际。他深刻地认识到,给予法官更多独立审判权是改革大方向,但基于对中国法官队伍现状的了解,他认为不能照搬国外那一套,保障法官独立行使审判权的同时需要有监督。在司法责任制改革试点方案中,他提议设立主审法官联席会议和专业法官会议制度,发挥资深法官的作用,为疑难案件提供咨询意见。目前这一方案已经成为司法责任制改革中普遍推行的做法。时任上海市高院院长崔亚东评价说:"邹碧华凭借前瞻性的改革视野、丰富的实践经验成为全国司法改革的先行者,为上海乃至全国法院的司法改革做出了积极的贡献。"2018年12月18日,党中央、国务院授予邹碧华同志"改革先锋"称号,颁授"改革先锋"奖章。同日,邹碧华入选中央政法委长安剑"改革开放40周年政法系统新闻影响力人物"。①

类似宋鱼水、邹碧华的法官越来越多,表明实践中的中国司法已经开始向法理型权威转变,司法认同的获得越来越依赖法律与制度的有效性,制度认同型司法认同正在形成。②

---

① https://baike.so.com/doc/1369428-1447510.html. 最后访问时间:2020年1月25日。
② 吴英姿:《论司法认同:危机与重建》,载《中国法学》2016年第3期。

第三章 司法认同危机的要素分析

如果上述判断是成立的,当前司法认同危机的根源就应当从制度认同要素中探寻。如前所述,制度认同取决于制度的有效性。制度的有效性越强,越容易影响人们的角色认同与行为模式;同时,社会认同度越高,制度的实现越彻底,就越能源源不断地吸取民众的理性和情感而保持活力。对司法制度的有效性的评估,当从司法制度实践在遵循司法规律、满足社会关于公正解决纠纷的需求方面进行考察。从司法"法律的判断"的本质属性和"通过程序实现正义"的基本特征,以及司法的目的是公正解决纠纷而言,司法制度有效性的评价指标可以化约为三个关键变量:(1) 依法裁判原则是否得到严格遵守;(2) 诉讼程序规则的正当化作用是否得到充分发挥。同时,由于认同是基于价值(肯定)评价的一种心理归属状态,因此,司法认同的另一要素就是:(3) 社会关于司法公正的价值共识。下文将分析:司法实践中法律的有效性不足、程序正当化作用不明显、社会关于司法公正的共识阙如,是导致当前社会对司法认同危机的三个主要原因。进一步透视导致法律失效、程序失灵的司法体制、机制根源,分析多元价值时代司法公正社会共识的形成机理,有助于探寻深化司法改革、重树司法认同的有效路径。

第一节 法律失效消解社会对司法的信任

一、实质主义司法致法律失效

当前的中国司法,无论理论研究还是司法实践,实质法治思潮都非常有市场,集中表现为法文化上的实质法治主义和法解释学或裁判思维方式上的实质法律观。前者突出表现为提倡从政治、经济、文化、历史等各个方面全面地把握法律,形成一种"整体性"法治观。后者体现在解释法律和适用法律作出裁判的过程中,目的解释方法的作用被放大到极致,政治要求(诸如以经济发展为中心、维护社会稳定、构建和谐社会等)、政策、道德、情感乃至宗教信仰都被当作论据引入法律解释与法律适用。尽管多数学者在表明自己的实质法律观的同时,表达了维护法治的立场,强调自己信奉的是在坚持形式正义的前提下有针对性的、有条件的实质法律观,或者自称"保守的"实质法律观,但是在具体问题的法律解释与法律适用上,却往往陷入实质因素决定论立场,不自觉地走向极端的实质法律观即"实质主义"。① "原则性与灵活性相结合"的实质主义法治观强调决策者要以法律的政治目标、社会道德要求、成本收益等实质因素为指针,指导具体案件的裁判。这与政法合一体制下政治正确优先的要求有高度的契合性,因而成为司法政策的主导思想。1999年全国民事案件审判质量工作座谈会纪要中,最高人民法院首提司法审判要注重社会效果,"在审理新类型民事案件时,要注重探索,讲求社会效果"。随后,"法律效果与社会效果相统一"的提法成为最高人民法院关于司法办案目标和要求的正式表述,即:"坚持办案的法律效果与社会效果的统一,是有中国特色的社会主义审判工作的基本要求,是人民法院讲政治的集中体现,是衡量办案质量好坏的重要标准。"② 后来,该提法进一步扩充为"法律效果与社会效果、政治效果统一"。正如有学者批评的那样,两个效果的统一属于法哲学认识论层面的问题,不能当作方法来解决法治的难题,更不能作为裁判方式。正是由于实质主义思潮的盛行,中国法治建设一直没有形成法律对政治行为的制约机制,相反却有政治对司法的控制的传统。由于实质主义的思维方式固有的缺陷难以克服,无形中扩大了法官的自由裁量权,弱化了法律对司法的约束作用。司法在实质理由之下灵活性更多而规范性更少。③ 司法的实质主义思维方式泛滥的结果,是政策、道德、社会舆论乃至个别人情等非法律因素很容易进入司法,依法裁判原则常常被突破,以实现法律为本质属性的司法却成为法律失效的主要场域。

1. 司法裁判中的政策因素

政策是执政者为解决当下社会治理中的突出问题而制定公布的方针、路线、对策、举措。政策属于典型的政治理性的产物,具有鲜明的针对性、及时性和时效性,其另一个侧面就是应时性、短期性和多变性。政策的上述特点与法律的公共理性、制度刚性、反对"朝令夕改"、追求安定性的品格形成鲜明对比。在战争年代和社会管理主要依靠行政调控的计划经济时期,党的政策在稳固政权、建设国家、重建社会等方面曾经发挥了巨大的作用。毛泽东反复强调革命斗争中政策和策略问题的极端重要性,指出政策和策略是党的生

---

① 参见魏东:《保守的实质刑法观与现代刑事政策立场》,中国民主法制出版社2011年版;刘艳红:《走向实质的刑法解释》,北京大学出版社2009年版。
② 李国光:《坚持办案的法律效果与社会效果相统一》,载《党建研究》1999年第12期。
③ 参见陈金钊:《实质法治思维路径的风险及其矫正》,载《清华法学》2012年第4期。

命,是革命政党一切实际行动的出发点和归宿,必须根据政治形势、阶级关系和实际情况及其变化制定党的政策,把原则性和灵活性结合起来。① 这段历史经验不仅造就了党及其制定的政策的高度的权威,而且确立了一套中国特色的关于政策与法律关系的法学理论:党的政策是法律的灵魂,是法律的先导;法律是实现党的政策的手段和工具。新中国成立初期确立的"有法律从法律,没有法律从政策"的原则,在新中国成立后几十年的实践中变成了只依靠政策不需要法律的工作习惯。司法人员因此也养成了重政策、轻法律的思维方式。② 在经济体制改革以后,"市场经济是法制经济"的观念已经成为全民共识。从上个世纪末开始,"依法治国""建设法治国家"作为党和国家的发展战略写入党的文件③,但主流意识形态关于政策与法律关系的认识没有根本性变化,始终强调法律与政策的一致性,突出政策对法律的先导与指引作用,把保持法律与政策的协调统一作为司法机关的重要职责。司法裁判的政策考量已经成为中国法院裁判的风格,法官的裁判理由有明显的政治考量和政策思维。有学者专门研究了《最高人民法院公报》上的行政诉讼判决,发现法院在行政司法过程中的政策考量非常普遍,表现为以下几种方式:或者以政策为法律漏洞填补的工具,或者作为判断争议事项(比如具体行政行为合法与否)的依据,或者用政策来解释法律目的,或者以政策为裁判结论(包括量刑)的直接依据。④ 还有学者发现,法官常常在经济案件和刑事案件(包括量刑)中将政策因素作为裁判依据。⑤ "能动司法"司法政策要求法官积极运用政策考量审理涉及经济发展的民事案件,即在审理案件时要发挥主观能动性,根据特定时期社会经济条件,注重考虑政策取向,兼顾民间情理要求,以纠纷的彻底解决为目标,鼓励法官"创造性"地解释法律和运用法律程序。比如在国际金融危机这样的特殊时期,法院要求人民法院在解决纠纷的过程中

---

① 中共中央委员会:《关于建国以来党的若干历史问题的决议》,http://www.gov.cn,最后访问时间:2019 年 11 月 26 日。
② 蔡定剑、刘丹:《从政策社会到法治社会——兼论政策对法制建设的消极影响》,载《中外法学》1999 年第 2 期。
③ 《高举邓小平理论伟大旗帜,把建设有中国特色社会主义事业全面推向二十一世纪——江泽民在中国共产党第十五次全国代表大会上的报告》(１９９７年９月１２日)
④ 王旭:《解释技术、实践逻辑与公共理性——最高人民法院行政法解释考察》,载葛洪义主编:《法律方法与法律思维》(第 6 辑),法律出版社 2010 年版,第 116—142 页;李友根:《司法裁判中政策运用的调查报告——基于含"政策"字样裁判文书的整理》,载《南京大学学报(哲学·人文科学·社会科学版)》2011 年第 1 期;陈珊珊:《量刑中的计量化与政策导向评析——以交通犯罪中最高院〈量刑意见〉的适用为例》,载《法学》2012 年第 2 期;等等。
⑤ 李友根:《司法裁判中政策运用的调查报告——基于含"政策"字样裁判文书的整理》,载《南京大学学报(哲学·人文科学·社会科学版)》2011 年第 1 期;陈珊珊:《量刑中的计量化与政策导向评析——以交通犯罪中最高院〈量刑意见〉的适用为例》,载《法学》2012 年第 2 期;等等。

保持适度弹性,"不能简单套用法律条文",而是"把依法保障企业发展稳定,作为依法服务'三保'工作的重心所在,正确解读法律原则和政策精神,慎重把握审判尺度,充分运用弹性司法方式,最大限度地化解矛盾纠纷,避免刚性裁判带来的负面影响"①。

2. 司法裁判中的道德、宗教因素

法律与道德之间存在大量的交叉。某些法律规则体现的就是道德的要求,如刑法、侵权法、合同法、婚姻法等,都包含大量的反映道德标准的条文,构成"道德的法律强制"。不过,司法公正追求的是一种"法律之内的正义",遵循的是制度伦理。制度伦理的特点在于它是一种整合性伦理,采取的是非个人化的标准,以程度较低的道德标准为基准,与多数人或普通人的道德水准相适应,以获得多数人的认同与遵守。制度伦理的功用在于把该制度所涉及的那些分散的个人的善、价值、目的和愿望整合为一个大体协调的结构或秩序。但是,一旦确立了这种价值最大化的目标,就意味着制度伦理必然是不完美的或曰残缺的伦理。因为,在制度目标的实现过程中难免要以对某些伦理价值和非伦理价值的牺牲为代价,它的逻辑只能是,在各种合理的目的和价值不可兼得时,为实现更大的善可以牺牲较小的善,为避免更大的恶必须容忍较小的恶。所以,司法公正是一种有限的正义。② 司法的制度伦理要求法官在进行判决理由论证时,不能直接援引道德标准,不仅是因为法律标准不可能达到道德标准的高度,也是因为社会关于道德的共识是流动性的,是随着时代的发展而不断变化的。在某个时代成为社会共识的道德标准,或许在另一个时代成为人们争议的问题;一个在某个时代以这种方式达成的共识,或许在另一个时代以另一种方式达成共识。比克斯尖锐地质疑:如果法官直接运用道德标准作为论证判决理由的逻辑线条,他如何知道经由他的判决所实现的法律是在强制执行社会的道德共识,还是仅仅在保护某一代人的偏见③,甚或仅仅是在执行裁判者自己认同的道德标准?宗教信仰也是如此。

但是,在实践中,法官在运用道德、宗教教义进行论证方面却存在一定的随意性。例如,在"张某英诉蒋某芳遗赠纠纷案"中,关于被继承人将遗产遗赠给与自己有非法同居关系的"朋友"张某英的遗嘱是否有效的问题上,法官

---

① 公丕祥:《应对金融危机的司法能动》(中篇),载《光明日报》2009年8月13日第九版。
② 郑成良:《法律之内的正义:一个关于司法公正的法律实证主义解读》,法律出版社2002年版,第80页以下。
③ 〔美〕布赖恩·比克斯:《法理学:理论与语境》(第四版),邱昭继译,法律出版社2008年版,第194页。

除了从证据角度进行判断外,还有一段法律的道德论证:

> 遗赠人黄某彬基于与原告张某英有非法同居关系而立下遗嘱,将其遗产和属被告所有的财产赠与原告张某英,是一种违反公共秩序、社会公德和违反法律的行为。而本案被告蒋某芳忠实于夫妻感情,且在遗赠人黄某彬患肝癌病晚期住院直至去世期间,一直对其护理照顾,履行了夫妻扶助的义务,遗赠人黄某彬却无视法律规定,违反社会公德,漠视其结发夫妻的忠实与扶助,侵犯了蒋某芳的合法权益,对蒋某芳造成精神上的损害,在分割处理夫妻共同财产时,本应对蒋某芳进行损害赔偿,但将财产赠与其非法同居的原告张某英,实质上损害了被告蒋某芳依法享有的合法的财产继承权,违反了公序良俗,破坏了社会风气。原告张某英明知黄某彬有配偶而与其长期同居生活,其行为为法律所禁止,也为社会公德和伦理道德所不允许,侵犯了蒋某芳的合法权益,于法于理不符,本院不予支持。①

另一个例子是王某诉骆某离婚纠纷案,法官在裁判理由中引用《圣经》中的教义进行说理:

> 婚姻本就是平凡平淡的,经不起任何一方的不安分折腾。时间是一杯毒药,足以冲淡任何浓情蜜意。幸福婚姻的原因自有万千,不幸婚姻的理由只有一个,许多人都做了岁月的奴,匆匆地跟在时光背后,迷失了自我,岂不知夫妻白头偕老、相敬如宾,守着一段冷暖交织的光阴慢慢变老,亦是幸福。
>
> 家和万事兴。在婚姻里,如果我们一味地自私自利,不用心去看对方的优点,一味挑剔对方的缺点而强加改正,即使离婚后重新与他人结婚,同样的矛盾还会接踵而至,依然不会拥有幸福的婚姻。'为什么看到你弟兄眼中有刺,却不想自己眼中有梁木呢。你自己眼中有梁木,怎能对你兄弟说,容我去掉你眼中的刺你呢。你这假冒伪善的人,先去掉自己眼中的梁木,然后才能看得清楚,以去掉你兄弟眼中的刺。——《圣经·马太福音》。'正人先正己。人在追求美好婚姻生活的同时,要多看到自身的缺点和不足,才不至于觉得自己完全正确。②

---

① 四川省泸州市纳溪区人民法院(2001)纳溪民初字第561号民事判决书。
② 重庆市巴南区人民法院(2016)渝0113民初404号民事判决书。

在上述裁判的理由论证中,法官使用了"社会公德""伦理道德""公共秩序"甚至宗教教义来支持裁判观点。然而法官并没有仔细分析,他在论证中所用的道德标准是不是与法律标准重合——属于为法律强制执行的标准,以至于用道德标准、宗教信仰替代了法律标准,用道德逻辑、宗教哲学而不是法律逻辑来论证自己的裁判结果。这样的判决理由担负着一个风险:用没有实定性的道德来破坏法律的统一性与稳定性。在道德进入司法的问题上,桑斯坦提倡"司法最低限度主义":"最低限度主义之所以能够取得良好的效果,首先是因为法院可能会错误地处理某些事情,其次也因为即使法院给出的答案是对的,也有可能导致可怕的后果。……如果对于裁判一个案件来说并没有必要,那么法院就拒绝对其他人深切认同的道德信念作出评价。这样,法院道德冲突的负担会大大减轻。而且,最低限度主义可以减轻法官判决负担,降低错误风险和错误成本。并且当时代变迁,环境更改时,为法律规则的灵活调整预留空间。"①

当然,并不是说法官在论证判决理论时一律不得涉及道德评价,只是在使用道德标准来证成判决理由方面,法官应当绷紧司法的限度这根弦。当法律标准与道德标准完全重合时,法官引入道德标准进行论证是没有问题的;但当二者相互分离时,意味着关于某个问题的道德共识不存在,至少在法律上不存在。法官对此类问题毋宁"沉默是金",尽可能避免直接发表道德评论,更不能用自己认同的道德标准作为判决依据。实际上,张某英案中关于遗嘱是否有效的问题,通过适用证据规则就足以解决,没有必要用道德来"补充"论证。法官站在道德制高点的论证看似说理更加充分,但实属画蛇添足之笔,不仅引来社会的批评,而且争议客观上削弱了判决的权威性和认同。②

3. 司法裁判中的其他非法律因素

其他经常影响法官裁判的非法律因素还有很多,例如当事人支付能力、判决执行的可能性、案结事了的要求、信访上访的风险,等等。于是乎,"各打五十大板型""息事宁人型""杀富济贫型"的裁判屡见不鲜。2013年4月发生的连云港10岁男童模仿《喜羊羊与灰太狼》中"灰太狼烤全羊"的情节,将同村4岁、7岁两名小伙伴绑在树上点火烧成重伤一案,原告很清楚被告无法负担高额的损害赔偿责任,因此将《喜羊羊与灰太狼》的制作公司,广东原创动力文化传播有限公司(以下简称"原创公司")作为共同被告(以下简称

---

① 〔美〕凯斯·R.桑斯坦:《就事论事——美国最高法院的司法最低限度主义》,泮伟江等译,北京大学出版社2007年版,第14页、第61页。
② 吴英姿:《司法的限度:在司法能动与司法克制之间》,载《法学研究》2009年第5期。

"第二被告"),要求其共同承担赔偿责任。对当事人的争议焦点,即制作动画片行为与原告损害结果之间是否存在因果关系的问题,一审法院给出了肯定的判断,其判决理由是:

> 传播对象主要是未成年人这个特殊群体,在制作传播相关影像制品时,制作方除了应遵守音像制品管理条例的规定,还应受到未成年人权益保护的相关法律法规的制约,应该主动严格审查不宜未成年人的情节和画面,并负有提示风险、警示模仿的注意义务。虽然该片的制作、发行经过了行政许可,但实际造成了损害的客观后果,该后果与被告广东原创公司的发行行为存在法律上的因果关系,被告广东原创公司未尽应有的注意义务,对损害事实存在过错,应当承担相应侵权责任。①

从裁判说理论证的逻辑上看,法院仅从损害后果倒推被告原创公司的发行行为与损害结果之间有因果关系,典型地属于"以结果定原因"的实质主义思维方式。逻辑顺序上的颠倒令人怀疑法官的动机仅仅是考虑到第一被告支付能力不足,为了解原告的燃眉之急,让经济实力雄厚的原创公司拿出一些钱来至少能解决一些问题。而这一满怀对原告的恻隐之心、力求"解决问题"的实用主义判决理由,不出意外地引起了巨大的争议。

这种用"社会效果""政治效果"决定"法律效果"的裁判思路让非法律因素能够畅通无阻地进入司法,终将导致法律效果与社会效果的零和博弈,消解社会对法律和司法的信任。究其原因,实质主义思维方式的标志是其对于法治之"法"的理解和认定存在偏差,误认为形式法治观所理解的法治之法是"制定法",而实质法治观之法是超越法律之上的法或所谓"良法",包含着美好的理想的法。但是,关于什么是"善"法的问题却是仁者见仁,没有具体、确定、统一的标准的。正如拉兹认为:"如果法治是善法之治,那么解释其性质就是提出一种完备性社会哲学。但如此法治这一术语将失去有效的功能。我们无须为发现相信法治即相信善将得胜,而皈依法治。"②陈金钊分析说:如果法律解释不是根据制定法而是以善为依据,"人们就不得不大量地进行争论和解释这些善和正义的含义,那么法律将失去独立作用于社会的功

---

① 丛林、田野:《模仿灰太狼,幼童烧伤谁担责?》,载《检察风云》2014 年第 4 期;《〈喜羊羊和灰太狼〉该为烧伤儿童担责吗?》,http://news.ifeng.com/opinion/special/huitailang/,最后访问时间:2020 年 1 月 25 日。
② 〔英〕约瑟夫·拉兹:《法律的权威:法律与道德论文集》,朱峰译,法律出版社 2005 年版,第 159、172 页。

能。……这样得来的实质法治也只能是一种顶着法治帽子的装饰。"①

二、立法型司法解释致法律失效

司法解释是法官在审判案件过程中,针对具体问题如何适用法律的理解和释义。司法解释制定的初衷都是从近时段审判实务中遇到的具体问题出发,解决特定案件的法律适用问题。但是,中国司法解释的范围远远超过了这个范围。很多解释超越法律创立新规则,带有明显的立法性质。② 从陕甘宁时期形成的司法为立法服务的传统,加上立法机关的授权,使得最高人民法院的司法解释实际上具有立法解释性质,而且往往成为新法的基础,扮演着"试行法"的角色。其解决当前具体问题的动机与充当法律的指引功能之间内在的紧张是先天性的。由于缺乏民主程序的保障,司法解释的公共理性成分稀薄,大多数司法解释的思路是"方便审判",表达出浓厚的审判权本位主义。但长期以来,法官却更习惯于从司法解释中寻找裁判依据,法律反而常常被遗忘了。更有一些法官动辄挑剔法律的"操作性差""不合理",时常有修补法律、扩张解释法律的冲动,极大地冲击了法律的安定性。这样的司法解释不仅掏空了法律的公共理性,而且直接损害了司法的公共理性。《最高人民法院关于适用〈中华人民共和国婚姻法〉若干问题的解释(三)》(现已失效,以下简称《婚姻法解释(三)》)就是典型的例子。该司法解释有关离婚案件财产分割的规定以房产的分割为重点,确立了一个"房产登记在谁名下就归谁"的规则,看上去简单明了、操作性极强,但是该规则不仅抽离了具体案件的语境,而且脱离了社会历史背景,更重要的是忽视了婚姻家庭的社会功能,削弱了对家庭中弱势成员的保护,人为制造家庭矛盾。③ 该司法解释对婚姻法有重大"突破",却采取的是"颁布即生效"的方式,对婚姻家庭关系具有溯及既往的效力,法官据此裁判的后果无疑是对当事人的"法律适用突袭"。④ 该司法解释实施的时间不长,却已经显示出对传统家庭伦理和婚姻

---

① 参见陈金钊:《实质法治思维路径的风险及其矫正》,载《清华法学》2012年第4期。
② 洪浩:《造法性民事诉讼司法解释研究》,载《中国法学》2005年第6期。
③ 参见强世功:《司法能动下的中国家庭——从最高法院关于〈婚姻法〉的司法解释谈起》,载《文化纵横》2011年2月号;赵晓力:《中国家庭资本主义化的号角》,载《文化纵横》2011年2月号。
④ 最高人民法院曾经公布《婚姻法解释(三)》的草案,向全社会征求意见,以表示司法解释的"民主化"。尽管社会反应强烈,其中不乏批评与建议,有的意见很专业、很中肯,最终却未能体现在解释中。最高人民法院在没有对社会意见作任何反馈的情况下,于2011年8月9日突然宣布,该解释于8月13日起正式实施。

观念的冲击。① 由于割断了历史,该司法解释在具体案件的处理上已经产生了不公平的结果②;因为缺乏前瞻性,"限购令"的出台让房产证加名无望的人们的财产权平添风险。在房地产市场前景未卜,国家还有可能推出房产新政策的形势下③,很难预见这个司法解释的实施还会导致怎样的后果。

再如关于再审程序的司法解释。对于检察院抗诉和法院决定再审后,当事人撤回再审申请时应当如何处理的问题,《最高人民法院关于审理民事、行政抗诉案件几个具体程序问题的意见》(现已失效)规定:"人民法院裁定再审后,向人民检察院申诉的当事人书面申请撤回申诉,人民法院应当裁定终结再审诉讼。如果人民检察院是以生效裁判损害国家利益或者社会公共利益为由提出抗诉的,应当依法继续审理,及时作出再审裁判。"此规则在学界不乏支持者。比如张卫平从民事诉讼程序与民事诉讼权利内在的一致性从发,论证民事权利与程序权利(包括再审救济权)的一致关系,从而要求审判监督权和法律监督权都要让位于当事人对再审案件的处分权。④ 2004年出台的《最高人民法院关于人民法院在再审程序中应当如何处理当事人撤回原抗诉申请问题的复函》(法函〔2004〕25号)重申:"人民法院对于人民检察院提起抗诉的民事案件作出再审裁定后,当事人正式提出撤回原抗诉申请,人民检察院没有撤回抗诉的,人民法院应当裁定终止审理,但原判决、裁定可能违反社会公共利益的除外。"2008年发布的《最高人民法院关于适用〈中华人民共和国民事诉讼法〉审判监督程序若干问题的解释》第34条再次确认此规则(2020年修正后为第23条)。该规则在最高人民法院2012年发布的第7号指导性案例(以下简称"7号案例")上走得更远。

7号案例中,当事人在向最高人民法院申请再审的同时也向检察院申请抗诉。在最高人民法院决定再审后,当事人以与对方达成和解且履行完毕为由申请撤回再审申请,获得了法院准许。就在法院裁定终结再审程序后,检察院审查抗诉申请的程序才得出结论,最高人民检察院决定提出抗诉。最高人民法院立案庭收到民事抗诉书后将案件移送审判监督庭审理。审判监督庭经审查发现,当事人就该案曾向本院申请再审,其纠纷已解决,且申请检察院抗诉的理由与申请再审的理由基本相同,遂与最高人民检察院沟通并建议

---

① 《21世纪丈母娘意见最大的规定:给子女买房配偶没份》,news.qq.com,最后访问时间:2012年8月5日;《婚姻法新解释三出台 山西准丈母娘改要彩礼不要房子》,cd.qq.com,最后访问时间:2012年8月5日。
② 《婚姻法新解释南京第一案:丈夫出轨,妻子失一半房产》,blog.sina.com.cn,最后访问时间:2012年8月5日。
③ 2014年底开始,一些二线城市陆续宣布解除"限购令"。
④ 张卫平:《民事再审:基础置换与制度重建》,载《中国法学》2003年第1期。

其撤回抗诉。但最高人民检察院不同意撤回抗诉。最终,最高人民法院裁定本案"终结审查"。裁定的理由是:对于人民检察院抗诉再审的案件,或者人民法院依据当事人的申请或依据职权裁定再审的案件,如果再审期间当事人达成和解并履行完毕,或者撤回申诉,且不损害国家利益、社会公共利益的,为了尊重和保障当事人在法定范围内对本人合法权利的自由处分权,实现诉讼法律效果与社会效果的统一,促进社会和谐,人民法院应当裁定终结再审诉讼。该案总结的"裁判要点"是:"人民法院接到民事抗诉书后,经审查发现案件纠纷已经解决,当事人申请撤诉,且不损害国家利益、社会公共利益或第三人利益的,应当依法作出对抗诉案终结审查的裁定;如果已裁定再审,应当依法作出终结再审诉讼的裁定。"学者对于7号指导案例多予以积极评价,认为该处理结果强调的是对当事人处分权的尊重,体现的是《民事诉讼法》规定的处分原则在审判监督程序中的适用,符合民事诉讼的本质属性,彰显了当事人在诉讼中的程序主体地位。①

有学者敏锐地发现,7号案例实际上确立了一个新规则:检察院抗诉的案件,法院审查期间当事人撤回申请的,只要不损害国家利益、社会公益或第三人利益,人民法院应当裁定终结程序。该规则的确突破了民事诉讼法规定的"对于人民检察院提出抗诉的案件,人民法院应当裁定再审"的规则。2007年《民事诉讼法》第188条(2021年《民事诉讼法》第218条)"人民检察院提出抗诉的案件,接受抗诉的人民法院应当自收到抗诉书之日起三十日内作出再审的裁定"的规定,表面上规定了人民法院"审查"抗诉的权力,但并没有改变"抗诉即再审"的规则。该条的立法目的的重点在于约束法院审判权,即明确法院必须在规定期限内作出裁定,防止接到抗诉书后拖延不作再审裁定的行为。论者一针见血地指出,7号案例确立的新规则突破了民事诉讼法"抗诉即再审"的规定,确立了法院可以对检察院的抗诉进行审查的规则。该规则对民诉法规范作出了限缩性解释,限制了检察抗诉的效力,同时对自己的权力作了扩充。② 从裁定理由看,最高人民法院作出裁定的依据并非来自法律规定,而是法律之外的理由(所谓"促进社会和谐"),以及比照自己的司法解释进行的"类推适用"。该案的处理尽管在个案中起到了"案结事了"的效果,但客观上违背了民事诉讼法,而且否定了检察院抗诉的法律效力,削弱了法律监督的权威性,很难说达到了最高人民法院自己标榜的"法律效果与社会

---

① 参见李浩:《处分原则与审判监督——对第7号指导性案例的解读》,载《法学评论》2012年第6期;吴俊:《处分权主义与审判监督程序的结构——最高人民法院指导案例7号研究》,载《法制与社会发展》2013年第6期。
② 参见郑金玉:《7号指导性案例规范依据和裁判理由评析》,载《法制与社会发展》2014年第5期。

效果统一"。一位检察官兼学者曾就处分权决定检察监督权的结果作过如此评论:"在诉讼安定原则、民事诉讼处分原则以及当事人私权救济目的等面前,它(检察院法律监督)不得不舍弃对一些审判违法行为的监督,即使这些审判违法、裁判违法已经审查发现。这样,检察监督实际更多指向了案件结果,而不是审判权、审判行为、审判主体。因此在一定意义上检察监督也更多指向了私权救济,而不是公权监督。这一现实反映了抗诉这一动摇既判力的特殊监督方式在实现民事诉讼法律监督目的上的有限性、局限性。"①

三、调解优先的司法制度刚性不足致法律失效

我国法院调解制度的诞生和形成过程中,国家力量的推动起了关键的作用。长期以来,法院调解承担着重要的政治与社会功能。调解不仅是一个解决纠纷的过程,而且是一个向当事人宣传党的政策和法律的手段。法院是维护社会治安的重要机构,法律和政策要求法院承担起通过审判宣传社会主义法制和教育群众、保持社会稳定的职责。以说服教育为基本工作方式的法院调解,被视为比判决更有利于实现上述目标的解决纠纷手段。调解解决纠纷的意义被提高到维护社会秩序、实现社会综合治理的高度。这决定了在不同的历史时期,法院对调解的政策与态度是不同的。作为一项诉讼法上的制度,法院调解的具体运作处于变动状态,整体上导致司法制度刚性不足。如前所述,在上个世纪 80 年代中期开始的审判方式改革,曾将法院调解作为改革的对象,导致调解在审判中的地位一度被边缘化。然而进入 21 世纪以来,法院调解制度有再度兴盛之势。

1. 关于调解的司法政策调整

其一是司法政策重新强调调解的重要性。2002 年 9 月,中共中央办公厅、国务院办公厅转发《最高人民法院、司法部关于进一步加强新时期人民调解工作的意见》,重提调解的意义,要求人民法院做好对人民调解的指导工作,加强诉讼中的调解。最高人民法院和司法部共同召开了全国人民调解工作会议。随后的第十八次全国法院工作会议提出,全国各级法院尤其是基层人民法院要努力提高调解水平,加强对人民调解的指导,建立和完善与人民调解相衔接的诉讼程序。其二是最高人民法院以司法解释形式规定法院审理特定案件应当"先行调解"或者"着重调解"。2003 年《最高人民法院关于审理证券市场因虚假陈述引发的民事赔偿案件的若干规定》(现已失效)第 4

---

① 刘本荣:《基于诉权的再审与基于检察监督权的再审》,载《法治研究》2013 年第 7 期。

条规定,人民法院审理虚假陈述证券民事赔偿案件,应当着重调解,鼓励当事人和解。2003年发布①的《最高人民法院关于适用简易程序审理民事案件的若干规定》,扩大了法院调解前置程序的适用范围,其第14条规定,人民法院开庭审理婚姻家庭纠纷和继承纠纷、劳务合同纠纷、交通事故纠纷、工伤事故纠纷、宅基地纠纷、相邻关系纠纷、合伙协议纠纷以及诉讼标的额较小的纠纷等案件时,应先行调解,并将调解协议生效时间提前至当事人签字时。其三,调解因子再次进入激励机制。许多法院重新提出调解结案率的要求,有的法院还把调解结案率当作业绩评价与激励机制,刺激法官采用调解方式解决案件。此外,调解再次成为程序改革的重点。一些法院自行探索的强化调解的改革举措得到鼓励。这些措施包括扩大庭前调解范围、将调解作为繁简分流手段、调解可以在诉讼程序的任何阶段启动、调解协议的生效改送达生效为签字生效,等等。其四,最高人民法院开始重视人民调解和法院调解的作用,认为人民调解作用的增强可以缓解法院案件压力,要求重视对人民调解的指导与规范。2004年9月发布的《最高人民法院关于人民法院民事调解工作若干问题的规定》首次提及法院可以通过委托其他机构、组织调解的方式处理民事案件,并规定了通过人民调解组织调解达成协议的司法确认制度。紧接着,在10月出台了《最高人民法院关于进一步加强人民法院基层建设的决定》,提出将"能调则调,当判则判,判调结合"作为处理调解与审判关系的指导意见,同时重申调解的自愿合法原则,要求法院在鼓励法官提高调解技能的同时,加强对人民调解的指导,注重利用社会力量调解。

在2005年3月最高人民法院向全国人大所作的《最高人民法院工作报告》中,处理调解与判决关系原则修正为"能调则调,当判则判,调判结合,案结事了"(以下简称"十六字原则"),并首次提出了要将人民调解与诉讼调解相衔接,探索多元化纠纷解决机制的改革思路。在2005年10月发布的《人民法院第二个五年改革纲要(2004—2008)》(以下简称《二五改革纲要》)中,将法院要与其他部门共建多元化解纷机制的想法写入了"二五"改革规划。2006年5月,《中共中央关于进一步加强人民法院、人民检察院工作的决定》明确了司法工作的目标是推进司法改革,保障公平正义,并将十六字原则确定为法院工作的指导思想。10月,《中共中央关于构建社会主义和谐社会若干重大问题的决定》明确要发挥和解与调解的积极作用;扩大简易程序的适用范围,方便群众诉讼。2007年1月,《最高人民法院关于为构建和谐社会提供司法保障的若干意见》重申审判工作的十六字原则,3月,《最高人民法

---

① 2020年修正。

院关于进一步发挥诉讼调解在构建社会主义和谐社会中积极作用的若干意见》将十六字原则上升为民事审判工作的指导方针。这一阶段的司法政策在"调判结合"原则后加上了"案结事了",并将这十六字原则提高到审判工作指导思想的高度。这不仅意味着民事司法目标的重新确定,而且标志着司法结构中调解与判决关系的重心转移。因为"案结事了"强调的是事实上、客观上的当事人"息诉罢访",不仅仅是法律上的"程序终结"和既判力。这样的效果仅靠判决是不可能实现的,需要大量的调解,甚至需要法律外的手段,如行政、司法多部门协调,用经济补偿、就业安置、疾病治疗等手段换取当事人彻底放弃争议。在这个过程中法院开始反思自己在纠纷解决中的地位与作用,特别是作用的限度。多元化纠纷解决机制的理念和思路被引入法院未来工作规划。

2. "调解优先"司法政策的提出

2008年,最高人民法院将建立和完善多元化纠纷解决机制列为当年人民法院重点改革项目。2008年6月,时任政法委书记周永康在政法工作研讨班上的讲话中首次提出"调解优先"。同年12月,最高人民法院举办了"多元化纠纷解决机制国际研讨会",当月公布《最高人民法院关于为推进农村改革发展提供司法保障和法律服务的若干意见》,明确提出法院要推动构建多元化纠纷解决机制,同时要加大诉讼调解的比重,将调解适用的范围拓宽到刑事、行政程序中,鼓励当事人在执行中和解。12月,《中央政法委员会关于深化司法体制和工作机制改革若干问题的意见》提出要推动建立人民调解、行政调解、行业调解、司法调解等相结合的"大调解"工具,探索繁简分流机制。2009年2月,《最高人民法院关于进一步做好2009年人民法庭工作的通知》和《最高人民法院关于进一步加强司法便民工作的若干意见》,将"调解优先,调判结合"(以下简称"八字原则")确定为民事司法原则,以及"对接"司法调解与人民调解,目的是促进多元化纠纷解决机制的构建。最高人民法院在3月全国人大上所做的《最高人民法院工作报告》和当年发布的《人民法院第三个五年改革纲要(2009—2013)》(以下简称《三五改革纲要》)重提"马锡五审判方式"在当代司法工作中的意义,将构建多元化纠纷解决机制作为司法工作的核心,按照"党委领导、政府支持、多方参与、司法推动"的要求进行构建。同时指出法院要配合有关部门发展 ADR(Alternative Dispute Resolution)非诉讼纠纷解决程序,扩大调解主体范围,加强诉前调解与诉讼调解的衔接,建立健全诉讼与非诉讼相衔接的解纷机制。7月发布《关于建立健全诉讼与非诉讼相衔接的矛盾纠纷解决机制的若干意见》,扩大赋予合同效力的调解协议范围,鼓励 ADR 的发展,减轻法院解纷压力;规范诉讼中多方参与的调解程序,调解不成要及时立案、审判,并规定从事庭前调解的法官原则上不能参与开庭审理。8 月,中共中央办公厅、国务院办公厅转发《中共中央政法委关于进一步加强和改进涉法涉诉信访工作的意见》,指出要坚持调解优先原则,建立和完善司法调解与人民调解、行政调解、仲裁等的衔接机制,减少涉法涉诉信访问题的发生。12 月,《最高人民法院关于深入贯彻落实全国政法工作电视电话会议精神的意见》,提出要强化诉调对接;重申八字原则,特别强调要在"案结事了"上下功夫,首次提出"全程调解",即将调解贯穿于立案、审判、执行以及申诉、信访等各环节;全面加强各类案件的调解;强调与其他解纷机构的协调配合,共同化解纠纷。

2010 年,最高人民法院共发布了 12 项规范性文件(包括对《法官行为规范》和《法官职业道德基本准则》的修订在内),再加上当年的《最高人民法院工作报告》和《二○一一年人民法院工作要点》,规范性文件发布之频繁颇为罕见。这些文件除了多次重申八字原则和诉调对接外,还将审判工作目标确定为"化解矛盾、案结事了、促进和谐、确保公正"。应对世界金融危机给国内经济与社会带来的冲击,首次提出了"能动司法"的概念,要求法院在审理破产、清算、兼并重组、征地、拆迁等案件时,要积极应对,快速行动,妥善施策。在大调解方面提出了构建行政—人民—司法调解"三位一体"大调解格局,化解社会矛盾,参与社会管理创新。重提司法工作的群众观点、群众路线。2011 年 1 月,最高人民法院发布《关于新形势下进一步加强人民法院基层基础建设的若干意见》,要求正确理解"调解优先,调判结合"原则,正确处理调解与判决的关系,要坚持"三个有利于",即有利于解决纠纷、有利于化解矛盾、有利于实现案结事了。要求法官根据个案情况,合理选择调解或判决;坚持调解的自愿合法原则,避免脱离实际定调解率指标,不能强调硬调、以拖促调,以自动履行率为核心指标,完善调解效果考核指标。

对调解优先司法政策来说,2008 年是具有里程碑意义的一年。这一年中央政法委强势现身司法改革,发挥领导作用。其领导司法改革的思路是,按照多元化纠纷解决机制的框架,将司法置于党委政府主导的"大调解"格局中,而且在人民调解、行政调解、行业调解与司法的关系上,首次提出"调解优先"。最高人民法院积极响应,将审判的指导思想改为"调解优先,调判结合"。应当说,在政法委的认识中,诉讼调解与非诉讼调解的界限并不鲜明。而最高人民法院则需要考虑如何将两类不同的调解融为一体。推广"诉讼服务中心"建设经验,搭建"诉调对接"平台,就成为实现这个目标的主要举措。调解优先、诉调对接构成了 2008 年以来的司法走向的主要轨迹。2010 年的能动司法、参与社会管理创新，都是这一思路的发展。当然，这是一个将调解的重要性逐步推向极致，将司法的政治功能（社会治理或社会控制）提到前所未有高度的发展方向。其中把"案结事了"确定为审判工作目标，在审判方式上重提"马锡五审判方式"和群众路线工作方法，就是突出标志。与此同时，地方法院在调解中的不规范和滥用调解现象也引起最高人民法院的注意，要求正确处理调解与判决的关系，改进调解评价方式，避免片面用调解率作为评价指标等。

3. 调解优先司法政策入法

法院调解政策不仅对民事司法实践有重要的意义，而且已经影响了立法。2012年8月31日，全国人大常委会通过了《关于修改〈中华人民共和国民事诉讼法〉的决定》（以下简称《修改决定》）。其中引人注目的一点是，将当前的"调解优先"司法政策和"诉调对接""繁简分流"改革举措（为论述简便，以下统称"调解优先政策"）写进《民事诉讼法》。具体内容是《修改决定》第27条："增加一条，作为第一百二十二条：'当事人起诉到人民法院的民事纠纷，适宜调解的，先行调解，但当事人拒绝调解的除外。'"第30条："增加一条，作为第一百三十三条：'人民法院对受理的案件，分别情形，予以处理……（二）开庭前可以调解的，采取调解方式及时解决纠纷；（三）根据案件情况，确定适用简易程序或者普通程序……'"还有关于人民调解协议确认程序的规定等。全国人大法工委在《关于〈中华人民共和国民事诉讼法修正案（草案）〉的说明》中曾解释，《民事诉讼法》修改工作应当"注重有效解决民事纠纷，促进社会和谐稳定"，而"当前我国处于社会矛盾凸显期，各类民事纠纷日益增多，充分发挥调解作用，尽量将矛盾纠纷解决在基层、解决在当地，对及时化解矛盾纠纷，促进社会和谐稳定，具有重要作用"。故建议从"增加先行调解的规定"和"增加民事诉讼法和人民调解法相衔接的规定"两个方面完善调解与诉讼相衔接的机制。这条修正案最终写入了2012年《民事诉讼法》。然而，就在2012年党的十八大提出"全面建设法治国家战略"，把回归司法规律作为司法改革的主要路径，以提高司法公信力为司法改革的目标。十八届三中全会、四中全会公报中关于司法改革的有关决定，都指向了提高司法专业化，保障审判权公正独立行使，在刑事诉讼领域更是提出"以审判为中心"的改革举措。在这个背景下，"调解优先"于实践又显得不太合时宜了。①

---

① 吴英姿：《"调解优先"：改革范式与法律解读——以O市法院改革为样本》，载《中外法学》2013年第3期。

4. 法院调解的反程序特质

实践证明,法院调解不仅在彻底解决纠纷、维持当事人之间社会关系的和谐方面具有判决所不可替代的意义,在某些包含非现实性冲突因素的纠纷解决过程中,也可以在一定程度上发挥软化社会矛盾、维护社会稳定的功能。而且在转型时期的中国社会,法院调解在某种意义上还起着沟通法律与社会、帮助法律与司法获得合法性的作用。审判方式的改革带来了诉讼制度的程序主义,也带来了现代司法公正观念与中国社会正义观念的冲突,加上现行法律因其移植背景在解决纠纷方面的有效性不够,致使法院的审判常常遭遇合法性危机。尽量采取调解手段,通过法官"做工作",使案件处理过程和结果显得合情合理,向当事人讲解宣传法律规定,争取当事人对法律和司法的理解等,成为审判获得合法性的有效手段之一。但是,法院调解制度存在的问题也是很明显的。学者早就针对该制度与现代司法制度的价值取向的不尽吻合,以及调解导致实体法和程序法对审判活动约束的双重软化、影响了民事诉讼制度目标的实现等方面提出过尖锐批评。① 追根溯源,法院调解所有问题的症结就在于其审判权本位的结构特征,具体表现在:(1) 调解的启动由审判权决定,实践中调解程序的启动随意性较大;(2) 调解过程由审判权掌控,从当事人之间的信息沟通到调解方案的形成,基本上由审判权说了算;(3) 在促成调解协议形成方面审判权没有制约,容易出现强迫调解。由于调解中当事人的主体性地位不明显,诉权对审判权的制约机制阙如,加上调解天生的反程序性,致使审判权在调解中几乎没有约束。尽管《民事诉讼法》为调解制度规定了"自愿、合法""查清事实、分清是非"和"调解不成,应及时判决"等原则,但都不属于刚性很强的要求,很容易被规避。诉讼中的调解在性质上是法院的司法行为,与判决并无本质区别,应当与判决一样建立在事实和法律的基础上。二者唯一的差异是结案方式的不同。相对地,法院调解与人民调解、当事人自行和解却有根本不同,遵循不同的制度逻辑和规则。正如李浩教授指出的,"查明事实、分清是非"是民事诉讼法规定的法院调解应当遵循的原则之一,确立这一原则是为了保障司法调解的公正性,其正当性和必要性具有理论和实践的依据。② 但实践中,法院调解实际上被混同于非诉讼调解或和解。不少法官为调解而调解,片面追求调解成功率,以至于将查明事实和遵守法律视为调解的障碍,有意无意地抛弃了。其中,"查

---

① 李浩:《论调解不宜作为民事审判权的运作方式》,载《法律科学(西北政法学院学报)》1996年第4期。
② 李浩:《查明事实、分清是非原则重述》,载《法学研究》2011年第4期。

明事实、分清是非"原则的失效是最为突出的。

5. 司法制度的结构性缺陷

法院调解偏离法定原则,是诉讼中调解制度刚性不足的主要原因。"调解优先,调判结合"政策的一个后果是,强化了中国司法内部结构的二元化特征。如果说司法过程是一个由当事人和法院开展互动的结构,构成这个结构的基本要素的规则就是实体的和程序的规范(包括成文的、不成文的规范),资源就是诉讼主体可资利用的各种物质与权利(力)。审判方式改革前,我国民事司法结构属于"调解型"司法。审判方式改革的目标之一就是将调解型的司法结构改革为判决型(或王亚新所说的"对抗—判定"型)的司法结构。但结构的变革毕竟不是一夜可成的,新旧规则与资源的更迭需要一定的时间和空间来完成,行动者也需要时间和空间来适应和再创造新的规则与资源。换句话说,新的结构需要一个漫长的积淀过程。适合判决型司法结构的稳定再生产不仅需要配套规则的成熟和资源的保障,而且需要参与其中的行动者的理解、对资源的调配,以及行动对结构的再构成等无数个循环往复的过程。如果说,上世纪90年代以来的司法改革是调解结构逐步弱化、判决结构逐渐增强的趋势,那么本世纪以来,调解结构又迅速强化起来,民事司法结构呈现出调解和判决两种结构并存的二元结构特征。从理论上讲,调解与判决并不可能完全融合为一个稳定的结构。因为调解和判决展开所依赖的规则与资源不同,行动者在调解和判决过程中互动模式迥异,以及因此导致规则与资源的组合机理亦各有千秋。只是因为民事诉讼法和司法政策把调解与判决并置于一个诉讼程序,供法官和当事人选择适用,导致我国的司法结构出现了调解结构与判决结构并存的二元结构特征。"调解优先,调判结合"的司法政策入法使得"调解—判决"二元结构得以进一步固化,并持续再生产。

二元结构的司法存在结构上的内在紧张:首先,司法结构的资源是有限的,而调解与判决获取维持再生产所需要的资源都要从中"分一杯羹",势必发生争夺。所以从改革的历史来看,二者总是呈此消彼长的关系——强调判决即导致调解边缘化,而调解的复兴又带来判决的削弱。其次,无论是规范性规则还是解释性规则,调解与判决之间都存在天然的轩轾。换句话说,调解和判决遵循的规范和获得社会认同的合法化机制都存在很大差异,导致司法结构的流动性或不稳定。表现为司法同时认可两套规则,法官同时遵循法律技术逻辑和常识化操作逻辑。于是当事人可以在两种逻辑之间恣意游走,任意选择更有利于己的一套方案;法官也会根据自己的目的选择调解或判决的资源,意外地创造了审判权的寻租空间。所以调解的消极作用反复出现,法院始终在推动调解和提防调解的滥用之间左支右绌。最后，二元结构下的双重行动结构在破坏了司法结构整体的稳定性的同时，增加了各结构维持再生产的成本。因为当事人和法官都有根据个案情境和自身偏好选择适用调解或诉讼的规则和资源的可能性，所以诉讼中的机会主义很容易大行其道。其结果必然是：无论调解的规则还是判决的规则都有流动性。与此同时，对于诉讼主体而言单凭调解的资源或判决的资源都可能是不足够的，而不得不同时在正式制度和非正式制度中寻求资源，包括在法律之外再寻求政策的支持，在法律与情理之间寻找结合点（为的是案件处理结果既合乎法律又合乎情理），在作出判决之前要小心地做当事人的思想工作，在写出判决书之后还要向当事人作判后释明，更有利用判决来影响调解或者利用调解来改变判决的滥用权力（利）的行为，迫使法院不得不设计更多的规范、投入更多的人力物力督促、检查、纠偏。当调解被广泛滥用时，客观上导致法律失效，即实体法、程序法对审判行为约束的双重软化。

"调解—判决"二元结构是改革中的司法制度的过渡性特征，要断言这就是未来中国司法结构的模式还为时尚早。所谓"制度"，用吉登斯的话概括就是"在社会中历经时空而深层次地沉淀下来的结构"。换句话说，如果在相当长的时间和特定的空间内，规则和资源被反复持续地再生产时，制度就形成了。就调解的再生产主要依赖调解者的德行、技巧和魅力而言，调解形成的是典型的"符号的秩序"；而判决的权威性则来自法官严格依据法律作出裁判，保障其再生产的主导力量是规范性规则的作用。可见，尽管同属于纠纷解决制度的范畴，但二者在本质上是两种制度，存在相对独立性。虽然共存于中国司法结构中，但其间的连接机制是松散的，制度化程度很低。结果是，法院调解制度能否发挥正功能，以及在多大程度上发挥这些正功能，完全取决于法官个人的品德、经验和业务素质。于是，当法院调解在为数不少的个案中有效地解决了纠纷，并取得了良好的社会效果的同时，以判压调、以拖促调、诱导调解等滥用审判权的现象总是屡禁不止，以至于人们在保留还是废除调解制度上陷入两难。[①]

第二节　程序的正当化机能不足无助于司法的社会认同

无论是民事诉讼还是行政、刑事诉讼，诉讼程序的设置都是按照一定的目的和功能定位来进行制度构建的。程序的功能在于制约权力与保障权利。

[①] 吴英姿：《"调解优先"：改革范式与法律解读——以O市法院改革为样本》，载《中外法学》2013年第3期。

诉讼程序也是如此。服从于公正解决纠纷的司法目的,程序的功能定位于约束审判权、保障当事人诉权与程序权利。享受充分程序保障的当事人,有义务服从程序经过所发生的结果。这也正是"通过程序实现正义"的核心要义。正当程序固然是程序功能发挥的基础性要件,而程序得到主体的严格遵照执行则是程序功能发挥的前提条件。但是,在我国的司法实践中,规避程序、滥用程序权利和审判权的现象是如此的普遍,程序功能障碍很大。程序失灵成为不争的事实。

一、程序失灵现象

程序失灵,指诉讼法规定的程序规则在立法、司法实践中被规避、虚置而无法实现,或者出现功能障碍,无法发挥正当化作用的状态。陈瑞华曾就刑事诉讼程序失灵进行过分析。他把法定程序在刑事司法活动中被规避和搁置,取而代之的是一套并未得到正式法律确认的"潜规则""隐性制度",致使刑事诉讼法的书面规定在不同程度上形同虚设的现象称为"程序失灵"。[①]长期以来,我国刑事诉讼程序实践中的"侦查中心主义"致审判功能整体弱化,使得刑事诉讼领域成为程序失灵的重灾区。林喜芬通过对90起典型误判刑事案件的经验分析,描述了刑事诉讼侦查程序失灵、辩护制度失灵以及审判环节证据规则失灵、被告权利救济机制失灵的现象,认为这是刑事诉讼领域冤假错案频发的主要原因。[②]

实际上,程序失灵普遍存在于所有诉讼领域。笔者曾经就民事诉讼程序的运作状态作过实证研究,发现程序的正式制度的变通(非正式)运作、法律规避与超越制度创造在审判实践中普遍存在。在以审判方式改革为核心的司法改革运动中,伴随各种超越法律的改革举措的层出不穷,"行动中"的民事诉讼程序早已脱离《民事诉讼法》的规定。由于各地社会、经济发展、组织环境和法官人员素质差异很大,更重要的是改革的发动往往是自发的、自下而上的,在缺乏统一指导的情况下,改革很大程度上是"摸着石头过河"。法院根据自己的需要和知识、观念"各显神通",发明创造新程序,不同法院、甚至同一法院不同案件的程序操作上常常出现各式各样的状态。不容否认的是,许多改革举措的确在局部产生了良好的效果,但就法院在程序操作上的任意性和不确定性而言,毕竟与改革所追求的"法治"理想形成悖论。因此,出于统领改革、推广改革经验、规范诉讼程序等考虑,最高人民法院接二连三

---

① 陈瑞华:《刑事程序失灵问题的初步研究》,载《中国法学》2007年第6期。
② 林喜芬:《论中国刑事司法程序异化的实践现状——基于典型案例的实证反思》,载《上海交通大学学报(哲学社会科学版)》2011年第4期。

制定司法解释，使相当数量的改革措施上升为具有普遍适用效力的规范。自此，《民事诉讼法》早已在实践层面被各个法院和法官的花样百出的操作手法所改变，又被最高人民法院司法解释所架空。①

民事诉讼领域已经被普遍关注到的程序失灵现象包括：（1）审级制度失灵。审级制度的功能定位为：纠错、吸收不满和统一法律适用。其运作原理基于法院分级和数量上的金字塔型结构，以及各级法院不同的职能分工。越往塔基部分法院数量越多，更多承担保障当事人诉权、解决纠纷的职能；越往塔尖部分法院数量越少，主要负责法律解释和统一职能。② 而根据我国诉讼法，四级法院的职能趋同，高级人民法院和最高人民法院不得不承担大量纠纷解决任务，挤占了本来就稀缺的司法资源，结果法律适用问题也没有解决好。而两审终审不仅导致终审法院级别太低，而且不能完全吸收当事人的不满。法院内部的错案追究、请示汇报、内部函等制度，更是消解了上诉审的意义。（2）直接言词原则、审判公开原则失效。审判委员会讨论定案、院长庭长审批案件，导致审者不判、判者不审，不仅既违背了司法的亲历性，不利于保障司法裁判的合理性，也导致审判权责不明，弱化了法律与程序对法官的约束力，甚至为司法腐败开辟了一条直通暗道。（3）普通程序与合议制度失灵。章武生早在上个世纪90年代初就已经指出简易程序适用率畸高，大大超过立法预期的现象。③ 这种现象至今没有明显改变。说到底，法官舍弃普通程序偏爱简易程序的动机之一是规避合议制。缓解"案多人少"矛盾常常成为这种规避行为的正当化理由。因此，普通程序失灵的本质是合议制失灵。合议制的本质是汇聚不同意见，让不同意见充分交换沟通，以求同存异的方式寻找裁判结论和理由的共识。但是，为提高效率，节省审判资源，也为了更好地计算法官的工作业绩，实践中广泛采用"承办员制"。即一位审判员负责特定案件审理的主要工作——无论一审还是二审——从审理前准备、调解到最后裁判文书制作等，其他合议庭成员（包括非承办员的审判长）通常都只在开庭时出一下场，参加一下合议。有的案件承办员觉得不需要合议的，合议程序实际上被省略掉，其他合议庭成员在合议庭笔录上签个名就算"程序完备"了。承办员制取代合议制的结果是"庭审走过场""合而不议"现象普遍，真正需要讨论的事项被庭长领导下的庭务会或者审判委员会讨论所取代。合议制处于名存实亡的状态。（4）证据规则失灵。证据规则失灵或

---

① 吴英姿：《民事诉讼程序的非正常运作——兼论民事诉讼法修改的实践理性》，载《中国法学》2007年第4期。
② 傅郁林：《审级制度的建构原理——从民事程序视角的比较分析》，载《中国社会科学》2002年第4期。
③ 参见章武生：《民事简易程序研究》，中国人民大学出版社2002年版，第126页。

证据规则有效性不足是一个大面积的现象。表现为：证人出庭率低下使得证人证言成为准死亡的证据；法官对举证责任分配规则理解运用不准确抑制了该规则的裁判功能；法官对鉴定意见、电子证据等的适用没有规则、误入歧途；等等。(5) 执行程序的变通操作。法官采取调解、以"拘"代"执"、动员撤回申请等策略解决执行难问题，导致执行程序实践背离诉讼法规定。[①]

2012年《民事诉讼法》修改，新增了小额诉讼程序。据立法者解释，小额诉讼程序的立法目的是：实现繁简分流，减轻法院案多人少矛盾压力。制度设计者估计，小额诉讼程序的适用率可以达到民商事案件的30%。但既有实证研究表明，自2013年1月1日新《民事诉讼法》实施以来，小额诉讼程序并没有发挥立法预期的作用。小额诉讼程序实施普遍陷入困境，表现为"一低一高一小"：适用率低、调撤率高、适用范围小。法官承认，原本制度设计中让大众"接近司法"的目的似乎并没有实现，反而成为银行、公用事业单位和物业管理公司的讨债工具。小额诉讼程序适用于有限的几种案件，所产生的社会功用乖离立法意图。在这个意义上，小额诉讼程序也处于失灵状态。在法官看来，小额诉讼程序的实施困境主要是因为立法过于简单，对小额诉讼程序的适用没有规定必要的限制和救济，制度实施暗藏风险。而且因为小额诉讼程序非但不能减轻基层法院案多人少的压力，各种审限较简易程序更短，反而加剧办案压力；再加上送达难等原因，相对于简易程序，适用小额诉讼程序没有明显提高审判效率。比如，北京市某法院的调研发现，2013年该市小额诉讼案件平均审理天数与简易程序差距不大。因此，法官对小额诉讼程序适用的主动性和积极性都不足。即便采用了小额诉讼程序，法官们也倾向于通过调解、动员原告撤诉等比较安全的方式来处理。[②] 针对上述问题，2015年《最高人民法院关于适用〈中华人民共和国民事诉讼法〉的解释》（以下简称《民诉法解释》）中，对小额诉讼程序的适用范围、具体操作程序等进行了细化解释，同时赋予当事人异议权。该解释表达了"凡符合条件的案件均应适用小额诉讼程序"的意思，目的在于激活小额诉讼程序的制度功能。各地法院为配合最高院司法解释的实施，提高小额诉讼程序适用率，也开展了一些宣传和推进举措。比如，河南省某市人民法院就落实小额诉讼制度推行以下措施：(1) 凡适用小额诉讼案件条件的一律适用小额诉讼制度，对于应适用小额诉讼程序审理而未适用的上诉案件，二审人民法院应以程序违法为

---

① 吴英姿：《民事诉讼程序的非正常运作——兼论民事诉讼法修改的实践理性》，载《中国法学》2007年第4期。
② 陆俊芳、牛佳雯、熊要先：《我国小额诉讼制度运行的困境与出路——以北京市基层法院的审判实践为蓝本》，载《法律适用》2016年第3期。

由,将案件发回重审;(2)各基层法院立案庭设立小额诉讼立案窗口,专门负责小额诉讼案件的立案工作;(3)设立小额诉讼案件专门送达组,设在立案庭,负责对小额诉讼案件的送达,确保能够快速高效地审理。① 然而,《民诉法解释》实施一年来,情况并未得到根本改观。审判实践中,当事人通过提出异议、审判人员通过拖延异议处理达到延长审限、变相转换程序的情形时有发生。② 调查同时发现,当事人对于小额诉讼程序用脚投票是该程序实施陷入困境的另一个重要原因。很多当事人对小额诉讼程序实行一审终审的制度安排不能认同,不愿意放弃上诉权。因此要么拒绝适用,要么设法规避小额诉讼程序的规定。比如,江苏省高级人民法院的调研发现,一些当事人对小额诉讼程序不了解,对一审终审能否完整维护自身利益有顾虑,还有一些当事人(多半是被告)想利用上诉拖延时间,故意对法院适用小额诉讼程序提出异议。③

二、程序保障不足

程序失灵必然带来程序保障的不足。仍然以民事诉讼为例,制度设计、司法实践和司法改革三个层面轻视程序保障的问题非常明显。

1. 立法与司法解释上的"重纠错,轻保障"倾向

小额诉讼程序失灵的现象实际上揭示了一个严重且一直未引起人们足够重视的问题:一审裁判权威不足。曾有法官撰文认为,推行小额诉讼程序可能产生的积极意义之一是提高基层法院权威。因为"小额诉讼制度的设立,对诉讼标的额较小的简单民事案件赋予了基层法院的终审裁判权,是在一定程度上提升了基层法院和基层法官的权威,也是充分利用基层法院司法资源,把大量较小的矛盾纠纷化解在基层的新举措"④。然而,问题或需要倒过来看。当事人不愿意放弃上诉权而不愿适用小额诉讼程序恰恰表明一审裁判权威不足。立法者预期约30%的一审案件将适用小额诉讼程序,那么就有相当于有近1/3的民事案件实行一审终审。在这样的情况下,一审裁判的权威性或者说社会对一审裁判的认同与信任度就显得非常关键。然而,北

---

① 来源:《商丘日报》,http://news.gmw.cn/newspaper/2015-07/16/content_107921149.htm,最后访问时间:2016年3月14日。
② 《提高民事审判实效 经济便捷化解纠纷——江苏淮安市清浦区法院关于小额诉讼运行情况的调研报告》,载《人民法院报》2014年12月18日第八版。
③ 李后龙、潘军锋:《小额诉讼中存在的问题及对策研究——基于江苏法院小额诉讼工作的实践分析》,载《民事程序法研究》2016年第2期。
④ 刘黎明:《"小额诉讼"制度存在问题及完善建议》,http://court.gmw.cn/html/article/,最后访问时间:2016年3月14日。

京市某法院的调查结果却表明,86%的当事人表示不了解小额诉讼程序;在被告知适用一审终审程序后,62%的被访者表示不愿意适用,理由是担心一审判决不公正。① 下文将分析,由于立法与司法没有树立起程序保障的理念,民事诉讼制度设计理念上存在重纠错、轻保障倾向,一审裁判权威在制度设计上不被重视,在长期的司法实践中被不断削减。民事诉讼制度设计理念上的重纠错、轻保障倾向突出表现在二审裁定发回重审、二审当事人撤诉、审判监督程序、第三人撤销之诉等程序制度的建构上。逐一分析如下:

其一,发回重审制度问题。从立法意图来看,由于两审终审下当事人"只能上诉一次"的制度安排,可能不能充分满足当事人的程序异议权。而在二审裁判方式上设置发回重审程序,无形中给当事人增加了上诉机会,也给原审法院多一次审判机会。其目的在于保证案件的审判质量,更好地保护当事人的合法权益。因此,发回重审制度设计是将二审可能改变一审判决的情形用发回重审的方式,解决可能受改判不利影响的一方当事人的异议权,弥补两审终审对上诉权保障不足的缺陷。但这种类似于让一审法院"自己打脸"的制度安排只考虑到了发回重审的积极功能,没有意识到可能的消极作用。事实证明,发回重审以牺牲一审裁判权威为代价,实为得不偿失。发回重审的适用还存在于再审案件。因民诉法没有就再审规定独立的审理程序,上级法院提审和原生效裁判系二审程序作出的再审案件,均适用二审程序进行再审。因此,再审案件中发回重审的情形也很常见。

在发回重审的法定事由上,立法与司法解释不重视维护一审裁判权威的观念体现得更为具体。仍以发回重审为例。首先,民诉法从1982年试行法到1991年法典,对二审裁定发回重审法定情形的认定标准规定较为抽象,留给上诉审法官过大的解释空间,实践中难免恣意和滥用。根据1991年《民事诉讼法》第153条的规定,裁定撤销原判决、发回重审适用于实体错误和程序违法两种情形。实体错误是指原判决认定事实错误,或者原判决认定事实不清,证据不足。对于此种情形,第二审法院既可以裁定发回原审法院重审,也可以查清事实后改判。已经有学者批评道:以"认定事实错误"作为发回重审的事由不具有正当性。这一规定既不符合诉讼效益原则,也有损法律尊严和法院的声誉。② 而且因为两种处理方式是并列的,任二审法官自由选择。由于不同的法官对什么是"认定事实错误""认定事实不清,证据不足"的看法很

---

① 陆俊芳、牛佳雯、熊要先:《我国小额诉讼制度运行的困境与出路——以北京市基层法院的审判实践为蓝本》,载《法律适用》2016年第3期。
② 赵泽君:《民事诉讼发回重审制度的反思与建构——以民事诉讼法修正案草案为视角》,载《政法论坛》2012年第4期。

容易存在差异,因此二审裁定发回重审似乎没有明确标准。与"查清事实后改判"相比,裁定发回重审对于上诉审法官来说不仅简单易行,有助于缓解办案压力,提高结案率,而且可以规避疑难复杂案件的错案风险和当事人信访风险。对于一些当事人矛盾尖锐、处理起来较为棘手的案件,二审法院出于"矛盾下交"的动机而将发回重审作为首选。有的案件被二审法官以"事实不清"为由反复发回重审。

程序违法是指原判决违反法定程序,可能影响案件正确判决。由于立法的高度抽象,这一情形较之上述第一种情形在适用上更加具有弹性。实务中,一些案件一审程序略有瑕疵就可能被二审裁定发回重审。针对该问题,2012年修法将该项修改为"原判决遗漏当事人或者违法缺席判决等严重违反法定程序的,裁定撤销原判决,发回原审人民法院重审"(第170条第1款第4项)。2015年《民诉法解释》第325条(2022年《民诉法解释》第323条)将"严重违反法定程序"解释为以下几种情形:(1)审判组织的组成不合法的;(2)应当回避的审判人员未回避的;(3)无诉讼行为能力人未经法定代理人代为诉讼的;(4)违法剥夺当事人辩论权利的。但是,正如有学者指出的,把"应当回避没有回避"的情形列入裁定发回重审的法定事由属于"保护过度",有矫枉过正之嫌。① 因为一审程序中已经有关于申请回避和复议的程序。如果当事人明知有回避事由而没有申请,当属程序失权。以此为发回重审的事由导致一审程序规则的破坏,也有损一审裁判权威。

加上1991年民诉法没有限制发回重审的次数,实践中的确出现了一些反复发回重审的情形。诉讼程序中设置必要的纠错程序是对当事人异议权的保障。给予当事人充分的异议机会是发挥程序吸收不满的功能的主要渠道;而法院对案件的复查与纠正可能的瑕疵与错误,有助于增进当事人对司法的信任。但是,纠错与信任未必总是正相关的关系。正所谓过犹不及,反复纠错反而会引发当事人对司法的不信任。反复发回重审的负功能就是损害一审权威乃至司法权威。针对反复发回重审给司法造成的不良影响,最高人民法院曾于2002年发布《关于人民法院对民事案件发回重审和指令再审有关问题的规定》(现已失效),明确规定二审法院以"原判决认定事实错误,或者原判决认定事实不清、证据不足"为由裁定发回原审人民法院重审的,"对同一案件,只能发回重审一次。第一审人民法院重审后,第二审人民法院认为原判决认定事实仍有错误,或者原判决认定事实不清、证据不足的,应当查清事实后依法改判"。但是,第二审法院以原判决违反法定程序为由而发

---

① 赵泽君:《民事诉讼发回重审制度的反思与建构——以民事诉讼法修正案草案为视角》,载《政法论坛》2012年第4期。

回重审的,仍然没有次数上的限制。

其二,二审撤诉问题。关于当事人在二审程序中撤诉的规则,也存在无视一审程序效力的问题。《民诉法解释》第336条规定:"在第二审程序中,原审原告申请撤回起诉,经其他当事人同意,且不损害国家利益、社会公共利益、他人合法权益的,人民法院可以准许。准许撤诉的,应当一并裁定撤销一审裁判。原审原告在第二审程序中撤回起诉后重复起诉的,人民法院不予受理。"显然,该规则也是出于"将纠纷解决在基层"的目的,对二审当事人撤诉采取了非常宽容的态度。这个规则在一定程度上的确有利于解决纠纷,但却是以牺牲一审裁判权威为代价的。该规则不仅突破了普通程序关于撤诉的既有规则,而且否定了一审程序经过所发生的程序效果,破坏了程序的安定性与可预见性,令一审裁判权威扫地。

其三,审判监督程序问题。该制度尽管在制度属性上当为再审程序,但在制度设计上以纠错为功能定位,以审判监督为运作机制。立法上直接以"监督程序"命名就体现了这一思路。无论当事人申请再审权、检察院法律监督权,最终都要通过法院内部审判监督权才能决定再审程序的启动。审判监督程序启动的法定事由也主要围绕原生效裁判认定事实错误、适用法律错误、程序严重违法等方面。审判监督程序历经2007年、2012年两次修改,细化了启动程序的法定事由,但始终保持了纠错的功能定位,走的是强化审判监督权和检察监督权的道路。这样的立法思路与再审程序的属性与制度功能定位是存在明显的距离的。首先,再审程序的功能定位是"补救"。补救有两层含义,一是增补。增补隐含的意思是对以前所发生的程序效果的承认,不是推翻、否认原来已有的基础,而是在尽可能维护原有程序效果的情况下作一些增加,对原有程序效果存在的不足或漏洞进行弥补。二是挽救。挽救隐含的意思是认为原裁判的某个具体程序存在严重瑕疵,以至于影响到原有程序的正当性,有必要采取措施修正和祛除瑕疵,恢复程序的正当性。① 但这充其量是一种"有限纠错"。② 因此,再审程序是存在于审级制度之外的一种独立的程序,而且是一种被严格限制动用的"备用程序"。目的在于将这种非常救济控制在"极端例外"的范围之内,使之真正成为备而不用的应急通道,不至于影响民事诉讼的主体结构。③ 补救的功能定位使得再审程序在维护裁判的既判力与必要的纠错机制之间取得平衡。这个平衡点就在于构成

---

① 汤维建等:《民事诉讼法全面修改专题研究》,北京大学出版社2008年版,第382页。
② 张卫平:《有限纠错——再审制度的价值》,载《法律适用》2006年第7期。
③ 傅郁林:《审级制度的建构原理——从民事程序视角的比较分析》,载《中国社会科学》2002年第4期。

既判力依据的程序保障。易言之,生效裁判的"错误"的界定以及再审程序发动的法定事由,只能从原审诉讼程序的程序保障是否存在严重瑕疵进行判断。如果把导致裁判错误的因素分为客观因素和主观因素,那么是绝对排除因主观因素(如事实判断、法律解释、价值取向等)引发再审的。提起再审的事由通常都是程序严重违法、法官司法腐败、枉法裁判等客观因素。[①] 其次,再审程序针对的是正常程序"无法为"或者"难以为"的情形,它排除正常程序"能为而不为"的情形。在诉讼过程中当事人应当行使的程序权利无正当理由不行使,不能要求启动再审程序来弥补。比如,应当在一审程序中提出的抗辩事由或证据材料,当事人没有正当理由却未提出,判决生效后再以此为由请求撤销原判决的,不能引发再审程序。但判决生效后才发现原判决据以作出的证据是伪造的,可以成为启动再审的法定事由。最后,作为一种例外性的补救制度,再审程序的适用范围和启动程序都受到严格限制。当事人申请再审不必然导致再审程序的启动,因为启动再审程序不仅要符合法定的再审事由,而且须经过一个审查、筛选、把关过程,是典型的"择案而审"。《民事诉讼法》对抗诉程序设定了严格的控制机制,即上提一级抗诉的规则。其本意就在于将抗诉的最终决定权上交给上级检察院,以增加一道审查过滤、把关的环节,将可抗可不抗的案件阻挡在最后关口内。

  2007年修正后的《民事诉讼法》在启动再审程序的法定事由上有重大调整,其中吸纳了再审程序的补救功能的原理,细化了再审的法定事由,大幅度增加了因程序严重瑕疵导致裁判错误的事由,在一定程度上体现了维护裁判既判力的思想。但该修改存在一大硬伤——目的多元。社会各界关于完善再审程序的诉求各不相同:当事人希望解决申诉难问题,实际上就是要求再审程序发挥三审程序的功能;上级法院希望在维护司法权威的同时加强审判监督力度;检察院希望强化检察监督力度;学者希望维护既判力,将审判监督程序改造为真正意义上的再审程序。最终,立法者采取了"兼收并蓄"的态度。表面上看,修正案是把再审事由进行了补充、细化,但仔细分析各项再审事由,可以看出其中汇聚了前述不同的诉求。结果审判监督程序的制度目的变得多元化起来——监督(纠错)、权利救济、解决纠纷、补救。目的多元的悖论是"目标不明"。因为不同目的之间可能是不一致的,甚至相互冲突。目的多元或目标不明的后果有二:一是审判监督程序的功能定位模糊;二是制度

[①] 赵钢、朱建敏:《略论民事抗诉程序价值取向的重构及其程序设计》,载《法学评论》2003年第6期。

利用者用自己的目的替代制度目的，即所谓的"目标置换"。① 而其更深远的后果是削弱司法权威。从人的认识能力相对性角度看，法官的判断难免会有差错。复查的次数越多，裁判中可能存在的错误被发现和纠正的概率也越大，程序给人的正当性感觉也越强。但是，纠错机制是一把双刃剑，是以牺牲程序安定和削弱裁判权威的代价换取正确的裁判。纠正一个错误裁判的影响可能是个案的，但对既判力的破坏却危及整个司法制度。纠错机制启动次数越多，其边际效益越趋于递减，负功能增大。事实证明，抗诉案件数量逐年、快速增加，再审程序频繁启动，这样反复纠错并没有提升当事人对司法的信任，反而使不少当事人失去了信心，转而通过信访途径寻求救济。

其四，第三人撤销之诉问题。2012年修法新增的第三人撤销之诉再一次体现了重纠错、轻保障的立法思路。第三人撤销之诉是大陆法系比较成熟的制度之一。其立法基础在于"有程序保障才有程序效力"的基本原理。其目的在于为没有参加诉讼、因既判力扩张而意外地受裁判效力影响的案外人（当事人以外的第三人）提供救济途径。而我国的第三人撤销之诉的立法思路截然不同，是基于应对恶意诉讼的需要，目的是为其合法权益遭受恶意诉讼行为损害的第三人提供救济。其性质属于裁判生效后的纠错程序。且不论其合法权益受恶意诉讼侵害的"第三人"是不是民事诉讼上的第三人②，仅就其事后纠错的属性而言，该制度必然与再审程序、执行异议之诉等制度交叉。由于第三人撤销之诉属于第一审普通程序，第三人提起该类诉讼几乎没有门槛。只要形式上符合《民事诉讼法》119条规定的起诉条件，法院就必须登记立案。不像再审程序和执行异议之诉，申请人或起诉人需要证明出现了法定事由才可能导致相关程序的启动。在理论上讲，第三人只要怀疑当事人是恶意诉讼，就有机会提起撤销生效裁判之诉。显然，这样的制度设计毫不在意裁判权威可能会受到贬损的严重后果。

2. 司法实践上的"重效率，轻保障"

司法实务上普遍存在的"效率优先，兼顾公正"的观念，长期不重视对当事人程序权利的保障，严重弱化了程序正当化作用的能力，不断损害一审裁判权威。长期以来，基层法院普遍认为其所受理案件绝大多数为简单民事案

---

① 一项针对民事检察抗诉的实证研究表明，影响民事抗诉案件数量的主要变量是检察院民事与行政检察工作要求和考核评价方式，说明抗诉的制度目标已经悄然被检察院或检察官们的部门利益或个人利益目标所替代。吴英姿等：《民事抗诉实证研究》，载《国家检察官学院学报》2015年第3期。

② 该制度混淆了作为案外人的"第三人"和民事诉讼第三人（有独立请求权和无独立请求权第三人）。制度硬伤给法律解释和适用制造了大量的麻烦。

件，没有必要适用普通程序。因此形成"以适用简易程序为原则，普通程序为例外"的习惯做法。即便是中级以上的法院，也采取"普通程序简化审"等方式在不同程度上适用简易程序处理案件。法院的动机在于解决案多人少矛盾，提高审判效率，但客观上导致简易程序的滥用。殊不知，普通程序作为《民事诉讼法》规定的"普遍通用程序"，包含完整的程序保障要求，是程序发挥正当化作用的基本制度保障。程序的简化必然带来保障的减弱，相应地削弱当事人信任裁判的程度。而长期滥用简易程序，已经导致社会对一审裁判的信任度消解殆尽。此外，上级法院滥用发回重审方式，也是上级法院本位主义的效率观的产物。在这个背景下强制推行小额诉讼，实行一审终审，无疑是得不到社会理解与支持的。小额诉讼程序的实践证实了这一点。

3. 司法改革上的审判权本位主义

近三十年的司法改革基本上由法院主导。如果说上个世纪80年代开始的审判方式改革，是基层法院应对调解为主的审判方式不适应时代发展需要而自发进行的改变，那么进入本世纪以来的司法改革则更多是回应中央构建和谐社会和法治国家的要求，在最高人民法院领导下进行的司法体制、机制改革。但在改革方案设计、试点和推广，乃至将改革成果提升为法定制度上，法院主导的格局基本上没有变化。典型的如以提高审判效率、缓解案多人少压力为目的的改革。主要的改革举措是简化程序。法院先后提出过简易程序扩大适用、普通程序简化审、速裁程序等改革举措。小额诉讼程序写入《民事诉讼法》就是这些改革的突出成果。2010年起，最高人民法院在全国选择若干法院进行小额诉讼程序试点。民诉法修正草案出台时，这些试点尚不足一年，还谈不上成功与失败，更遑论制度成熟和形成规律。最高人民法院却成功说服立法者将该制度写入新法。制度设计的审判权本位主义胎记是很明显的。该制度设计的目的与其说是为社会提供便宜简洁的诉讼程序、方便民众利用司法，不如说是如何把数量众多的民事案件化解在基层；与其说是满足人民群众对公正的需求，不如说首先满足的是法院提高审判效率的需求，更准确地说是缓解二审法院"案多人少"压力。制度的目标与功能定位上显然存在审判权本位主义（而且是上级法院本位主义）问题。这种单方面满足（上级）法院需求的制度安排，无论法院怎样论证其正当性，也是难以获得当事人和社会的理解与认同的，甚至难以获得基层法院法官的支持。

审判权本位主义还大量体现在其他诉讼制度改革上，使得一些早就被理论和实践证明应当改革的制度始终固守原状；一些改革举措并不符合司法权属性且背离司法规律，却得以顺利写入《民事诉讼法》。前者如审级制度，理论和实践两个层面都反复证明了两审终审不足以保障当事人的程序异议权，不能完全吸收当事人不满，当事人不得不通过申请再审或信访解决进一步的异议要求，以至于再审程序功能变异，涉诉信访居高不下。但是审级制度改革始终未能起步。个人认为最大的阻力来自法院金字塔的顶端。因为改二审为三审，压力最大、动力最小的就是最高人民法院和高级人民法院。再如审判委员会制度，其浓厚的行政化色彩和反司法规律的特质早就被揭示和批判，但无论怎么改革，审判委员会都是换汤不换药，到目前为止没有取消的迹象。原因也很简单：法院少不了这个集体决策分散风险的机制，法官也习惯依赖这个可以替个人挑担子的"保护伞"。

后者如法院调解制度。法院调解司法政策从调解为主—自愿调解—调判结合—调解优先，一直随着政治需要不断演变。尽管学者认真讨论了调解与司法属性之间天然的距离，论证了调解与判决并存于司法结构弊大于利的格局，反复呼吁调审分离①，但在 2012 年修改《民事诉讼法》时，最高人民法院的司法政策对法院调解的重视正处于历史上最高峰。"调解优先""三全调解""诉调对接"等政策要求和具体举措在最高人民法院努力下成功写进了民事诉讼立法。而法院推动调解优先政策写入《民事诉讼法》隐含着功利性目的：首先是为减轻法院案多人少的压力；其次是有助于预防那些含有非现实性冲突因素的纠纷进入法院，减少申诉信访风险；正是由于委托调解没有得到相关部门的积极响应，分流效果不明显，法院才特别希望将这些政策和相关举措上升为法律，以获得一种普遍约束力。可见，法院从自身需要出发提倡"调解优先"，更多体现的是法院的政治理性和本位考虑，公共理性不足。如果说政策"与时俱进"的性格使之在及时应对社会问题方面具有明显的优势的话，那么其固有的应时性、变动性则与法律追求安定性、可预测性的天性存在紧张关系。令人啼笑皆非的是，2013 年新民诉法刚开始实施，法院的调解政策又转了风向。特别是党的十八大确定了回归司法规律的司法改革方向后，调解优先司法政策已经悄然淡出改革舞台。

总之，服务于法院需要的改革举措暗中将法院工作目标置换了制度目的，当司法改革目的为法院目的所置换，制度运作服从于法院工作需要时，民事诉讼很容易偏离公正解决纠纷的制度目标，审判权对程序运作的影响就成为最频繁、最有力的因素，而程序在具体实践中存在走样变形的风险。王亚

---

① 李浩：《论调解不宜作为民事审判权的运作方式》，载《法律科学（西北政法学院学报）》1996 年第 4 期；李浩：《查明事实、分清是非原则重述》，载《法学研究》2011 年第 4 期；李浩：《虚假诉讼中恶意调解问题研究》，载《江海学刊》2012 年第 1 期；吴英姿：《法院调解的"复兴"与未来》，载《法制与社会发展》2007 年第 3 期；吴英姿：《"调解优先"：改革范式与法律解读——以 O 市法院改革为样本》，载《中外法学》2013 年第 3 期。

新早就注意到在程序实际运作上千差万别的现象背后,各地法院的组织环境、领导意志、经费来源、法官素质、评价体系、法官(包括其领导)的知识视域、价值偏好等因素的作用。① 由于当事人诉权力量的弱小,程序结构中缺乏审判权制约机制,程序难免沦为审判权的工具。无论是程序的变通运作,还是在改革旗号下的程序创造,许多都带有明显的单方面便利审判权运作、扫除审判权行使障碍、减轻法院负担的动机。许多做法实际上限制了当事人诉权或者诉讼权利,比如任意解释受案范围、附加起诉条件、变相剥夺当事人的上诉权、申请再审权、限制当事人的处分权等。刘荣军将这种现象称为"新职权主义"。② 小额诉讼程序、人民陪审制、再审程序、举证时限等制度的实践都证明了这一点。

三、程序功能障碍与程序异化

程序失灵的另一个后果是弱化了程序对诉权和审判权的约束力,为司法腐败和滥用诉权、诉讼权利留下可乘之机。当程序不能发挥约束权力(利)的功能,反而成为行动主体谋求私利的工具时,就背离了自身的价值目标而走向了自己的对立面,成为一种破坏司法公正的异己力量,即所谓"程序异化"现象。③

1. 司法权滥用与司法腐败

在司法权层面,程序异化的突出表现是司法权滥用,即司法权不按照法律规定的权限与程序行使,把程序当作方便审判甚至权力寻租的工具。司法权滥用有权力本位、权力越位、权力错位和权力缺位等表现。④ 所谓权力本位,就是司法主体从权力自身需要和主体利益出发行使司法权,致使司法权背离其自身功能定位的现象。权力越位,是指司法主体超越职责和法定权限行使司法权的现象。权力缺位,是指司法主体不履行法定职责,导致司法功能无法发挥的现象。权力错位就是司法权介入非司法领域,对不属于司法权运作的社会生活造成干扰与影响的现象。王永杰曾用程序异化来指出刑事司法领域的"潜规则"问题,指出我国的司法程序同时暴露出"有法不依"和

---

① 王亚新:《程序·制度·组织——基层法院日常的程序运作与治理结构转型》,载《中国社会科学》2004 年第 3 期。
② 刘荣军:《民事诉讼中"新职权主义"的动向分析》,载《中国法学》2006 年第 6 期。
③ 异化在哲学意义上是指主体或某种事物把自己的素质或力量转化为跟自己对立、支配自己的东西的现象。如马克思指出的人的物质生产与精神生产及其产品变成异己力量,反过来统治人的社会现象。
④ 余其营:《司法权滥用的成因分析及其法律规制》,载《商场现代化》2005 年第 5 期。

"无法可依"的二律悖反现象,即在正式制度规定的程序规则被大量规避的同时,司法潜规则盛行。①姚显森针对公诉案件刑事和解制度异化现象作过实证分析,指出刑事和解程序在一定程度上异化为司法机关解决证据不足案件和当事人索取高额赔偿的工具,以罚(款)代刑(罚)的现象屡屡发生,背离了刑事和解的制度功能,甚至成为滋生司法腐败的温床,无疑会给司法公信力造成损害。②贾志强、闵春雷发现了刑事诉讼简易程序实施过程中的异化现象,典型如一些显著轻微可以不判处实刑,或者可以判处罚金的案件,法院为解决未决羁押适用不当问题而判拘役或有期徒刑,背离了"罪刑相适应原则",损害了司法公正。③

毋庸讳言,以司法权滥用为本质的司法腐败现象正是当下中国司法制度的恶疾而成为社会普遍关注的焦点之一,直接破坏社会对司法的信任,削弱司法的社会认同。施鹏鹏采用问卷调查方式对全国 20 个省(自治区、直辖市)1600 多人进行了调查,发现六到七成的被调查对象认为公检法司法人员存在办"关系案""金钱案"的可能,无论在法律职业内部,还是在普通公众眼中,中国的司法腐败现象都极为严重,司法机关普遍面临严重的信任危机。④针对司法权滥用与腐败严峻的现实,十八届四中全会《中共中央关于全面推进依法治国若干重大问题的决定》在司法改革部分专门提及遏制司法腐败问题,指出"执法司法不规范、不严格、不透明、不文明现象较为突出,群众对执法司法不公和腐败问题反映强烈",要求"依法规范司法人员与当事人、律师、特殊关系人、中介组织的接触、交往行为。严禁司法人员私下接触当事人及律师、泄露或者为其打探案情、接受吃请或者收受其财物、为律师介绍代理和辩护业务等违法违纪行为,坚决惩治司法掮客行为,防止利益输送";"对司法领域的腐败零容忍,坚决清除害群之马"。

2. 诉权与诉讼权利滥用

当事人滥用诉权与诉讼权利包括恶意诉讼、机会型诉讼、诉讼过程中滥用诉讼权利等行为。

恶意诉讼,是当事人虚构事实、利用诉讼获取不正当利益的行为。常见的恶意诉讼主要有以下几种形式:一是双方当事人恶意串通,实施虚假诉讼。

---

① 王永杰:《程序异化的法社会学考察论纲——以刑事冤案和刑事司法程序为视角》(上、下篇),载《政治与法律》2007 年第 3 期、第 4 期。
② 姚显森:《刑事和解适用中的异化现象及防控对策》,载《法学论坛》2014 年第 5 期。
③ 贾志强、闵春雷:《我国刑事简易程序的实践困境及其出路》,载《理论学刊》2015 年第 8 期。
④ 施鹏鹏:《我国司法腐败的现状与遏制——以 20 个省/自治区/直辖市的实证调查为分析样本》,载《证据科学》2016 年第 1 期。

即案件当事人之间虚构事实,利用诉讼确认虚假的权利义务关系,损害国家、集体或第三人利益。当事人通过提起虚假的民事诉讼,达到转移财产、逃避债务、违反合同、谋取非法利益的目的。这在离婚、民间借贷、企业投资与股权转让等财产纠纷中发生频率较高。实践中,当事人双方恶意串通的虚假诉讼,往往利用调解制度法官审查证据和事实不严格的漏洞。① 二是一方当事人虚构事实伪造证据的欺诈型诉讼。例如虚构纠纷使对方陷入诉讼;利用财产保全冻结对方资金,致其不能正常经营;或者声称对方当事人住址不明,利用缺席判决损害对方利益;等等。② 这种虚假诉讼的当事人的目的因案而异,有的是为了损害对方的名誉、商业信誉;有的是为了打击报复,故意让对方陷入纠纷事务缠身、不堪其扰的状态;有的是为了损害对方的合同利益,为自己谋取不正当利益;等等。虚假诉讼型恶意诉讼在知识产权纠纷领域尤其严重。最常见的是恶意提出专利无效宣告申请、恶意申请诉前临时禁令、恶意申请证据保全等,目的在于妨害对方专利技术的正常运用,排挤竞争对手,侵害对方技术秘密、商业秘密等。③ 三是伪造仲裁裁决、公证债权文书申请执行,损害国家、集体或他人合法权益。

机会型诉讼,即当事人进行诉讼并非为了解决法律问题,而是在诉讼中寻找不履行合同或法律的机会的诉讼。张维迎等以北京某基层法院的契约纠纷判决为研究对象,发现原告的高胜诉概率和当事人的高违约率现象并存,同时违约案件的案情都比较简单,辩护理由也很简单甚至没有。他以制度经济学上的"逆向选择效应"为分析工具,论证了上述现象的成因,认为由于缺乏信任和良好法律体系,当事人诉讼的原因一般不是因为事实或法律争议,相反故意违约反而可能是利益最大化的策略性选择。而诉讼制度安排和具体司法实践又往往能够助成这种策略行为,导致司法实践中存在大量的机会型诉讼。其结果是"劣币驱逐良币的效应"——把真正需要司法救济的诉求驱逐出了司法领域。④

滥用诉讼权利,即当事人在诉讼过程中,不恰当地行使诉讼权利的行为。滥用诉讼权利的行为多是当事人为使自己处于有利诉讼状态或是以规避法律、规避履行义务、妨碍诉讼为目的而采取的各种有违诚实信用原则的诉讼行为,如虚伪陈述、举证突袭、举证妨碍、拖延诉讼、言行前后矛盾、妨碍诉讼

---

① 李浩:《虚假诉讼中恶意调解问题研究》,载《江海学刊》2012 年第 1 期。
② 肖建华:《论恶意诉讼及其法律规制》,载《中国人民大学学报》2012 年第 4 期。
③ 杜豫苏、王保民、高伟:《知识产权恶意诉讼的辨识、审判与治理》,载《法律适用》2012 年第 4 期。
④ 张维迎、柯荣住:《诉讼过程中的逆向选择及其解释——以契约纠纷的基层法院判决书为例的经验研究》,载《中国社会科学》2002 年第 2 期。

秩序,等等。

第三节　司法公正的价值共识难题

一、转型时期公正价值共识形成的基础缺乏

当代中国正处于从传统社会向现代社会变迁的过程中,社会主体平等化带来关于平等、自由、民主等普遍的价值诉求,而物质财富分配不均则导致阶层划分与利益界定的差别化。围绕利益概念的不同,社会价值关于公平、正义、是非善恶的价值判断标准也呈现多元化。基于下列原因,社会大众不同阶层之间各种价值的自我化约能力是不足的,连带地引发社会关于司法公正价值共识难以达成的问题。

1. 社会核心价值观有待重建。

新中国成立后,主流政治意识形态经过历次社会运动成功替代了中国人的传统价值观。而改革开放后四十多年来,个人主义、消费主义和以个人权利为核心的法律等现代性因素大肆侵入人们的生活,剧烈地冲击着中国人的价值观。在政治意识形态逐步褪色的同时,传统价值观念因缺乏社会根基而无法重新占据人们的思想,新的终极价值观尚未形成。无怪乎很多人被消费主义所裹挟,金钱至上的货币理性成为一些人的行动指南。[①] 再加上中国正处于迈向工业社会与风险社会交叉重叠的时代[②],风险社会的不确定性,社会关于权利、责任、公平、正义的价值判断会因不同的风险感知而悬殊,使价值多元、难成共识的局面加剧。

2. 法律与程序的价值化约能力不足

面对社会价值多元的局面,司法公正的价值共识不是现成的,而需要通过一个有效的渠道寻找"最大公约数"。这个渠道既要能够有效反映社会不同群体的利益诉求、价值观念,又要与司法的运作机制相匹配,以便能够纳入司法过程。而司法公正属于典型的制度伦理,是由制度所涉及的那些分散的个人的善、价值、目的和愿望整合而成的一个大体协调的结构或秩序。司法总是一个价值判断和选择的过程,并遵循如下逻辑:在各种合理的目的和价

---

① 贺雪峰:《村治模式:若干案例研究》,山东人民出版社 2009 年版,"中国村治模式实证研究丛书总序"第 2—5 页。
② 成伯清:《"风险社会"视角下的社会问题》,载《南京大学学报(哲学·人文科学·社会科学版)》2007 年第 2 期。

值不可兼得时,为实现更大的正义或善可以牺牲较小的正义和善,为避免更大的不正义和恶,必须容忍较小的不正义和恶。① 为此,司法需要与社会保持沟通,通过对话需求价值共识,平衡各方利益,弥合个案公正与普遍公正之间的距离。在不得不牺牲某个利益的时候,尽可能争取被牺牲者的理解与支持。从技术上说,在实体公正标准模糊的情形,通过程序实现公正是可行的路径,即程序公正可能成为社会关于司法公正的最大公约数。但由于程序不完善和失灵问题,使得这种可能性被大大降低。

3. 传统司法沟通方式失效

在社会核心价值观空白、法律与程序的社会价值化约能力补强的情况下,特别需要司法与社会的充分对话与沟通,尽可能在个案中寻求价值共识,最大限度争取社会对裁判的支持。"马锡五审判方式"曾经以其特有的方式很好地实现了司法与民意的沟通。但是,这种在乡土社会行之有效的沟通方式,今天已经力不从心。② 当代中国的社会结构属于"陌生自由人社会"③,由于社会成员之间的独立与疏离,自身行为的意义不再依赖周边的环境和人们的认同,而是通过对自我的思想、情感、行为的组织而获得。④ 加之人们活动半径的扩展,植根于传统社会的社会规范(村规民约、情理、风俗习惯等)和民间权威约束力大为减弱。因此,司法依靠社会舆论制造的"认同危机"来"压服"当事人的条件已经不存在。⑤ 司法裁判常常不为社会所理解,难以形成关于司法公正的价值共识。司法不得不寻求新的途径以实现与社会的沟通。⑥

---

① 郑成良:《法律之内的正义:一个关于司法公正的法律实证主义解读》,法律出版社2002年版,第85页。
② 乡土社会有两个特点:一是空间的封闭、较窄,个体行为及其意义在很大程度上取决于他对周围人的评价的理解与判断。二是乡规民约、风俗习惯等地方规范的有效性强。马锡五审判的常用方式就是通过巡回审判、就地开庭,将诉讼当事人嵌入周围的社会纹理中,将当事人不得不考虑的人际关系、情理等因素揉进司法过程和政策法令,促使当事人以妥协、服从为代价,换取社会的谅解与接纳。
③ 刘志民、杨友国:《陌生自由人社会及其内卷化——关于中国社会结构现状的思考》,载《甘肃行政学院学报》2009年第4期。
④ 杨力:《新农民阶层与乡村司法理论的反证》,载《中国法学》2007年第6期。
⑤ 有关当前农村纠纷解决的实证研究也表明,虽然村干部在调解纠纷时,有时仍然会让周围群众参与劝说,以对当事人形成舆论压力,但这种方法多半只是在当时缓和了纠纷,暂时令当事人妥协,并没有真正解决纠纷。事后当事人对利益的理性思考会强烈起来,村干部的这种策略便失去了效力,当事人会重新主张自己的权利。栗峥:《乡土正义:鲁南周村的纠纷解决》,载《法制与社会发展》2010年第1期。
⑥ 吴英姿:《陈燕萍工作法的社会认同分析——司法的社会政治功能视角》,载周泽民、公丕祥主编:《司法人民性的生动实践——陈燕萍工作法研究与探讨》,法律出版社2010年版,第98—108页。

二、司法沟通理性不足

现代社会价值多元,潜藏纠纷与冲突,特别依赖司法发挥强有力的对话沟通作用,以通过一个一个具体案件的司法过程,逐步寻找社会公正的最大公约数,从而争取社会对司法的理解、信任与支持。但是,中国司法由于政治理性有余,公共理性不足而缺乏沟通理性。① 首先,司法机关对如何与社会有效沟通缺乏正确认知。不容否认,最高人民法院一直在探索司法沟通民意、争取社会认同的路径,将构建民意沟通表达长效机制当作改革的重点之一写入人民法院《三五改革纲要》,还发布了《关于进一步加强民意沟通工作的意见》。各地法院纷纷推出改革举措,包括各种便民诉讼服务措施和采集社情民意的手段(如人大代表、政协委员联络机制,开通民意沟通邮箱,个案中的民意听证会等)。但是,这些沟通机制从观念到举措都停留在政治生活层面,混淆了司法与公共决策过程,且更多指望法官超乎常人的道德操守和司法智慧,而忽略了司法理性等来自司法机体内部的问题。有的法院尝试在判决前采取民意调查方式,但因调查手段不科学、调查过程的非程序化而不具有合法性。②

其次,一般情况下司法缺乏主动沟通的意思与能力。在个案可能涉及意识形态的重大分歧或者根本立场对立时,司法者却很不敏感,往往闭门造车,自以为公正,却在不知不觉中与社会普通民众拉开了距离。比如关于死刑的存废问题,是一个同时涉及人的生命与社会秩序的重大问题、基本问题,也是分歧最大、争议最激烈的问题,必然与一个国家、一个民族的文化传统、价值观念和社会历史条件密切相关。在以"杀人偿命"为社会自然正义观且为现行刑法所肯定的中国,废除死刑尚局限于部分法学精英探讨的话题,远未达到社会主流观点的地步。司法者面对这样的问题应当慎之又慎,避免标新立异。而李昌奎案二审法院回应社会质疑时,却断言"减少死刑已经成了大趋势""死刑是时候改变了",尤其是被讽为"标杆论""狂欢论""酷刑论"的言论,明显超越时空、不食人间烟火,流露出某种精英式的自负和自恋,以及对民意的野蛮化、妖魔化解读,与普通中国人的价值观和朴素的正义感存在断裂与隔阂,当然会引发舆论的强烈不满。

最后,缺乏沟通理性的司法易患"舆论恐惧症",禁不住舆论的批评而左右摇摆。近十几年来,几乎每年都出现的被舆论围攻而后被"民意"改变的案件,使司法权威反复跌入低谷,与这些年来法院的苦苦努力非常不相

---

① 吴英姿:《司法的公共理性:超越政治理性与技艺理性》,载《中国法学》2013年第3期。
② 《法庭发问卷调查,旁听变"陪审":药家鑫生死谁说了算》,http://www.148com.com/html/4/493100.html,2011-4-14,最后访问时间:2011年7月21日。

称,暴露出司法与民意之间的紧张、法官的裁判理由与社会正义诉求之间的断裂。①

三、司法制度内的沟通机制失灵

司法制度化的沟通平台是陪审制。但基于种种原因,我国的人民陪审制并未能有效发挥司法与社会沟通的平台作用。

在革命战争年代和上个世纪 50 年代人民司法改革过程中,人民陪审员制度曾经在保障司法民主方面发挥过重要作用。当时的司法民主是新民主主义及人民民主的一部分,体现的是"人民当家做主"的政权理念。在司法领域,陪审制被视为人民执掌审判权、人民意志决定裁判结论的民主标志。陪审制的目的是通过陪审员监督司法人员,保证司法队伍的纯洁,与党中央在思想上保持一致,从而保证审判工作政治正确,让司法成为人民民主专政的重要工具。陪审制赢得空前的正当性,陪审员地位高上。但是陪审制并没有真正融入司法制度,因为它在本质上属于用政治立场和意识形态来判断的政治活动,与"用法律来判断"的司法活动格格不入,毋宁说是凌驾于司法制度之上的监督机制。

在市场经济引发社会结构转型后,社会控制机制也随之变化,政治意识形态在解决纠纷、社会整合方面的作用减弱,法律与司法在社会控制方面被寄予高度的期待,催生了以审判专业化和法官职业化为目标的审判方式改革。2004 年,全国人大常委会通过了《关于完善人民陪审员制度的决定》(以下简称《陪审制决定》),将陪审制定性为司法制度,意味着它作为纯粹的政治制度的历史至此终结。此时,程序规范化和审判知识与技能的专业化需要让陪审制作用一落千丈,陪审员的知识技能遁入冷宫。② 陪审制的正当性遭遇前所未有的挑战。实践中人民陪审员代表性不足、"陪而不审"的问题普遍存在。有学者批评实践中的陪审制仅剩下作为司法民主象征的意义,不仅未能实现《陪审制决定》完善陪审制的初衷,反而增加司法成本和法院管理负担。③ 为切实发挥陪审制的作用,在最高人民法院的推动下,各地法院不断

---

① 吴英姿:《司法的公共理性:超越政治理性与技艺理性》,载《中国法学》2013 年第 3 期。
② 胡凌从权力结构对知识分工与表达的影响角度,指出审判方式改革后法庭中制度化的权力结构让法官构建起对陪审员的"知识霸权",陪审员权力的行使完全依附法官的专业知识,不仅令其监督法官的任务无法完成,而且其常识和自然理性都显得多余。胡凌:《人民陪审员制度的多面向解释》,载苏力主编:《法律和社会科学》(第二卷),法律出版社 2007 年版,第 103—127 页。
③ 何家弘主编:《中国的陪审制度向何处去:以世界陪审制度的历史发展为背景》,中国政法大学出版社 2006 年版;吴丹红:《中国式陪审制度的省察——以〈关于完善人民陪审员制度的决定〉为研究对象》,载《法商研究》2007 年第 3 期;刘哲玮:《人民陪审制的现状与未来》,载《中外法学》2008 年第 3 期;等等。

推出改革新举措,比如为保证陪审员的代表性而进行的"海选"陪审员、模仿英美陪审团的"人民陪审团""人民评议团"实验,等等。学者们对这些改革的前景各执一词,肯定者有之,否定者也不乏其人。① 有人指出了法院的功利性动机,即为解决"案多人少"压力、法官专门知识缺乏以及应对涉法上诉调解、信访工作、执行难等需要,把陪审员当作"召之即来挥之即去"的廉价劳动力,发挥陪审员在协助开庭、调解、协调、执行等方面的作用,也通过审判员向社会传递法院的困难与努力,说服当事人接受裁判,争取社会对法院的理解与同情,减少涉诉信访,等等;至于法官对"特别陪审员"(如专家、妇联干部、专职调解员等陪审员)的偏好,不过是为了创立一种获取有助于解决纠纷信息的费用最小化的结构。② 有人尖锐地指出,法院是用陪审制这个"公正的外衣"来包裹其追求效率的目的。③ 陪审制因此发生功能变异,"监督司法"的原初价值逐渐消退。④ 陪审员完全服务于法院的需要,成为司法辅助者,扮演的是人力补充、协调和知识提供者的角色。⑤ 多数人对于陪审制的前景感到迷茫。有的人悲观地称之为"鸡肋"⑥,有的则承认"专家陪审员"和"陪调员""陪执员"就是中国陪审制的发展方向。⑦

《陪审制决定》的立法意图是"为了完善人民陪审员制度,保障公民依法参加审判活动,促进司法公正"。从文义上,"促进司法公正"可以视为立法者

---

① 汪建成:《非驴非马的"河南陪审团"改革当慎行》,载《法学》2009 年第 5 期;汤维建:《人民陪审团制度试点的评析和完善建议》,载《政治与法律》2011 年第 3 期;吴英姿、王筱文:《陪审制、民意与公民社会——从河南人民陪审团改革实验展开》,载《政治与法律》2011 年第 3 期;刘加良:《人民陪审团制:在能度与限度之间》,载《政治与法律》2011 年第 3 期。
② 胡凌:《人民陪审员制度的多面向解释》,载苏力主编:《法律和社会科学》(第二卷),法律出版社 2007 年版,第 103—127 页。
③ 曾晖、王筝:《困境中的陪审制度——"法院需要"笼罩下的陪审制解读》,载《北大法律评论》(第 8 卷第 1 辑),北京大学出版社 2007 年版;刘哲玮:《人民陪审制的现状与未来》,载《中外法学》2008 年第 3 期;李晟:《公正包装效率——从〈关于完善人民陪审员制度的决定〉第 4 条切入》,载徐昕主编:《司法程序的实证研究》(第二辑),中国法制出版社 2007 年版。
④ 李拥军:《我国人民陪审制度的现实困境与出路——基于陪审复兴背后的思考》,载《法学》2012 年第 4 期。
⑤ 刘晴辉:《对中国陪审制度的实证研究——以某市基层法院为视角》,载《四川大学学报(哲学社会科学版)》2007 年 1 期;"中国陪审制度研究"课题组:《中国陪审制度研究——以成都市武侯区人民法院陪审工作为对象》,载《法律科学(西北政法大学学报)》2008 年第 6 期;曾晖、王筝:《困境中的陪审制度——"法院需要"笼罩下的陪审制解读》,载《北大法律评论》(第 8 卷第 1 辑),北京大学出版社 2007 年版;彭小龙:《人民陪审员制度的复苏与实践:1998—2010》,载《法学研究》2011 年第 1 期。
⑥ 吴丹红:《中国式陪审制度的省察——以〈关于完善人民陪审员制度的决定〉为研究对象》,载《法商研究》2007 年第 3 期。
⑦ 胡凌:《人民陪审员制度的多面向解释》,载苏力主编:《法律和社会科学》(第二卷),法律出版社 2007 年版,第 103—127 页;刘哲玮:《人民陪审制的现状与未来》,载《中外法学》2008 年第 3 期;彭小龙:《人民陪审员制度的复苏与实践:1998—2010》,载《法学研究》2011 年第 1 期。

完善陪审制的目的。但是,司法公正是司法制度的总体目的;反过来,司法公正亦不能仅靠陪审制来实现。这样看,《陪审制决定》并未能为陪审制明确其自身的目的。事实是,时代变迁导致既定制度目标消失,新的目标尚未清晰,人们在"陪审制向何处去"的问题上陷入茫然;不同主体从各自立场对陪审制寄予不同的期待,导致陪审制目的多元。这些目的相互之间并不兼容甚至冲突。从理论上讲,目的多元是实际上的盲目,必将消解制度的方向感,而且造成制度功能定位含糊。

目的多元的另一个后果是目的竞争,最终是强势者的目的凸显乃至替代其他目的。一个客观事实是:法院主导着陪审制的改革与运作。陪审制目标被置换,从纸面上的司法制度悄悄被"收编"为行动中的"法院制度"。① 法院在宣传中高调赞扬陪审制的作用,而在实际运用中却采取"控制使用"的策略。法官们也批评陪审员"陪而不审"的现象,但私底下他们对陪审员的意见并不在意,甚至根本不希望从陪审员那里听到不同意见,因为那样会增加他们的工作负担。为了避免出现陪审员意见占多数的"麻烦",一些法院限制合议庭中陪审员的人数,确保职业法官占多数。除了涉及专利、医疗、建筑等专业领域的案件外,法院邀请陪审员参与的案件大多是没有技术含量、没有合议必要,在法官看来没有必要浪费自己的时间与精力的案件,使用陪审制或者是解决合议庭人手不足问题,或者纯粹是敷衍考核。于是在陪审率节节攀升的同时,审判员在审判中的参与度却很有限。当陪审制沦为服务于法院需要、由法官任意支配的工具时,其与社会便渐行渐远。社会对陪审制的知晓度、关注度不高暴露了二者之间的疏离。与法院大张旗鼓、不计成本地推进陪审制改革形成鲜明对比的是,社会对陪审制改革不甚了解、漠不关心。如果任其发展,陪审制必将迷失自我,变得可有可无。可以预见,一旦法院不再需要陪审员的辅助,陪审制的生命力将随即枯竭。②

---

① 李拥军得出"国家、法院与民众三者在推行陪审上达成了妥协与平衡"的判断。参见李拥军:《我国人民陪审制度的现实困境与出路——基于陪审复兴背后的思考》,载《法学》2012年第4期。该判断缺少经验研究的支持。与其说是国家与民众对"陪审制法院化"的妥协,毋宁说是国家与民众诉求的"失语"。
② 吴英姿:《构建司法过程中的公共领域——以D区法院陪审制改革为样本》,载《法律适用》2014年第7期。

第四章　司法认同危机的体制根源

司法认同的要素危机揭示的是影响社会对司法形成认同感的外观因素，即从满足社会对司法期待的角度，影响司法制度有效性的直观原因。需要进一步追问的是：是什么导致法律失效？是什么让程序失灵？这就有必要从司法体制、机制层面去深入挖掘导致法律失效、程序失灵的根源。

第一节　政法体制及其运行逻辑

正如达玛什卡所言，任何国家的司法都是政治制度的构成要件，而不是建构因素。① 有什么样的政治体制就有什么样的司法体制。当代中国的政治体制是中国革命历史选择的结果。中国共产党创建政权的过程中，借鉴批判苏俄革命经验，结合特定时期实践需要摸索试错调适，逐步确立起共产党对党、政、军、民统一领导的政权架构。党的集中领导被视为夺取政权、完成统一大业的革命法宝。新中国成立后，一方面是继承革命斗争成果，另一方面是领袖人物思想影响与意志选择的结果，更有建设后发赶超型现代化国家的客观需要，党的一元领导、党政一体的政治架构得到加强和巩固。② 新中国成立以来国家政权的建设过程，就是党的组织嵌入政权结构、全方位地确立起绝对领导权的过程。最终形成执政党"总揽全局、协调各方"的总体性政治体制。总体性政治体制的本质特征是：国家权力高度集中于执政党中央，党的组织系统深刻嵌入到国家政权体系和社会生活的各个层面，党的骨干在推动社会的发展中发挥中坚力量。党为国家建设设定发展战略，为社会整合提供价值体系和精神支撑。国家建设的全部内容都被统一到党确立的政治目标之下、纳入政治工作的范畴。③ 执政党治理国家的理念或指导思想是邹

---

① 〔美〕米尔伊安·R.达玛什卡：《司法和国家权力的多种面孔：比较视野中的法律程序》，郑戈译，中国政法大学出版社2015版，第9页。
② 冯仕政：《中国国家运动的形成与变异：基于政体的整体性解释》，载《开放时代》2011年第1期。
③ 席晓勤、郭坚刚：《全能主义政治与后全能主义社会的国家构建》，载《中共浙江省委党校学报》2003年第4期。

说所说的"全能主义"(Totalism)的①，国家是政党的创造物，是实现政党意志的工具，所有的国家机关都是根据政党建设国家的政治目标而设立的。国家治理的方式是利用政治权力垄断全社会的经济资源与政治权利，国家与社会的关系简化为个人对国家的单向度依赖关系，国家权力对社会生活全面渗透，具有强大的社会动员能力与资源调配能力。在超过半个世纪的发展历史中，国家建设的基本路径，是在党的领导下，通过社会动员、发动政治运动来实现改造社会的执政理想与治理目标。上个世纪70年代末开始的经济体制改革，特别是以政企分开为核心的政治体制改革，让全能主义体制从经济领域开始逐渐松动。萧功秦用"后全能主义"(Post-Totalism)来描述当前变迁中的、带有过渡性的中国政治体制。在这个阶段，具有改革开放导向的一党政治在维持政治稳定和社会整合机制方面仍然发挥着重要作用；同时，社会多元化趋势不断增强，在一些非政治领域出现了多元化与私域自由空间的扩大；意识形态领域虽然还保持着社会主义的基本符号体系，但已经变得愈发世俗化。李强进一步指出，随着市场机制的引入以及利益主体的多元化，单位以及各级政府机构追求自身利益的动机，使得他们的行为方式发生了变化。典型的表现是：尽管国家机构作为一个无所不在的庞然大物依然存在，但这些机构已经不再把履行国家职能即提供公共产品作为首要职能，而以追求自身利益为目的，以至于社会不存在一套专门以提供公共产品为目的的机构。② 不过萧功秦认为，从总体上看，后全能主义政体在本质上仍然是全能主义的，且社会主义一党政治的传统资源仍然被保留和传承下来。③ 党政一体的组织架构是国家机关建立的基本格局。政府职能宽泛，与其他国家机关职能界限并不很清晰，可以称为"全能型政府"。立法、执法、司法等国家职能被分别划分给不同的职能机构，相互之间是分工协作而不是分权制衡的关系。

中国特色社会主义法治发展道路深受全能型政治体制的形塑和影响，表现出浓厚的政治品性：马克思主义理论/社会主义意识形态理论是法治建设的合法性来源，强调法律具有鲜明的阶级性，法律是统治阶级意志的集中体现，法律具有重要的政治服务功能。法治建设被当作维持政治稳定和既定社会制度的重要力量。政治生态因此成为法治建设的深刻背景，中央对于法治的基本态度决定了中国法治发展的实践进程。政治变革是法治建设的深层动机，政治目的就是法治建设的终极目标。在法治实践的实现途径上，执政

---

① 邹谠：《中国廿世纪政治与西方政治学》，载《政治研究》1986年第3期。
② 李强：《后全能体制下现代国家的构建》，载《战略与管理》2001年第6期。
③ 萧功秦：《后全能体制与21世纪中国的政治发展》，载《战略与管理》2000年第6期。

党是法治建设蓝图的顶层设计者,在法治实践中具有无可替代的引领、决定和主导作用。法治建设高度重视中央的权威。在领导体制上,法治建设坚持党对政法工作的领导。政法体制始终与执政党的组织原则、机制和体系紧密相连,以加强中央对全国立法、执法和司法活动的监督,确保法治在全国的统一和权威。①这种能动型政治体制形塑出来的当代中国司法制度,与达玛什卡所说的"政策实施型"司法类型重合度极高。

一、司法制度的政治属性

中国特色社会主义司法制度具有突出的政治属性。首先,社会主义意识形态是司法制度的合法性基础与制度构建的指导思想。中国的社会主义理论是在马克思列宁主义基础上,结合中国革命与社会建设的实际情况与实践经验,经过几代领导人的阐述,先后发展出毛泽东思想、邓小平理论、"三个代表"重要思想、科学发展观和习近平新时代中国特色社会主义理论,在实现马克思主义中国化的同时,逐步形成了自己的理论体系。这些理论成为中国司法制度构建和改革的指导思想和根本遵循。在中国特色社会主义理论指导下,中国特色司法制度始终坚持社会主义属性,即强调司法制度的政治性、人民性、法律性有机统一。政治性,即坚持中国共产党的领导。司法机关与其他国家机关在党的领导下,在宪法和法律的框架内,分工负责、互相配合。党的领导是司法机关准确有效地执行法律的有力保障,这被论证为中国特色社会主义司法制度的政治优势、法律优势和工作优势所在。人民性,即司法权产生于人民代表大会,服务于人民,向人民代表大会报告工作,受人民监督。司法的人民性能够保证司法权掌握在人民手中,司法机关的根本宗旨、司法职权配置和运行目的是为保障广大人民群众的合法权益,司法权的运行以人民的根本利益为归依的价值基础和价值取向。司法的人民性对司法民主提出了很高要求。中国司法制度的司法民主内涵很宽泛,既包括司法为民的司法理念和巡回审判、简化程序、诉讼调解等便民高效的具体制度安排,也包括司法决策活动实行民主集中制,重大事项由审判委员会讨论决定,还包括保障人民群众参与司法的人民陪审制等方面。②

强调司法制度的政治性、人民性,与共产党关于政法工作重要性的认知有关。在国家政权体系建设上,公安、检察、法院等机关被认为是实现人民民主专政的重要机关。如果说军队是党和人民手中的"枪杆子",政法部门就是

---

① 张杨、宫睿成:《中国特色社会主义法治实践的政治逻辑阐释》,载《沈阳工业大学学报(社会科学版)》2018年第1期。

② 胡铭、宋善铭:《当代中国司法制度的特色与属性》,载《中国高校社会科学》2017年第4期。

党和人民手中的"刀把子"。政法部门"系国家安危于一半"①,担负着保护人民、打击敌人、惩治犯罪、维护社会稳定、保卫社会主义国家政权、保障社会建设顺利进行的艰巨任务,特别是掌握着生杀大权,必须置于中央的直接领导之下。立法、执法、司法都被作为党中央、各级党委的工作重心,必须加强领导,确保具体工作坚持正确的政治方向。中央对政法部门的认知一直深刻地影响着我国政法工作功能定位和基本走向。1990年《中共中央关于维护社会稳定加强政法工作的通知》中正式将政法部门表述为:"政法部门是国家机器的重要组成部分,是人民民主专政的重要工具。"尽管在20世纪90年代后,尤其是进入新世纪以来,国家政治经济社会发展发生了巨大变化,但是政法部门的首要职能始终不变,仍然是维护政治安全和社会稳定。在2015年1月20日中央政法工作会议上,中共中央总书记、国家主席、中央军委主席习近平就政法工作作重要指示时强调,要培育造就一支忠于党、忠于国家、忠于人民、忠于法律的政法队伍,"确保刀把子牢牢掌握在党和人民手中"②。重提"刀把子",就是重申政法工作的人民民主专政职能,突出政法机关的政治属性、人民属性。2019年1月13日颁布的《中国共产党政法工作条例》再次采用敌我矛盾和人民内部矛盾分类,要求政法工作准确行使人民民主专政职能。该条例规定政法工作应当坚持的十大原则是:"(一)坚持党的绝对领导,把党的领导贯彻到政法工作各方面和全过程;(二)坚持以人民为中心,专门工作和群众路线相结合,维护人民群众合法权益;(三)坚定不移走中国特色社会主义法治道路,建设社会主义法治国家;(四)坚持服务和保障大局,为推动经济持续健康发展和保持社会长期稳定提供法治保障;(五)坚持总体国家安全观,维护国家主权、安全、发展利益;(六)严格区分和正确处理敌我矛盾和人民内部矛盾这两类不同性质的矛盾,准确行使人民民主专政职能;(七)坚持走中国特色社会主义社会治理之路,推动形成共建共治共享的社会治理格局;(八)坚持改革创新,建设和完善中国特色社会主义司法制度和政法工作运行体制机制;(九)政法单位依法分工负责、互相配合、互相制约,确保正确履行职责、依法行使权力;(十)坚持政治过硬、业务过硬、责任过硬、纪律过硬、作风过硬的要求,建设信念坚定、执法为民、敢于担当、清正廉洁的新时代政法队伍。"

司法制度的法律性,体现的是司法"法律的判断"的本质属性,即司法机

---

① 周恩来曾说:"国家安危,公安系于一半。"
② "刀把子"论是毛泽东于1926年5月在广州主持第六届农民运动讲习所时首次提出。他指出:搞革命就是刀对刀、枪对枪,要推翻地主武装团防局,必须建立农民自己的武装,刀把子不掌握在自己人手里,就会出乱子。

关要严格依据法律和程序行使司法权。在政治属性层面理解司法制度的法律性,侧重的是法律与政治的一致性或一体化。因为,政法体制排斥法律独立于政治的制度安排,强调司法工作必须服从党的国家建设与社会治理目标,肩负着贯彻国家纲领和实施国家政策的政治功能。在中国特色社会主义法治理论中,政治与法律的一致性观念典型地表现在党的政策与国家法律的关系的理论表述上。习近平在 2014 年 1 月 7 日中央政法工作会议上的讲话中指出,我们党的政策和国家法律都是人民根本意志的反映,在本质上是一致的。党的政策是国家法律的先导和指引,是立法的依据和执法司法的重要指导。要善于通过法定程序使党的主张成为国家意志、形成法律,通过法律保障党的政策有效实施,确保党发挥总揽全局、协调各方的领导核心作用。党的政策成为国家法律后,实施法律就是贯彻党的意志,依法办事就是执行党的政策。政法工作要自觉维护党的政策和国家法律的权威性,确保党的政策和国家法律得到统一正确实施,不能把两者对立起来、割裂开来。①

总之,司法制度的政治属性集中表现为坚持党的领导。事实证明,党的领导在当代中国司法制度从探索创建到变革发展的历史过程中始终是关键变量。党在司法制度创建和改革中,起绝对主导作用,是顶层设计者、引领者和推动者。新中国司法制度的创建,是在党领导下废除国民党旧司法制度,建立人民司法的过程。党运用马克思主义阶级斗争的观点方法为理论基础,揭示法律是阶级矛盾和阶级斗争的产物,是统治阶级以武装强制执行的国家意识形态。法律和国家一样,只是保护一定统治阶级利益的工具。因此,国民党制定的法律只能是保护地主与买办官僚资产阶级反动统治的工具,是镇压和束缚广大人民群众的武器。无产阶级领导的以工农联盟为主体的人民的司法工作不能以国民党的《六法全书》为依据,而应该以人民的新法律作依据。② 在废除旧法的同时,党领导了包括人民法院组织法、人民检察署组织法在内的新中国立法工作。随后针对"三反""五反"运动中司法机关暴露出来的"政治不纯、组织不纯、思想不纯"等严重问题,中央发动了一场全面改造和整顿司法机关的运动——人民司法运动,清除旧司法人员、肃清旧法思想、纠正旧司法作风、发展政法教育。这场运动不仅搭建起了新中国司法制度的基本框架,而且确立了中国司法的新传统③,形塑了当代中国司法的政治品格。

---

① 习近平:《在中央政法工作会议上的讲话》(2014 年 1 月 7 日),载中共中央文献研究室编:《习近平关于全面依法治国论述摘编》,中央文献出版社 2015 年版,第 20 页。
② 详见《中共中央关于废除国民党〈六法全书〉与确定解放区司法原则的指示》(1949 年 2 月)。
③ 黄文艺:《1952—1953 年司法改革运动研究》,载《江西社会科学》2004 年第 4 期。

人民司法的第一次改革肇始于上世纪80年代中期。这一时期人民法院适应市场经济下社会矛盾解决的需要，按照现代司法的特征改革审判方式，开启司法的专业化、正规化、职业化发展道路。1997年，党的十五大提出依法治国、建设社会主义法治国家的目标，强调从制度上保障法院、检察院依法独立行使审判权和检察权，为审判方式改革提供了强有力的支持。最高人民法院以党的十五大精神为指导，制定了《人民法院五年改革纲要》（以下简称《一五改革纲要》）。党的十六大提出"司法体制改革"目标，司法体制改革遂成为《二五改革纲要》的主要内容。最高人民法院在纲要中提出优化司法职权配置，规范司法行为，建设公正、高效、权威的社会主义司法制度的改革任务。

司法体制改革的实质性进展是在党的十八大之后。十八大提出深化司法体制与运行机制改革，回归司法规律，让人民群众在每一个司法案件中感受到公平正义。2013年11月，十八届三中全会决定，将法治提升到"治国理政的基本方式"的高度，并把司法体制改革作为政治体制改革的重要内容，提出要进一步深化司法体制改革。中央政治局成立中共中央全面深化改革领导小组（以下简称"深改组"），其中分设中央司法体制改革领导小组（以下简称"司改小组"），直接向中央政治局负责。十八届四中全会提出了以司法责任制为核心的四项基础性改革，即司法责任制、法院人员分类管理、法官职业保障、省以下地方法院人财物统一管理等制度的改革。最高人民法院据此制定人民法院《四五改革纲要》。2017年10月召开的党的十九大，在全面肯定党的十八大以来司法改革取得的成绩的基础上，从发展社会主义民主政治、深化依法治国实践的高度，作出深化司法体制综合配套改革、全面落实司法责任制的重要战略部署。最高人民法院据此制定人民法院第五个五年改革纲要。在改革的总体目标中，《五五改革纲要》提出把法院系统内党的政治建设摆在首位，把执行党的政策与执行国家法律统一起来，确保党的领导和党的建设统领人民法院司法改革全领域、贯穿司法改革全过程，推动实现党的组织覆盖审判执行工作基本单元，构建人民法院坚持党的领导的制度体系。推动人民法院各项工作深度融入党和国家工作大局，构建人民法院服务和保障大局制度体系。《五五改革纲要》就深化司法公开、全面落实司法责任制，强化司法监督管理，推动政法队伍向革命化、规范化、专业化、职业化发展等提出了改革方案。

二、司法的功能定位

在全能主义治理结构下，司法职能属于政府职能的一部分，服从于党确立的国家治理任务和治理目标。经过多年的发展,政法体制已经成为中国特色的司法体制。党通过政法委领导司法工作的体制已经定型,政法委指导、监督司法工作的机制也相对固定。政法委的职能之一就是监督指导司法机关正确领会中央制定的治理目标与政策,保证司法工作的思路契合中央的大政方针。实践中的司法机关长期被当作政府的职能部门,被纳入"综合治理"体系,服务于"中心工作"。不同历史时期,政府的中心工作会发生调整,而法院的中心工作与政府的中心工作始终保持一致。特别是中央针对当下突出治理问题发起专项治理运动的时候,司法机关必定被要求与地方政府一道积极参与、贡献人力物力,担当包括司法职能之外的属于社会治理范畴的工作任务(如严打、计划生育、爱国卫生、奥运会、信访等),确保治理目标的实现。在信访大潮下,信访制度功能扩张,成为解决纠纷的另一个途径。涉及法律问题的信访被分流至司法机关。千方百计让当事人息诉罢访、案结事了便成为处理涉诉信访案件时的司法目标。在因城市拆迁、土地征收、社会保障、企业改制等引起的群体性纠纷中,司法机关需要与其他行政职能部门"对接"办案,协同处理。上个世纪 80 年代以来,国家治理观念转型,将更多公共治理职能转移给法院,推动法院从政治生活的边缘走至前台,承担起越来越多的公共职能——为地方经济发展"保驾护航"、维护社会稳定、保民生促发展、聚焦富民,乃至精神文明建设、创建卫生城市等。其中包含的非司法职能深刻嵌入司法结构,已经成为法院日常工作的一部分。在这个意义上,司法职能与行政职能之间的界限并不总是很清晰。在此以"能动司法"运动为例,讨论政法体制下司法的职能多元问题。

从相对宏观的角度看,能动司法运动的产生与中国社会转型时期社会风险控制难题有关。中国正处于迈向工业社会与风险社会交叉重叠的时代。①在这样一个转型时期,中国社会的风险具有双重性,不仅几乎所有风险社会理论所讨论到的、源于现代性的社会风险都在或明或暗地显现出来,而且这种风险可能与社会转型产生的社会风险相叠加、相互渲染,呈现出高度的风险状态。其中,文化发展相对滞后、社会结构弹性不足、社会信任缺失、社会控制机制真空状态是社会风险增大的主要原因。② 如果放任社会高风险和控制机制真空状态的发展,无疑将危及执政党和政府的合法性,国家急需一种具备理性规约能力的控制机制来满足市场发展的需要。而社会在解纷方

---

① 成伯清:《"风险社会"视角下的社会问题》,载《南京大学学报(哲学·人文科学·社会科学版)》2007 年第 2 期。
② 吴英姿:《风险时代的秩序重建与法治信念——以'能动司法'为对象的讨论》,载《法学论坛》2011 年第 1 期。

面对制度供给的过分依赖,以及人民调解等其他解纷机构解纷能力的低下,导致法院在很大程度上不得不充当本该由社会解纷机构扮演的角色——"广谱"解纷机构。在党委政府的厚望与压力之下,为了强化司法在社会政治功能方面的能力,提高司法在政治生活中的地位与社会评价,法院把化解纠纷、维持稳定、实现和谐当成司法的工作重心。这正是法院发动能动司法运动的背景。法院的能动司法运动回应了转型时期风险控制、秩序重建的需要,具有高度的政治合法性。

能动司法把"有效解决纠纷""把纠纷解决在基层"作为司法尤其是基层司法的目标。像陈燕萍那样的法官事迹之所以得到上上下下的一致认可与推崇,就是因为他们的做法在有效化解纠纷、争取社会理解与支持方面成效显著。如果说解决纠纷本来就是基层司法在审级制度中的固有功能,那么强调个案中解决纠纷的"有效性"则体现了法院对其所承担的社会政治功能的强调,是司法的政治功能与审判的固有功能交错的产物。从司法分层的角度说,审判的功能定位要兼顾个案当事人的目的和社会公共目的要求,而且不同层级的法院的审判职能也有不同的侧重点。越靠近基础的法院其服务于直接解决纠纷和私人目的方面的功能越强,越靠近高层的法院其服务于公共政策和社会控制方面的功能越强。① 其中,司法解决纠纷的原理是"通过程序实现正义",即以充分的程序保障为当事人提供一个对话和表达不满的平台,当程序结束裁判生效时,在法律上视为纠纷已经解决,哪怕当事人私下依然存在纷争。而强调个案解纷的"有效性"则已经超出了司法固有的功能,属于政治功能范畴。因为"有效"解决纠纷要求的是纠纷的彻底解决,即案结事了、"解决当事人的问题"。因此要求法官在个案审理中追求个案当事人各方都满意,达到息讼的状态。对于长期信访的非常案件,或者在所谓的"非常时期",当事人的各项要求(不限于法律意义上的诉讼请求)都会得到考虑。比如有的当事人因长期上访,失去工作和经济来源,生活困难,在解决纠纷的诉求中掺杂了要求安排工作、落实政策、帮助治病、给予经济帮助等要求。于是,法院在审判工作之外还要多方努力,从心理上、思想上多做工作,平复当事人激动的情绪,软化尖锐的对立;个别案件还有可能在法律和诉讼程序之外通过"协调"等非常途径,争取有关部门的协助与配合,从根本上解决当事人的问题,让当事人彻底从纠纷和困顿中解脱出来,以此达到维护社会稳定

---

① 傅郁林:《审级制度的建构原理——从民事程序视角的比较分析》,载《中国社会科学》2002年第4期。

的政治目标。①

可见,中国语境下的能动司法是从司法的社会政治功能的角度来谈"能动"的,即强调人民司法的人民性(或者为人民服务、密切联系群众)的特质,以及服从党的执政目标,把司法审判工作放在党和国家工作大局中加以谋划和推进,积极主动地为党和国家工作大局服务。如公丕祥关于"能动"的界定:一是能否把纠纷有效化解在基层、能否彻底消除纠纷隐患是社会评价司法的最高标准,相比之下,裁判的合法律性与规范性则是第二位的;二是司法应当扮演更加积极的角色,更加主动地发现、预防、解决纠纷,而不能满足于被动受理案件;三是司法积极参与"社会管理创新":法院不能拘泥于"裁判"这个狭隘的职能分工,而要积极开展调研、建立纠纷预警机制、提供司法建议,为党委政府决策献计献策;法官不能只做单纯适用规则的消极裁判者,而要担当肩负治理社会、维护社会和谐稳定责任的"社会工程师",有普法宣传、教化民众、消除纠纷隐患、预防新纠纷的意识,结合案件的审理开展调查研究,发现社会管理方面存在的问题,研究解决对策;法官不能只做单纯适用规则的消极的裁判者,而要充当"社会工程师"角色。② 从近年来各地法院树立的法官典型中,可以清晰地看出对法官的这种角色要求。如前文介绍的江苏省法院树立的典型陈燕萍法官以及根据她的工作方法总结的"陈燕萍工作法"就是典型的代表。

三、司法目标的治理化

对司法的社会认同起决定性作用的因素之一,是制度目的满足社会需要。而在全能主义治理结构下的统合体制中,任何一个体制分支均需服从统一的目的并满足保障该目的实现的各项基本要求。③ 司法也不例外。长期以来,我国司法制度目标始终围绕服务党委和政府的中心工作,并随着党委政府工作重心的转移而调整。中国司法制度在政治结构中的功能定位与目标调校历程,大致可以分为五个阶段:第一个阶段:新中国成立之初到改革开放前(1949—1978)。第二个阶段:改革开放至党的十三大召开前夕(1979—1987)。第三个阶段:党的十三大至十六大召开前夕(1987—2002)。第四

---

① 可见,无论在语境上还是内涵上,当下法院开展的能动司法运动与西方国家的司法能动主义都风马牛不相及。充其量是借用了"能动"二字。其对立面不是"司法克制主义",而是对社会治理采取消极、被动的工作态度。换句话说,"能动司法"换作"能动行政""能动检察"……也未尝不可。
② 公丕祥:《应对金融危机的司法能动》(上、中、下篇),载《光明日报》2009年8月6日、13日、27日,第九版。
③ 龙宗智、袁坚:《深化改革背景下对司法行政化的遏制》,载《法学研究》2014年第1期。

个阶段:党的十六大至十八大召开前夕(2002—2012)。第五个阶段:党的十八大以来(2012年至今)。

第一阶段:以巩固新政权、维护社会秩序为目的。新中国成立之初,国家建设处于起步阶段,社会经济制度各个方面百废待兴。在政治层面,刚刚完成革命党向执政党角色转变的中国共产党,最为急迫的任务是政权安全与巩固的问题。"以阶级斗争为纲"被确定为当时的国家建设基本方针。毛泽东将当时的社会矛盾划分为敌我矛盾与人民内部矛盾,且前者是主要矛盾。防止敌人反攻倒算、破坏新中国建设事业是政治生活的主旋律。在中央领导下,"镇压反革命"运动(简称"镇反")在全国范围内展开。对于司法机关而言,"镇反"成为改造旧司法、建设新型司法的抓手。法院的主要职责就是打击反革命犯罪,兼顾民事案件的审理。即便是处理属于人民内部矛盾的民事纠纷,也要贯彻"镇反"精神,用"阶级斗争"思维来审理案件。如最高人民法院1964年《人民法院工作报告》的总结:"同犯罪分子作了坚决的斗争,多次打退了敌人的猖狂进攻。审理了大批民事案件,解决了人民内部纠纷,加强了人民群众的内部团结;向反动势力实行专政、阶级斗争,以阶级观点处理民事案件"。可见,当时司法功能是新政权对反动势力实行专政的工具,其目的就是巩固政权稳定、维护社会秩序。

第二阶段:以维护社会治安、为经济建设护航为目的。在这一阶段,中国政治生活完成"拨乱反正"的痛苦转身,国家建设开启改革开放的历史时期。经历十年"文革"的中国社会,制度破坏殆尽,社会经济处于崩溃边缘。由于历史遗留问题异常复杂,面广量大,所以整个阶段都处于"改革—调整—深化改革"的状态。1978年年末,党的十一届三中全会作出了把全党工作重点转移到社会主义现代化建设上来的战略决策,号召全社会"把主要精力集中到生产建设上来"。1979年6月,五届全国人大二次会议通过了全国工作重点转移的决定和对国民经济实行"调整、改革、整顿、提高"的八字方针。1982年,党的十二大提出,到20世纪末实现全国工农业年总产值翻两番、达到"小康"水平的战略目标。为实现这一战略目标,中央在大力推进经济体制改革的同时,开始抓法制建设,为经济建设保驾护航。用邓小平的话说就是:"搞四个现代化一定要有两手……一手抓建设,一手抓法制"。第一步就是恢复公检法机构建制和司法工作,开展民法、刑法、诉讼法等立法工作。司法机关恢复后首先面临的繁重工作就是审查纠正"文革"期间的冤假错案,即"平反"。与此同时,"文革"的后遗症之一——社会"失范"问题十分严峻,盗窃、抢劫、强奸、流氓、寻衅滋事、打架斗殴案件频发,严重危及社会治安与生产经营秩序。1983年8月25日,中央政治局作出《关于严厉打击刑事犯罪活动的决定》,拉开了"严打"的序幕。9月2日,全国人大常委会颁布了《关于严惩严重危害社会治安的犯罪分子的决定》和《关于迅速审判严重危害社会治安的犯罪分子的程序的决定》,司法机关成为"严打"运动的主力军。1983年严打运动的核心目标是安全与秩序,中央把打击严重犯罪视为特殊形式的阶级斗争,上升到敌我矛盾的性质。邓小平指出:"我们保护最大多数人的安全,这就是最大的人道主义。"①打击对象除了刑事犯罪,还有"现行反革命"和林彪、"四人帮"团伙残余分子,有浓重的政治与军事色彩。当时正值对越自卫反击战,中央发文指出:不清除刑事犯罪分子,中国将面临"内外两线作战的困局",中国改革开放的成果不能巩固;强调要在党委的统一领导下,党、政、军等有关部门齐动手。为了更加有效地维护社会治安,中央于1991年成立"中央社会治安综合治理委员会",与中央政法委员会合署办公,联络、沟通、协同并主导全国社会治安的职能,中央与国务院多个职能部门都是其下属成员单位②,形成了多机构、多部门的纵横交错的治理机构。在这个阶段,司法的功能被定位为新的历史时期阶级斗争的工具,主要任务是严厉打击犯罪、为经济建设保驾护航,目的是维护社会治安。

第三阶段:以维护社会秩序、保障经济建设为目的。20世纪80年代中后期,社会对民事经济审判效率低下、不能满足商品经济"时间就是金钱,效率就是生命"的价值追求问题反映强烈,加上经济审判领域司法腐败问题突出,各地法院开始了以提高审判效率、遏制司法腐败为目标的审判方式改革。改革进路是模仿现代西方司法制度,引入司法独立、中立、公正价值观念,提高司法的专业化、规范化,构建现代型司法制度。1988年召开的第十四次全国法院工作会议提出,人民法院要根据党的十三大精神,搞好自身的改革,加强和完善自身的机制,认真执行公开审判制度,切实改进合议庭工作,强调当事人的举证责任,提高办案效率,推进法院工作的规范化、标准化和现代化。这一时期司法的功能定位是国家发展经济的保障工具,主要任务是服务经济建设这个"中心工作",并在随后深化改革的过程中得到进一步的强化。1992年党的十四大提出建立社会主义市场经济体制。1993年1月召开的全国经济体制改革工作会议强调,当年的改革工作"要紧紧围绕建立社会主义市场经济体制的改革目标",着重从体制机制上加大改革力度。这一年最高人民

---

① 《邓小平文选》(第三卷),人民出版社1993年版,第34页。
② 包括中央综治委铁路护路联防工作领导小组、流动人口治安管理工作领导小组、刑释解教人员安置帮教工作领导小组、预防青少年违法犯罪工作领导小组、学校及周边治安综合治理工作领导小组等。

法院的工作报告表示:"人民法院必须坚持审判工作为经济建设服务的指导思想,严厉打击刑事犯罪,正确处理民事纠纷,公正审理经济案件,妥善审理行政和国家赔偿案件,加大执行工作力度,加强审判监督,推进法院改革与队伍建设。"总之,这一阶段司法工作的主要任务是为"经济建设工作大局"这个中心营造安全、有序、高效的社会条件与市场环境。司法的目的重在维护社会秩序。值得一提的是,受现代司法理念的影响,至少在民事经济审判领域开始强调案件处理的"正确""公正"。"公正解决纠纷"目的观在司法实践中开始浮现。

第四阶段:以有效化解纠纷、构建和谐社会为目的。这个阶段,经济建设取得巨大成就,但社会建设与制度建设落后引发诸多社会问题:城乡差别拉大,区域发展不平衡扩大,贫富差距悬殊,失地农民人口激增,人口流动性增大,生态、资源和环境问题恶化,等等。更重要的是,由于政治体制改革裹足不前,社会再分配政策不合理,社会保障制度不健全,社会转型引发的结构性矛盾和利益冲突多发,蕴含巨大的社会风险。诉讼爆炸、信访潮、群体性事件的出现,将社会矛盾与社会风险展现在国人面前,影响经济发展、社会稳定乃至国家安全。2003年"非典"的爆发是一次典型的社会危机事件,不仅民众生命健康受到威胁,并且逐渐波及国家的政治、经济、文化、外文等多个领域。危机治理机制缺失暴露出国家治理体系和治理能力深层次的问题,治理方式改革势在必行。党的十六大提出以"科学发展观"为指导思想,进一步完善社会主义市场经济体制,构建和谐社会的治理方针与政治目标。和谐社会建设的目标要求是:国家政策要体现社会公平和公正,保障公民的政治参与权,完善法律体系建设,建设责任政府,强调依法行政和廉洁从政。这标志着国家治理方式转变的开始。2004年中共十六届四中全会提出,通过持续化解社会矛盾建设社会主义和谐社会,并从经济发展、制度保障、文化建设、社会管理和社会团结等方面制定了五项主要任务,进一步加强社会综合治理。

由于长期以来社会自治发展不足,自我消解纠纷能力萎缩,在解纷方面过分依赖公共制度供给,司法被当作维护社会稳定的主渠道,司法解决纠纷的目的得到凸显。与此同时法院"案多人少"问题也不断加重,司法能力不能满足社会解纷需要的矛盾日益突出。为动员社会力量参与纠纷解决,2007年中央政法委与全国人大法工委牵头,最高人民法院、国务院法制办、司法部等共同参与的多元化纠纷解决机制改革项目启动,"大调解"运动全面展开。在这样的背景下,法院把化解纠纷、维护社会稳定作为司法的工作重心,开展了"能动司法"运动。能动司法是从司法的社会政治功能的角度,要求法院把司法审判工作放在党和国家工作大局中加以谋划和推进,服从党的执政目标,把审判工作与国家治理需要联系起来,积极主动地为党和国家工作大局服务。① 2009年最高人民法院发布的《三五改革纲要》提出,要打造"党委领导、政府支持、多方参与、司法推动"的多元化纠纷解决机制,并将调解作为重中之重,提出"调解优先、调判结合"的司法政策,出台《关于建立健全诉讼与非诉讼相衔接的矛盾纠纷解决机制的若干意见》,积极推进多元化纠纷解决机制的实践探索。2010年最高人民法院提出,法院系统围绕社会矛盾化解、社会管理创新、公正廉洁执法三项重点工作,继续开展能动司法,要在规范司法行为、促进多元化纠纷解决机制方面取得新进展。在这个阶段,司法被定位为多元化纠纷解决机制的主要组成部分,被期待在维护社会稳定方面发挥重要作用。在司法政策层面,司法的目的确定为"有效化解纠纷"。

不容忽视的是,治理模式的现代转型是这一阶段的时代背景。此时中央的治理观念已经从"社会管控"转变为"社会治理",开始关注国家治理体系建设与治理能力提高问题。党的十五大把"依法治国"确定为治国的基本方略,宣告探索治理结构转型的开始。党的十六大把"发展社会主义民主政治,建设社会主义政治文明"确定为全面建设小康社会的重要目标,提出要继续推进政治体制改革,扩大社会主义民主,健全社会主义法制,建设社会主义法治国家。党的十七大提出了"扩大公民有序政治参与"的目标,坚持国家一切权力属于人民,从各个层次、各个领域扩大公民有序政治参与,最广泛地动员和组织人民依法管理国家事务和社会事务、管理经济和文化事业。从管控到治理的转型,且选择通过法律的治理模式,预示着治理方式从过去的"运动型"转向"常规化"的大趋势。而常规化治理所具有的专业化、规范化、程序性特质,会深刻影响治理结构的变化:政府职能范围逐步缩减、党政分开、机构职能分工的格局逐步制度化,法律在社会治理中的角色将推动司法逐步走向政治中心,司法功能的定位与目的也随之逐步调整。党的十五大把司法改革的目标确立为从制度上保障司法机关依法独立公正行使审判权和检察权。党的十六大提出推进司法体制改革,按照公正司法和严格执法的要求,完善司法机关的机构设置、职权划分和管理制度。2003年5月司改小组成立,并于2004年推出了《中央司法体制改革领导小组关于司法体制和工作机制改革

---

① 如时任江苏省高院院长的公丕祥关于"能动"的界定:一是能否把纠纷有效化解在基层、能否彻底消除纠纷隐患是社会评价司法的最高标准;二是司法应当扮演更加积极的角色,更加主动地发现、预防、解决纠纷,而不能满足于被动受理案件;三是法院不能拘泥于"裁判"这个狭隘的职能分工,只要是有助于预防、化解纠纷的工作,法院都要积极去做,包括积极开展调研、建立纠纷预警机制、提供司法建议为党委政府决策献计献策,这些也是司法工作的重要组成部分;法官不能只做单纯适用规则的消极的裁判者,而要充当"社会工程师"角色。公丕祥:《应对金融危机的司法能动》(上、中、下篇),载《光明日报》2009年8月6日、13日、27日,第九版。

的初步意见》。根据这个意见,最高人民法院于 2005 年颁布人民法院《二五改革纲要》,就完善诉讼程序、法律统一适用机制、探索法院体制改革等八个方面部署了 50 项改革任务。这不仅表明中央开始实质领导司法改革,而且把改革对象指向司法体制问题。党的十七大进一步提出要深化司法体制改革,优化司法职权配置,规范司法行为,建设公正高效权威的社会主义司法制度。可见,至少在顶层设计层面,改革的路径是按照常规治理模式来塑造司法制度,突出强调保障司法权独立行使,实现司法公正,树立司法权威。这种思路更为显著地体现在党的十八大以来的改革设计上。

第五阶段:以公正解决纠纷,实现社会公平正义为目的。2013 年中共十八届三中全会通过了《中共中央关于全面深化改革若干重大问题的决定》(以下简称《三中全会决定》),对全面深化改革作出总体布局。会议提出把完善和发展中国特色社会主义制度,推进国家治理体系和治理能力现代化作为全面深化改革的总目标,并就经济、政治、文化、社会、生态文明及国防和军队等六个方面的改革进行了详细的部署,决定将改革向政治体制层面推进。这个决定最大的特点,是超越既往以经济改革为主题的局限,突出政治体制改革优先、以法治建设为重心、着力于治理模式转型的思路。《三中全会决定》提出要加快转变政府职能,深化行政体制改革,创新行政管理方式,增强政府公信力和执行力,建设法治政府和服务型政府。2014 年初,中央政法工作会议要求政法工作以创新社会治理方式、深化司法体制改革、推进科技信息应用、改进政法宣传舆论工作为着力点,提高政法工作现代化水平。当年"全面建成小康社会、全面深化改革、全面依法治国、全面从严治党"的"四个全面"治国理政总体框架出台。之后十八届四中全会通过了《中共中央关于全面推进依法治国若干重大问题的决定》(以下简称《四中全会决定》),就依法治国战略目标作出顶层设计和总体部署。十八届五中全会提出探索构建"共建共享"的社会治理新模式,要作出更有效的制度安排,使全体人民在共建共享发展中有更多获得感。这一阶段司法改革更加坚定地朝着适应常规化治理、回归司法规律的方向推进。中央改革治理方式的决心和方向,也必然影响到司法在政治结构中的功能定位及目标调整。政法一体的司法体制不适应社会需求的矛盾、与新治理方式存在的内在紧张双双凸显,同时成为司法改革的内在动力与外部压力,促使宏观政治体制层面重新定位司法的功能与地位。① 与前四个阶段相比,司法职能在治理体系中的独立性已经得到决策者的承认,并在官方文件中得到相当程度的强调。在社会政治功能层面,司法

---

① 夏锦文:《当代中国的司法改革:成就、问题与出路——以人民法院为中心的分析》,载《中国法学》2010 年第 1 期。

作为政治目标实现工具的功能继续被强调的同时,其制约权力、实现政治制度化、促进公平正义的功能也得到了肯定。①

四、司法运行的运动式

1949年以后,基于历史条件,国家治理并没有立即转向常规化治理,而是不得不延续革命战争时期形成的非常规治理方式,运用在长期革命斗争中积累起来的社会动员经验,通过发动群众开展政治运动②,镇压反革命巩固新政权,推行农工商社会主义改造,以及后来的备战备荒运动、四清运动、工业学大庆运动、农业学大寨运动、反击"右倾"翻案风运动、"文化大革命"等,使政治运动遍及政治、经济、社会生活、文化思想等方方面面。这种主要通过发动政治运动的方式来推进治理工作、实现政治目标的治理模式,可谓"运动式治理"。冯仕政用"革命教化政体"为分析工具,研究当代中国的运动式治理模式形成的原因。他指出,当代中国政治体制的特点是:执政党对社会改造具有强烈的使命感,并把拥有相应的超凡禀赋作为自己的执政合法性基础。不同历史时期,执政党都为自己确立了超常规的执政目标,但是在制度和资源都极其匮乏的客观条件下,通过常规化治理是无法实现治理目标的,促使国家不断发起政治运动,反复用政绩来证明自己的执政能力。③ 周雪光则从权力、资源的关系,以及这种关系对国家治理的有效性的影响角度,透视中国政治体制的结构中包含的央地矛盾,即"权威体制与有效治理之间的矛盾"。中央力求保持权力、资源向上集中,导致地方政府权力与资源的分离,削弱了其解决实际问题的能力;同时,地方政府为了政绩竞争而各行其是,极易偏离中央治理目标,最终在整体上影响国家治理的有效性。执政者不得不一次次采取运动的方式进行专项治理、重树中央权威。④ 蔡禾也认为,中国的政体性质决定了它无法在常规化的治理实践中保障国家治理的有效性,而不得不经常地以"集中力量办大事"的方式,开展非常规化的国家治理运动,追求标志性结果,以展现社会主义制度的优越性,累积政治体系的合法性。⑤

政法体制下的司法在运行方式上配合国家治理需要而同样带有运动式,

---

① 吴英姿:《论司法的理性化——以司法目的合规律性为核心》,载《政法论丛》2017年第3期。
② 所谓政治运动,指一定的政治主体(如政党、国家或者其他政治集团)运用社会动员手段,引导社会成员参与政治行动,以实现特定政治目标的行为和过程。
③ 冯仕政:《中国国家运动的形成与变异:基于政体的整体性解释》,载《开放时代》2011年第1期。
④ 周雪光:《权威体制与有效治理:当代中国国家治理的制度逻辑》,载《开放时代》2011年第10期。
⑤ 蔡禾:《国家治理的有效性与合法性——对周雪光、冯仕政二文的再思考》,载《开放时代》2012年第2期。

或者说,司法的运行常常被纳入国家治理运动中,深受运动式治理逻辑的影响。在不同历史时期,国家出于治理整顿社会秩序、实施计划生育、应对金融危机、维护社会稳定、农民工讨薪等需要而发布(突破法律的)政策,并采取政治运动的方式推行时,司法都被当作政策实施的工具,审判、执行工作也被整合到运动中,司法运行不可避免带有运动式。在本质上,不同时期的司法改革也有自己的改革目标,但总体上是政治运动在司法领域的"分会场",其改革目标和改革举措均服务于政治运动的目标。比如新中国成立初期的人民司法运动,当时国家政权建设最为紧迫的工作是打击反革命残余势力、巩固人民民主专政、巩固新生政权。从1950年开始,中央连续发动了土改、镇反、"三反""五反"等运动。公检法首当其冲成为运动的骨干。但是当时公检法三机关的建设刚刚起步,组织机构不健全、人员物资匮乏,党委领导成为有效发挥公检法作用必不可少的机制。在各级党委主导下,公检法联合办公,以集中人力物力资源,提高工作效率,确保完成镇压反革命的任务。同时组织群众的治安保卫委员会,以群众运动的方式协助政府进行镇反。也是在上述运动中,暴露出司法机关本身存在的问题,包括思想严重不纯、组织与政治严重不纯、作风严重不纯等,催生了司法改革运动。1950年11月3日政务院发出《关于加强人民司法工作的指示》,提出彻底改造旧司法,构建人民司法。人民司法运动的主要内容是:开展批判"旧法观点"和"旧司法作风"运动,彻底改造和整顿各级人民司法机关,使它从政治上、组织上和思想作风上纯洁起来,使人民司法制度在全国范围内能够有系统、有步骤地建立和健全起来,以便完全符合国家建设的需要。人民司法运动分为思想改造、组织整顿、制度建设三个阶段。目标是通过改革整肃,使作为政权重要组成部分的司法部门面目一新,更好地为即将到来的国家全面建设服务。[①] 在运动中创建的人民司法,使得用运动方式推动司法工作成为当代中国司法的"新传统"之一。

再如上个世纪80年代开始的司法改革,如果说起初改革的目的主要是地方法院探索创新适合市场经济需要的审判方式,带有自发性、分散性,那么在改革涉入深水区、触及司法体制层面的改革时,依靠法院自身的力量已然无法推进。从2004年开始,中央政法委员会设中央司法体制改革领导小组办公室,开始主导司法改革。此时中央的治理目标开始向经济建设与社会建设并重转向,提出"构建和谐社会"的治理目标,加大力度解决社会矛盾和纠纷,维护社会稳定。将纠纷解决在基层、维稳成为地方各级政府的重要任务。"大调解"运动就此拉开帷幕。在政法委主导下,法院调整司法政策,将化解

---

① 侯松涛:《建国初期的司法改革运动:回顾与思考》,载《中国特色社会主义研究》2008年第1期。

社会矛盾、维护社会稳定作为中心工作,将法院调解纳入大调解格局,积极推进多元解纷机制的构建。最高人民法院连续发布司法解释和审判指导意见,要求法院支持和加强指导人民调解,扩大法院调解前置程序的适用范围,创设"委托调解""诉调对接"工作机制,动员社会力量参与调解。2010年的能动司法、参与社会管理创新,都是司法为参与综合治理而推出的举措。在司法改革这场大运动下,有各种专题小运动,比如"审判质量年活动""一教育三整顿活动""专项执行活动""执行会战"等,推动了司法改革的持续和深入。司法工作就是这样由各种全面的或局部的、或大或小的、不定期的运动所组成。

运动一般经过这么一些步骤:第一步是高层理论动员。第二步是层层开会传达。第三步,各级机构成立领导组织,负责将本院的工作情况和上级法院的指示精神上传下达;并具体制定本院的落实措施。第四步是动员与培训。召集全体法官开会,院长做动员报告,组织学习有关文件。接下来是把中央精神落实到行动,这是运动的核心环节。为了保证运动不流于形式,领导小组必须持续宣传,定期或不定期地检查。上级法院会派员到基层监督指导,下级法院要认真汇报,反馈信息。根据需要还可以通过领导与成员层层签订责任状的方式,让每个人切实了解到自己在运动中的责任。领导还可以与个人进行个别谈心,让每个人关注自己的内心状态,高度统一思想。批评与自我批评是让成员自我反省与互相帮助的方法,让每个人感觉自己时刻在监督之下。通过这种方式,让每个人知道什么是可以做的,什么是不可以做的。这也是福科所说的"训诫"的过程。随着时间的推移,运动的主题精神逐渐在法官那里"肉身化",成为每个人自然的惯习。为了把运动推向高潮,还有必要在常规工作之外搞些有声有色的非常规活动,比如开展专项执行活动,来一次执行大会战,集中时间、集中力量、集中装备,选择一批有影响的、有代表性的、标的额大的案件作为突破口,采取新闻曝光等方式,采取必要的强制措施,强制被执行人履行义务,等等。最后,在运动结束时,总结与交流是必要的,这既是对本次运动的回顾与梳理,把经验性的东西归纳成将来行动的固定规则,也是各级法院工作成绩的记录,将在每年的人代会上作为法院工作报告的重要内容。而在运动中涌现出来的突出个人和典型事例,将被树为榜样。个人立功受奖,积累了晋升的资本。"榜样的力量是无穷的",他将激励其他法官效仿,于是运动得以有延续性。[①]

因此,从运作方式看,作为治理手段的"运动"具有非制度化、非常规化和

---

① 吴英姿:《法官角色与司法行为》,中国大百科全书出版社2008年版,第278—280页。

非专业化特征。因为,运动的过程实质是动员主体和动员对象之间消除隔阂、填补鸿沟、形成认同,最终使得动员对象融入动员主体,并促使被动员者自愿投入运动、积极参与的过程。由于运动目标是动员主体制定、自上而下地传达、灌输给动员对象的,为了让动员对象理解、赞同该政治目标,动员主体必须考虑适当的动员策略,采取有效的动员方式和途径,以构建起对动员对象的领导关系。因此,社会动员的方式往往讲究语言通俗易懂、突破学科分界、形象生动有趣,以有利于吸引注意力;还需要从价值、利益等角度,寻求动员对象的认同感,激发动员对象参与热情,改变原来的不关心、不活跃状态,积极主动参与政治行动。换言之,运动所追求的就是打破常规、淡化专业分际,突破按部就班的科层制体制,在短期内将中央的意图和信号传递到各个领域、部门,以行政手段强力聚合人力物力资源,形成举国之力实现特定的治理目标。比如上个世纪80年代的"严打"运动,为提高办案效率,实现中央提出的三年打三场战役的目标,全国人大常委会颁布《关于严惩严重危害社会治安的犯罪分子的决定》,对流氓罪等十几种犯罪可以在《刑法》规定的最高刑以上处刑,直至判处死刑;同时颁布《关于迅速审判严重危害社会治安的犯罪分子的程序的决定》,规定在程序上对严重危害社会治安的犯罪要迅速及时审判,上诉期限由《刑事诉讼法》规定的10天缩短为3天。死刑复核权下放到省高级人民法院。在党委领导下,司法程序上采取公、检、法三家联合办案方式:三家各派一到两人,共同审问一个案件,共同研究一个罪名,共同商定出刑种刑期。审完以后,各单位出各自的案卷。如果因办案出现意见分歧,由政法委员会居中协调。此次"严打"的政治及军事色彩十分浓厚。中共中央1983年8月25日发出的《关于严厉打击刑事犯罪活动的决定》强调,要在党委的统一领导下,党、政、军等有关部门齐动手。1983年,几十万中国人民解放军内卫部队改编为中国人民武装警察部队,接受特种训练。当时流行的一句口号是:"可抓可不抓的,坚决抓;可判可不判的,坚决判;可杀可不杀的,坚决杀。"为起到震慑犯罪分子、教育民众的作用,在宣判方式上,各地都采用召开大规模宣判会的形式。对被公审宣判死刑的犯人,须经过游街示众后押赴刑场行刑。不容否认,"严打"运动的成效是十分显著的。据统计,历时3年零5个月的"严打",共查获各种犯罪团伙19.7万个,团伙成员87.6万人,全国共逮捕177.2万人,判刑174.7万人,劳动教养32.1万人。其中,第一阶段逮捕102.7万人,判死刑的2.4万人。[①]"严打"对于迅速恢复社会

---

① https://baike.so.com/doc/24390124-25212939.html,最后访问时间:2020年1月26日。

秩序、维护社会治安发挥了巨大的作用,在保障公民人身安全和生活安定方面收效明显,为经济发展创造了良好的社会环境。但是,这样高效率的工作是以对法律和程序的随意突破、量刑过重和死刑扩大适用为代价的。

实践证明,运动式治理能够在短期内迅速集中全国资源和社会力量完成超常规的发展目标,短期内局部的治理成绩往往是卓有成效的,在提高政绩显示度、争取社会肯定评价与拥护方面也是"立竿见影"的。但是,运动式治理因其非常规特征往往滑向非制度化、非专业化运行。因为,国家运动本身的行动目标、工作组织和活动方式等,都是围绕特定任务而临时设定并随时调整的,缺乏稳定性,因此是"非常规化"的;为了如期完成超常任务而无法按部就班,不惜打破既有的制度安排,因此是"非制度化"的;政治运动的合法性基础是政治意识形态,遵循政治正确逻辑,以打破常规的"革命性"为正当性,往往不尊重专业,发展到极致甚至不惜违背规律。① 因为尊重专业的结果是可能在自己之外树立起其他权威,从而危及自身的领导地位与政治合法性。因此,运动式治理的运作逻辑带有反程序、反制度化倾向,鼓励执行的"灵活性"。运动中的纠偏并不是取消这些灵活性,而是"规范灵活性的边界"。②

长期采用运动式治理的后果是,以专业分工为基础的科层政府理性化程度不足,包括司法在内的各领域专业发展缓慢,司法制度的政治合法性与制度有效性之间发生冲突。所谓司法的有效性是指通过法律的判断达致定分止争的能力,即通过让当事人感受到公平正义而愿意以裁判结论为解决纠纷的最终方案的能力。司法制度的专业性是其本质属性所决定的。司法活动就是用法律来判断纠纷双方的是非曲直、权利义务关系,依法裁判原则保证法官始终用同一标准尺度来衡量裁决不同案件,经由一个又一个案件的审判,实现法律规则及其正义价值的不断再生产。法律规则与法律方法、法律技术是保障司法制度有效性的基本元素。在市场经济趋于成熟,社会纠纷常规化,社会对于依据规则解决纠纷的需要愈发强烈的时期,司法的专业性就成为司法制度有效性的基本保障。显然,司法制度遵循的法律与程序的逻辑与运动治理逻辑之间是存在冲突的。首先,相对稳定、非人格化的法律条文的实施,法官奉法律为唯一上司,生效裁判的既判力必须得到尊重,这意味着一个新的、独立的权威体系。这对于"政令自中央出"的政治体制而言是一个

---

① 冯仕政:《中国国家运动的形成与变异:基于政体的整体性解释》,载《开放时代》2011年第1期。
② 周雪光:《权威体制与有效治理:当代中国国家治理的制度逻辑》,载《开放时代》2011年第10期。

严峻挑战。其次,法律的稳定性和司法的程序性特征都指向制度刚性,无疑将束缚中央使用运动型机制的空间和范围,限制了政府的动员能力,妨碍了治理活动的灵活性。① 长期以来,司法的运动式导致法律解释与司法技术的专业化发展动力不足,法律失效、程序失灵现象普遍存在。比如基于上个世纪50年代镇压反革命、"大跃进"及80年代"严打"等各种社会政治运动的需要,公检法职能分工被否定,侦查、起诉、审判程序规则几乎名存实亡,三机关相互配合多于相互制约,办案中出现意见分歧靠政法委协调解决,甚至出现政法委替代立法、司法职能的情形。② 再比如,代表当事人利益的律师职业发展缓慢。尤其是在刑事诉讼领域,律师辩护对公检法三机关并不形成有效的制约。这些都表明司法制度的有效性不足。虽然司法政策也强调"有效"解决纠纷,但这种有效性是建立在非常规、非专业基础上的,甚至在局部突破法律和程序规则,运用协调手段,汇聚各路法律以外的资源来"解决问题"。总体上看,非常规化目标治理活动越频繁,治理体系维持运作的成本就越高,累积合法性的边际效益递减。因此运动式治理的效果往往低于常规治理方式。如果运动式治理不能转化为常规治理,制度化、专业化的治理难以实现,是不可能转化为稳定的治理结构,亦无法为执政者提供稳定的合法性基础的。长此以往,不仅运动本身的合法性,就连整个政体的合法性都将受到损害。③

新的历史时期,中国共产党提出了"治理体系与治理能力现代化"的改革方向,将全面建设法治国家作为战略目标,表明运动式治理向常规化治理的转型。不过,由于中国赶超型现代化建设的治理目标始终是超常规的发展目标,执政党必须不断拿出显著的治理成绩来证明自己的执政能力,论证社会主义制度的优越性。党的十五大报告提出"两个一百年"奋斗目标,即在中国共产党成立一百年时全面建成小康社会,在新中国成立一百年时建成富强民主文明和谐的社会主义现代化国家。此后,党的十六大、十七大均对两个一百年奋斗目标作出部署。2012年,党的十八大描绘了全面建成小康社会、加快推进社会主义现代化的宏伟蓝图,号召全国各族人民共同奋斗,实现"两

---

① 周雪光:《权威体制与有效治理:当代中国国家治理的制度逻辑》,载《开放时代》2011年第10期。
② 例如1983年的中共中央政法委员会政法〔83〕6号函。该文件中针对陕西省政法委员会的请示批复已经在代替立法机关履行法律解释职能了:"你们3月24日来电,请示'关于在打击经济犯罪案件中,个人贪污不满二千元的是否需要判刑的问题',经与全国人大常委会法制委员会研究,我们一致意见:中办〔1982〕28号文件可作为内部掌握判刑的依据,贪污、受贿二千元以下的,根据情节可以判刑,也可以不判刑,不宜都不判刑。此复。"
③ 冯仕政:《中国国家运动的形成与变异:基于政体的整体性解释》,载《开放时代》2011年第1期;蔡禾:《国家治理的有效性与合法性——对周雪光、冯仕政二文的再思考》,载《开放时代》2012年第2期。

个一百年"目标。2017年10月18日,习近平在党的十九大报告《决胜全面建成小康社会 夺取新时代中国特色社会主义伟大胜利》中谈到"两个一百年"奋斗目标时说:"从现在到二〇二〇年,是全面建成小康社会决胜期……从十九大到二十大,是'两个一百年'奋斗目标的历史交汇期。我们既要全面建成小康社会、实现第一个百年奋斗目标,又要乘势而上开启全面建设社会主义现代化国家新征程,向第二个百年奋斗目标进军。"习近平提出:"从二〇二〇年到本世纪中叶可以分两个阶段来安排。第一个阶段,从二〇二〇年到二〇三五年,在全面建成小康社会的基础上,再奋斗十五年,基本实现社会主义现代化……第二个阶段,从二〇三五年到本世纪中叶,在基本实现现代化的基础上,再奋斗十五年,把我国建成富强民主文明和谐美丽的社会主义现代化强国。""两个一百年"奋斗目标包括国家治理的各个方面:实现政治稳定、经济发展、文化繁荣、民族团结、人民幸福、社会安宁、国家统一,实现中华民族伟大复兴的中国梦的理想。而大国治理的复杂性叠加国际环境压力,使政治、经济、社会各个领域建设的困难与风险难以预测,有很多问题只有依靠国家力量才能破解。因此,发挥中央权威、整合全国资源、集中力量办大事的治理方式将不会被丢弃。2019年10月31日,中国共产党第十九届中央委员会第四次全体会议通过《中共中央关于坚持和完善中国特色社会主义制度 推进国家治理体系和治理能力现代化若干重大问题的决定》,首先肯定了新中国成立以来共产党执政取得的卓越成绩,表明党的超凡禀赋与强大的执政能力:新中国成立七十年来,我们党领导人民创造了世所罕见的经济快速发展奇迹和社会长期稳定奇迹,中华民族迎来了从站起来、富起来到强起来的伟大飞跃。认为坚持党的集中统一领导,坚持党的科学理论,保持政治稳定,确保国家始终沿着社会主义方向前进及坚持全国一盘棋,调动各方面积极性,集中力量办大事是我国国家制度和国家治理体系诸多优势中最为显著的方面。继而强调指出:中国共产党领导是中国特色社会主义最本质的特征,是中国特色社会主义制度的最大优势,党是最高政治领导力量。必须坚持党政军民学、东西南北中,党是领导一切的,坚决维护党中央权威,健全总揽全局、协调各方的党的领导制度体系,把党的领导落实到国家治理各领域各方面各环节。在此背景下,执政党尤其强调政法工作的政治属性与政治功能。2019年1月发布的《中国共产党政法工作条例》把坚持党的领导,坚持走中国特色社会主义法治道路明确为政法工作的基本原则之一。服务国家政治安全、确保社会大局稳定,仍然是司法制度的合法性基础。可以预见,国家的运动式治理将存在一定惯性,司法运作的运动式也将在一定范围内反复出现。

第二节 治理二元结构与法律失效

从治理结构角度看政法体制下的司法制度,可以看到当代中国司法的独特结构,有助于透视依法裁判原则或法律失效的结构性原因。

一、治理的二元结构

社会学理论中的"结构"由行动者、规则和资源三个基本要素组成。结构的形成是行动者在一定的时间与空间内,反复运用规则与资源,实现社会关系稳定再生产的过程。吉登斯将结构理解为"不断地卷入社会系统再生产过程之中的规则和资源"。规则是行动者"知识能力"的一部分,包括明确规定的规范,也包括那些不能轻易表达和说明的,在人与人的"互动的行动流"中被逐渐感受和理解的规范。行动者运用自己对互动规范的知识和理解去采取适当的行动,测试和确认其行动所牵涉的规则。资源是行动者用来处理事务的能力,包括物质分配(配置性资源)和命令(权威性资源)。所谓权力就是行动者对资源的支配能力,是改变周围既成事实的能力。吉登斯强调:社会结构与结构中的行动是互相作用的——社会结构使人的行动成为可能(构成行动的前提、制约和中介),而人的行动则维持和改变着结构。行动者理解和遵守规范的能力越强,其拥有和获取资源的能力也越强,其适应结构并影响结构朝有利于自己需要的方向发展的能力也越强。行动与结构之间这种相互扶持、互为辩证的关系反映在处于特定时空的社会实践中。由规则、资源以及行动者的行动构成的结构是社会关系的纽带。[①] 特纳进一步归纳道,规则可以转化为两类基本的调节过程:(1) 规范性规则,即创造特定情境下权利和义务的规则;(2) 解释性规则,即提供特定情境下被认为是绝对正确的知识的规则。资源则转化为两类基本的调节社会关系的工具:(1) 权威性资源,即在特定情境下控制和引导互动模式的组织能力;(2) 配置性资源,即在特定情境下控制和引导互动模式中对物质的使用的能力。规则和资源被不同的行动者理解与运用,可以产生权力(行动者控制他人的能力)、合法性(社会对行动者的行为是否符合规范的评价)、意义(行动者用于与他人沟通的解释框架)。行动也因此具有意义、合法性和权力三种相互交织的特性。[②] 任何制度的形成都是其所处的社会结构诸因素综合作用的结果,是"在社会中

[①] 〔英〕安东尼·吉登斯:《社会学方法的新规则——一种对解释社会学的建设性批判》,田佑中等译,社会科学文献出版社 2003 年版,第 273—275 页。

[②] 〔美〕乔纳森·特纳:《社会学理论的结构》(下),邱泽奇等译,华夏出版社 2001 年版,第 170—172 页。

历经时空而深层次地沉淀下来的结构"①。换句话说,如果在相当长的时间和特定的空间内,行动者所遵循的规则和凭借的资源被反复持续地再生产时,制度就形成了。制度变迁也是其所赖以存在的规则、资源等社会生态环境变化的结果。用结构理论透视当前的治理结构,可以看出明显的二元结构特征,即"信访+"二元治理结构。

近二十年来,我国改革进入深水区,各种社会矛盾和冲突凸显,社会风险较大,迫切需要一个稳定和谐的环境保障改革的深入推进。2003年,国家将维护社会稳定、构建和谐社会作为治理目标,加强了各级政府的社会管控责任。在维稳压力下,信访的社会治理功能得到前所未有的重视,各级政府都把信访当作解决纠纷、维护稳定的重要手段。"大信访"格局下信访结构扩张、功能泛化,广泛渗入行政管理、纠纷解决、权利救济、社会保障等各个政治制度领域,任何领域出现解决不了的问题,信访都可以介入;党委、政府、人大、政协、法院、检察院、军队、武警、社会团体、国有企业事业单位等都设有信访机构承担信访职能,并按信访程序处理权限范围内的信访事项。结果是在所有核心政制中都嵌入了信访职能。这样的治理结构可谓"信访+"二元治理结构。其中信访—司法二元结构尤其典型。涉法涉诉信访正是这种二元结构的外部表征。

第一,信访介入司法制度职能范围。2005年颁布的《信访条例》(现已失效)以正式制度形式扩展了信访制度的功能,赋予其解决纠纷、权利救济等新职能,导致信访功能扩张至司法领域。由于《信访条例》在确定信访事项范围时,将可诉性纠纷纳入信访范围;在信访处理程序上又仿照司法程序进行设计,同时混合行政处理程序,导致信访与司法在制度安排上存在交错。信访功能泛化,成了诉讼和行政复议之外的又一种纠纷解决的方式,兼及权利救济、维护稳定等多项功能。2007年中共中央、国务院《关于进一步加强新时期信访工作的意见》将信访工作的职能明确为"切实维护群众合法权益、及时反映社情民意、着力促进社会和谐"。要求一切进入信访的诉求都要回应、处理。重申信访"属地管理、分级负责","谁主管、谁负责","依法、及时、就地解决问题与疏导教育相结合"等三大信访工作原则,指出五大热点信访问题:土地征收征用、城市建设拆迁、环境保护、企业重组改制和破产、涉法涉诉等,要求把信访突出问题妥善处理在本地区本部门、切实解决在基层,不能将矛盾和问题推给上级、推向社会。在随后的实践中,自上而下层层加压的管理体制将信访"解决问题"的职能不断放大,局部模糊了信访与司法的职能分工与

---

① 〔英〕安东尼·吉登斯:《社会学方法的新规则——一种对解释社会学的建设性批判》,田佑中等译,社会科学文献出版社2003年版,第275页。

制度边界,甚至出现了行政权僭越立法权或司法权的现象。

第二,信访结构扩张,嵌入司法结构。2005年国务院修改1995年《信访条例》的目的之一是实现诉讼与信访分离。2005年《信访条例》第14条用概括、列举加排除的方式,明确规定了信访不同于诉讼、行政复议或仲裁等法定救济渠道的受理范围。但是,条例设计的诉访分离渠道仅仅是在受理机构上进行分流,即明确规定信访机构不再受理涉法涉诉信访,而由相应的法律职能部门接待处理。但在实际运作中,诉讼与信访实际上分不开,当事人在诉讼的同时进行信访的情形大量存在,信访部门受理了大量的诉讼案件当事人信访,司法机构的信访部门也不堪重负。可见,立法上的诉访分离并未能在实践中得到实现,而信访与司法交错并行的状态形成信访与诉讼"你中有我,我中有你"相互交织的格局①,形成"信访—司法"二元结构状态。②

如果说司法过程是一个由当事人和法院开展互动的结构,构成这个结构的基本要素的规则就是实体的和程序的规范(包括成文的、不成文的规范),资源就是诉讼主体可资利用的各种物质与权利(力)。但是,在政法体制下,在司法结构中出现了另一个制度结构与之交织共生,即信访。信访是公民、法人或者其他组织采用书信、电子邮件、传真、电话、走访等形式,向各级人民政府及其工作部门反映情况,提出建议、意见或者投诉请求的行为。信访原本的功能是信息传递,目的在于保持各级人民政府同人民群众的密切联系,倾听民意、接受人民监督。从结构理论看,司法与信访是两种性质不同的结构。二者赖以形成和维持再生产的资源和规则均不相同,在制度性质、目的与功能定位、适用范围上也有明显区别。

	信访	司法
性质	向政府反映情况,提出建议、意见	用法律判断是非、权利义务关系
目的	保持国家机关及其工作人员与民众的密切联系,接受人民监督	公正解决纠纷
功能	信息传递,上下通达	实现法律规则、社会正义再生产
范围	公共政策、公共职能行为(不可诉事项)	可诉性纠纷(法律关系争议)

从理论上讲,结构迥异的信访与司法不可能完全融合为一个稳定的结构。但是,因为正式法律制度的赋权加上政策推动,信访职能被植入司法机构,导致司法在处理具体纠纷时,经常与信访相互交错,客观上在同一个纠纷

---

① 王亚新:《非诉讼纠纷解决机制与民事审判的交织——以"涉诉信访"的处理为中心》,载《法律适用》2005年第2期。
② 吴英姿:《从诉访难分看治理模式创新》,载《法治现代化研究》2017年第1期。

解决过程中可以同时发生信访和司法行为。在制度设计上，2005年《信访条例》模仿司法的某些特征来塑造信访。信访的这种"类司法"特征表现在两个方面：一是功能类似。《信访条例》明确规定了信访解决纠纷和权利救济的功能，显然是把行政性的信访当作行政复议和诉讼之外又一个解纷方式。二是处理方式上类似。《信访条例》为信访设计的受理、核实、听证、质询、辩论、合议、作出处理决定等方式和流程，明显仿照行政复议和司法依据实体规范和程序规则作出裁判的"规范—裁判"模式。①

二、司法的结构性缺陷

类司法的结构使得信访与司法在表面上出现了"合榫"的可能。但信访在本质上是行政行为，而司法是通过法律的判断行为。前者遵循的是权力运行逻辑或政治逻辑，后者遵循的是法律逻辑；前者的目的是特定时期的社会治理目标（比如维护社会稳定），后者的目的是公正解决纠纷。当二者交织运行的时候，两套逻辑和规则的不兼容部分就会形成结构性冲突。这正是二元结构的内在缺陷。具体表现为：

第一，非正式制度滋生。由于支撑和维系结构再生产的资源是有限的，信访与司法都要从中分一杯羹，势必发生争夺，形成博弈。而博弈均衡取决于各方主体的力量对比。信访—司法二元结构的一个特殊之处在于：当正式制度能提供的资源不足时，信访人/当事人可以借由"大闹大解决"的非正式制度获取额外资源，比如通过跪访、越级访、群体访等"弱者的武器"将诉求"问题化"，争取社会舆论关注与同情，引起上级领导的重视和领导人批示等，从而改变自己的弱者地位，争取信访诉求实现的机会。

第二，规则的流动性大，制度刚性不足。无论是规范性规则还是解释性规则，信访与司法之间存在天然的差异。这决定了信访和司法遵循的规范和获得社会认同的机理截然不同。信访—司法二元结构同时认可两套规则，法官处理案件时在法律技术逻辑和行政权力逻辑之间摇摆；当事人/信访人也可以在两种规则之间游走，选择主张更有利于己的一套规则，导致司法结构的稳定性不足，制度约束力不强。

第三，行动者具有双重行动结构，滋生投机行为与权力（利）滥用。当事人/信访人和法官/信访工作人员都有机会根据个案情境和自身利益选择适用信访或司法的规则和资源，投机性行为和权力寻租空间明显增多。此为权力腐败、权力（利）滥用的根源。于建嵘早就观察到，上访人员利用当前制度、

---

① 刘国乾：《行政信访处理纠纷的预设模式检讨》，载《法学研究》2014年第4期。

政策等各方面的"空隙"或"机会",以信访施压谋取不正当利益的现象十分普遍。① 而在违法信访行为的治理中,地方为应付中央对进京信访的登记通报排名,采取安插"线人"盯跟信访人,滥用强制措施"截访"、拘禁信访人等侵害信访人合法权益的手段,甚至借接访之名旅游、贿赂上级官员消除进京信访登记等违法行为滋生,形成一条"上访灰色产业链"。②

第四,维持结构的成本高。规则的流动性、行动者的投机性都指向信访、司法制度软化,权力(利)均有寻租空间,机会主义盛行。③ 实践中,滥用权力(利)的行为屡屡发生,无法根治,管理者不得不叠床架屋地设计更多的规范,投入更多的人力物力督促、检查、纠偏,以维持结构再生产。法院内部实行的流程管理、案件质量评查、越来越严厉的行政监督、纪律检查、无处不在的电子监控系统,不仅耗费了大量的司法经费,而且加剧了司法权运作的行政化,导致行政监管取代法律和程序约束,使法律与程序处于失灵状态。不仅如此,司法还为信访制度负担了相当一部分成本。每逢重大节假日、全国性会议和政治活动期间,各地法院都要抽调大量人力去劝阻进京上访,上北京接访,花钱遣返上访人员等,因此耗费了大量的司法资源。信访让部分当事人获得一些法定诉讼程序内无法获得的利益,更刺激了其他当事人的效仿。涉诉信访已让各地法院不堪重负。④

信访—司法二元结构缺陷影响着司法制度的运行方向,本质上与"法治"的治理目标背道而驰。在上级采取涉诉信访通报、问责形成的压力下,当事人的信访行为(甚至威胁要信访的表示)都能影响法官的司法行为和司法程序的运行轨迹。法院在受理案件时就要评估当事人信访的可能性;对有重大信访风险的在办案件,承办法官被要求向庭领导进行汇报;在合议庭合议、审委会讨论案件时,当事人的信访风险性都会被重点提及并成为裁判结果的重要考量因素;党政领导人对信访案件的批示、督办实际影响甚至改变着司法程序的正常运作,比如更多用调解/协调方式结案、更容易启动再审程序,更多考虑维持社会稳定的政治目标与政策要求来作出裁判结论,等等。也正因如此,司法政策中的司法目标超出了法律的范围,要求每个案件的审理都要做到"案结事了",即有效解决纠纷。为此法院常需要在程序规则之外调动多方面资源来"解决问题"。这是大量非法律因素侵入司法过程、法律逻辑很容易被政治逻辑所覆盖的结构原因。总体上说,信访制度越有作为,法律规则

---

① 于建嵘:《机会治理:信访制度运行的困境及其根源》,载《学术交流》2015年第10期。
② 贾立政等:《拆解上访利益链》,载《人民论坛》2013年第22期。
③ 于建嵘:《机会治理:信访制度运行的困境及其根源》,载《学术交流》2015年第10期。
④ 吴英姿:《从诉访难分看治理模式创新》,载《法治现代化研究》2017年第1期。

就愈加疲软,司法权威也愈加弱化。"信访不信法"情绪的蔓延,深深损害着社会对法律和司法的认同。

三、制度互替与逆向选择

在制度经济学看来,制度均衡状态下各项制度是互补的关系,这样的制度安排才有正当性和有效性。因为只有互补的制度结构才是有效率的。如果制度之间存在互替关系,就可能发生制度的逆向选择。正如童之伟指出的,信访制度在我国宪法框架下本属于辅助政制范畴,在历史上它是我国核心政制效能严重不足时应运而生的代偿性体制。由于过度强调信访的作用,让它承担起纠纷解决、权利救济等明显属于行政、司法等核心政制的功能,让信访取代或者部分取代核心政制,造成信访与核心政制双向削弱的"零和博弈"。[1] 典型如信访—司法二元结构中,信访常常被当事人作为给法官施压的策略,而信访影响案件审理过程和裁判结论的例子又不断增强着当事人边诉边访的动力。信访让法律的刚性与程序可预见性降低,削弱了司法制度的有效性。而司法制度有效性不足又是涉诉信访重要的生成因素。具体表现为:(1) 行政复议、行政诉讼公信力不足。全国人大常委会 2013 年对《行政复议法》实施情况的检查结果显示:约 60% 的受访者对行政复议缺乏了解甚至根本就没有听说过。群众对行政复议的信任度不高,存有"官官相护"、办案不公的疑虑,不愿将行政复议作为解决纠纷的首选途径。其结果是,多数省市进入信访渠道的行政争议数量比进入复议渠道的高出十几倍甚至几十倍,呈现"大信访,小复议"的格局。[2] 行政诉讼的实践则呈现撤诉率高、原告胜诉率低的样态。[3] (2) 起诉难、立案难,把本该通过司法途径解决的刑事案件、民事纠纷、行政争议挤到了信访。侦查机关有案不立、"不破不立",法院任意提高纠纷案件的受理门槛,对应当受理的民事、行政纠纷不受理,当事人(受害人)不得不向信访机构寻求救济。(3) 审级救济不足。我国的诉讼法规定的审级制度是两审终审制,当事人不服一审法院作出的裁判,只有一次上诉机会。第二审人民法院的裁判一经作出立即生效。事实证明,只能上诉一次的制度安排不能有效和完全地吸收当事人的不满。那些未能吸收掉

---

[1] 童之伟:《信访体制在中国宪法框架中的合理定位》,载《现代法学》2011 年第 1 期。
[2] 任重远:《人大常委:群众信访不信法主要怪政府》,china.caixin.com,最后访问时间:2015 年 12 月 14 日。
[3] 何海波:《实质法治:寻求行政判决的合法性》,法律出版社 2009 年版,第 63 页。

的不满不少转向了信访、申请再审。(4) 执行难、执行乱引发信访。尽管执行难是多种因素的结果,而且最主要的变量是市场风险或被执行人执行能力,但法院"裁判—执行"合一的制度安排,在执行不到位的情况发生时,让付出了时间、金钱获得胜诉的当事人感觉法院"打白条",难免心理失衡。因此,对法院执行的投诉频率一直居高不下。(5) 少数司法人员法律技术和能力不足,加上司法腐败,给司法公正带来严重损害,司法公信力失落,当事人不相信法院,更愿通过信访找政府解决问题。(6) 司法独立性不足,容易受到外力干扰,法律和程序的有效性不高。当事人认为直接找"说话算数的大领导"更有效。总之,当事人深感立案难、上诉难、申请再审难、执行难,加上司法腐败和司法不公问题,一些本该通过法律和诉讼途径解决的诉求转向了信访渠道。正如张勤等人指出的那样,"行政复议、行政诉讼、民事诉讼等解决机制在纠纷面前出现了严重的缺位现象,最终导致了信访的越位和错位"①。涉诉信访数量居高不下、久治不愈,暴露出信访与诉讼的互替关系,而"信访不信法"情绪正是逆向选择的结果。

与此同时,二元结构中信访"类司法"的制度安排同样在削弱信访制度自身的合法性。如前所述,信访仿照司法制度的程序和方式处理纠纷,但无论从信访工作人员专业背景、工作经验,还是信访机构领导架构、工作流程看,与"规范—裁判"模式均不匹配。所以信访工作人员在处理涉及法律争议的纠纷时,往往感到力不从心。与司法过程强调开庭审理、保障当事人参与、遵循直接言词原则和审判组织居中裁判相比,信访过程更常见的处理方式是信访局居中协调、各职能部门汇办、主要领导拍板作出决定。此外,行政信访中常常包含一些涉及利益调整的"普遍的诉求",即应当通过立法、制定公共政策程序才能解决的问题。据国家信访局 2013 年的统计,信访事项主要涉及五大领域:土地征收征用、城市房屋拆迁、环境保护问题、企业重组改制与破产、涉法涉诉。显然除涉法涉诉信访外,前面四个领域在我国当前法律政策背景下基本上都可以纳入公共政策和公共利益问题。这些诉求本不具有可诉性,通常缺乏具体的指引规则,不适合采用"规范—裁判"的处理方式解决。这些信访事项多涉及公共政策制定与利益调整问题,属于典型的富勒所说的"多中心任务"。关于"多中心任务"一个形象的比喻是蜘蛛网,每个交叉点都是一个性质不同的分配张力的中心,拉动一股线将在作为一个整体的蛛网上

---

① 张勤、刘晶:《缺位、越位和本位:多元纠纷解决视野下的行政信访——以 T 市信访局为中心的考察》,载《社会学评论》2013 年第 6 期。

按照一个复杂的模式分配张力。如果将拉力增加一倍,作用在每股线上的张力不会是简单翻倍,而是产生一个不同的复杂张力模式,可能会导致一个或多个薄弱的线股突然折断。富勒警告说,对多中心任务问题的解决绝不能只当作一个权利义务关系问题来裁判,因为那些在裁判中被掩盖的其他因素有可能变成重要的或占支配地位的因素。① 因为多中心任务使得结构内部信息来源多头、力量博弈关系重叠且繁复,问题往往并不能简单通过适用法律和程序规则处理,更适合通过公共决策、行政命令或市场机制加以解决。在实际运作中,上述信访事项却没有法定的渠道输送至决策机构,也没有对接机制启动民主决策和立法程序。面对这样的问题,信访处理者常常陷入"不可为"的处境,无法回应信访反映的诉求。② 当信访者发现,按照《信访条例》规定的程序信访其诉求无法获得满足时,越级访、进京访就是必然的选择。按照赵晓力的分析,在中国行政管理体制"向上负责,下管一级"制度逻辑下,出于自身政绩考虑,各级政府容许逐级上访,反对越级上访。但是,上级政府发现,从强化对下级施政行为管控、增加透明度的角度,当事人越级上访又可能给自己"赋权"。于是,上级政府对越级访的态度是公开反对,实际却有所容忍。加上信访问题解决所依托的资源集中在行政权力手中,这使得越级访、进京访不可能绝迹。③ 信访人方面,在反复的信访实践中,他们发现的规律是:信访压力越大,领导越重视,解决越彻底,以至于"逐级访不如越级访"、"个体访不如集体访"、"大闹大解决,小闹小解决,不闹不解决"等潜规则成为比正式制度更加有成效的信访规则。其后果自然是非法访、进京访大行其道,以至于让中央感觉到巨大的维稳压力。中央对地方党政处理进京信访事件提出"事要解决、人要回去"的要求,敦促地方履行维稳职责,并采取统计和实时通报"进京访""非法访"的人数、次数的方式,对地方工作绩效进行考核排名。④ 压力之下,地方党委政府对各职能部门也采取信访考核排名办法,考核指标在逐级下达中层层加码,以信访指标对职能部门领导问责、晋职晋级一票否决。

由于基层信访机构和司法机构面临同样的信访考核排名压力,不加区分

---

① Lon L. Fuller, *The Forms and Limits of Adjudication*, 92 Harvard Law Review (1978), 395.
② 刘国乾:《行政信访处理纠纷的预设模式检讨》,载《法学研究》2014年第4期。
③ 赵晓力:《信访的制度逻辑》,载《二十一世纪》2005年6月号,http://www.cuhk.edu.hk/ics/21c,最后访问时间:2015年6月26日。
④ 王保林:《在既定之"道"上踩出新"路"——涉诉信访工作绩效评估指标体系的构建》,载最高人民法院立案一庭、最高人民法院立案二庭编:《立案工作指导》2013年第4辑,第189页以下。

地协同处置涉法涉诉信访就成为信访与司法机构的共识,于是诉、访在客观上无法分离。诉访难分的情况下,当事人的信访行为,甚至威胁要信访的表示都能影响司法的正常运作。在考评机制的强大威压下,法院整体和承办法官都不得不对信访人的诉求认真对待,甚至一定程度上妥协退让,换取"息事宁人"的结果。唐慧信访对秦星等涉嫌强迫卖淫罪案的审理和裁判的影响就是一个典型的例子。① 当事人在政治性节日、主要会议期间信访,或者采取越级上访、进京上访的行为,更有"一访就灵"的效果。从社会认同的角度分析,二元结构导致司法的本质特征被冲淡,法官职业角色模糊,显然不利于当事人与社会公众对司法形成鲜明的规范性期待。制度层面关于司法制度的规定与当事人和社会关于司法的认知出现背离:法院、检察院等司法机构与居委会、人民调解组织有什么区别?如果信访也能解决纠纷,而且成本低、效率高,为什么还要选择诉讼?如果通过信访施压可以促成再审程序的启动,为什么要提起上诉?生效裁判的既判力又有什么意义?当规范性期待与认知性期待均陷入混乱时,司法认同就被暗中削弱了。②

第三节 司法地方化问题

一、司法地方化表现与表层原因

根据我国《宪法》,法院、检察院与政府是职能不同、地位平等的国家公权力机关。换句话说,司法与行政之间是地位平等、分工合作、相互制约的权力关系。但在长期的司法运作中,司法表现出对地方的依附关系,即经费和人事双重单向依赖结构,司法过程中不可避免要受到地方党政的影响或者干预,司法机关演变为地方机关的"司法地方化"现象。③周永坤把司法地方化描述为司法法权为地方所控、为地方利益所用的一种"脱法现象",主要表现在三个方面:一是在组织结构上,司法机关成为地方政府的职能部门;二是在利益结构上,司法机关与地方政府结成"利益共同体";三是在司法目标上,司

---

① 《"永州幼女被迫卖淫案"再调查——唐慧赢了,法治赢了没?什么造就了唐慧?》,载《南方周末》2013年8月1日。
② 吴英姿:《论司法认同:危机与重建》,载《中国法学》2016年第3期。
③ 谭世贵、梁三利:《构建自治型司法管理体制的思考——我国地方化司法管理的问题与出路》,载《北方法学》2009年第3期;陈卫东:《司法"去地方化":司法体制改革的逻辑、挑战及其应对》,载《环球法律评论》2014年第1期。

法活动以维护地方利益为重。① 徐显明指出,司法对地方的依附关系已经深入中国司法制度的机理,行政权相对立法权、司法权的优越性及其易膨胀的天性引发的权力结构缺陷,已经成为中国法治建设最大障碍。对地方行政权的依附使得司法权难以保持中立,对行政权恣意、违法行政问题也无法形成制约②,司法的政治制度化功能不彰。因司法权地方化而生的地方保护主义、部门保护主义、争抢管辖、选择性立案、执行乱、利用破产程序逃债、循环诉讼等司法不公行为③,破坏着司法的公正与统一,是司法认同失落的重要原因之一。

在司法地方化成因上,通常认为有以下三个方面:

1. 司法机关的管辖区域与立法机关、行政机关的管辖区域基本一致,而司法人员来源的本地化使得司法机关与地方存在千丝万缕的人情关系。

2. 根据党管干部的原则,地方各级党委和政府拥有对地方法院主要领导干部的推荐权和罢免建议权。根据《宪法》和《法官法》的有关规定,各级法院的正副院长、审委会委员、各个业务庭的正副庭长以及审判员都由同级人大或常委会任免。但是,按照组织部门考察选任干部的程序,在人大任命之前先要经过同级党委和组织部门的考察决定。在其他干部考核和人事管理上,法院系统受同级党政机关的领导④,对法院的人员编制、职级享有行政审批权。司法人员任职资格、录用、考核、晋升和福利待遇一律参照《公务员法》进行管理。上个世纪 90 年代在审判方式改革的推动下,法官不同于普通公务员的专业性要求得到重视,法官职业化成为司法改革的重要内容。在同一时期,中央提出干部分类管理的改革目标,在司法干部管理领域开始探索法官等级制度,以期实现对法官的科学管理,增强法官职业认同感,推动法官队伍的职业化发展。全国人民代表大会常务委员会 1995 年通过的《中华人民共和国法官法》(以下简称《法官法》)第七章(2019 年修订后为第五章)规定了法官等级制度,明确法官的级别分为十二级:最高人民法院院长为首席大法官,二至十二级法官分为大法官、高级法官、法官。该法第 17 条还规定:法官的等级的确定,以法官所任职务、德才表现、业务水平、审判工作实绩和工作年限为依据。1997 年 12 月,中共中央组织部、人事部、最高人民法院联合

---

① 周永坤:《司法的地方化、行政化、规范化——论司法改革的整体规范化理路》,载《苏州大学学报(哲学社会科学版)》2014 年第 6 期。
② 谢晖:《价值重建与规范选择——中国法制现代化沉思》,山东人民出版社 1998 年版,"序言"第 3 页。
③ 秦前红:《司法去地方化的难点》,载《检察风云》2013 年第 12 期。
④ 王旭:《论司法权的中央化》,载《战略与管理》2001 年第 5 期。

出台了《中华人民共和国法官等级暂行规定》。该规定确定了法官等级"根据法官的职务编制等级评定"的基本办法,以法官所任职务、德才表现、业务水平、审判工作实绩和工作年限为依据确定法官等级,同时限定了中级以上法院院长批准法官等级的权限。比如中级人民法院院长批准权限包括三级法官、四级法官、五级法官的等级。最高人民法院2006年2月印发《高级法官等级选升标准(试行)》,将一级、二级法官等级选升标准确定为行政职务、职级和任职时间,采用"厅级级法官""副厅长级法官""局长级法官""副局长级法官""处长级法官""科长级法官"的称谓进一步区分高级法官的级别。如此形成我国法官专业职称等级与法院级别挂钩、与法官行政级别直接对应的等级制度。

  3. 司法机关的经费来源由地方财政部门供给。从1980年开始,我国的财政体制采取中央与地方"分灶吃饭"的模式,各地司法机关的业务经费、基础建设费和人员工资福利待遇由地方财政供给。由于发展不平衡,各地财政力量差异甚大,司法机关经费保障程度与地方财政状况的好坏呈正相关关系,客观上形成了地方司法机关对本级财政的依赖性。因此,王利明把地方财政与司法机关经费供给关系比喻为"锅与碗的关系",认为这是诱发司法机关与地方结成利益共同体的直接原因。① 多年来,由于地方财政保障不足,法院经费的来源还有一个重要渠道,就是地方财政对法院诉讼费用收入按照比例返还,即法院收取的诉讼费统一缴入财政专户,财政统筹后再以预算外资金的形式,根据其经济实力与法院的开支预算报告确定拨款数额和诉讼费返还比例。根据最高人民法院司法行政装备局的统计,2002年全国法院系统支出约176亿元,其中财政拨款78亿元,从诉讼费用收入中补充98亿元,即全国法院系统所需经费对诉讼费的依赖程度超过50%。这种情况持续了三十余年。其间虽然有所调整,但总体上没有根本改变。② 以苏州中院为例,根据该院2013年决算,公共财政拨款(补助)资金共计9186.07万元,其中预算内拨款4331.42万元,纳入预算管理的非税资金(即诉讼收费)4854.65万元。后者占52.8%。该院2014年决算:公共财政拨款(补助)资金共计10040.14万元,包括预算内拨款2829.70万元、纳入预算管理的非税

---

① 王利明、姚辉:《人民法院机构设置及审判方式改革问题研究》(上),载《中国法学》1998年第2期。
② 靳羽:《处在十字路口的法院经费保障体制:困境加剧抑或曙光乍现》,载《法治研究》2008年第10期。

资金 7210.44 万元。后者占 71.78%。① 如此导致法院的经费高度依赖诉讼收费，以至于一些地方法院出现多收费、乱收费、滥用罚款或罚金的情况。2002 年，党的十六大报告提出改革司法机关的人财物管理体制，并在实践中进行了探索，但是进展极慢。

为解决司法经费对诉讼费用的依赖问题，2007 年 4 月起实施的《诉讼费用交纳办法》大幅度地降低了诉讼收费标准，同时规定案件受理费、申请费全额上缴财政，纳入预算，实行收支两条线管理。中央财政于同年开始实行直接向省级财政拨付专项转移支付资金的方式，弥补地方法院因诉讼收费减少而产生的经费缺口。另外，为了缓解部分欠发达地区法院的经费困难，从本世纪初开始，中央财政向中西部特定区域的法院直接拨付专项经费，同时允许部分法院利用国债进行基本设施建设。收支两条线的改革虽然在制度层面隔断了法院经费来源与诉讼收费的关系，但地方财政在确定司法经费预算额度时，多数会参考上一年法院上缴的诉讼费用数量。因此，诉讼收费的多少仍然对法院经费有间接的影响。为真正切断诉讼收费与法院经费保障之间的联系，2008 年年底，中共中央转发《中央政法委员会关于深化司法体制和工作机制改革若干问题的意见》，提出建立政法系统财政保障机制，实行地方法院、检察院行政经费由中央财政统一保障的体制，目的在于根除司法地方保护主义。该意见直言不讳地指出："长期以来，我国司法不独立的一个重要根源在于司法受制于当地政府，法院的经费及其法官工资、检察院的经费及其检察官工资等，都是由当地政府财政部门解决，司法机关的'财权'由政府部门'把持'，使得司法难以'硬'起来，司法很容易受到来自当地政府的干扰。"根据中央的测算，全国法院、检察院的全部财政支出不到 400 亿元，加上基本建设费用和工资福利，总量在中央财力可承受范围之内，希望通过建立政法系统财政保障机制，打破司法经费由地方保障的格局，逐步化解司法的地方化难题。2009 年中办、国办联合出台《关于加强政法经费保障工作的意见》，财政部制定《政法经费分类保障办法（试行）》，确立政法经费保障按照"明确责任、分类负担、收支脱钩、全额保障"原则，将政法经费划分为人员经费、公用经费、基础设施建设经费和业务装备经费四大类，规定前三者由同级财政负担，业务经费和装备经费则由中央、省级和同级财政分区域分担，力图使所有法院的经费都能够从财政获得全额保障。上述改革使法院的经费来源依赖于诉讼收费的程度有所降低，财政困难地区司法经费保障得到改善。

---

① 数据来源：《2014 年度南京市中级人民法院部门决算》，http://www.njfy.gov.cn/www/njfy；《2015 年度苏州市中级人民法院部门决算》，http://www.szzjrmfy.gov.cn/。最后访问时间：2017 年 2 月 1 日。

但总体来看,地方同级财政的拨款仍然是大多数法院经费保障的主要来源。例如,南京市中级人民法院2014年度决算情况:经费总收入18240.07万元。其中:同级财政拨款收入18150.14万元,占总收入的99.51%;利息等其他收入89.92万元,占总收入的0.49%。① 苏州市中级人民法院2015年度收入决算12748.51万元,99.38%来自市级财政拨款。具体包括三个部分:(1) 从市级财政取得的一般公共预算拨款10334.85万元;(2) 其他收入64.71万元(为单位取得的除上述收入以外的财政专户管理资金及银行存款利息收入等);(3) 年初结转和结余2348.95万元(为单位上年结转本年使用的基本支出结转、项目支出结转和结余)。② 如皋市人民法院2015年部门决算显示,当年收入总计5618.14万元,100%来源于市财政拨款。③ 桂林市中级人民法院2015年部门决算显示:财政拨款收入8137.45万元,全部为市本级财政当年拨付的资金。少数法院获得中央和省级财政转移支付的补助,但所占比例很小。例如,南通市中级人民法院2014年部门决算项目支出1797.04万元。部门预算项目支出788.59万元;中央和省级转移支付资金666.50万元;上年项目资金结转111.85万元。其中,来自中央和省级财政转移支付资金占总决算的37%。④ 上述数字表明,当前司法经费保障以同级财政负担为主,中央转移支付为辅。正如王亚新指出的,只要司法经费保障主要依靠同级财政提供的格局没有改变,司法经费保障能否真正落实,既取决于当地财政收支状况,又受法院向地方政府争取或交涉能力的影响,因此很难做到司法经费与诉讼收费完全脱钩。⑤ 此外,司法经费的地方差异依然存在,突出表现在各地法院的公用经费保障标准以及干警收入待遇的差别上。以公用经费保障标准为例,根据江苏省财政厅印发的《关于制定全省县级人民法院、人民检察院公用经费保障标准的意见》,以在职在编人员为对象,县级法院、检察院的人均公用经费不低于3.2万,市级法院、检察院的人均标准为5万。而苏州市中级人民法院开展的一项调研显示,由于苏州市的经济发达程度决定的消费水平、劳动力价格水平等均已远超全省乃至全国的平均水平,因此2014年该市县、区级的基层法院人均公用经费已超过4万元,中级人民法院

---

① 数据来源:《2014年度南京市中级人民法院部门决算》,http://www.njfy.gov.cn/www/njfy,最后访问时间:2017年2月1日。
② 数据来源:《2015年度苏州市中级人民法院部门决算》,http://www.szzjrmfy.gov.cn/,最后访问时间:2017年2月1日。
③ 数据来源:《2015年度如皋市人民法院部门决算》,http://www.rgfy.gov.cn/Item/Show,最后访问时间:2017年2月1日。
④ 数据来源:《2014年南通市中级人民法院部门决算》,http://www.ntfy.gov.cn/contents,最后访问时间:2017年2月1日。
⑤ 王亚新:《法院财政保障的现状及前景略议》,载《学习与探索》2010年第7期。

的实际公用经费已达到人均 10 万元到 15 万元的水平①,超过省定的公用经费保障标准 2—3 倍。在法院干警职业保障方面,由于不同地域、甚至同一城市不同行政区在经济发展水平和经费保障力度上的差异,不同法院的地方年度绩效考核奖金、单位补贴等工资外收入存在着较大的差异,导致不同法院的法官收入呈现出明显的差异化特征。以江苏省为例,江苏省高级人民法院的一项调研数据显示,该省基层法院法官收入构成中,工资性收入仅占 59.04%,所在地方政府发放的津贴、补贴则占到了 35% 以上。按照 2013 年年底的数据,江苏省苏南、苏中、苏北地区基层法院法官收入地区差在 4 万元左右,全省收入最高的基层法院与收入最低的基层法院的差额在 5 倍以上。②

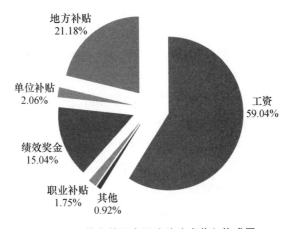

图一　江苏省基层人民法院法官收入构成图

二、司法依赖性的深层次原因

如果说,司法机关人事管理公务员化和司法经费依赖地方财政保障是司法地方化的基础条件,那么,真正影响司法权公正独立行使的决定性因素,则是司法资源供给关系或经费保障制度的规范性不足、制度化程度不高的问题。作为一个实体,司法机关也和其他国家机关一样,是由人、财、物构成的。没有人、财、物的供给,司法机关就不可能存在和运转。而如果这种供给缺乏恰当的机制,使司法机关受制于人,司法公正就没有可能实现。汉密尔顿曾经告诫:"就人类天性之一般情况而言,对某人的生活有控制权,等于对其意

---

① 苏州市中级人民法院 2014 年就江苏省地方法院财物统一管理运作进行的调研所形成的《司法体制改革背景下的江苏省地方法院财物统一管理运作模式报告》。
② 数据来源于江苏省高级人民法院:《全省基层法院法官收入及生活状况的调研报告》。姜金良:《法院内设机构"内卷化":制度生成逻辑与破解路径》(未刊稿)。

志有控制权。"①司法机关不是物质生产部门,没有哪一个国家的司法机关能够做到自给自足。司法资源供给只能是外部的。关键是这种供给关系或保障机制是否规范,制度化程度是否高。② 资源供给机制的制度化程度与供给者的控制力与影响力是成反比的:制度规范性越强,供给者对司法机关的控制和影响力越弱;反之则越强。我国司法资源缺乏独立的司法预算作为制度保障,司法经费供给与执行机制的制度化程度差强人意。具体表现为三个"大":

1. 政府财税部门在预算编制与执行上的权力大,无制约。预算是国家公共财政收支的计划。预算制度通过人民决定公共财政收入与支出项目,从而限制国家筹措预算收入与财政支出的行为,防止公权力对人民财产权造成不必要的侵夺和滥用公共财产。其本质是人民通过管理属于公共财政的"钱"来限制公权力之"事"。现行财政体制并没有单独的司法预算的制度安排,法院、检察院等司法机关的经费预算包含于政府行政预算中,经费保障额度、预算编制审批、支出使用途径主要由地方财政部门决定。《预算法》第1条将预算界定为"政府收支行为",在法律上确立了政府包揽立法、司法等所有公权力主体的预算活动的地位。尽管我国《宪法》规定预算的最终审批权在人大,但是,由于专业知识缺乏和审议时间不足等问题,实践中,人大几乎没有能力对预算草案进行实质性审查,也几乎没有发生过人大否决预算草案的情形,何况人大履行审批权的程序通常滞后于预算的执行。自1999年始执行的部门预算、政府采购、国库集中收付模式,使各级政府的财权管理权力得以迅速扩充,进一步强化了政府财政部门在预算编制上的主导地位。地方财政部门不仅在预算编制上说了算,而且实际控制了经费拨付和具体到位时间,掌握着预算内资金具体用途的审批权。所以,在现有预算制度语境下,朱大旗等指出,"政府"一词被扩大解释,形成了包含司法机关、立法机关在内的"大政府"概念,"政府预算"观念也根深蒂固地存在于我国预算体制中,缺少"国家预算"或"公共预算"理念。所形成的预算体系具有鲜明的行政化特质,突出表现在:政府主导具体预算运行过程,即财政部门享有完全的预算编制权与执行权,预算收支科目的设置也是以政府为本位。司法预算的行政化决定了法院办案经费的来源主要是同级政府的财政拨款。这不仅使地方政府实际上掌握了司法机关的经费来源与支出财权,而且在以政府为本位的预算科目设置中,形成了司法机关从属于行政机关的格局。按照惯例,同级政府

---

① 〔美〕汉密尔顿等:《联邦党人文集》,程逢如等译,商务印书馆1980年版,第396页。
② 程竹汝:《司法改革与政治发展:当代中国司法结构及其社会政治功能研究》,中国社会科学出版社2001年版,第298页。

对法院的拨款只能视作内部行为,财政资金只是从政府的一个部门转移到了另一个部门而没有造成减损,因此不能计入"政府支出"的项目。司法机关与政府的这种财政关系很容易造成司法权与行政权的混淆①,与司法的公正解决纠纷的公共目的不相符合,是诱发司法地方化的重要原因。

2. 司法机关预算外收入管理制度阙如,收取与返还行为恣意性大。按照当前"收支两条线"的规定,各级财政对于上缴财政专户的诉讼费按照一定的比例返还法院。这种把法院经费与诉讼费用相关联的经费保障体制刺激了法院的逐利冲动。很多法院把收取诉讼费用、罚款、罚金当作创收的主要手段,对大标的额案件争夺管辖权,对诉讼费少或可能收不到诉讼费的案件就推诿,甚至以罚代刑、以罚代执行等违规、违法行使审判权的行为屡禁不止。同时,政府返还的标准、比例并无明确规定,恣意性很大。

3. 司法机关与财政部门之间超预算经费讨价还价的空间大,可寻租。毋庸讳言,地方法院负责人工作的一项重要内容就是确保经费保障额度逐年良性增长、预算资金能够及时拨付,每年为法官和干警多争取一些奖金、津贴、福利(所谓"地方粮票"),不断改善办公条件。为此,法院常常需要向政府申请一些预算外经费。比如,南通市中级人民法院 2014 年部门决算显示:该年度追加机关目标考核奖励经费 603.56 万元;追加成本性支出 63.61 万元,主要用于案件大幅度增加(2014 年案件收结案数分别比上年增加 42.22% 和 29.11%)导致的法律文书速递费用及办公用纸、印刷和装订等费用的增加。该决算报告在"情况说明"部分解释:"使用省级政法专项转移支付资金报废更新的执法执勤用车 70.10 万元,因省级财政一般在预算后下达,因此未在预算中列入。"②预算外经费追加,无论法院申请行为还是政府审批行为,都没有制度上的依据或限制。在这样一种经费供给关系中,司法地方保护主义成为自然而然的结果。特别是那些涉及地方重大经济利益的民商事案件、涉及群体性事件或者被地方党政领导认为有政治敏感问题的案件,司法权的独立性很难有保证。

综上可见,司法机关经费保障制度呈现出一种行政化、差异化和弹性化并存的特征。

三、司法地方化问题的本质

国内主流的观点认为,"司法权力地方化"是司法对地方依附关系形成的

---

① 朱大旗、李帅:《法治视野下的司法预算模式建构》,载《中国社会科学》2016 年第 10 期。
② 数据来源:《2014 年南通市中级人民法院部门决算》,http://www.ntfy.gov.cn/contents,最后访问时间:2017 年 2 月 1 日。

体制根源。该观点的逻辑起点是：司法权力是一种国家权力，而不是地方自治性质的权力。① 各地方的司法机关不是地方的司法机关，而是国家的司法机关。② 而司法权地方化，是国家将司法权分配于地方行使，国家对此施以必要控制与监督的体制。③ 全国人大选举产生最高人民法院，地方各级人大选举产生地方各级人民法院的体制，使得司法权划分为中央权与地方权，以及地方各级人民法院管理地方化。而司法权中央—地方的划分与我国单一制国家政体的本质不符。④ 司法权地方化的实质是地方截留了原本应由中央统一行使的司法权，其结果是妨碍了国家法制的统一和中央政令的有效执行，影响了司法的独立和公正，造成了国家内部整合困难。⑤ 因此解决问题的药方就是明确司法权的"中央事权"属性，通过以下两个途径实现司法权"中央化"：一是改变司法机关人、财、物由地方供给和管控的制度，改为由中央统一管控保障，即变横向供给关系为纵向供给关系；二是改变司法管辖区域与行政区划完全重叠的设置，重新划分司法区域。

但是，上述改革途径不仅涉及司法与地方的关系，更重要的是涉及司法与行政的关系问题。单从司法与地方的关系上看问题，其预设前提是：司法机关是国家机关，所以应当由中央统一拨付经费、管控人事。王利明较早地论述了这个观点。他认为，防止司法机关的地方化以及各种司法的地方保护主义现象，"必须从经费上保障司法机关的独立性，使各地的司法机关不能完全仰仗地方的经费供给，对各地法院的经费应当实行由中央统一拨付的制度。"⑥该观点获得很多拥趸，并成为当前司法体制改革的重要思路，影响了高层决策者的顶层设计。《四中全会决定》提出完善司法管理体制和司法权力运行机制。最高人民法院《四五改革纲要》立足审判权的中央事权属性，就改革法院司法行政事务保障机制推出了一系列改革举措，其中就包括推动省级以下地方法院经费统一管理机制改革；严格"收支两条线"管理，地方各级人民法院收取的诉讼费、罚金、没收的财物，以及追缴的赃款赃物等，统一上缴省级国库等。2014年6月，深改组第三次会议审议通过《关于司法体制改革试点若干问题的框架意见》，将试点司法人财物省级统管作为司法体制改革的重点之一。

---

① 肖扬：《法院、法官与司法改革》，载《法学家》2003年第1期。
② 王利明：《司法改革研究》，法律出版社2000年版，第170页。
③ 蒋惠岭：《司法权力地方化之利弊与改革》，载《人民司法》1998年第2期。
④ 谭世贵、梁三利：《构建自治型司法管理体制的思考——我国地方化司法管理的问题与出路》，载《北方法学》2009年第3期。
⑤ 王旭：《论司法权的中央化》，载《战略与管理》2001年第5期。
⑥ 王利明：《司法改革研究》，法律出版社2000年版，第170页。

从表面上看,中央统一拨付制度的确有助于解决问题。但是,且不论这种理想在中国的现实可能与可操作性,就理论根据上考察,这个预设前提不无问题。因为,任何国家机关——立法、行政、司法机关——都不是地方的机关。比如,各地行政机关所承担的职能并不全是地方性事务——就算是履行地方性事务行政管理职责的部门机构,也具有国家的行政机关的性质。但没有人会认为,行政机关的经费和公务员管理都要由中央来管控、供给。因此,以司法机关是"国家的"机关、代表国家行使审判权为由,尚不足以得出司法权是中央事权、司法人财物应当归中央统一管控的结论。

不仅如此,司法权中央化的观点对司法体制弊端的逻辑起点不周延,因而思考方向有偏差。因为国家权力并不等同于"中央权力",把属于国家权力的司法权定性为"中央事权",实际上是把与司法权与地方行政权的关系混淆为"中央与地方的关系"。而在本质上,司法地方化问题的本质或司法地方保护主义产生的根源,是由于我国政治结构分化不足,司法与行政之间的关系不规范,司法人财物保障制度化程度不高,不能满足司法功能现代化的需求所致。① 换句话说,我国司法体制问题是司法与行政问题。所谓司法权地方化问题,不是指司法事权归于地方,而是指司法事权的运行受到了地方党政机关的不当干预。因此,司法"去地方化"的改革应当是理顺司法与行政的关系,使司法事权不受地方的干预,而不是将司法权划入中央事权。退一万步说,即便我们实现了司法经费由中央财政统一供给保障的机制,同样存在司法与行政之间的关系问题。如果这种供给关系仍然缺乏制度与法律规范,司法预算还是内嵌于行政预算之中,对预算编制与执行主体的约束力均无刚性,司法机关与政府部门之间还是有讨价还价、一事一议的空间,那么无论是中央统管还是地方分管,法院受控于政府的格局都不会改变。即便按照现行改革方案实现省级统管,也不过是造就了一个权力更大、对司法更有指手画脚之资本、所控制的法院范围更广的超级政府机构而已。

---

① 程竹汝:《司法改革与政治发展:当代中国司法结构及其社会政治功能研究》,中国社会科学出版社 2001 年版,第 300 页。

第五章　司法认同危机的机制根源

司法认同危机的根源之二是司法运行机制问题——司法权以行政权方式运行，即所谓司法行政化。司法行政化，是指司法的制度目标、内部结构、运行机理均仿照行政结构，遵循行政逻辑。按照我国《宪法》的规定，司法权在国家权力结构上是与立法权、行政权、检察权、军事权并列的国家权力。在全能主义治理结构下，我国的国家权力结构是执政党统揽全局、协调各方，其运行机制的特点是强调执政党的领导是国家权力运作的根本原则。这种权力集中于中央的"全面体制"，遵循"上命下从"的行动逻辑，呈现出整体协调、上下联动的运作格局。内嵌于政治体制之中的司法也不例外。在不同历史时期，司法职能被定位为实现当下治理目标的工具，司法必须主动服务于党政"中心工作"。"命令—服从"的行政逻辑深入渗透司法过程，抑制了司法的自治性与中立性。[①] 司法行政化运作导致司法制度内涵与外延与宪法的规定相龃龉，在本质属性上成为"行政的"，而不是"司法的"。[②]

司法行政化的表现是全方位的，包括内部治理结构行政化、上下级法院关系行政化、制度机理行政化、审判行为行政化和法官思维方式行政化等各个方面。其中，类行政的司法结构奠定了司法行政化运行的结构性基础。而司法运行逻辑、约束机制和司法过程的行政化，是法律失效又一重要原因，其另一后果是诉讼程序失灵。

第一节　"类行政"的司法结构

在全面体制依靠国家统一调配资源的格局下，需要保持权力向上集中，导致国家机能分化不足，在技术层面长期存在司法与行政角色分化不彻底、相互渗透的问题。[③] 这在公、检、法三机关相互配合更胜于相互制约的工作关系，以及信访与司法交错并行等方面有典型表现。司法内、外部结构与行

[①] 龙宗智、袁坚：《深化改革背景下对司法行政化的遏制》，载《法学研究》2014年第1期。
[②] 周永坤：《司法的地方化、行政化、规范化——论司法改革的整体规范化理路》，载《苏州大学学报（哲学社会科学版）》2014年第6期。
[③] 龙宗智、袁坚：《深化改革背景下对司法行政化的遏制》，载《法学研究》2014年第1期。

政机构具有高度的同质性。新中国成立后包括法院在内的所有职能机构,都是按照政府职能部门的格式构建起来的,从组织架构到运作机制与行政机关毫无二致,并依据所在地区行政级别的高低而配置干部。可以说,我国司法机关是带着行政性的基因诞生的。由于司法功能政治化的原因,这种行政机关的基因在司法机关发展的过程中不仅没有消退,反而随着案件数量的激增、法院事权的扩张、司法人员编制的增加、法院规模的膨胀而越来越显著。

一、内部设机构设置的行政化

20世纪80年代以来,国家治理重心转移到以经济建设为中心,再到经济发展与社会建设并重,国家治理观念顺应时代发展而转变。在依法治国理念下,执政党更多倚重法律和司法的方式实现其治国目标,因而将诸多公共治理职能交给法院。司法在国家治理中的地位日益凸显,法院被要求发挥的政治功能也日趋多元。其直接的结果是法院事权迅速扩张,包括更多的纠纷进入司法程序,更多的社会综合治理任务交由法院承担。一方面是党委和政府对司法发挥服务大局作用提出的要求,以及社会通过诉讼解决纠纷的期待,另一方面是实现审判方式改革提出的专业化、规范化目标的需要,同时加上法院自身利益驱动,法院内部机构设置越分越细、数量越来越多。1978年全国各级法院法官及其他工作人员5.9万人,2013年达到33万。仅在上个世纪80年代的十年中就增加了17万余人。总的来说,从上个世纪80年代后期开始的接近40年的时间里,各级法院审判业务庭和行政管理部门都是只增不减的状态,呈膨胀之势。

首先是业务庭的增设。法院第一波机构改革在80年代后期,最高人民法院在全国法院内推行以"立、审、执分立"为内容的审判机构改革。改革针对的是原有审判权"立、审、执一条龙"运行模式的缺陷,即"一人包案到底",审判与执行均缺乏必要的监督,容易滋生违法审判执行和司法腐败。[①] 1987年,最高人民法院设立告申庭,中级、基层人民法院设立执行庭,高级、最高人民法院设立相应的指导执行工作的机构。第二波内设机构改革是90年代初,市场经济发展和对外开放的扩大,使民事经济案件数量急剧增加。既是出于应对民事经济案件激增带来的审判工作需要,也是为了体现司法服务经济建设大局,最高人民法院推动建立审判工作的"大民事格局",大量充实民事审判队伍,增设民事审判庭数量,按民事纠纷类型划分各民庭的业务范围:民一庭负责审理婚姻家庭、劳动争议、不当得利、无因管理及自然人之间合

---

① 朱景文主编:《中国人民大学中国法律发展报告2011:走向多元化的法律实施》,中国人民大学出版社2011年版,第69—72页。

同、侵权等传统民事案件;民二庭负责审理企业之间合同纠纷、证券、票据、公司、破产等案件;民三庭负责审判著作权、商标权、专利权、技术合同、不正当竞争等知识产权案件;民四庭负责审判涉外、涉港澳台案件,审查和强制执行国际仲裁裁决、外国法院判决执行等。1989年《行政诉讼法》颁布,法院增设行政庭。第三波机构改革是应对当事人申诉信访、再审案件增多问题,增设审判监督庭。最高人民法院于1997年将告申庭分设为立案庭和审判监督庭,当时的动因是解决业务庭自我纠错动力不足的问题。2005年国务院修改出台新的《信访条例》,把涉法涉诉信访分流到司法机关处理。各地法院申诉信访量大增。2007年《民事诉讼法》修改,扩大了再审程序受案范围,进一步加剧了审判监督业务压力。最高人民法院和地方各级人民法院,都设立了专门负责受理申诉和信访的立案二庭或信访办公室。同年,最高人民法院正式收回死刑复核权,刑事案件审判工作量剧增,最高院刑事审判庭扩充至五个。

地方中级、高级人民法院业务庭的设置基本上与最高人民法院保持一致。比如2012年《民事诉讼法》修改,确立环境保护公益诉讼程序。最高人民法院于2014年6月成立环境资源审判庭(以下简称"环资庭"),主要审理涉环境资源侵权、权属争议、保护、开发、利用等民事纠纷案件。[①] 各地法院纷纷设立环资庭。有统计表明,到2015年6月,全国设置环资庭130多个。另外,地方法院还会根据本地审判工作需要和业务特长设立专门审判业务庭。一些地方设置专门的特色业务庭的经验得到最高人民法院的推广,为各地法院所效仿。比如上海长宁区人民法院在1984年即开展了少年合议庭,后成立独立的少年案件审判法庭。1990年最高人民法院在南京召开全国少年刑事审判工作会议,推广上海长宁区人民法院的少年法庭工作经验。之后各地法院大都设立了独立的少年庭。[②] 在一些案件量大的地方法院,审判监督庭、执行局因案件数量大也出现了分设的情形。例如江苏省高级人民法院设了三个审判监督庭,分别负责审查本院立案的刑事申诉案件、不服中级人民法院民事生效案件申请再审案件、其他各类申请再审案件。[③] 南京、常州、无锡等地法院的执行局一分为二,分别负责民商事案件执行、行政诉讼与非诉行政执行案件。[④]

其次是综合行政部门的增设。审判业务庭与审判员数量的增加,客观上

[①] 《最高人民法院设立环境资源审判庭》,载《人民法院报》2014年7月4日第2版。
[②] 邹碧华主编:《少年法庭的创设与探索》,法律出版社2009年版,第2页。
[③] 江苏省高级人民法院网站,http://www.jsfy.gov.cn/art/2017/10/19/18_118.html,最后访问时间:2019年10月5日。
[④] 《南京中院成立行政案件执行局》,载《人民法院报》2012年3月2日第1版。

导致行政管理工作的增加。1983年开始,最高人民法院设置司法行政厅,承担法院司法行政综合工作。1990年为加强思想政治工作和干部管理工作,恢复设立政治部。后根据工作需要设立教育厅、监察室、计划财务装备局、技术局。为加强理论研究及起草司法解释的工作,又设立了中国应用法学研究所、研究室。① 2010年,为强化审判管理,最高人民法院要求各级法院成立专门的审判管理办公室。到2017年,大多数法院的综合部门增设到10个以上,包括办公室、司法行政装备处、人事处、政治处、监察室、机关党委、研究室、审判管理办公室、老干部处、教育培训处等。还有为完成特定政治任务而临时成立的机构,比如某某工作领导小组、某某活动办公室等。② 高级人民法院综合管理部门的比重与业务庭大致持平。高峰时,最高人民法院行政管理部门比重甚至超过审判机构:审判庭14个,执行局1个,综合部门17个,包括办公厅、政治部(内设组织人事部、法官管理部、宣传教育部、警务部)、研究室、审管办、外事局、司法行政装备管理局、中纪委派驻纪检组、监察室、机关党委、离退休干部管理局、机关服务中心、司法科学技术研究所、国家法官学院、人民法院报社。③ 法院增设内设机构的动机,既有完成地方党政综合治理任务和上级法院管理、法院工作宣传等行政性事务的需要,而"成为法院在地方治理中通过竞争获取资源的一种方式"④;也有应对社会纠纷复杂性、满足现代社会知识分工、加强人员与业务管理以提高审判质量与效率的考虑;还有解决法院内部人员职级待遇、职务晋升等自身利益的驱动。⑤ 内、外部双重需要致法院事权扩张—功能分化—人员增加—事务性工作增多—管理工作繁杂—增设机构的连锁反应,给法院增设机构提供了多方面的正当性理由。尽管很多机构的设置并没有法律授权,仍然被法院以改革的名义毫无障碍地设置起来。总体上看,机构设置、变更与撤并基本上按照行政管理需要和行政权运行逻辑进行,因人、因事而设机构的情况非常普遍,缺乏稳定

---

① 朱景文主编:《中国人民大学中国法律发展报告 2011:走向多元化的法律实施》,中国人民大学出版社 2011 年版,第 72 页。
② 比如成都中院截至 2017 年有非编议事机构 23 个,涉及服务党政大局的 6 个、服务党组的 2 个、党建思政的 2 个、信息化和网络安全的 4 个、后勤保障的 6 个,涉及司改和审判业务的仅有 3 个,不到总数的 15%。成都市中级人民法院课题组:《回归审判独立的理性基址:现行法院内设机构运行的问题与思考——以 C 市两级法院为样本》,载《中国应用法学》2017 年第 6 期。
③ 刘忠:《规模与内部治理——中国法院编制变迁三十年(1978—2008)》,载《法制与社会发展》2012 年第 5 期。
④ 姜金良:《法院的庭室格局与社会治理》,载李瑜青、张斌主编:《法律社会学评论》(第 3 辑),上海大学出版社 2016 年版,第 89—107 页;姜金良:《法院内设机构"内卷化":制度生成逻辑与破解路径》(未刊稿)。
⑤ 叶爱英、张奇:《偏离与回归:审判中心视角下法院内设机构改革路径研究——以诉讼时间轴与内部权力的四元划分为基础》,载《中国应用法学》2017 年第 6 期。

性、统一性和科学性。例如组织人事处、法官管理处和书记员管理处等职能相近;办公室与社会管理办公室、综合处等职能交叉。尤其是那些临时性组织任务周期不确定,且缺少人员进退机制与分流出口,不少领导职位从临时变成固定。①

刘忠指出,中国法院的内部治理走向分庭管理、编制剧增,最终演变成规模庞大的科层体系的深层次原因,在于治理思路的误区:即以部门的专业细分、数量的简单增加而不是对要素内部职能的重新配置整合来应对社会关系的复杂变化。其非预期的结果是,起初为了争取司法自主、保障司法公正与效率而进行的内设机构改革,却导致法院与法官均无法独立于行政权力而失去自主性,乃至"司法赖以构建的基本根据被破坏",陷入"二律背反"之中。②而内设机构行政化给司法制度带来的更为严重的后果正是司法权运行的行政化,表现为:(1)法院内部管理结构的科层化与运转的行政化;无论审判部门还是综合部门,各种事务都采取逐级请示、汇报、审批的方式进行。(2)行政管理权与审判权并行,且行政管理以"监管权"的身份凌驾于审判权之上,行政管理目标干扰甚至决定审判权运行的方向与轨迹。(3)院领导与法官、上下级法院之间形成"领导—服从"的行政关系,消解了法官和下级法院审判的独立性与自主性。(4)在重大、疑难、复杂或所谓"敏感"案件中,行政处理与决策方式常常替代审判程序与裁判方式,导致"审者不判、判者不审"的审理权与裁判权分离、司法责任不明的状态。下文将逐一分析上述司法行政化运行状态与司法规律的背离及其对司法认同的副作用。

二、管理结构的科层化

在内设机构部门细分、数量增加的过程中,法院内部形成了多层级的金字塔型管理结构。刘忠从三十余年来法院编制变化与内部治理结构变化的内在关联性角度研究发现,人员编制的膨胀引发了一系列连锁反应:人数众多带来内部治理复杂化问题,比如审判质量控制困难、激励资源不足等。法院应对的策略,一是向上争取更多激励资源,如提高法官行政级别、增加领导岗位及其附带的收入、机会等;二是增设内设机构,既满足了不断增加的审判事务管理、行政管理需求,又增加了领导职务和岗位。于是,法院人员层级分等日益细密,多达13个层级:由低至高分别为"书记员—法官助理—助审员

---

① 朱景文主编:《中国法律发展报告——数据库和指标体系》,中国人民大学出版社2007年版,第190页。梁平、陈焘:《宪政视域下法院机构法治化改革——基于司法权运行规律的审视》,载李林、莫纪宏主编:《中国宪法三十年(1982—2012)》(中卷),社会科学文献出版社2012年版,第307页。

② 刘忠:《论中国法院的分庭管理制度》,载《法制与社会发展》2009年第5期。

—审判员—审判长—副庭长—庭长—审委会委员—审委会专委—党组成员—副院长—常务副院长—院长"。法官也像行政机关的公务员一样,被纳入统一的人事(干部)管理制度中。这种管理体制根据行政职级确定人员的地位、权力、待遇和相互关系,形成金字塔形的行政阶梯,构成自下而上的激励与凝聚机制。① 从体制结构层面看,由于全能体制政制构造中的司法承担着大量的政治功能,院长负责制下的法院,特别需要一种权力向上集中、确保一切行动听指挥、必要时能够调动足够的资源完成政治任务的内部治理体制。如此内外两个方面的需要,让以行政级别为基础的科层制进一步巩固,成为我国法院组织结构的基本特质。

科层制在本质上是一种制度化的等级制。这种结构以严格的职位/任务等级序列为前提,按照岗位类型和级别高低规定相应的职责任务,要求特定岗位上的人严格执行,最大限度地排除个体性格情感、行动目的、价值偏好、行为习惯等个性化因素,服务于组织目标的实现。为有效管理每一个行动者个体,整合内部各个部门力量,保障组织目标的高效实现,科层制结构内部的权力分布状态总是向上集中于少数领导人物的。在管理技术上,科层制特别注重以统一的、外化性强的、可操作的量化指标作为目标的达成情况的评价手段,以表彰排序靠前的成员作为工作绩效的评价方式与激励机制,加上行政责任追究的压力,确保所有人的行动服从组织安排。就科层制运作机制的合目的性而言,其理性色彩是明显的。但是,并非所有的科层制都具备上述理性化特征,尤其是组织所处结构为之设定的目标与其自身目标不分轩轾的时候。典型的是中国司法内部管理结构的科层制。由于司法目标的治理化,法院承担大量社会治理任务,某种意义上司法职能只是政治职能中的一个部分。在司法理性中,政治理性较之技艺理性具有"优先级",导致法院内部管理结构的科层制更像行政机关的内部结构,以行政长官、行政事务管理为中心,可谓中国式"政治官僚制":首先,内设综合管理机构数量越来越多,行政管理事务日趋繁杂,非审判业务部门人员所占比例也越来越高。层级越高的法院,行政人员所占比例越高。由于内部治理结构的行政化,且最高人民法院和上级法院要担负对下级法院监督管理的责任,于是增设内部管理机构的动力更大、自身规模扩张更明显。在高级人民法院和最高人民法院中,从事各类管理、后勤服务工作的法官比例甚至超过业务庭从事审判工作的法官。比如中级人民法院在自身审判业务管理之外,还肩负着对全市基层人民法院审判业务的全面监测管理,接受基层人民法院案件请示报告、指导

---

① 刘忠:《规模与内部治理:中国法院编制变迁三十年(1978—2008)》,载《法制与社会发展》2012年第5期。

重点改革工作和其他对口业务指导工作等任务;对上负责传达落实最高人民法院、高级人民法院的司法政策与指导性意见,在四级法院中处于承上启下的中间位置。因此,中级人民法院较之基层人民法院管理工作更多、难度更大,要投入更多人力到审判管理和后勤保障中,其综合部门和人员数量都大大超过基层人民法院,占比也更高。在地方各级法院机构设计须与最高院保持一致的要求下,基层人民法院内设机构数与上级人民法院差不多一一对应。但由于人员编制整体有限,机构设置超出了实际人员编制和工作需要,"将多兵少""有岗无人"的现象比较严重。① 其次,行政事务的绩效往往较之审判业务更有外部显著性、影响性,且很多行政事务直接服务于领导,因此更受院领导重视。被挑选到综合部门的通常都是年富力强、调研能力和写作能力相对比较高的人员,多是审判业务骨干。因此,行政管理占用了大量优质审判资源。有些法院直接从事审判工作的人员还不足总人数的一半。法院普遍出现一线法官人手不足、案多人少的矛盾。再次,尽管行政人员人数不少,但具体到各个部门仍嫌人手不足。在重要课题、工作报告需要的时候,数据统计、调研、开会、宣传、协调等工作经常被摊派到审判业务部门。法官在完成审判工作之余,还要承担各种事务性工作,常常挤占其本职工作的时间、精力。复次,为提高管理效能,法院模仿企业流水线管理模式设置了审判流程管理和绩效考核评价机制,配合通报排名强化激励效果。由于与个人利益直接挂钩,行政监管压力实际左右着法官的裁判行为。最后,行政岗位较之审判业务岗位更具有吸引力。《人民法院组织法》关于审判专业职称的规定是审判员、助理审判员,但是法官的待遇与专业职称没有挂钩,而是与行政职级职务对应。一些法院给予审判职称一些象征性的补贴。法官职业身份行政化色彩是很明显的。长期以来已经形成法官业务骨干成长与行政职务晋升渠道合一的局势。无论是专业职称晋升,还是收入与待遇的提高,唯一的进路就是行政级别的提高。不仅如此,进入行政管理部门往往是法院领导培养干部的手段。事实上,在行政部门也有更多的晋升、干部交流机会,因此吸引了优秀法官离开审判岗位进入管理部门。为竞争行政领导职务,业务骨干纷纷脱离审判一线,进入领导管理岗位。其中大量优秀法官因此进入综合部门,从此远离审判业务,形成所谓"办案能手不办案"的逆向选择。这样的结果不仅仅是司法资源的浪费,对于法官而言,由于审判业务事关个人的政治命运,也无形中成为诸多非法律因素进入司法裁判的隐蔽原因。此外,在科层化多层级管理结构中,容易出现纵向(不同级别之间)层次多、横向(不同部

---

① 成都市中级人民法院课题组:《回归审判独立的理性界址:现行法院内设机构运行的问题与思考——以C市两级法院为样本》,载《中国应用法学》2017年第6期。

门之间)壁垒深,重大事项的决策依赖最高层级的领导或集体决策协调解决的问题。对于审判活动而言,以行政管理为中心、等级分明、专业细分的管理结构导致审判信息传递层级增加、信息失真风险加大,部门壁垒让信息交流沟通速度变慢、协调成本变高,增加了审判的错误概率[①],成为制约审判质量与效率的瓶颈之一。

三、上下级法院关系的行政化

我国上下级法院之间存在审判监督与行政领导的双重关系。按照宪法和人民法院组织法、诉讼法的规定,各级人民法院是独立的审判机关,上下级人民法院之间在审判工作上存在着监督与被监督的关系。《宪法》第131条中规定:"人民法院依照法律规定独立行使审判权"。第132条第2款规定"最高人民法院监督地方各级人民法院和专门人民法院的审判工作,上级人民法院监督下级人民法院的审判工作"。人民法院组织法和三大诉讼法就是依据该规定设立的审级制度与审判监督制度。上级人民法院对下级人民法院审判工作的监督,是通过依据上诉审程序审理二审案件和依据审判监督程序办理再审案件来实现的。按照审级制度的原理,上下级法院之间是原审法院与上诉审法院的关系,属于审判业务上的上下级关系。上诉审的目的是发挥吸收不满、纠错、法律适用统一等"三合一"的功能。因此,上级法院主要是依据当事人的上诉,在当事人异议事项范围内,对一审案件的裁判进行复审。如果发现上诉事项确有事实认定错误、法律适用错误的,区分不同情况作出发回重审或改判的裁判,履行监督、纠错的职能。审判监督程序的原理则是对已经发生法律效力的裁判,上级人民法院或最高人民法院认为确有错误的,经审判委员会讨论决定启动再审程序予以纠正。这意味着不同审级的法院相对是独立的,各自在法律规定的管辖范围内独立行使审判权。

在行政管理工作方面,上下级法院之间又是领导与被领导的关系。即上级人民法院领导、管理下级人民法院的司法行政工作,最高人民法院领导和管理全国各级人民法院的司法行政工作,包括直接领导、管理下级人民法院的人事、经费、执行、统计、警务、档案、司法协助等方面的管理工作,协助地方党委领导和管理下级人民法院的领导班子和队伍建设。上级人民法院对下级人民法院的这种管理与领导关系,体现在最高人民法院制定的司法政策地方各级人民法院必须遵照执行,最高人民法院组织的全国性司法活动各级人民法院都要参与。比如最高人民法院召开全国法院工作会议及其他有关会

---

① 成都市中级人民法院课题组:《回归审判独立的理性界址:现行法院内设机构运行的问题与思考——以C市两级法院为样本》,载《中国应用法学》2017年第6期。

议,都要求地方各级人民法院派员参加;地方各级人民法院对最高人民法院制定的会议精神、指示性文件和工作部署必须贯彻执行。也体现在最高人民法院院长向全国人民代表大会所作的最高人民法院工作报告涵盖地方各级人民法院和专门人民法院的工作。上级法院对下级法院的工作关系也是如此。①

从组织架构上说,最高人民法院和上级法院对下级法院的审判监督与行政管理工作的领导关系,并不属于行政隶属关系意义上的上下级关系,上级法院法官也不是下级法院法官的行政领导,特别是在审判业务上,上下级法院之间不存在"领导—服从"的行政关系。但现实是,上级法院对下级法院的行政领导不仅全面渗透到了审判工作、干部队伍、行政事务各个方面,而且事实上确立了行政意义上的领导—服从关系。首先是法院的领导班子和队伍建设方面。上个世纪90年代初开始,上级法院对下级法院的领导班子与队伍建设从过去的"双重领导,以地方为主",逐步改变为"双重领导,以上级人民法院为主"的体制,即上级人民法院对下级人民法院的领导班子和队伍建设负有主要的领导和管理责任。高级人民法院的审判委员会专职委员、庭长被派到中级人民法院担任院长或挂职副院长,中级人民法院则把自己的审判委员会专职委员、庭长派到基层人民法院担任主要领导职务,这已经成为各地法院的惯例。目前,上级法院通过向下级法院下派主要领导干部的方式,事实上控制了下级法院的重要人事权,强化了对下级法院的领导关系。

其次是审判管理方面。随着改革深入和经济发展的加速,诉讼案件激增,司法工作的难度增大,对法官业务素质提出了更高的要求。法官(特别是基层人民法院法官)素质与审判能力上还不能完全适应现实的要求,审判质量瑕疵与裁判尺度不一情况突出,且在审判效率、审判作风、审判纪律、司法廉洁等方面都出了不少问题。最高人民法院因此持续强调上级法院要加强对下级法院的审判管理工作。上级法院认为仅靠上诉审或再审程序对下级法院审判工作进行个案的、事后的监督,难以保证司法公正、高效和廉洁,且一旦下级法院审判质量出问题,所产生的政治社会后果最终还是要由上级法院负责,最直接的是可能影响上级法院在人民代表大会上工作报告的通过率。因此上级法院对审判监督含义的界定趋于扩大化,认为应该是全方位的监督,"既包括宏观的审判理念、审判作风和审判管理,也包括个案的审判过程、审判状态以及审判结果"的监督,应该是能动的、积极的监督,既要发挥事

---

① 胡健华、李汉成:《正确认识上下级法院之间的关系——法院改革探讨之四》,载《人民司法》1992年第6期。

后纠错的作用,也要起到事前预防的效果。① 在这个过程中,上级法院越来越多地采用行政控制的手段来强化对下级法院审判工作的指导与控制。一是要求下级法院执行请示报告制度。下级法院就审判(包括在审未决案件)疑难问题向上级法院请示报告,上级法院就具体问题进行口头或书面的指导、解答、指示。二是发布各种规范性文件指导下级法院审判工作,下级法院必须贯彻执行。比如最高人民法院的司法政策文件(例如《一五改革纲要》《最高人民法院关于人民法院进一步深化多元化纠纷解决机制改革的意见》《最高人民法院关于进一步贯彻"调解优先、调判结合"工作原则的若干意见》等)、审判业务指导性文件(例如《最高人民法院关于加强和规范裁判文书释法说理的指导意见》《最高人民法院关于常见犯罪的量刑指导意见》等等)、指导性案例,等等;地方高级、中级人民法院也常以审判委员会纪要方式针对某类案件审判提出指导性意见,以及依据最高人民法院司法政策制定的实施细则,等等。三是采用案件质量评估方式考核下级法院审判绩效,并在系统内通报排名,控制评奖评优决定权。最高人民法院通过控制下级法院及其干警的评奖评优、学习培训、竞赛评比、调研课题、宣传等资源分配,树立起行政权威。由于考核评估结果与法官个人评奖评优、职务晋升紧密相连,被纳入考核评价指标体系的因素(比如调解率、上诉率、发改率、投诉信访率等)实际上直接影响着法官审判的行为。法官更愿意采取请示报告的方式,避免二审被发回重审或改判,更偏好调解、申请审判委员会讨论,等等。这就使得上级法院的监督行为,名义上是指导,实际上成为下级法院的法官必须服从的行政指令,也削弱了法官独立思考、自主裁判的积极性。

通过上述途径,最高人民法院对全国法院、上级法院对下级法院在组织、人事、装备、财务等各种事项上实现了全方位支配关系。② 上下级法院之间的关系已经不纯粹是审级上的关系,上级法院已经成了下级法院的行政领导。上下级法院关系行政化不仅破坏了下级法院审判权的独立性,而且为行政干预审判提供了可能。请示报告等工作方式则直接导致审级制度的失灵。而上级法院对下级法院的指导工作缺乏程序规范的约束,也没有科学的方式,制定审判业务指导性/规范性文件随意性大,出现不同条线(业务庭)指导意见不一致甚至自相矛盾的情况。且在行政化单向度的监督关系中,二审裁判几乎没有制约,发回重审不规范、不说明理由、随意性较大,变成了上级法

---

① 刘玉华等:《上下级法院监督指导关系的再认识》,载《人民法院报》2013年12月4日第8版。
② 刘忠:《规模与内部治理:中国法院编制变迁三十年(1978—2008)》,载《法制与社会发展》2012年第5期。

院处理棘手案件时矛盾下交、问题外推的工具。

第二节 "类行政"的制度机理

一、审判管理机制的行政性

上个世纪80年代开始的审判方式改革，以各地方法院自发性摸索式改革为特点，针对本地区审判工作中的问题，一段时间中，以改革创新为名的各种"自创程序"层出不穷，客观上推动了各地法院审判工作转变理念、提高效率、更加专业。但各行其是的创新必然带来一定程度的混乱，不同法院、甚至同一法院不同法官执行的程序都不相同。各地法院各自为政的创新，给了司法活动中的地方保护主义可乘之机。最高人民法院在《一五改革纲要》中指出，地方保护主义的蔓延已经严重危害我国社会主义法制的统一和权威。与此同时，原有的审判管理已经不适应改革后的审判方式。一方面是法官管理体制导致法官整体素质难以适应审判工作专业化要求，另一方面是审判工作的行政管理模式，不适应新型审判工作的特点和规律，严重影响人民法院职能作用的充分发挥。在此背景下，《一五改革纲要》首次提出以强化合议庭和法官职责为重点，建立符合审判工作特点和规律的审判管理机制，开始探索审判管理问题。最高人民法院推广审判长选任的改革经验，旨在改变普遍存在的合议庭"合而不议"、合议制被虚置的问题。强调进一步规范合议庭的工作程序，充分发挥合议庭的职能作用，明确了合议庭和审判长职能清单，甚至赋予合议庭对审判委员会讨论决定的"申请复议权"。为保障合议庭审判权，还规定院长、庭长可对合议庭的评议意见和制作的裁判文书进行审核，有异议的可建议合议庭复议，但是不得改变合议庭的评议结论。对院庭长决定将案件提交审判委员会讨论作了程序限制，即院长、庭长在审核合议庭的评议意见和裁判文书过程中，对评议结论有异议的，可以建议合议庭复议，同时应当对要求复议的问题及理由提出书面意见。合议庭复议后，庭长仍有异议的，可以将案件提请院长审核，院长可以提交审判委员会讨论决定。

最高人民法院《二五改革纲要》延续《一五改革纲要》精神，针对"审、判分离"等违背审判规律的现象，提出"改革和完善审判组织和审判机构，实现审与判的有机统一"；以服务审判为宗旨"改革和完善司法审判管理和司法政务管理制度"；提出要进一步强化院长、副院长、庭长、副庭长的审判职责，明确其审判管理职责和政务管理职责，探索建立新型管理模式，实现司法政务管理的集中化和专门化。以推进法官职业化为目标，"改革和完善司法人事管理制度,加强法官职业保障";在保证司法廉洁方面,提出"改革和加强人民法院内部监督和接受外部监督的各项制度,完善对审判权、执行权、管理权运行的监督机制"。2010年,《最高人民法院关于进一步加强合议庭职责的若干规定》(以下简称《合议庭职责规定》)发布,要求进一步加强合议庭的审判职责,充分发挥合议庭的职能作用,明确除提交审判委员会讨论的案件外,合议庭对评议意见一致或者形成多数意见的案件,依法作出判决或者裁定,且合议庭成员评议时发表意见不受追究。提出各级人民法院的院长、副院长、庭长、副庭长应当参加合议庭审理案件,并逐步增加审理案件的数量。要求各级人民法院应当建立合议制落实情况的考评机制,并将考评结果纳入岗位绩效考评体系。考核内容包括合议庭全体成员参加庭审的情况,院长、庭长参加合议庭庭审的情况,审判委员会委员参加合议庭庭审的情况,等等。可见,两个五年纲要将改革目标指向了审判工作的"行政管理模式",希望通过强化合议庭职能,改变长期以来依赖审判委员会讨论,导致"审者不判,判者不审"等违背司法规律的现象。

而就在这十年改革过程中,法院受理案件数、人员编制与内部机构全面膨胀起来,其中相当多的人员与权力被配置到了审判管理部门,一定程度上侵占了审判力量,司法行政化问题再度显现。在这个背景下,人民法院《三五改革纲要》将"改革和完善人民法院司法职权运行机制"作为司法改革的主要任务。提出以审判和执行工作为中心,优化审判业务部门之间、综合管理部门之间、审判业务部门与综合管理部门之间、上下级法院之间的职权配置,形成更加合理的职权结构和组织体系。同时强调改革的原则是始终坚持遵循司法工作的客观规律,并把改革和完善审判管理制度作为改革的主要任务。提出要健全权责明确、相互配合、高效运转的审判管理工作机制。要求各级法院研究制定符合审判工作规律的案件质量评查标准和适用于全国同一级法院的统一的审判流程管理办法。规范审判管理部门的职能和工作程序。"三五"改革期间,法院规模持续快速增长,到这个五年改革结束时,法院人员数量已经达到历史高峰。人多、事多、责任大成为此时法院管理工作的真实写照,加强审判管理成为这五年主要议题之一。最高人民法院在全国法院强力推进审判管理。2010年《合议庭职责规定》明确要求院庭长加强对合议庭审判工作的监督指导,对重大、疑难、复杂或者新类型案件,合议庭有重大分歧的案件等,可以由审判长提请院长或者庭长决定组织相关审判人员共同讨论。尽管两个司法解释赋予院长、庭长的仅是审核、建议复议权,但鉴于院长、庭长在法院科层制格局中对各项资源的支配地位,这种审核、建议复议权在实际运行中已演化为实质性的审判管理权。①《最高人民法院关于加强人民法院审判管理工作的若干意见》②（以下简称《审判管理意见》）最为突出。该意见将审判管理的目标确定为"规范、保障、促进、服务审判"。在管理方法上，提出要综合运用组织、领导、指导、评价、监督、制约等方法。在基本要求上，该意见要求审判管理要"处理好管理与审判的关系"，既要加强监督，又要防止干预审判。要求严格依照法律、司法解释的规定确定审判管理的职责，要管理"到位"而不"越位"。在管理架构上提出了"三全管理"的要求，即"全员、全程、全面管理"，构建起以院长、庭长、审判长以及审判人员为审判管理主体，分别承担相应的岗位职责的内部层级管理体系；管理的范围涉及从立案到分案、排期、开庭、裁判、执行等各个审判环节；管理内容是"既要管理法官，又要管理案件"，而案件管理则包括审判质量、审判效率、审判效果；上级人民法院还承担着对下级人民法院的审级管理任务。按照《审判管理意见》的要求，各地法院先后建立起审判流程管理机制和绩效评估体系。流程管理就是依托计算机信息技术建立案件管理信息平台，对案件立案、分案、开庭、裁判、执行、归档等审理的程序监控和节点管理，全程监控。审判绩效管理，就是通过设定审判绩效考核指标及其权重系数，将审判绩效考核结果作为法官评先评优、晋职晋级的主要依据，实现审判管理与法官岗位目标考核、队伍建设相结合，以期发挥"以管人促管案、管案与管人相结合"的综合效应。为加强审判管理，意见要求各级法院内部设专门的审判管理办公室，承担案件信息管理、审判质量评估、案件质量评查、审判流程管理、审判运行态势分析、审判绩效考核、审判委员会事务管理等七项基本职能。从内容上看，审判管理包括审判指导监督和审判事务与决策管理。前者主要指院长、庭长对案件实体裁决的指导监督等。后者即围绕审判程序性事项和审判质效测评等辅助性事项的管理活动，具体表现形式为审判动态监控、审判流程管理、案件质效考核等。

尽管《审判管理意见》的出发点是好的，在于引导法官注重审判质量和效率，注重廉洁文明司法，注重办案的法律效果和社会效果；其设计的管理目标、基本要求体现了较为先进的管理理念，比如要求"严格依照法律"确定管理职责，强调重视审判规律、结合客观条件制定管理措施与考核指标、动态管理等，但是，显而易见，其中的管理杂糅了管人、管事等行政事务与实体审理、程序规范等审判事项；管理的目标既有公正、高效审理案件的司法目标，又有

---

① 重庆市高级人民法院课题组：《审判管理制度转型研究》，载《中国法学》2014年第4期。
② 2014年修改为《最高人民法院关于新时期进一步加强人民法院审判管理工作的若干意见》。

案结事了、服务大局等政治（治理）目标；从院长到审判长，既要当裁判者，又要当管理者。管理的多元目标与管理者的双重身份是非常突出的。更为重要的是，科层取向的行政权与专业取向的审判权之间，无论在价值目标、行动逻辑还是权威形成模式上，均存在天然的张力。《审判管理意见》为了增强管理效能——让法官服从管理，采取行政管理最为常用的手段，即把对管理对象的绩效评价与管理目标直接挂钩，运用制定量化指标体系的方式，将法官的具体审判工作格式化为具体的、可定量的、可评价的指标，再进行统一打分、排名，以评价结果决定法官的评奖评优、奖励惩罚。事实证明这一招是很奏效的。被纳入指标体系的"调解率""撤诉率""结案率""上诉率""发改率""信访率"等，都成为法官审判案件过程中不得不顾及的问题，直接或间接地影响着法官具体案件的处理策略。以行政监管为主色调的审判管理，被指构成司法行政化的主要因素。

审判管理发展到现在，已经形成由软硬件组成的复杂的监管体系，其监管的严密程度可以用"无孔不入"来描述。在流程管理、案件审批、请示汇报、错案追究、考核排名加电子摄像头监控交织而成的行政监管网下，行政化因素不仅深刻嵌入司法权运行过程，而且导致程序规则失灵。当行政监管接替法律和程序成为审判权主要约束力量时，行政管理提出的任务、要求就获得了"优先级"，法定程序规则要求反而成为法官"额外的负担"。在人力、物力、时间精力都有限的情况下，法官会优先把资源投入到完成行政任务上。正式制度因得不到足够的资源维系，很容易被潜规则所替代而陷入失灵状态。司法过程是一项不断消耗人力、物力、财力等社会资源的制度。任何制度的运作成本一旦超出了制度设计本身的承载能力，必将造成效率低下乃至无用功。行动者为了维系制度的运行，会在内部发明"潜规则"以保证制度表面上的正常运行状态。中国司法改革的方向是朝着现代司法制度转型，对抗式诉讼设计了一套严密的程序制度，包括合议庭审判组织、复杂的证据规则、精细的庭前准备程序、严格的庭审流程，等等。这些制度安排是为了保障当事人充分行使法律赋予他的程序权利，包括陈述事实、提出主张、发表辩论意见、用证据说服法官，等等。更重要的是，诉讼主体在每一个程序环节行使的诉讼行为都会产生特定的程序结果，最终直接影响到法官的裁判结论。这种"两造平等，裁判者居中"的制度设计，一方面鼓励和保证当事人充分参与，通过充实当事人诉讼权利来增强诉权力量，以达到制约审判权的目的；另一方面建构起"武器平等"的当事人之间相互制衡的诉讼结构，刺激当事人积极行使诉讼权利，有效主张与抗辩、充分进行辩论，从而有助于法官查明事实、分清是非。但是，这样严谨、规范的流程毕竟是极其消耗司法资源的。在案件数量不断增加,上级法院行政管理偏爱结案数、结案率、上诉率、再审率、调解率等"数目字"激励手段的情况下,法官感觉如果每一个案件都要达到程序完美实在不堪应付。"形合实独""普通程序简化审""形式化庭审"等"变通"处理办法便作为潜规则悄然出现。这些做法非但未能得到控制,反而得到上级法院的默许,很快推广开来,导致程序规则大面积失灵。模仿企业生产流水线管理模式设置的审判流程管理违背了司法活动的个性化、专业性的本质和规律,冲击了司法权的正常运作。以集体决策、行政领导审批方式进行的审判管理客观上干预、影响甚至主导着审判权的运行,审判权失去了独立性和自主性①,还导致审、判分离,权责不明,抑制了法官钻研提高业务的积极性。并且,行政化的审判管理目标经常刺激法官以考核目标置换司法目标,甚至弄虚作假。

二、司法责任的行政责任性质

对于司法责任制,诉讼法和法院组织法并没有作出规定。20世纪90年代初,由于连续发现数起刑事冤假错案,法院系统开始对认定为错案的承办人员追究责任。最早尝试追究错案责任的是秦皇岛市两级法院,开始于1990年,后得到其他法院效仿。河南省高级人民法院1992年颁布《错案责任追究暂行办法》,规定审判人员及有关人员故意、过失或业务水平低造成错案的,应分别不同情况追究刑事责任或给予政纪、党纪处分。② 1998年,最高人民法院先后发布《关于人民法院审判人员违法审判责任追究办法(试行)》(以下简称《错案追究办法》)和《人民法院审判纪律处分办法(试行)》(以下简称《纪律处分办法》),将错案责任追究制作为正式制度在法院系统内推行。《错案追究办法》第2条规定的错案责任采用了"违法审判责任"的概念,即:"人民法院审判人员在审判、执行工作中,故意违反与审判工作有关的法律、法规,或者因过失违反与审判工作有关的法律、法规造成严重后果的,应当承担违法审判责任。"在认定错案的程序上,《错案追究办法》第27条规定,由人民法院审判组织按照审判程序认定有关判决、裁定、决定是否错误。在追究责任程序上,该办法第28条规定,由各法院内设的监察部门作为追究错案责任的职能部门,负责违法审判线索的收集、对违法审判责任进行调查以及对责任人员依照有关规定进行处理。第32条就违法审判责任性质与适用条件规定了三种情形:情节轻微的,责令有关责任人作出检查或者通报批评;情节较重的,依照《人民法院审判纪律处分办法(试行)》给予相应的纪律处分;有

---

① 重庆市高级人民法院课题组:《审判管理制度转型研究》,载《中国法学》2014年第4期。
② 张绳祖:《执行错案追究制度,提高人民法院办案质量》,载《人民日报》1994年2月22日。

犯罪嫌疑的,移送有关司法部门依法处理。《纪律处分办法》规定的处分方式包括警告、记过、记大过、降级、撤职、开除等。可见,除第三种情形外,责任的性质属于行政责任。

在错案责任制实行过程中,各地法院执行样态并不一致。比如在承担责任的主体上,《错案追究办法》只规定了对有违法审判行为的承办法官进行追究。但实践中,承办法官所在的庭、室、法院的年度目标管理考核得分排名、评优资格都会受到影响。在责任追究范围、追究方式上,各地法院也有不同程度的自行扩张。比如取消责任人当年目标管理奖,限制晋级晋职,免去审判长资格,还有停职待岗、调整工作岗位、责令辞职、扣发奖金津贴等不同方式。① 在错案认定标准上,尽管《错案追究办法》规定了违法审判行为在主客观两方面的构成要件。但地方法院为便于操作,大多以结果——裁判结论是否被上级法院确认为有错——作为错案认定标准:凡是被上级法院发回重审或改判的,都要启动追究责任程序。② 行动中的错案责任制变成了"办案责任制",针对的行为不限于违法审判行为,扩大到审判质量瑕疵、违反审判纪律、司法腐败等行为,其行为人承担的责任主要是行政责任。

可见,错案追究制是法院为自己量身制作的办案责任制,目的是对追究司法人员违法审判行为和审判质量责任提供依据。事实表明,该制度的施行在提高法官工作责任心、预防司法腐败、减少案件质量瑕疵等方面的确起到了一定的积极作用。但法院很快就发现了该制度运行所产生的副作用。首先是错案认定标准泛化,"依目的正当性标准而不是手段正当性标准来衡量错案责任"③,具体操作上则演变为以事实认定和法律适用作为错案判断的主要标准,但事实问题与法律解释的不确定性使得错案的界定存在争议,一些法院干脆一刀切,以发回重审、改判、再审作为认定依据。而且只要案件"错"了,不问司法人员主观上有无过错,一概加以追责,这严重违背了司法规律,挫伤了法官积极性,不少人因此产生畏难心理。为了避免引发上诉和再审程序,一审法官滥用调解,或者滥用请示汇报、提请审委会讨论等方式规避错案责任风险,导致调解制度变异、上诉程序失灵,还加剧了上下级法院关系的行政化,乃至危及同事之间的和谐关系。④ 其次是责任主体个体性与司法集体决策模式不匹配,"司法的集体作业模式却采取分散错案责任"⑤,客

---

① 王伦刚、刘思达:《从实体问责到程序之治——中国法院错案追究制运行的实证考察》,载《法学家》2016年第2期。
② 贺日开、贺岩:《错案追究制实际运行状况探析》,载《政法论坛》2004年第1期。
③ 张建伟:《错案责任追究及其障碍性因素》,载《国家检察官学院学报》2017年第1期。
④ 贺日开、贺岩:《错案追究制实际运行状况探析》,载《政法论坛》2004年第1期。
⑤ 张建伟:《错案责任追究及其障碍性因素》,载《国家检察官学院学报》2017年第1期。

观上造成责任难以落实。

在随后的十多年里,各地法院在具体实施错案追究制时,或多或少都进行了变通和调整。《合议庭职责规定》对错案追究制进行了限定,确立了只要是法官"依法履行职责"就不得以案件被发回重审或被改判为由而追究责任。该规定第 10 条明确排除了五种不构成违法审判行为的情形,包括"因对法律理解和认识上的偏差""因对案件事实和证据认识上的偏差""新的证据""因法律修订或者政策调整""因裁判所依据的其他法律文书被撤销或变更"而导致案件被改判或者发回重审的。有调查显示,近年来,一些法院几乎没有再追究法官错案责任;多数法院在调查错案责任时"高高举起,轻轻放下"。在启动错案调查程序上仍然以上级法院发改案件为主要动因,但在认定错误标准上则倾向于程序错误和审判质量瑕疵的认定与纠正,对实体错误则比较宽容,而且更可能以认识分歧为由豁免当事法官。这多少呈现出一些"程序之治"的外观。① 但不容否认的是,错案追究制的行政责任性质并没有改变。按照行政责任追究的制度逻辑运作的结果,将继续巩固而不是淡化上下级法院之间、法院内部的行政关系。

三、"类公务员"的法官职业角色

根据角色理论,当角色扮演者同时感受到不同的角色期待压力时,他会迎合压力最大、对其切身利益影响最直接的期待来扮演角色。是什么让法官负责任地裁判? 这要从司法制度内部去寻找,并从司法的技术性和法官职业的专业性角度去理解。

首先,法官行为的直接约束机制是实体法律与程序规则。与传统社会司法主要依靠神的神圣性(神谕裁判)和法官个人超凡的品德与能力("青天"断案模式)不同,现代司法以"制度化"来压缩裁判者的恣意空间。司法的制度化主要表现在两个方面:一是诉讼法规定的程序规则约束法官司法行为,二是实体法规定的法律规则约束裁判结论。实体法律对法官裁判提出了明确的合法标准,也成为人们评价法官裁判是否公正的衡量指针。程序规则中更是为审判行为设定了具体规范和约束机制:(1)诉权对审判权的制约机制,表现为当事人的处分权、异议权对审判权的限制与抗衡;(2)证据规则约束,即法官的自由心证是在证据规则的约束下进行的;(3)审级制度约束,即上诉审对一审裁判的审视评价、纠错;(4)再审补救,即再审程序对生效裁判严重瑕疵的纠正与补救等。由实体法和程序法构成的司法制度对法官履行裁

---

① 王伦刚、刘思达:《从实体问责到程序之治——中国法院错案追究制运行的实证考察》,载《法学家》2016 年第 2 期。

判行为安排了实实在在的制约与监控机制,这也是塑造法官职业角色的最直接的角色期待压力。

其次,法官行为的间接约束力量:社会和职业共同体的评价。司法公开要求法官公开其心证形成过程和适用法律的理由,要求裁判文书向社会公开。司法公开的要求给法官施加的压力是无形的、确实有实际效果的。当一个法官在裁判时顾及社会一般人的评价,担心律师、法学家等"业内人士"的吹毛求疵,他自然要谨慎小心,尽己所能让裁判有法律依据,符合社会常理,承受得了逻辑推敲,经得起时间检验,这是塑造法官职业角色的第二道角色期待压力。

所以,当法律有效,依法裁判原则得到严格遵照执行;当程序有效,程序规则的正当化作用正常发挥;当社会评价能够有序进入司法,法官的思考能够与法学批评及社会朴素正义观保持沟通交流——当司法制度的制度化程度足够高时,就能够给法官形成持续的、强烈的职业角色压力。当法官正确理解了这些期待时,其司法行为符合了这些期待时,就能够获得社会的赞同与支持。而社会的角色认同与赞扬又能提供正面的信号,帮助法官进一步强化其对法官角色的理解,激励法官不断提高专业能力,负责任地审理每一个案件,更好地履行法官职责。一个合格的职业法官就是这样炼成的。当然,法官个体对他人角色期待的理解能力和扮演角色的能力是存在个体差异的,因而会有审判能力、专业水平参差不齐的现象。但只要司法制度的约束力持续发生作用,就能在整体上保障法官的专业性、职业化和责任心。

类行政的监管与责任机制长期作用产生的另外一个后果,就是法官职业角色的类公务员化,表现为行为与思维方式的行政化,即服从命令的思维方式;行动模式则表现为依赖性行动逻辑。倪化强观察到,我国法官在遇有压力和涉及职业风险的案件中,有明显的"依赖惰性",即遵循"规则依赖""机构依赖"和"制度依赖"的行为逻辑进行裁判①,表现为对证据法定、请示汇报、集体决策的依赖度高,拒绝独立思考,规避责任承担。法官的类公务员的思维方式,无益于裁判质量的提高,降低了司法的社会认同。

1. 命令—服从的顺从思维。行政监管管理模式的起点是基于对法官职业道德和业务能力的不信任,归宿是对不达标的法官进行惩罚、淘汰。但是,法律的专业性和诉讼案件的个性化决定了司法活动是专家的工作,是创造性的"技术活儿"。流程管理、请示汇报的控制手段,冲淡了有关法官职业角色的法律规定对法官塑形的作用,法官更多地把自己塑造为一个对上级言听计

---

① 倪化强:《事实认定"难题"与法官独立审判责任落实》,载《中国法学》2015 年第 6 期。

从的公务员;采取计时工、计件工的考核管理办法,只能造就更多熟练的审判工匠,而不是有个性、有创造力的法律专家。久而久之,法官养成了"唯上不唯下"的思维方式。严格依法裁判可以让位于政策、舆情、领导意志等各种非法律因素。而且,法官其实不关心当事人是否接受裁判,也不真的关心社会评价,除非当事人(威胁要)信访上访,或者社会舆论发酵到一定程度、个案问题演变为政治问题。

2. 依赖集体决策。法官对集体决策的依赖性可以归入机构依赖的逻辑。行政监管严厉而诉讼程序失灵的结果是,法官在行使审判权时更多感受到的不是法律、程序的约束,而是考核排名压力、错案追究风险。审判质量的根本保障在于法官的业务能力和程序保障,但在程序失灵的环境里,法官发现,面对错案风险,与其辛辛苦苦钻研业务能力提高专业技术水平,不如依靠集体决策、集体负责实现"安全结案"。于是,依赖审判委员会讨论、领导审批、向上级法院请示汇报成为法官规避风险、分散压力的常见策略。①

3. 依赖司法解释。迎合法官对集体决策、法定规则的依赖性,最高人民法院制定了大量的司法解释。几乎每一部法律的出现都伴随着相应的司法解释的出台,有的是关于某部法律的整体性解释,即覆盖全部法律条款内容,比如《民诉法解释》;有的是针对特定法律条文的理解适用,比如《最高人民法院关于人民法院办理执行异议和复议案件若干问题的规定》,而且不断推陈出新。比如婚姻法解释之一、之二、之三。对某个问题的司法解释可能随时发生变化。比如关于夫妻共同财产与共同债务的认定。从数量上看,司法解释条文是法律条文的数倍。从本质上讲,最高人民法院司法解释也是针对具体法律适用问题作出的理解适用意见,其每一个解释的产生都是基于一个或数个具体的案件,换句话说,每一个由司法解释确立起来的规则,都连着具体案件特定的语境与特殊的生活事实。但是,当这些司法解释以抽象条文出现的时候,构成其血肉精神的具体事实与生活背景并未能展示在法官眼前。很多法官也不假思索地照搬照用,直接将司法解释等同于法律本身,采用"文义解释"方法进行解读和适用。说到底,这也是一种规则依赖,体现了法官把司法解释当作行政命令来服从的思维方式与行动逻辑。

4. 偏好法定证据。对法定证据规则的偏好也是典型的规则依赖的行动逻辑的表现。法官对法定证据规则的偏好表现为希望法律或司法解释事先将证据及其证明力(等级)固定下来,以便在审判中"依样画葫芦"。对个性化特征较强、适用自由心证来作出自主判断的证据很不感冒;对证人证言、当事

---

① 吴英姿:《法官角色与司法行为》,中国大百科全书出版社2008年版,第182页。

人陈述等需要当庭质证来鉴别真伪的证据更是敬而远之。最令法官头痛的是民事证明责任分配和证据证明力的判断标准。《最高人民法院关于民事诉讼证据的若干规定》(以下简称《民事诉讼证据若干规定》)中将二者法定化的努力就是回应法官这一吁求的产物。在法官眼里,书面证据比较可靠,因此其证明力通常大于证人证言;如果有鉴定意见且当事人没有异议则更加欢迎。所以当事人申请鉴定的,法官大多不反对。如果当事人对鉴定意见的可采性提出质疑,多半会让当事人再行鉴定。《民事诉讼证据若干规定》第77条关于各种证据证明力等级的规定①就是典型的法定证据主义思维方式,其实是响应法官规则依赖心理的产物。

第三节 "类行政"的运作方式

在行政化的司法结构与制度目标下,我国司法裁判实行的是一种"上令下从、垂直领导的司法决策机制"②。顾培东将我国法院裁判意见形成过程的特点描述为"多主体、层级化、复合式"。"多主体"是指审判活动由法院内多个主体参与,从承办法官开始,合议庭讨论,院庭长审批,最后审判委员会讨论决定;"层级化"即法院内承办法官、审判长、庭长、院长、合议庭与审委会之间层次分明,有行政上的从属关系;"复合式"是指同一案件在同一审级内可能经历多主体、多层级的反复讨论、评议才能形成裁判意见。③ 集体讨论决定案件裁判结论的方式,法官向院领导、下级法院向上级法院请示汇报获得裁判指导意见的方式,通过协调会商与其他机构或当事人就案件处理达成一致,以及院庭长对合议庭或独任法官的裁判文书审核批准等方式,普遍存在于日常司法活动中,且在我国法院组织法、诉讼法和最高人民法院规范性文件中都能找到依据。这样的决策机制与司法亲历要求和直接言词原则不相符合,且导致审理权与裁判权分离运行,实际上属于典型的行政程序。而重大案件(如拟判死刑的刑事案件)、疑难复杂案件、政治敏感案件(如可能引发群体性事件的案件)、社会关注度高的案件,是行政程序取代司法程序并直

---

① 《民事诉讼证据若干规定》第77条规定:"人民法院就数个证据对同一事实的证明力,可以依照下列原则认定:(一)国家机关、社会团体依职权制作的公文书证的证明力一般大于其他书证;(二)物证、档案、鉴定结论、勘验笔录或者经过公证、登记的书证,其证明力一般大于其他书证、视听资料和证人证言;(三)原始证据的证明力一般大于传来证据;(四)直接证据的证明力一般大于间接证据;(五)证人提供的对与其有亲属或者其他密切关系的当事人有利的证言,其证明力一般小于其他证人证言。"(2019年该规定修改时此条被删除)
② 陈瑞华:《司法裁判的行政决策模式——对中国法院"司法行政化"现象的重新考察》,载《吉林大学社会科学学报》2008年第4期。
③ 顾培东:《人民法院内部审判运行机制的构建》,载《法学研究》2011年第4期。

接作出司法决策的突出领域。

一、集体决策

审判委员会讨论是典型的集体决策模式。《人民法院组织法》将审判委员会作为法院内部最高决策机构。审判委员会对具体案件的讨论决定,合议庭或独任审判法官必须执行。审判委员会成员均为法院中层以上领导,包括正副院长、专职审判委员会委员、庭长、执行局长、政治部主任、办公室主任等。审判委员会成员通常有行政领导和审判员双重身份。审判委员会的职能也有双重性——既是法院的最高决策机构,亦是法院内部最终审判组织。这种身份与功能的双重性,使得审判权运作与行政权运作交织并行,职能混同。审判委员会讨论的基本形式是听取承办法官汇报案件办理情况及疑难问题后集体讨论,最后投票表决,以多数人意见作出决定。集体决策特有的遵从压力下,群体的一致性需要会压倒批评性意见,给坚持不同意见者产生无形压力,往往迫使少数意见者放弃自己的观点。而审判委员会中院长、分管副院长行政领导加业务专家的双重权威身份,加剧了这种遵从压力。因此,审判委员会决策过程表现出明显的一般委员对院领导服从的味道。而群体决策的"风险转移"使得审判委员会作出判决结论时特别敢冒风险。

集体决策模式并不适合司法活动。司法的个性化特征和亲历性原则,决定了裁判意见的形成模式应该是个体决策。司法活动不同于行政决策和军事行动的特点就在于其"个性化"。司法的个性化不仅是指不同案件当事人各不相同,案件事实五花八门,也是指承办案件的法官也是有个性的。因此强调法官审判案件一是要独立地对证据进行判断,二是要亲历案件审理的全过程,亲自接触原始证据,听取当事人和证人的口头陈述(包括口头询问当事人和证人,听取他们的口头回答)。这样才能保证法官对案件事实形成比较接近客观真相的内心确信。这样的决策方式显然属于个体决策模式。即便审判组织形式是以多个法官组成的合议庭,也是作为一个整体共同审理、共同讨论,以达成共识的意见作出裁决,在非严格意义上也可以纳入个体决策模式的范围。司法实践经验表明,个体决策是符合司法规律的。相反,集体决策模式适合于要求下级服从上级、个人听从组织指挥、步调一致的行政决策和军事行动。而集体决策方式固有的特征,如遵从压力、突发心理防卫等,导致不同意见常常被压抑,群体决策往往是少数人对多数人意见的"遵从",表面上的民主往往成为"多数人的暴力"。尤其是对于个性化的司法问题来说,多数人的意见不一定是正确的,即便成立"专业性质的审判委员会"也不能避免错误决定的作出。审判委员会讨论属于典型的"审理者不判,裁判者不审"的所谓审、判分离的决策模式,不仅有违司法的个性化特征与亲历性要求,而且违背司法公开、回避制度等基本的程序规则,给法官和院庭长均提供了寻租空间而容易滋生腐败。

早在 20 世纪 90 年代末,审判委员会讨论决定具体案件裁判导致审判分离、违背审判规律的问题就已经引发诸多批评,最高人民法院试图改革之。在第一个五年改革纲要中提出的改革的主要任务就是"发挥合议庭和独任法官的作用",改革路径是"改革和完善审判组织和审判机构",目标是"实现审与判的有机统一"。为强化合议庭和法官职责,充分发挥审判长和独任审判员在庭审过程中的主导作用,最高人民法院在全国法院推行审判长和独任法官选任制度。第二个五年改革纲要中继续了这样的改革思路,限缩审判委员会讨论案件范围,用审判长联席会议或专业法官会议为合议庭提供咨询意见。在是否提交专业法官会议讨论上,赋予合议庭审判长更多主动权,即"可以由审判长提请院长或者庭长决定组织相关审判人员共同讨论",同时明确"讨论意见供合议庭参考,不影响合议庭依法作出裁判"。但是,重大、疑难、复杂、敏感类案件(以下简称"四类案件"①)领域一直是行政审批的保留地。2002《最高人民法院关于人民法院合议庭工作的若干规定》(以下简称《合议庭工作规定》)第 12 条在确认合议庭依法裁判权限的同时,用但书的形式规定了合议庭必须提请院长决定提交审判委员会讨论决定的案件范围:"(一)拟判处死刑的;(二)疑难、复杂、重大或者新类型的案件,合议庭认为有必要提交审判委员会讨论决定的;(三)合议庭在适用法律方面有重大意见分歧的;(四)合议庭认为需要提请审判委员会讨论决定的其他案件,或者本院审判委员会确定的应当由审判委员会讨论决定的案件。"而"四类案件"的认定标准并没有明确的规定,客观上也难以形成统一的、外化的标准。因此在执行中存在诸多不确定性,合议庭和独任法官对于事实认定、法律适用把握不准的案件,或者当事人矛盾可能激化引发信访上访的案件,会故意制造"重大意见分歧",将烫手山芋提交审判委员会讨论决定,为自己分担风险。②

在《二五改革纲要》中,最高人民法院就改革审判委员会制度设计了"专

---

① 不同的文件中,被纳入重大、疑难、复杂、敏感案件的范围并不完全相同。如《最高人民法院关于完善人民法院司法责任制的若干意见》第 24 条规定院庭长监管的重点案件包括:(1)涉及群体性纠纷,可能影响社会稳定的;(2)疑难、复杂且在社会上有重大影响的;(3)与本院或者上级法院的类案判决可能发生冲突的;(4)有关单位或者个人反映法官有违法审判行为的。为行文简便,本书中统称"四类案件",包括但不限于《合议庭工作规定》《最高人民法院关于完善人民法院司法责任制的若干意见》等罗列的四种类型,泛指被法院纳入重点监管范围的疑难复杂案件。

② 吴英姿:《审判委员会讨论的群体决策及其规制》,载《南京大学法律评论》2006 年第 1 期。

业化"和"正当程序改造"的方案。提出在最高人民法院审判委员会设刑事专业委员会和民事行政专业委员会;高级人民法院、中级人民法院可以根据需要在审判委员会中设刑事专业委员会和民事行政专业委员会。为提高审判委员会的专业性,提出改革审判委员会的成员结构,确保审判经验丰富、专业水平高的资深法官能够进入审判委员会。同时提出改革审判委员会审理案件的程序和方式,改审判委员会"讨论"为"审理",即审判委员会委员可以自行组成或者与其他法官组成合议庭,审理重大、疑难、复杂或者具有普遍法律适用意义的案件。但是实践证明,上述设计实际运行起来困难是很大的,最终并没有得到很好的落实。

二、协 调

司法中的"协调",是指通过法官的斡旋,当事人就案件处理方案达成和解,从而结束司法程序的做法。这并非"协调"的一个严格的定义,因为协调不是法律上的术语,而是法官在实践中"发明创造"的一个口头用语。从手法上看,协调与诉讼中的调解并无二致,但在本质上协调是一种制度外的案件处理方式,是法官在程序外进行的调解,其结果往往是原告撤回起诉,卷宗里没有任何协调过程的记录。协调通常发生在法律规定不允许调解的阶段(如行政诉讼、执行程序等),或者虽然可以使用调解,但案件处理结果可能超越法律规定,或者法律对案件的处理无能为力的情形。换句话说,法官是在不得不采用调解手段处理案件,但又不能获得正式制度认可的情况下,出于避讳,转而使用"协调"一词来指代"调解"。这就是该词的来源。从内涵上看,协调有的时候大大超过调解的范围,比如参与协调的主体不限于当事人,主持协调的人不限于法官,协调的事项不限于当事人的诉讼请求等。①

协调常常出现在行政诉讼、群体诉讼、涉及政府的(非行政)诉讼以及涉及与法律相冲突的风俗习惯的案件。这些类型的案件通常都是法官眼里的"难办案件"——如果按照正式制度处理通常或者是受到权力的干预而处理不下去,或者是处理结果诱发新的社会问题,或者导致矛盾激化,出现自杀事件或当事人集体围攻法院、政府等后果。这时协调就非常必要。对矛盾比较激烈的纠纷案件,法院往往要派行政级别比较高的人(比如分管院长或庭长)亲自出面协调,协调的对象不仅是当事人,正如高见泽磨所言,更重要的是说

---

① 吴英姿:《司法过程中的"协调"——一种功能分析的视角》,载《北大法律评论》2008年第2期。

服周围群众和村长等"有力人物"。① 协调参与者范围的扩大,使诉讼程序变成一个集合党政和社会各方面力量共同解决纠纷的过程。

在法院通过协调解决案件的过程中,司法与行政的界限是很模糊的。一方面,由于党政领导参与一些案件的协调,不仅使诉讼程序变成一个集合党政和社会各方面力量共同解决纠纷的过程,而且增加了行政介入司法的新路径。另一方面,在某些领域因为需要协调的问题反复出现,使得有关政府部门和法院均认为有必要在宏观层面进行整体的沟通与合作,共同讨论处理办法,达成一些共识。比如劳动争议案件,因为事先要经过劳动局仲裁,涉及工伤赔偿的,还有工伤认定等鉴定环节,因此法院在审理劳动争议案件方面必然经常与劳动局打交道。而劳动局毕竟是政府职能部门,处理劳动争议时不可避免更多地要考虑劳动管理政策及社会稳定等治理要求,因此在受理、裁决案件时的思路与方式与法院常存在差异。而当事人向法院起诉后,这种差异往往成为当事人不服判决的重要因素。近年来大量因企业改制引发的劳资争议,多以集体争议的形式出现,劳动局为了维护稳定,一般采取斡旋、调解的方式处理,原则上不受理仲裁申请,结果被当事人以行政不作为为由提起诉讼。为解决这些问题,法院经常与劳动局进行协调。为一揽子解决一些共性的问题,也为了减少同类案件处理上法院与劳动局做法不同而产生的矛盾,法院会不定期地与劳动局召开专门问题协调会。类似的还有,法院就涉及金融机构的案件专门召开由市场监管、金融管理机构参加的协调会等。借助这些沟通与合作机制,司法与行政在某种意义上结成共同体。在纠纷解决与行政管理两个方面,司法与行政的界限均趋于模糊化。

因为协调的频繁适用,为非正式制度进入司法过程敞开了大门,致使司法过程中存在大量的不确定因素。具体的司法过程总会存在一定的不确定性,但这种不确定性是在相应的事实和法律基础上产生的,一旦超越了这一基础,各种非制度化的不确定因素必然使司法的结果成为不可预测的,导致人们对司法的信任危机,进而削弱司法的社会控制功能。从理论上讲,司法的可预测性是社会秩序生成的重要机制,司法的可预测性高,法律规范对行为的影响就大,人们的行为趋向于遵守法律规范的程度就高;反之则不然。② 如前所述,协调在个别案件中可能有助于司法获得某种合法性,但这种合法化作用不是百试百灵的。因为协调追求的不是确立普适性的规则和示范效

---

① 〔日〕高见泽磨:《现代中国的纠纷与法》,何勒华、李秀清、曲阳译,法律出版社2003年版,第1页。
② 程竹汝:《司法改革与政治发展:当代中国司法结构及其社会政治功能研究》,中国社会科学出版社2001年版,第224页。

应,相反,它的运作逻辑是"摆平"当下的矛盾,满足当事人的特别需要,是建立在当事人之间特殊关系上的合法性。协调立足于个案的"案结事了",使正式的司法制度在当事人面前带上了"特别考虑"和人性化面具,因此为司法制度提供的是一种"特定支持"的合法化作用。①

三、请 示 报 告

请示报告,是指下级就工作中的疑难问题向上级请示报告,上级以答复的方式给出明确的指示的工作方法。这是行政机关常见的工作方式,也长期存在于法院审理工作中,成为我国司法活动的一种工作惯例。法院中的请示报告内容是很广泛的,既包括队伍建设、审判管理、行政事务的请示报告,也包括下级法院审理具体案件时,在事实认定和适用法律等方面存在困难无法判断的情况下,向上级法院请示报告,请求上级法院指导,并按照上级法院答复作出裁判。具体(未决)案件审判中的请示报告,是典型的行政程序代替司法程序的一种,因此是本书讨论的对象。人民法院组织法和诉讼法均没有把请示报告作为正式的程序制度,但在实践中,下级法院就未决案件问题向上级法院请示汇报的做法由来已久、十分普遍,并且得到上级法院的默许。尤其是在重大案件的审理过程中,上级法院鼓励下级法院主动及时地汇报、请示。一开始由于请示报告并无定规,不少基层人民法院、中级人民法院将问题直接请示到最高人民法院,还出现法官带着当事人、律师前去请示的情况,大大增加了最高人民法院的工作负担,也影响了答复的效率。为规范请示汇报程序,最高人民法院1964年9月11日发布法研字第75号通知,要求地方法院需要向上级法院请示的应按逐级请示的办法办理,最高人民法院一般不对中级人民法院、基层人民法院和司法干部个人请示的问题进行解答。1973年11月7日,最高人民法院办公室发布《关于请示问题的通知》,重申了"逐级请示"的要求。20世纪90年代刚刚开始经济纠纷类案件审判、行政诉讼案件审判,新问题层出不穷,地方法院直接"来人来文"向最高人民法院对口业务庭请示审判中的问题的现象又多起来。1990年10月29日,最高人民法院发布《最高人民法院经济审判庭关于请示问题应当注意的事项》,紧接着于11月17日发布《最高人民法院关于行政案件如何向上请示及加强调研工作的通知》,除了再次强调"逐级请示"规矩外,还要求向最高人民法院请示的

---

① 公众对某种制度的支持包括"特定支持"和"散布性支持"。前者指因特定的制度绩效带来的受惠者的支持,该支持是特定的,因而是不长久的;后者是正式制度的理性价值和结构所传播的"善意"情感,它构成了一个巨大的、长久的"支持蓄积",甚至能够使民众容忍那些不合理的、与其利益相悖的东西。参见程竹汝:《司法改革与政治发展:当代中国司法结构及其社会政治功能研究》,中国社会科学出版社2001年版,第259页。

案件必须先经高级人民法院审判委员会讨论,并在请示报告中写明高级人民法院审判委员会的不同意见和相关审判庭的意见。

随着司法结构日趋类行政化,上下级法院之间的关系早已不再是单纯的审级监督关系,而成为行政级别意义上的上下级关系。在错案追究制、绩效考核形成的压力下,请示报告不仅成为上级法院指导、监督下级法院审判业务的重要抓手,也成为下级法院法官规避发回重审和改判可能带来的错案责任风险、安全结案的策略。上级法院答复请示报告是根据下级法院承办法官的口头请示汇报进行判断,继而对案件的处理给出指示意见。如此同样不符合司法的亲历性与审理者裁判的基本要求。而且请示报告的过程并不向当事人公开,如此司法程序的公开原则、回避制度均失去了意义。对请示报告作出答复指示的人与二审承办法官极有可能是同一个人,他对案件先入为主形成的定见必然影响其中立性。更为严重的后果是,请示报告的盛行导致上诉审程序普遍被架空,审级制度功能大面积失调,当事人上诉利益得不到保障。相当一部分没有能够通过上诉吸收的不满演变成了申诉信访;再则,无法发挥上诉审统一法律适用的功能,不得不依赖更多行政手段保障裁判尺度的统一。最高人民法院司法解释和众多的指导性意见就扮演着这样的角色。

针对请示汇报给司法程序带来的功能失调问题,最高人民法院也试图加以改革。《二五改革纲要》明确提出要改革下级人民法院就法律适用疑难问题向上级人民法院请示的做法。改革的思路是对请示汇报的案件进行范围限制,仅限于具有普遍法律适用意义的案件;并针对行政性的请示—答复工作方式进行审判程序改造,即下级人民法院可以根据当事人的申请或者依职权报请上级人民法院审理。上级人民法院经审查认为符合条件的,可以直接审理。《三五改革纲要》中也提出要加强和完善上级法院对下级法院的监督指导工作机制。为保障各级人民法院依法独立行使审判权,2010年《最高人民法院关于规范上下级人民法院审判业务关系的若干意见》提出要明确上级法院监督指导的范围与程序。该通知第3条规定:"基层人民法院和中级人民法院对于已经受理的下列第一审案件,必要时可以根据相关法律规定,书面报请上一级人民法院审理:(一)重大、疑难、复杂案件;(二)新类型案件;(三)具有普遍法律适用意义的案件;(四)有管辖权的人民法院不宜行使审判权的案件。"第5条规定:"上级人民法院认为下级人民法院管辖的第一审案件,属于本意见第三条所列类型,有必要由自己审理的,可以决定提级管辖。"该意见最大的亮点,是提出对案件请示进行诉讼化改造,规定上级法院对特定类型案件疑难问题有权"提级审理"。同时,首次明确了上级法院对下级法院进行审判指导的范围和方式,明确二审发回重审应当符合的条件,要求发回重审应当说明理由,并限定了发回的次数。这对2012年《民事诉讼法》修改有直接的影响。

毋庸讳言,上述改革在实践中并未取得实质进展,通过请示报告获取案件裁判的指示仍然是下级法院与上级法院关系的常态现象。不仅如此,上级法院为指导下级法院审判,在二审裁定发回重审的同时,还会就案件重审附书面的指导意见,俗称"内部函"。正式一些的请示报告和答复会以书面方式进行,但更多的是口头形式——打个电话,发个信息——就完成了。当前微信群成为法官交流讨论的常见平台,同一条线(相同业务庭)的不同级别法院的法官组成一个微信群的现象非常普遍。下级法官在群里提出问题,上级法院法官在群里参与讨论发表的意见,也会影响到承办案件的法官。这些可以看作是非正式的请示报告。以非正式形式进行请示报告的过程实际存在,却没有任何痕迹,更不会出现在案件的卷宗里。

四、行政审批

长期以来,各地法院普遍采用一名法官承办一个案件,院庭长层层审核、签批裁判文书的办案模式,即"承办人+院庭长审批"模式。尽管在裁判文书上署名的是合议庭成员或独任审判员,但裁判文书签发之前必须经过院庭长的审查、核准。承办人负责审判过程中的具体事务,但对最终的裁判没有决定权,需报请庭长、院长审批。遇到重大疑难案件,院庭长会决定提交审判委员会讨论决定。从这个角度看,院庭长审批的本质仍然是法院集体行使审判权的司法决策方式,而行政机关常用的长官审批程序,使司法决策的行政化色彩更加鲜明。

无论是承办人制还是院庭长审批,都没有办法在法律上找到依据。按照我国《人民法院组织法》,人民法院审判案件的基本形式有两种:合议制和独任制。前者由三人以上审判员组成合议庭,共同对案件进行审理、判断,经过合议根据多数人意见作出裁决;后者则由一名审判员单独完成上述审判工作。按照我国诉讼法,合议庭或独任法官享有完全的审判权,并无院庭长审批、签发裁判文书的程序安排。但在审判实践中,即便是采用合议制审理的案件,审理工作也是由一名法官作为主要"承办人",承担从审前准备、主持调解、开庭审理到制作司法裁判文书的主要工作。换句话说,法院的日常审判活动基本上是以单个法官为单位来操作的。这种类似于承包制的办案模式的形成原因大概有以下几个方面:一是普通法官业务能力、政治素质参差不齐。设置院庭长审批环节的原始目的,在于发挥院庭长兼资深法官的业务指导与把关作用,保障审判质量。二是大多法院都面临"案多人少"压力,法官办案数量多、工作压力大,组成合议庭的人力资源紧缺。三是基于绩效考核、评优奖励、错案追究等内部管理方便的考虑。因为无论是明确个案审理工作职责,还是落实办案责任承担者,采取单一的办案主体的模式都比复数的办案组织要简单得多。因此,承办人制很快成为全国法院普遍采用的方式。

在承办法官与审判长不是同一人的情形,庭审时会出现承办法官实质主导庭审,审判长仅充当指挥庭审顺序的主持人的场景。其他合议庭成员并不参与日常的审理,仅在开庭时"友情出演",合议环节能否发表实质性意见就很难说了。而合议庭根本没有合议、仅有成员签名的情形并不鲜见。况且在主要借助院庭长审批签发裁判文书来保障审判质量的思路下,合议庭的合议似乎没有太多意义了。院庭长审核签发裁判文书,并不需要以参加合议庭担任审判长为前提,审核方式是书面审查。在院庭长不同意合议庭或独任法官裁判意见时,有权要求合议庭或独任法官重新考虑、修改,也有权直接改变裁判结论。由于院庭长行政长官与审判指导者的双重身份,其承担的对审判工作进行组织、协调、督促等行政管理的职权,与对审判业务进行专业指导、把关的职责往往合二为一,浓缩在对裁判文书的审核签发权上,使得这种审批权显得异常强大。对于院庭长的裁判意见,无论是独任法官还是合议庭成员,一般都会选择服从,从而实质影响着具体案件的裁判结论。而且这种审批权并非源自程序法或法院组织法,也即几乎不受任何诉讼程序的约束,一旦滥用就容易变成"个人凌驾于审判组织之上的法外特权","成为司法腐败、司法不公的一个源头"。[①]

从数量上讲,被提交审判委员会讨论、协调处理或请示汇报的案件,主要集中在所谓"四类案件"上,绝大多数普通的案件并没有经过这些特别的处理,但长期以来法院内部通行的"承办人+分管领导审批裁判文书"的做法,实际上将所有案件的裁判决策方式锁定在行政决策模式上了。

院庭长审批案件,意味着依法组成的审判组织作出的裁决不能立即发生法律效力,而需要另外经过一个行政审查批准程序才能发生,实质上是剥夺了审判组织的裁判权,造成审理权与裁判权的分离,是"审者不判、判者不审"的又一表现。这一方面造成审判职责不清,另一方面严重影响司法效率。而院庭长听取汇报、审批案件占用了太多的时间精力,以至于无暇亲自办案。行政管理、业务指导、协调督促、参加会议几乎成了院庭长全部的工作内容。

[①] 江必新:《论合议庭职能的强化》,载《法律适用》2000 年第 1 期。

就多数院庭长是由资深法官成长而来这一事实而言,"办案能手不办案"无疑是审判资源的严重浪费。更重要的是,院庭长的行政审批,使得司法程序的有效性大打折扣,审判公开、回避制度、合议制度、陪审制度、辩护制度、证据规则、判决说理规则等形同虚设,让司法制度总体上陷入合法性危机。

行政审批背离司法规律、架空基本诉讼程序规则、有损司法公正的缺陷在理论与实务中有目共睹。有鉴于此,最高人民法院《一五改革纲要》已经提出了去行政化改革的目标。《一五改革纲要》指出审判工作的行政管理模式不适应审判工作的特点和规律,严重影响人民法院职能作用的充分发挥,要求除合议庭依法提请院长提交审判委员会讨论决定的重大案件外,其他案件一律由合议庭审理并作出裁判,院庭长不得个人改变合议庭的决定,推行院长、副院长和庭长、副庭长参加合议庭担任审判长审理案件的做法。按照《一五改革纲要》,审判长和独任审判员选任制度的初衷,在于让业务能力强的法官担当审判主力,一来可以将优质审判资源配置到审判一线,提高审判质量,二来借此扩大合议庭的独立审判权,减少院庭长审批案件和审判委员会讨论案件的数量与范围。2000年最高人民法院发布的《人民法院审判长选任办法(试行)》罗列了审判长的职责清单,包括:(1)担任案件承办人,或指定合议庭其他成员担任案件承办人;(2)组织合议庭成员和有关人员做好庭审准备及相关工作;(3)主持庭审活动;(4)主持合议庭对案件进行评议,作出裁判;(5)对重大疑难案件和合议庭意见有重大分歧的案件,依照规定程序报请院长提交审判委员会讨论决定;(6)依照规定权限审核、签发诉讼文书;(7)依法完成其他审判工作。该办法还规定了对审判长的动态管理机制,即采取案件评查与年度考核办法,与审判长的任免挂钩,构建起一种审判长负责制。在实际运行中,案件被统一分配给审判长负责的审判组,审判长亲自承办或指定其他审判人员承办,负责组成合议庭。然后组织合议庭成员进行庭审准备,主持法庭审理及合议庭评议。对于自己不亲自参与审理的案件,审判长有权审核、签发诉讼文书;遇有与合议庭、独任法官意见不一致的情况,审判长可以直接按照自己的意见作出裁决。对于审判长的管理与裁判意见,普通法官应当服从。可见,审判长的职责与庭长的审判管理职责高度类似,是代替院庭长进行案件指导与审批。陈瑞华尖锐地指出,这种被赋予较大权力的审判长"不仅从院庭长、审判委员会那里获取了相对独立的审判权,而且也攫取了其他普通法官的独立审判权,从而成为一种架空了合议庭的超级法官"[①]。作为一种激励,审判长在法院内部获得了较多的资源与机会,包

---

① 陈瑞华:《司法裁判的行政决策模式——对中国法院"司法行政化"现象的重新考察》,载《吉林大学社会科学学报》2008年第4期。

括配备较多审判资源、办案经费,较一般法官拥有更多的外出考察、学习培训、干部选拔的机会等。同时,作为考核责任主体,审判长在本审判组中居于"类庭长"的地位,对本审判组的普通法官、法官助理、书记员拥有选择权、考评权甚至奖惩权,无形中在法官的等级结构中又增加了一个行政等级。

《二五改革纲要》没有提及审判长选任,而是提出建立法官依法独立判案责任制,强化合议庭和独任法官的审判职责,逐步实现合议庭、独任法官负责制。但是,由于没有从根本上祛除行政化的决策模式,在三五改革期间,随着行政管理压力的增大,最高人民法院连续发布规范性文件,明确要求院庭长加强对合议庭审判工作的监督指导,让院庭长的行政审批权重新被强化。

第六章 以去地方化为中心的体制改革

治标先要治本。以提高司法的社会认同为目标,未来司法改革的核心应当是,革除破坏审判权独立行使的体制、机制因素,激活法律与程序的约束力。党的十八大将司法改革视为深化政治体制改革的重点内容,且直指司法体制、机制层面。改革的主线是回归司法规律,目标是提高司法公信力、重建社会认同。十八届三中全会审议通过的《三中全会决定》,对深化司法体制改革作了全面部署。党的十八大以后的司法改革路径是抓住司法体制、司法权运作机制和司法沟通机制三个重点,"内外兼修"同步推进:第一,以诉访分离为司法体制改革突破口,推动省以下地方法院、检察院人财物统一管理,排除干扰司法权独立行使的体制障碍。如前所述,司法认同危机的根源在于体制问题。而诉访分离正是司法体制改革的突破口。2014年3月,中共中央办公厅、国务院办公厅联合下发了《关于依法处理涉法涉诉信访问题的意见》,提出把涉法涉诉信访纳入法治轨道,建立涉法涉诉信访依法终结制度。《四中全会决定》推行立案登记制。这些举措指向限缩信访制度功能、涉法涉诉信访的源头治理、将信访纳入法治轨道的改革目标,从外部环境解决法律有效性不足和司法权不独立问题的重要改革。第二,以司法内部治理结构去行政化为抓手,让司法权运行回归司法规律。主要举措是围绕司法责任制改革,开展司法人员分类管理、健全司法人员职业保障机制。这些举措指向改变司法权运行的行政化模式,保障司法活动遵循司法的独立性、亲历性等规律,激活程序的有效性。第三,以人民陪审制改革为重点,开展诉讼服务中心建设、落实司法公开、裁判文书说理改革等,指向提高司法的可接近性、透明度和沟通能力。作者认为,至少到目前为止,司法改革的方向和路径都是正确的,找到了重树司法认同的三个支撑点:(1)激活司法制度的有效性。(2)重树司法职业角色认同。(3)增进社会对司法的理解与支持。

按照前文的论证,导致司法认同危机的体制与机制缺陷最终都源于治理结构与治理方式不适应当前社会发展的需要。因此,司法改革必须立足根本问题,即在治理结构转型和治理方式现代化层面革除导致司法制度失效的病根。当然,这些改革毕竟涉及治理体系与治理能力现代化的结构性问题,依赖于整个政治体制的调整,不可能毕其功于一役、一朝一夕便可见效。因此,需要抓住重点,力求局部突破,再带动配套制度的改革,逐步深化改革。其中,涉法涉诉信访、司法的地方化和行政化是当前司法制度弊病最为突出的问题,也是直接破坏司法认同的关键因素。因此,接下来的两章将分别就这三项改革进行讨论,希冀研究出既能治标、更能治本的改革之道。

第一节 治理模式转型与司法功能调校

一、风险社会秩序重建与治理模式转型

中国正处于迈向工业社会与风险社会叠加的时代。① 在这样一个转型时期,不仅几乎所有风险社会理论所讨论到的、源于现代性的社会风险都在或明或暗地显现出来,而且这种风险可能与社会转型产生的社会风险相互叠加、相互渲染,呈现出高度的风险状态。

1. 文化发展与制度建设滞后于经济发展,极易造成巨大的社会风险

文化发展与制度建设滞后导致两个问题:一是核心价值观的空白。新中国成立后的 30 年时间里,主流政治意识形态经过历次社会运动成功替代了中国人的传统价值观。而改革开放后,经济发展、财富的刺激加上现代传媒的影响,在经济活动领域,"摸着石头过河"的务实精神和实用主义成为市场主体的圭臬。以至于有人在回顾改革 30 年来经济发展的历史时说:"在某种意义上,30 年的中国经济奇迹,是一种无比务实的经验主义价值观的胜利。"②在私人生活领域,个人主义、消费主义和权利本位的法律等现代性因素迅速渗透到社会的每个角落,给有着悠久历史文化传统的中国社会价值体系造成剧烈冲击,政治意识形态对人们思想的约束力逐步削弱,适应现代生活的新的核心价值观尚未形成,金钱至上的货币理性成为很多人的行动指南。③

二是制度缺失。改革是在没有制度安排和法律规制的前提下自发进行的,绝大多数政策和法律的出台往往是对改革"成功经验"的事后总结。最典

---

① 成伯清:《"风险社会"视角下的社会问题》,载《南京大学学报(哲学·人文科学·社会科学版)》2007 年第 2 期。
② 吴晓波:《激荡三十年——中国企业 1978—2008》(下),中信出版社 2008 年版,第 347 页。
③ 贺雪峰:《村治模式:若干案例研究》,山东人民出版社 2009 年版,"中国村治模式实证研究丛书总序",第 2—5 页。

型的就是产权制度的阙如。① 在这样的环境中,体制外的改革力量总是承担着改革的政策风险。在它们的行为被政策认同之前,失败随时都会降临。它们既是体制的突破者,又是现行制度的违规者,不得不游离在合法与非法的灰色地带。有些企业家能够成功不是靠政策的帮助,而是因为他们无视政策的存在。② 在没有制度约束的状态下,经济发展单纯依靠资本和其他资源投入来驱动,各个利益集团围绕财富、权力和成长空间进行博弈,难免呈现弱肉强食的丛林规制,那些拥有体制内资源或有渠道获取体制内资源的人极易占据市场优势,攫取大量资本和财富,造成贫富分化悬殊;相反,与权力和资本无缘的弱势成员则处于权利生态极为脆弱的状态。与此同时,权力寻租环境广泛存在,以权谋私的腐败行为四处蔓延,严重影响了社会健康,引发了一系列社会、经济问题和民众的不满情绪。吴敬琏因此警告说:"改革的两种前途严峻地摆在我们面前,一条是政治文明下法治的市场经济道路,一条是权贵资本主义的道路。"[4]更为重要的是,由于缺乏制度安排,特别是决策缺少制度化的公民参与,政府的公共政策制定带有相当的随意性。而政策一旦失误,就会给经济和社会造成巨大的风险。③

2. 转型中的社会结构缺少弹性,加剧风险的剧烈程度

经济体制转轨的后果之一是资源的支配格局发生深刻变化,国家垄断资本加少量精英阶层控制着绝大部分社会资源,造就了一个既缺少有效的组织机制又缺乏凝聚力的基层社会。如果说,纵向社会结构呈现出贫富悬殊的"断裂"形态,那么在横向的层面则是集体消解、个体析出的"沙化"状态。在城市,受到市场化的强劲冲击,传统的单位社会堡垒开始松动甚至走向解体:一是单位体制外组织的萌生;二是单位成员向体制外流动;三是单位职能逐步向社区转移;四是单位因破产、改制导致单位社会的解体。④ 体制和制度的多元化、市场化、权力的非集中化及人与资本的流动性在日益增强。⑤ 在

---

① 正如詹姆斯·金奇所说的那样:"从一开始,中国改革就是一个被自下而上的力量和需求推动的过程,只不过以从上至下的政策改革方式呈现。"〔英〕詹姆斯·金奇:《中国震撼世界》,转引自吴晓波:《激荡三十年——中国企业1978—2008》(下),中信出版社2008年版,第347页。
② 吴敬琏:《呼唤法治的市场经济》,生活·读书·新知三联书店2007年版,第347页。
③ 典型的例子是:股市、楼市产生巨大泡沫的原因是产权制度的缺陷和民营企业投资环境的恶劣,加上国际金融危机的冲击,很多本该投资在实体经济的钱被投入股市、楼市。而决策层却误诊为经济发展成功、老百姓货币过剩,基于判断失误而作出提高利率、减少资金流动性的宏观调控政策,进一步加剧了股市、楼市的泡沫和通货膨胀,影响了整个国家的经济与社会安全。
④ 田毅鹏、吕方:《单位社会的终结及其社会风险》,载《吉林大学社会科学学报》2009年第6期。
⑤ 李路路:《社会变迁:风险与社会控制》,载《中国人民大学学报》2004年第2期。

农村,土地承包经营制度的推行和农业税的全面取消,悄然引发农村基层社会结构和治理制度的变化,在国家行政性力量撤出农村后,基层组织趋于涣散;城市化和市场经济的发展,加上明显的经济分化和激烈的社会竞争,使村民之间的相互依赖性大为减弱,人们以减少互动来降低矛盾的发生概率,这使得村庄由过去的熟人社会蜕变为松散疏离的"半熟人社会"。① 传统社会的差序格局正在消解,但以社会高度的自组织为特征的成熟的公民社会尚未形成,也有人将这种形态称为"自由陌生人社会"。②

断裂与沙化都是机体结构缺少弹性的体征。所谓一种有弹性的社会结构,是指社会的核心结构能够通过各种机制,不断地将分化出去的结构成分重新纳入社会的核心结构之中。而在一个缺乏弹性的社会结构中,分化出去的社会结构成分不能够被纳入社会结构特别是社会的核心结构之中,结果是或者造成不同社会结构部分之间的分裂(断裂),或者造成不同社会结构部分之间的冲突。③ 缺乏弹性的结构在抵御风险方面能力是很有限的,更何况这样的结构本身就蕴含着社会不稳定的风险。以社会纠纷为例,松散的社会结构导致纠纷呈现两个极端:一方面是社会成员的疏离而导致纠纷数量的减少④,另一方面是纠纷的隐形化与激化并存——面对权力和资本处于弱势的个体,在发生纠纷之初往往选择隐忍,实在忍不下去时便会以激烈的方式暴发,有的形成群体性纠纷,有的以自杀、伤害更弱小者为报复手段等"弱者的武器"相抗争。这些都给社会传达了一种令人极度不安的危险信号。

3. 社会信任缺失与政府信任危机,增大社会风险系数

社会信任是一种重要的社会整合和控制机制,是维系社会系统的重要凝聚力。严重的信任危机会造成整个社会系统的崩溃。社会转型在改变人与人之间的交往关系的同时,也导致主体之间的信任关系发生改变。而社会的断裂、制度失序、人格失范,加上个体间沟通能力的缺乏,将社会信任拖至低谷。从市场上大量的短期行为和当事人故意违约产生的合同纠纷中,可以从一个侧面透视当代中国社会正面临的严重信任危机。⑤

首先是交往主体之间信任的缺失。由于社会共同的核心价值观空白和

---

① 贺雪峰:《村治模式:若干案例研究》,山东人民出版社 2009 年版,"中国村治模式实证研究丛书总序",第 2—5 页。
② 刘志民、杨友国:《陌生自由人社会及其内卷化——关于中国社会结构现状的思考》,载《甘肃行政学院学报》2009 年第 4 期。
③ 同上。
④ 骆建建:《十字路口的小河村:苏北村治模式初探》,山东人民出版社 2009 年版,第 73—74 页。
⑤ 张维迎、柯荣住:《诉讼过程中的逆向选择及其解释——以契约纠纷的基层法院判决书为例的经验研究》,载《中国社会科学》2002 年第 2 期。

制度化程度低,人格失范的现象普遍存在,引发社会交往的短期化与信任危机。在改革开放后相当长的时间内,一些法律是跟着市场发展的需要亦步亦趋地制定出来的。很多经济行为和改革创举是在没有法律依据的情况下"摸着石头过河"式地往前走。当法律不健全或处于空白状态时,既有的行为模式与价值观念因不合时宜而被普遍怀疑、否定或被严重破坏,逐渐失去对人们行为的约束力;而新的行为模式与价值观念又尚未被普遍接受,导致社会行为缺乏规范约束和社会人格的失范,人与人之间的关系处于某种不确定状态,这加剧了社会交往的风险性而导致普遍的信任危机。①

其次是政府信任危机。一方面是政府的风险责任意识淡薄。贝克用"有组织地不负责任"(organized irresponsibility)揭示风险社会时代的治理困境:公司、政策制定者和专家组成的联盟制造了当代社会中的危险,然后又建立一套话语来推卸责任,把自己制造的危险转化为某种"风险"。因此,尽管现代社会的制度高度发达,几乎覆盖了人类活动的各个领域,但是它们在风险社会来临的时候却无法有效应对,难以承担起事前预防和事后解决的责任;高度专门化的现代化代理人,分布于商业、工业、农业法律、政治诸多部门之中,具有系统的相互依存性,因此也就难以分离出单一的原因和责任,加上各种治理主体利用法律和科学为自己辩护,以至于无法准确界定包括几个世纪以来环境破坏在内的风险及其危害结果的责任主体。② 这在很大程度上削弱了民众对政府的信任度。在国家主导的治理模式的中国社会,不仅"有组织地不负责任"现象非常明显,而且政府首当其冲成为质疑的对象。

另一方面是政府的公共产品供应能力不足。由于转型时期社会的断裂与沙化,社会结构中缺乏有力的公民权利机制,民众无法对政府决策和行为进行制约。在经济增长初期,地方政府更多追求本地区经济增长的政绩,争取经济资源的焦虑与努力取代了对公共利益的敏感与责任心,政府间的竞争失效③,导致公共产品供给不足,"地方保护主义"盛行,"管制弱化"现象普遍存在,而且在经济发展滞后地区更容易出现。④ 阜阳劣质奶粉、三鹿三聚氰胺奶粉等事件的屡屡出现,就不是偶然的现象。这些事件的严重后果不仅表

---

① 冯志宏:《风险社会视域中的信任危机》,载《学术交流》2010 年第 5 期。
② 同上。
③ 政府间竞争理论是以"经济人"假设为基础,认为政府在某种意义上与企业厂商类似,如果居民能够在不同社区自由流动("用脚投票"),就能够迫使政府实现公共支出的帕累托最优,保证包括监管、设施、服务等在内的公共产品的有效供应。但是,政府的经济人角色和公共产品提供者角色之间毕竟存在紧张关系,在缺乏公民权约制机制的情况下,政府间竞争很容易导致政府屈从于资本压力,最终为了经济增长而牺牲公共产品供应,如放宽管制标准,降低监管力度,导致竞争机制失效。参见邱海雄、徐建牛:《市场转型过程中地方政府角色研究述评》,载《社会学研究》2004 年第 4 期。
④ 杨雪冬等:《风险社会与秩序重建》,社会科学文献出版社 2006 年版,第 100—101 页。

现为民众对本国企业和商品的信任度急剧下降,更重要的是政府监管能力受到越来越多的质疑。

政府信任危机的直接结果是,社会对政治的不满与怨恨悄然积聚,破坏政治的力量和可信度,其结果是社会的"亚政治化",不仅增大了社会运营成本,而且影响了社会安全与稳定。

4. 社会控制机制真空,极易导致风险失控

社会转型的另一个结果是社会控制机制的转向。社会控制机制正在经历由意识形态控制向法律控制的转变过程。① 改革开放和社会结构的变化,让社会控制的形式从过去的主要依赖政治意识形态转向以法律和司法控制为主。这种转向首先源于经济结构的市场化对意识形态在社会控制体系中地位的冲击。市场对参与其中的主体的一视同仁打破了身份对人们的区隔与限制,自由流动在扩大人们的生活与交往半径的同时,弱化了单位和村社的控制,金钱和利益关系成为化约社会生活的主导原则,暗中削弱了总体性社会意识形态作为社会核心价值的根基,其在社会控制体系中的核心地位随之逐步淡化。

其次是其他控制形式没有力量替代意识形态登上历史舞台。改革之初,在农村一些地方,宗法和家族控制形式似有回潮端倪,但毕竟与以户为单位的承包经营形式下的农村社会组织和权力结构不相匹配,无力改变社会组织关系,无助于民间权威的确立,更说不上对现行行政权力的制衡。② 以亲情为基础,以传统为导向的宗法礼俗已无法与经济理性抗衡。构成传统乡土社会结构特征和社会关系原则的"差序格局",尽管在局部还在发挥作用,但更多地以现实利益考虑为基础的人际关系,使得差序格局越来越呈现出"理性化"趋向。③ 村民对农村社区的认同感趋于淡化,关于村民身份及其权利义务的传统规范失效。

旧的控制机制失效,新的控制机制没有形成,社会控制一度出现"真空"

---

① 如果把社会界定为人们的有序交往关系和状态,那么只有在相互交往的人群中存在一定的规范体系,并且这些规范为人们所接受,成为社会交往的行为模式时,社会才是真实的和稳定的。于是,以规范为尺度,社会的行为被分为正常行为和异常行为。社会控制就是通过对人们行为的引导和对异常行为的规制造就正常行为的社会机制。社会控制手段主要是法律(司法)、道德和宗教。
② 吴重庆、单世联:《经济发展与农村社会组织关系的变迁——南村社会调查之一》,载《开放时代》1997年第4期;王铭铭:《村落视野中的家族、国家与社会——福建美法村的社区史》,载王铭铭、王斯福主编:《乡土社会的秩序、公正与权威》,中国政法大学出版社1997年版。
③ 杨善华、侯红蕊:《血缘、姻缘、亲情与利益——现阶段中国农村社会中"差序格局"的"理性化"趋势》,载《宁夏社会科学》1999年第6期;柴玲、包智明:《当代中国社会的"差序格局"》,载《云南民族大学学报(哲学社会科学版)》2010年第2期。

状态,也是社会风险容易蔓延和激烈化的原因。社会控制机制真空的直接结果是社会整合度的急剧下降,社会纠纷频发。市场化及社会规范的片段化带来社会纠纷的常规化和高频率,给国家带来沉重的解纷负担。解纷制度供给长期处于供不应求状态,大量的纠纷得不到及时化解,逐渐累积起来,如同高压锅的减压阀排气不畅,久而久之形成危险的社会不安定之源。近年来频发的信访潮和群体性冲突,不断给国家发出社会不稳定信号,急需有效的化解纠纷的渠道来释放危机与压力。

如果放任社会高风险和控制机制真空状态的发展,无疑将危及执政党和政府的合法性,国家急需一种具备理性规约能力的控制机制来满足市场发展的需要。社会秩序重建的重任史无前例地落到了法律与司法的肩上。这标志着中国社会治理模式向现代社会常规化治理的一般规律回归。常规化治理需要遵循规律、重制度、讲程序。这正是法治的基本特征。正是基于对中国社会转型时期治理模式转型需要的准确判断,党的十八大明确将全面建设法治国家作为实现治理能力与治理体系现代化的基本战略。

二、常规治理结构下政治与司法的关系重塑

韦伯研究近现代欧洲资本主义发展历史发现,现代政治的理性化的基本力量是官僚制度和形式合理性的法律。在哈贝马斯看来,现代性就是理性,它源于对传统集权统治的挑战,具有个人自由的个性特征。随着政治理性化程度的增强,法律与政治逐渐形成一种"同盟关系"——政治法律化与法律政治化同步发展。① 但是,在高度分化的现代社会,两者关系更主要的面向是分化的、相对独立的,即法律已经从政治系统中分离出来,确立起相对于政治结构的独立地位;司法权也从政府职能中分化出来成为具有独立功能和独特运作逻辑的公权力。当公权力的设定、授予、内容、范围、行使方式等都由法律来规定,权力机构与相对人的纠纷要通过司法来裁断的时候,法律与司法实际上已经在扮演权力的约束者、监督者的角色。这也是法律与司法发挥约束权力、社会整合等政治功能的机理。政治承认并维护其独立地位是司法发挥其政治功能的前提条件。"一个淡化对司法的强制控制而注重尊重司法规律的司法,方可能实现政治目标的最大化。"②

常规治理结构下的司法是通过再生产社会正义来促生秩序的。这意味着司法与人类普遍的理性价值——公平、正义、人权等有着天然的内在联系。理性化司法就是能够通过司法制度安排和具体司法过程不断拓展上述理性

---

① 葛洪义:《政治·理性·法律》,载《学习与探索》2005年第5期。
② 杨建军:《法治国家中司法与政治的关系定位》,载《法制与社会发展》2011年第5期。

价值的司法。其中，制度或程序正义、司法者的理性角色、裁判结论的可接受性是理性司法作用于社会的方式。在司法认同层面，这种理性显然是法理型权威或制度认同的核心。对于曾经经历过相当长一段非常规运动式治理历史时期的中国政治体制来说，政治与法治的关系正在经历从高度一体化到逐步分化的动态发展过程。然而，这种分化的过程是困难的、充满挑战的。因为，一贯以共产党的超凡禀赋和社会主义意识形态为执政合法性根基的政治体制，依然保留了克里斯玛型权威的特质。在法治建设层面，坚持党的领导、坚定社会主义方向，是党的十八大以来全面建设法治国家的基本原则。因此，政治正确构成我国法治建设的基本要求和发展逻辑。换句话说，法治必须始终保持鲜明的政治品格，法治建设作为维持政治稳定和既定社会制度的重要力量的目标不仅没有改变，而且得到了进一步强化。就司法制度而言，司法运行对政治的依赖性没有本质改变，司法的政治逻辑已然有顽固性。而克里斯玛型权威不受制度拘束、偏好打破常规、追求超凡政绩的革命天性，与法理型权威恪守法律与规则的守成性之间，存在天然的紧张关系。相应地，按照不同的权威的合法性逻辑所作的制度安排必定存在诸多矛盾冲突。法治与政治的纠结正是我国法治建设实践常常遭遇阻力和难题的根本原因。但是，就当前的中国社会发展而言，赶超型现代化建设的艰巨任务加上复杂多变的国际关系，现代化与后现代社会风险并存，国际与国内社会风险叠加，客观上要求一个具有超凡禀赋和历史担当精神的执政党的集中坚强领导；同时又要顺应现代社会对法律与制度的需要，遵循法治建设的一般规律，按照法律的逻辑实现社会治理。换句话说，中国的现代化建设客观上要求将这两种权威有效地调和起来，扬其长而避其短。在此前提下，特别需要执政者保持面向现代化的政治意识和执政能力。①

党的十八大提出的以治理结构与治理体系现代化为目标的政治体制改革，以及全面建设法治国家的战略布局，强调党带头遵守法律，维护宪法与法律权威，建立监察体制，完善党内法规体系，表明作为执政者高度的反思理性与自我革命的勇气，坚定地迈出了向法理型权威转型的步伐。转型中的治理模式选择为法律与政治的社会分化提供了强大动力，尽管这种分化的过程必定是缓慢的，短时间内二者的分化还难以令人觉察。在司法制度层面，党的十八大将司法体制改革纳入到国家治理结构大调整中来布局。司法改革追求的"让人民群众在每一个司法案件中都感受到公平正义"的目标，体现了改革者对司法目的合规律性的认识，为司法的理性化选择了正确的行进方

---

① 冯仕政：《法治、政治与中国现代化》，载《学海》2011年第4期。

向。以去地方化、去行政化为目标的司法体制机制改革,也分明指向司法功能调整。理顺政治与法治关系的应有之义是:尊重司法规律,承认司法的相对独立性,保障司法严格依照法律规定和程序规则运行,让司法与政治保持合适的距离,杜绝党政领导以政治正确为由干预司法。这有助于司法相对于多元价值和利益保持中立性,确保程序的公平性。同时,司法政策在"响应"政治治理目标的同时,应当"顺应"司法规律,保持适度的克制,避免运动式治理行动减损司法的公共理性。这是保证司法专业性发展、实现司法公正的理性保障。

三、按照司法规律调整司法功能

前文已经述及,从党的十六大开始,按照常规治理的需要和规律调整治理方式意识开始显现。至少在顶层设计上,表达了尊重司法规律,改革司法体制,实现司法公正、高效、权威的改革思路。这种思路更为显著地体现在党的十八大以来的改革设计上。十八大明确将全面建设法治国家作为实现治理能力与治理体系现代化的基本战略。这标志着治理模式向现代社会常规化治理的一般规律回归。常规化治理的本质特征是遵循规律、重制度、讲程序。尊重和回归司法规律就成为司法体制改革的基本线索。

2013年《三中全会决定》对全面深化改革作出总体布局。会议提出把完善和发展中国特色社会主义制度,推进国家治理体系和治理能力现代化作为全面深化改革的总目标,并就经济、政治、文化、社会、生态文明及国防和军队等六个方面的改革进行了详细的部署,决定将改革向政治体制层面推进。这个决定最大的特点,是超越既往以经济改革为主题的局限,突出政治体制改革优先、法治建设为重心、着力治理模式转型的思路。《三中全会决定》提出要加快转变政府职能,深化行政体制改革,创新行政管理方式,增强政府公信力和执行力,建设法治政府和服务型政府。2014年初,中央政法工作会议要求政法工作以创新社会治理方式、深化司法体制改革、推进科技信息应用、改进政法宣传舆论工作为着力点,提高政法工作现代化水平。当年"全面建成小康社会、全面深化改革、全面依法治国、全面从严治党"的"四个全面"治国理政总体框架出台。之后《四中全会决定》就依法治国战略目标作出顶层设计和总体部署。2015年10月,《中国共产党第十八届中央委员会第五次全体会议公报》提出探索构建"共建共享"的社会治理新模式,要"作出更有效的制度安排,使全体人民在共建共享发展中有更多获得感"。这一阶段司法改革更加坚定地朝着适应常规化治理、回归司法规律的方向推进。表现在以下几个方面:

首先是落实《宪法》规定的人民法院依照法律规定独立行使审判权原则。党的十八大报告提出确保审判机关、检察机关依法独立公正行使审判权、检察权。《三中全会决定》进一步提出深化司法体制改革，提出了司法去地方化、去行政化的改革措施，在保证司法权独立行使、回归司法规律的同时，推进司法公开、司法民主，建立司法责任制、司法职业保障制度等配套制度，确保司法权公正行使。2015年3月，中共中央办公厅、国务院办公厅出台《领导干部干预司法活动、插手具体案件处理的记录、通报和责任追究规定》，要求建立司法机关记录制度、党委政法委通报制度、纪检监察机关责任追究制度，防止领导干部干预司法。当月，中央政法委下发配套文件《司法机关内部人员过问案件的记录和责任追究规定》，针对司法机关内部人员利用上下级领导、同事、熟人等关系，通过各种方式打探案情、说情、施加压力，非法干预、阻碍办案，或者提出不符合办案规定的其他要求，干扰司法人员独立办案，影响案件的公正处理，损害司法公信力的现象，要求建立司法机关内部人员过问案件全程留痕制度，明确干预办案的情形和责任。同年8月，最高人民法院和最高人民检察院分别制定了实施办法。

其次是把司法公正作为改革的目标。《三中全会决定》提出要让人民群众在每一个司法案件中都感受到公平正义，维护宪法和法律权威。2013年9月《最高人民法院关于切实践行司法为民大力加强公正司法不断提高司法公信力的若干意见》发布，把提高司法公信力作为其未来工作和改革的目标。同步下发了深化司法公开、审判权运行机制改革的试点方案，开展司法公开平台建设，借助信息技术加大司法公开力度。12月，最高人民法院要求北京等10个省市部分中级人民法院和基层人民法院进行人民陪审员制度改革试点，提高陪审制的有效性，增强司法民主。

最后是坚定司法的专业化发展方向。2016年3月召开的深改组第二十二次会议指出，要建立法官、检察官逐级遴选制度以及从律师和法学专家中公开选拔立法工作者、法官、检察官的机制。该举措指向建设高素质的司法人员队伍，培育法律职业共同体。2013年10月，《最高人民法院关于新形势下进一步加强人民法院队伍建设的若干意见》发布，以提升司法能力为宗旨，重点就司法队伍的正规化、专业化、职业化建设提出要求。决定在上海、江苏、浙江、广东、陕西等省市的7个中级人民法院和2个基层人民法院进行试点审判权运行机制改革，重在解决司法的行政化问题。司法专业化发展方向在2014年陆续出台的具体改革方案中得到充分体现。2014年6月，深改组第三次会议审议通过《关于司法体制改革试点若干问题的框架意见》（以下简称《司法改革框架意见》）和《上海市司法改革试点工作方案》，明确了深化司法体制改革的目标、原则、任务、路线图和时间表。《司法改革框架意见》提出了七大政策导向：一是对法官、检察官独立于公务员进行专门管理；二是实行法官、检察官员额制；三是完善法官、检察官选任制度，建设专业化、高素质的司法队伍；四是完善办案责任制；五是健全与司法责任相适应的职业保障制度；六是推动省以下地方法院、检察院人财物统一管理；七是完善司法辅助人员分类管理制度。《司法改革框架意见》就设立法官、检察官遴选制度提出意见。7月，最高人民法院出台人民法院《四五改革纲要》，就落实《司法改革框架意见》目标明确了未来五年法院改革的总体思路和具体改革任务。《四五改革纲要》将审判权定位为"中央事权"属性，提出的改革方案包括探索省以下法院人事、经费统一管理制度、建立与行政区划适当分离的司法管辖制度、法院内部机构设置改革、按照司法规律健全审判权力运行机制等重大问题。10月，《四中全会决定》全面部署司法改革工作，把司法改革的目标确定为"保证公正司法"，分别就完善确保依法独立公正行使审判权和检察权的制度、优化司法职权配置、推进严格司法、保障人民群众参与司法、加强人权司法保障、加强对司法活动的监督六方面的改革提出了具体目标要求。当年，司法人员分类管理、司法人财物省级统管、司法责任制、司法职业保障制度四项改革工作在首批试点法院推开。2015年2月最高人民法院颁布《四五改革纲要》，目标是建立"以审判为中心"的诉讼制度。该意见指出，建立中国特色社会主义审判权力运行体系，必须尊重司法规律，确保庭审在保护诉权、认定证据、查明事实、公正裁判中发挥决定性作用，实现诉讼证据质证在法庭、案件事实查明在法庭、诉辩意见发表在法庭、裁判理由形成在法庭。这些措施都是指向激活法律与程序的作用，充分保障犯罪嫌疑人人权和当事人诉权，构建审判权约束机制，努力实现司法专业化、正规化、回归司法规律。

按照《四中全会决定》的要求，2015年1月，最高人民法院发布《关于适用〈中华人民共和国民事诉讼法〉的解释》，其中明确人民法院实行立案登记制。该制度的设立旨在保障当事人诉权，从源头上解决涉法涉诉信访问题。同年4月，深改组审议通过《关于人民法院推行立案登记制改革的意见》，就细化立案登记制提出指导意见。要求各级人民法院对符合法律规定的起诉，一律接收诉状，当场登记立案。对提交的材料不符合形式要件的，及时地、一次性地以书面形式释明，告知当事人应当补正的材料和期限。对在法律规定期限无法判定起诉是否符合法律规定的，应当先行立案。因不符合法律规定依法裁决不予受理或者不予立案的，必须作出裁定，载明理由。禁止不收材料、不予答复、不出具法律文书。要求法院建立和强化立案监督，对有案不立、拖延立案、人为控制立案、年底不立案、干扰依法立案等违法行为，依法依纪追究责任。紧接着,最高人民法院在 2015 年 4 月出台《最高人民法院关于人民法院登记立案若干问题的规定》,规定了立案登记制的操作细则。明确立案登记制实施范围覆盖一审民事起诉、行政起诉和刑事自诉案件,规范书状格式与收案手续,列举当事人起诉、自诉应当提交的材料清单,规定法官释明行为,以及对于当场不能判定是否符合法律规定的起诉的处理程序,强调人民法院在法定期间内不能判定起诉、自诉是否符合法律规定的,应当先行立案。在第 10 条,针对不具有可诉性的纠纷,以列举方式明确了不予登记立案的情形,具体包括:(1) 违法起诉或者不符合法律规定的;(2) 涉及危害国家主权和领土完整的;(3) 危害国家安全的;(4) 破坏国家统一和民族团结的;(5) 破坏国家宗教政策的;(6) 所诉事项不属于人民法院主管的。同时规定了当事人对人民法院审查起诉违法违规行为的异议权。

2015 年 8 月 29 日第十二届全国人大常委会第十六次会议通过《中华人民共和国刑法修正案(九)》,对恐怖极端主义犯罪、网络信息犯罪、妨害社会管理秩序犯罪、妨害司法犯罪、侵犯人身权利犯罪、贪污贿赂犯罪等作了较大修改和补充,新增 14 个条款、23 种犯罪类型,取消 9 个死刑罪名。此次刑法关涉刑事司法改革、宪法确立的多项基本制度和公民基本权利,体现"少杀慎杀"的司法政策与人权保障理念。

中央改革治理方式的决心和方向,也必然影响到司法在政治结构中的功能定位及目标调整,尽管这是一个艰苦改革、缓慢推进的过程,中间有过反复甚至倒退。国家治理体系向法治结构转型,使原有的政法一体的司法体制不适应社会需求的矛盾、与新治理方式的内在紧张双双凸显,同时成为司法改革的内在动力与外部压力,促使宏观政治体制层面重新定位司法的功能与地位。① 与前四个阶段相比,党的十八大以来司法在政治生活中的功能定位的变化特别明显。这一阶段的改革尽管仍然在既有司法体制架构内进行,但司法职能在治理体系中的独立性已经得到决策者承认,并在官方文件中得到相当程度的强调。在社会政治功能层面,司法作为政治目标实现工具的功能在逐步淡化,发挥权力制约、社会整合的功能得到增强。与此相应,司法的目的已经调校至"解决纠纷"。同时,改革对司法公正的特别期待表明,关于司法目的是"公正"解决纠纷的共识正在形成。

司法规律决定了现代治理结构中的司法目的须确定为"公正解决纠纷"。

---

① 夏锦文:《当代中国的司法改革:成就、问题与出路——以人民法院为中心的分析》,载《中国法学》2010 年第 1 期。

首先，现代司法在社会治理中的功能定位决定其一般目的是解决纠纷。① 现代社会法律的功能在于通过化约社会的复杂性，使人们的行为具有可预测性和确定性；而司法则利用政治上组织起来的力量，通过反复把法律适用于具体案件让法律所蕴含的公平、公正、人权等人类的理性价值得以不断实现，从而维系社会秩序的再生产。② 在以多元化异质性为基调的现代社会里，法律与司法的这种理性化约能力不断产生凝聚力，使包含不同价值观、不同利益诉求、高度分化的社会，能够按照政治要求紧密地团结为一个统一体，不同的结构和行动可以和谐互动，形成共同的社会生活，实现社会整合。③ 如此，现代社会的司法不再是统治者或国家单方的管控手段，毋宁是国家、社会、个人共同治理的制度化平台。因此，确定司法的目的不能仅仅考虑制度提供者国家的需要，也不能把不同主体的目的简单相加，而须从中寻找"最大公约数"。当事人选择和利用诉讼的目的可以分为两个层面：根本目的在于保护自己的实体权利；直接目的在于解决纠纷。国家设计和利用民事诉讼制度的目的也有两个层面：根本目的在于治理，即维护社会秩序；直接目的是解决纠纷。可见，尽管当事人和国家利用民事诉讼的最终目的不尽相同，但直接目的都是解决纠纷。

其次，司法不是在一般意义上解决纠纷，而是通过法律这个透视镜对纠纷进行审视判断的过程。④ "解决纠纷"无疑是所有纠纷解决方式共享的目的。司法制度与其他解纷方式的本质区别，或者说其特有的、不能为其他解纷方式替代的属性，是其强调解决纠纷的过程、结果符合法律上的公正价值。在这个意义上，司法制度是"通过向社会拓展正义来促生秩序的张力结构"⑤。国家设立司法制度干预社会纠纷的最重要理由，是防止私力救济中的"丛林规则"。这是司法制度独立存在和具有不可替代性的正当性基础，也是社会对司法制度获得正确认知，继而形成社会认同的基本品质。公正解决纠纷既是司法制度对社会作出的承诺，也是社会对司法制度的期待。

---

① 有人把解决纠纷当作司法的基本功能。参见姚莉：《法院在国家治理现代化中的功能定位》，载《法制与社会发展》2014年第5期。这实际上混淆了制度目的与功能的概念。
② 程竹汝：《司法改革与政治发展：当代中国司法结构及其社会政治功能研究》，中国社会科学出版社2001年版，第187、245页。
③ 参见〔英〕罗杰·科特威尔：《法律社会学导论》，潘大松等译，华夏出版社1989年版，第79页。
④ 又因为有法律这层限制，司法在解决纠纷方面并不是万能的。司法只能处理具有可诉性的纠纷，即现实存在的法律争议纠纷。纯粹的政治争议、军事冲突、外交分歧或既往的纠纷、非现实的纠纷，均不宜通过司法途径解决。参见吴英姿：《司法的限度：在司法能动与司法克制之间》，载《法学研究》2009年第5期。
⑤ 程竹汝：《司法改革与政治发展：当代中国司法结构及其社会政治功能研究》，中国社会科学出版社2001年版，第19页。

最后，公正解决纠纷的目的符合民主社会对司法公共理性的要求。在民主社会中，法律应当是社会关于公平正义、权利义务、公共利益等基本问题的重叠共识，是公共理性的集合。作为公共权力组成之一的司法权，其运作过程是公共性再生产的过程：每个司法裁判个案都是公共产品，肩负实现法律上的正义价值，从而维系社会秩序与实现社会整合的使命。为此，民主社会要求司法具有开放性，有畅通的社会参与渠道和制度化的平台；法官等司法职业角色理性体现在具有与公众对话的能力，能够在多元价值观中发现重叠共识，并用法律论证的形式将之揭示于众。司法裁判结论及其所依据的理由应当体现公众关于公平正义的重叠共识，最大限度地满足公共利益的需要。

总之，司法目的最终转向"公正解决纠纷"，意味着司法制度在治理结构中的功能定位发生了新的调整，更加突出司法实现社会公平正义，进而维持政治正义，提高社会整合度的功能。司法目的与功能的调校顺应了我国治理结构与治理体系现代化转型的趋势，且符合司法制度自身发展规律。

第二节　司法体制改革的突破口：诉访分离

一、改革目标：诉访分离

司法体制改革的目标是保障司法权的公正独立行使。而能否打破司法与信访二元结构是司法体制改革推进的重要试剂。这同时涉及司法制度和信访制度改革。有学者指出，在我国"向上负责、下管一级"的政府体制下，取消信访制度并不现实。① 但信访与司法的交叉混同造成的负面效应已经超出了信访制度的正面功能。将信访纳入法治轨道成为当前信访制度改革的共识。2013 年以来，涉法涉诉信访改革成为信访制度改革的重点，改革的目标是"诉访分离"。2014 年 3 月，中共中央办公厅、国务院办公厅联合下发了《关于依法处理涉法涉诉信访问题的意见》（以下简称《涉法涉诉信访意见》），提出把涉法涉诉信访纳入法治轨道，建立涉法涉诉信访依法终结制度。9 月，中央政法委印发了《关于建立涉法涉诉信访事项导入法律程序工作机制的意见》《关于建立涉法涉诉信访执法错误纠正和瑕疵补正机制的指导意见》《关于健全涉法涉诉信访依法终结制度的实施意见》三个文件，分别针对涉法涉诉信访"入口不顺、法律程序空转、出口不畅"三大问题，就诉与访的甄别、分流，落实依法按程序办理，建立涉法涉诉信访依法终结制度等提出解决措

---

① 赵晓力：《信访的制度逻辑》，载《二十一世纪》2005 年 6 月号，http://www.cuhk.alu.hk/ics/21c，最后访问时间：2015 年 6 月 26 日。

施,包括明确诉访分离的标准、范围和程序,建立就地接访、网络办理信访机制,落实信访终结程序制度等。党的十八届四中全会决定,要求法院尽快推行立案登记制,指向涉法涉诉信访的源头治理。上述改革的核心是以信访工作的"法定化"实现信访的法治化。问题是,信访与诉讼分离的法定化是否能够真正实现诉访分离?

  立法上,信访与诉讼本来是分开的。诉访分离正是修改1995年《信访条例》的立法目的之一。2005年《信访条例》第14条用概括、列举加排除三种方式,明确规定了信访不同于诉讼、行政复议或仲裁等法定救济渠道的受理范围。按制度设计者的解释,条例的目的在于"让信访与现行法定救济渠道的管辖范围保持一种互动、互补关系"①。事实是,信访制度的实践远远背离了立法初衷。涉法涉诉信访是典型的例子。大面积的涉法涉诉信访暴露出信访与诉讼的关系已经演变为互替状态,而"信访不信法"情绪的弥散显示逆向选择已然出现。有学者运用制度变迁的路径依赖理论剖析了信访制度逆向选择的成因。陈丰指出,由于信访制度从一开始就选择了用行政权力主导问题解决的方式,历次信访制度改革始终没有改变这一路径,反而因强调首长负责制和属地管理、分级负责而进一步强化,致使信访制度变迁呈现明显的路径依赖。②庄士成认为,传统文化中的"清官"理念、信访制度初始设定的人治基因和特殊历史时期形成的权利救济功能,构成信访制度的三重路径依赖,制约着信访制度变迁的走向。信访本应逐步淡化的救济功能由于制度自身的"锁定"而不断强化,导致信访救济制度与法律救济制度的摩擦与冲突。③

  下文将论证:信访制度困境并非立法不明确的结果,毋宁说是信访在治理格局中的错位与越位。按照这个逻辑,仅从细化、落实《信访条例》规定的层面实现诉访分离恐怕并不能真正奏效,治本之道必须从治理结构层面探究造成诉访不分的体制原因,透视可能导致涉法涉诉改革路径依赖的制度元素,这样才能从根本上解决导致诉访不分的体制问题,创新治理模式,注入新的制度基因,从而真正实现"诉访分离"的改革目标,让信访和司法制度各自走上良性发展的轨道。

二、改革困境:诉访难分

  《涉法涉诉信访意见》及其配套措施颁布以来,在中央政法委牵头下,最

---

① 国家信访局编:《信访条例讲话》,法律出版社2005年版,第99页。
② 参见陈丰:《信访制度变迁:从路径依赖到路径创新》,载《江海学刊》2010年第2期。
③ 庄士成:《我国信访"困境"的制度成因——一个制度经济学的分析视角》,载《政治与法律》2011年第8期。

高人民法院、最高人民检察院都先后制定发布了本系统涉法涉诉信访改革方案。在司法制度层面确立实施立案登记制,旨在降低起诉门槛,保障当事人诉权,畅通诉讼渠道,解决起诉难、立案难问题,从源头上减少涉法涉诉信访的发生。在司法机关内部信访工作层面,是强化信访工作能力,完善信访工作规则,强调依法解决信访问题。涉法涉诉信访改革的主要内容可以概括为"六个依法":依法受理、依法办理、依法答复、依法终结、依法救助、依法打击信访中的违法和犯罪行为。就《涉法涉诉信访意见》实施两年的情况看,路径依赖和逆向选择的可能性是很大的。2014年9月,中央政法委有关负责同志就涉法涉诉信访改革答记者问时称:"今年以来,政法机关接待群众来访数量同比上升了7.1%,涉法涉诉信访事项受理率、立案率有了明显提高,涉法涉诉信访群众到党政信访部门上访数量明显减少。这些情况表明……越来越多的信访群众选择司法渠道反映和解决问题,总体呈现'弃访转法'的良好势头;越来越多符合受案条件的信访问题在法律程序内得到受理,依法处理涉法涉诉信访问题的效果逐步显现。"[①]但是,笔者主持的一项调研观察到的情况并没有这么乐观。据M省法院统计的数据,2014年全省法院受理信访35308件,2015年受理38980件,2016年上半年受理16663件,受理数量仍然居高不下。再看M省检察院统计的数据:2014年全省检察院受理信访42000余件,比2013年29545件猛增了一万多件;2015年更是达到历史新高的54000余件,2016年上半年已经接近25000件。检察院信访部门的负责人分析说,检察院2014、2015年信访受理量有明显增加,2015年达到一个峰值,可能与《涉法涉诉信访意见》实施以后司法机关信访部门畅通信访渠道,改变了过去"该受理不受理"的做法,因此释放了一批过去未获得受理的信访案件有关。但同期涉法涉诉当事人到党政部门信访的数量也是有增无减。据A市信访局统计数据,2014年受理涉法涉诉信访2818件,占全市信访总量的6.0%;2015年2954件,占总量的7.8%;2016上半年1824件,占总量的11.3%。当然,上述数据仅反映了《涉法涉诉信访意见》施行两年时间的情况。对于积重难返的涉法涉诉信访来说,短时间内要发生彻底的改变是不可能的。改革究竟能否走上良性发展轨道还有待进一步观察。2019年笔者参与了"政法委领导涉法涉诉信访改革调研"工作,调研发现,涉法涉诉信访终结制度效果不彰是各地涉法涉诉信访改革的一个共性问题。这个问题在法院系统尤其明显。原因是办理终结案件的条件设定高(需省级以上政法单位审批)、程序复杂(需满足"四个到位"),法官办理过程需要花费更多的时间和

[①] 《中央政法委印发涉法涉诉信访改革配套文件》,http://legal.people.com.cn/n/2014/0912/c188502-25646207.html,最后访问时间:2020年1月31日。

精力,但法院在考核、计算工作量时没有将办理涉法涉诉信访终结案件和办理再审案件区别对待,因此法官办理终结的动力不足。另外,依法终结标准和终结后稳控工作部分混同。2014年《中央政法委关于健全涉法涉诉信访依法终结制度的意见》规定:对于已经终结的信访事项,各级党委政法委和政法单位不再作为涉法涉诉信访事项进行统计、交办、通报,由信访人住所地的党委和政府及其基层组织落实对信访人的教育疏导、矛盾化解和帮扶救助工作。各地要结合实际,明确由处理信访突出问题及群体性事件联席会议、党委政法委或者综治办牵头,做好终结移交的协调工作,相关政法单位配合做好法律释明和政策解释工作。有些信访人因不信任法院,法院的释法明理不起作用。对于这种情况,法院与其在复杂的终结程序后还要配合相关部门做稳控工作,还不如不终结该案件。因此,涉法涉诉信访数量居高不下的局面没有根本改观,当事人同时到司法机关和政府信访机构信访的双重行动逻辑并没有明显改变。这表明,至少到目前为止,涉法涉诉信访改革并没有改变将信访与诉讼交错并行的关系。按照这个逻辑,信访规则的细化、法定化只会加速信访—司法二元结构的锁定和自我强化。

三、改革的结构桎梏

沉到治理结构层面可以看出,改革的瓶颈在于信访+二元治理结构。就涉法涉诉信访而言,信访—司法二元结构缺陷影响着制度运行方向,与"法治"的治理目标背道而驰,是制约涉法涉诉信访改革的结构桎梏。法治的本质是"政治制度化",核心是约束权力与保障权利。信访—司法二元结构下,信访、司法制度双重软化,制度效能削减;行动者(当事人、法官、信访工作者)权力(利)没有约束,机会主义盛行。[1] 信访被当事人作为给法官施压的策略,而信访实实在在影响具体案件裁判过程和结论的案例又强化了当事人将信访与诉讼交错运用的动力。这正是涉法涉诉信访久治不愈的症结所在。如果不从根本上破除"信访—司法"二元结构,涉法涉诉信访改革的路径依赖将不可避免。从《涉法涉诉信访意见》内容上看,其本质是针对涉法涉诉信访问题的解决,进一步细化《信访条例》的有关规定,试图通过受理机关、受理流程、处理方式和监督机制的法定化来实现信访法治化。但是,上述改革仍然是在原有的司法体制下进行的,并未触及治理结构问题。换句话说,改革无意打破信访—司法二元结构,其重心是细化办事规则、强调贯彻落实。结果不过是既有信访制度的自我强化。从这个角度说,《涉法涉诉信访意见》设定

---

[1] 于建嵘:《机会治理:信访制度运行的困境及其根源》,载《学术交流》2015年第10期。

的改革框架的确存在路径依赖问题。表现为以下几个方面：

第一，保留了信访与司法并行的格局。所谓诉访"分离"仍然停留在《信访条例》规定的政府信访职能部门与政法机关内设信访部门的分工层面。司法机关不仅继续承担信访职责，而且必须畅通信访渠道，充分尊重和保障信访人的申诉控告权利。这意味着，当事人在诉讼的同时仍然可以信访。《涉法涉诉信访意见》要求政法机关甄别诉与访，并按照"诉类事项"与"访类事项"进行分流，前者导入诉讼程序，对于后者由政法机关按照《信访条例》规定的方式和程序处理，主要是"做好解疑释惑和教育疏导工作"；对已经依法终结的涉法涉诉信访事项，"执行信访终结程序"，即政法机关不再启动复查程序，不再作为涉法涉诉信访事项进行统计、交办、通报。但是，终结不等于不予理会，而是"要配合地方党委和政府做好释法明理工作"。

第二，沿用"谁主管，谁负责"的归口管理方式，突出政府主导地位。归口管理是一种按照行业、系统分工管理的管理方式，要求各职能部门按照国家赋予的权利和承担的责任，各司其职，按特定的管理渠道实施管理，目的在于防止重复管理、多头管理和相互推诿。① 1954 年，为加强对信访工作的领导，国务院提出"分级负责，归口办理"原则，指出领导认真抓是做好信访工作的关键，要求各级党委政府必须为信访工作配置一套"班子"。规定省级党委必须有一位书记，省级人民政府必须有一位省长、自治区主席、市长，中央各部必须有一位部长负责信访工作，做到件件有着落，事事有交代。1957 年国务院颁布《关于加强处理人民来信和接待人民来访工作的指示》，要求对于群众提出的大量的各种各样的问题，必须分别归口交办，对归口办理作了新的规定，并分别在 1958 年、1960 年、1963 年进行了三次修改，强调省、地一级应力求"多办少转"，而县一级原则上应"只办不转"。该原则不断得到强化。1980 年国务院制定了《关于中央各部门归口分工接待群众来访的暂行办法》，对信访涉及的问题按来访人所属系统或反映问题的性质，归口由中共中央和国务院各有关部门接谈处理。归口管理原则的确立明确了中央政府部门对信访问题的受理和处理权力，有效强化了中央对地方的监控。但上个世纪 90 年代信访潮出现，信访大量集中到中央，严重影响到首都社会治安和社会稳定，造成恶劣的政治影响。1995 年制定《信访条例》时，该原则修改为"分级负责、归口办理，谁主管、谁负责"，强调"及时、就地依法解决问题与思想疏导教

---

① 1954 年，为加强对中央人民政府系统各部门工作的领导，把政府工作按性质划分为若干部门，国务院设立 8 个办公室，每个办公室分管不同的部门，如第一办公室（政法办）负责分管内务部、公安部、司法部、监察部和民族事务委员会。这些办公室简称"办"，其管辖范围或系统多简称"口"，如"农林口""政法口"等。参见王劲松：《中华人民共和国政府与政治》，中共中央党校出版社 1995 年版，第 81—83 页。

育相结合"原则。2005年《信访条例》再次重申属地管辖、分级负责的原则。目的在于强化地方各级政府特别是基层政府解决纠纷、维护社会稳定的职责。但在本质上并未改变"归口管理"的框架,始终强调党委政府在处理信访问题上的主导作用,尤其注重中央和省级党政领导在处理跨省、越级、复杂突出信访问题上的责任与作用。《涉法涉诉信访意见》将涉法涉诉信访事项统一由政法机关办理,同时要求各级政法机关配合党委、人大、政府等信访部门做好涉法涉诉信访与普通信访分流工作;对党委、人大、政府的信访部门转交的涉法涉诉信访事项,由同级政法机关接收、处理。依靠政府协调解决突出信访事项。《涉法涉诉信访意见》指出,政法机关对与其他党政部门存在受理争议的信访事项、涉法涉诉信访与普通信访交织的疑难复杂事项、涉众型或涉及相关政策落实的涉法涉诉信访事项,可报请同级处理信访突出问题及群体性事件联席会议,协调相关部门共同化解。《涉法涉诉信访意见》要求各级党委政法委要牵头协调政法机关,建立依法处理涉法涉诉信访问题会商机制,及时研究解决信访事项受理工作中存在的问题。这正是2005年《信访条例》规定的"政府主导、社会参与"信访工作机制在涉法涉诉信访工作上的应用。

第三,沿用信访工作方式与制度逻辑。政法机关内部信访部门在处理信访事项时,与政府信访部门一样,主要工作方式是"收发",即采取接收、登记、分流、移送的工作方式。信访部门并不直接负责具体信访问题的解决,而是转交给案件承办部门(业务庭或其他主管部门)。属于起诉、申请再审的信访事项,由立案部门审查、导入相应的诉讼程序,然后由审判庭进行审理。不属于诉讼问题的,则导入监察、检察、纪检等环节,由主管部门负责审查、处理。承办部门处理信访事项的方式是:经审理、复议、复核,原案件办理没有问题的,依法维持原结论。存在执法差错的,依法纠正错误、补正瑕疵。要把释法析理、化解矛盾纠纷、做好群众工作贯穿办案始终,促使当事人息诉息访。从"有错必纠""息诉息访"的要求看,这种处理方式并非司法程序(再审程序)维护既判力前提下"有限纠错"的制度逻辑,而是信访工作的"解决问题""维持稳定"的制度逻辑。

第四,仍然依赖行政权力解决问题。中国的信访制度在本质上是对信访问题的行政处理,就是动用行政权力解决社会矛盾纠纷,处理利益诉求。从1951年信访制度确立之初,其功能发挥就与党政领导的个人作用分不开。这种行政权力主导下解决问题的方式历史上有过很高的效用:20世纪50年代发挥了重要的了解民意、加强对地方政府领导的作用;20世纪70、80年代大量地平反、纠正冤假错案,迅速恢复社会秩序等。行政权力和领导人的作用主导问题解决的模式在社会剧烈变革刚刚结束、百废待兴、开始进入社会重建的时期显得特别有效率。但在社会政治经济文化均进入平稳发展,规则体系已经建立的时期,这种处理问题的方式与社会矛盾纠纷的解决和权利利益救济问题的处理就不再匹配。民众更多期待按规则办事,更多渴望公平正义的获得感。尽管《涉法涉诉信访意见》提出的涉法涉诉信访改革的思路正是要"改变过度依赖行政权力解决信访问题"的做法,但是从以下几个方面可以看出,行政解决依然是处理涉法涉诉信访的基本路线,对于存在争议的疑难复杂信访或者可能激化矛盾、引发群体性事件的"突出信访问题"来说更是"最后一道防线":一是继续采用信访的首办责任制。《涉法涉诉信访意见》要求政法各单位对符合立案受理条件的诉讼类事项,要及时明确责任部门和责任人员,落实首办责任。二是重视通过行政监控督促信访工作。《涉法涉诉信访意见》强调司法机关的案件管理部门要"全程监控",采取"提示预警"的方法,确保符合条件的涉法涉诉信访事项能够顺利导入法律程序办理。要求政法机关加强"职能监督和督导检查",充分发挥审判监督、法律监督、警务监督、狱务监督作用,及时发现和纠正涉法涉诉信访工作中有访不理、有案不立、有错不纠等问题。三是依靠政府协调解决突出信访事项。《涉法涉诉信访意见》指出,政法机关对与其他党政部门存在受理争议的信访事项、涉法涉诉信访与普通信访交织的疑难复杂事项、涉众型或涉及相关政策落实的涉法涉诉信访事项,可报请同级处理信访突出问题及群体性事件联席会议,协调相关部门共同化解。

四、通过治理模式创新实现诉访分离

信访难分的改革困境说明,包裹在信访+二元治理结构下的涉法涉诉信访改革逃不掉顽固的制度惯性,制度逆向选择问题将会持续发生,改革零收益的风险很大。这提示我们:信访制度改革仅仅从"法定化"的角度解决规范性问题显然是不够的。信访制度改革之所以陷入瓶颈状态,与制度设计者和大多数执行者从信访"法制化"的意义上理解"法治化"有关。实际上,二者有本质区别。法制是社会规范的范畴,是"法律制度"的简称。信访法制化的内涵很单纯,就是通过立法把信访行为规范变为有法律约束力的制度。而法治是治理上的概念,其含义是"通过法律的治理"。因此必须从治理结构层面进行思考。前面的研究证明,深化信访制度改革、彻底解决涉法涉诉信访难题,必须站在社会治理的高度,以打破固有的治理结构为中心,探索建构新的治理模式。在这个问题上,治理理论的最新成果很有启发意义。

当代治理理论的核心命题是:以政府为主体、以纵向命令控制为特征的传统层级制治理模式,已经无法应对政府面临的各种危机。随着国家权力的分权化和去中心化改革,市场、社会组织等多元主体更多地参与公共事务已经成为当代社会治理的趋势。斯托克指出:"治理超越了以往的传统公共行政与新公共管理范式,成为一种新的理论范式。在这种范式下,没有一个部门能够垄断权力与资源,包括政府在内的各个行动者,都需要通过协商而非命令来沟通。政府的职责在于创造公共价值,并综合运用层级、市场、第三部门等多种机制,来保证公共物品供给的公平性和有效性。"① 当代中国正处于社会阶层分化、利益主体和利益诉求多元的状态,社会矛盾多发,现实性冲突与非现实性冲突并存,客观上要求治理结构转型。实践中的信访诉求开始出现从个体利益诉求向共同议题转变的端倪。② 这在复转军人、下岗职工、失地农民、民办教师等特定群体上访中尤其明显。这些群体通常是因体制改革或政策变动利益受到冲击,感受到社会分配的不公平。他们的信访诉求介于有理和无理之间,即符合法律、政策精神,但暂时没有具体法律政策依据的,属于"协商型"上访。③ 现行的信访制度无论在资源还是规则上,都无法独立解决这些问题。涉法涉诉信访常见类型包括征地补偿、房屋拆迁、企业转制引发的纠纷,也是群体信访容易形成的领域。这部分信访案件的共同特点是:政策性强,历史遗留问题较多,缺乏具体法律规范可以作为处理依据,往往属于兼具诉类事项和访类事项的诉求。类似涉及政策调整、公共利益的诉求越来越多,对于社会治理而言既是挑战,也是机遇。它释放的一个信号是:如何借助民众关于群体利益乃至公共利益诉求之力,搭建共同治理的机制与平台,是当下中国社会治理面临的新任务。而涉法涉诉信访改革正是一个根本改变原有治理结构的契机,处理得当可以成为撬动整体治理体系变革的第一股冲击力。值得赞赏的是,执政者敏锐地看到了这个契机,适时提出了治理结构转型的改革方案。2015年10月,中共十八届五中全会公报提出,运用法治思维和法治方式推动发展,全面提高党依据宪法法律治国理政、依据党内法规管党治党的能力和水平。加强和创新社会治理,推进社会治理精细化,构建全民共建共享的社会治理格局。如果把"全民共建共享"概括为"共治",那么上述命题的核心概念就是"法治与共治"。"法治下的共治"作为创新治理模式的目标,不仅切中当代中国社会治理的要害,而且契合政治制度现代化的趋势,为信访制度和涉法涉诉改革指明了路径。

---

① 转引自田凯、黄金:《国外治理理论研究:进程与争鸣》,载《政治学研究》2015年第6期。
② 于建嵘:《当前压力维稳的困境与出路——再论中国社会的刚性稳定》,载《探索与争鸣》2012年第9期。
③ 陈柏峰:《特定职业群体上访的发生机制》,载《社会科学》2012年第8期。

法治的本质是政治制度化，其核心在于约束权力、保障权利。而制度化的路径必须以宪法为核心，遵循现代政治规律对信访重新进行职责界分，符合相对独立、边界清晰、相互补充、相互配合、相互制约的要求。同时通过法律保障制度的刚性。这要求从体制层面改革信访与司法的关系，打破政法一体的体制，实现诉讼与信访的彻底分离。共治的内涵即社会广泛参与公共决策，形成全民共建共享的治理格局。信访如果能够发挥公民政治参与的公共领域或民主对话的沟通平台的功能，那么就是理想的社会共治平台。这需要对信访功能重新定位，改革信访工作机制，由"受理—转处"改为"分流—对话"；在司法的社会参与方面，要构建司法过程中的公共领域，将陪审制改造为社会参与司法的制度化沟通平台。按照"法治下的共治"新型治理结构框架，诉访分离需要两手抓，同步推进：一手抓信访体制改革，实现信访职能与司法机构脱钩；一手抓司法体制改革，实现涉法涉诉信访的源头治理，提高司法制度的有效性。其中，信访体制改革包括以下几个方面：

1. 信访功能的重新定位。信访功能定位应当跳出"维稳"的政策思维，理顺信访与核心政制的关系，从政治体制现代化的层面重新定位信访制度功能。[①] 现代政治体制的核心是法治，其重要指标是政治的制度化程度。政治制度化程度高的重要标志之一，是不同制度分工明确且以立法形式固定下来。特定制度具有自身明确的制度目的与功能定位，可以与其他制度的目的作清晰的划分，具有其他制度不可替代的作用，该制度才有存在的必要和存续的基础。从社会认同的角度说，某种制度认同的形成首先取决于该制度与其他制度的识别度。如果信访与司法、行政、调解等其他制度共享纠纷解决的目的，制度边界不清、功能混同，不仅影响社会对信访的认知理解，也会破坏社会对法律、司法和政府的认同。中国特色的信访制度特有的、不能为其他解纷方式替代的价值，是其民意收集与传递的管道功能。但重新定位信访制度功能，不是简单回归该制度功能。在政治现代化和法治建设的大背景下，信访的民意传递功能不能简单停留在"上传下达"的传声筒的作用上，而应当进一步提升为公民政治参与的公共领域或民主对话沟通平台，服务于保障公共决策与立法的民主性、科学性。信访的附属功能是监督，即通过人大代表监督"一府两院"工作。

2. 大幅收缩信访的解纷与救济功能，向行政 ADR 转变。改变信访功能

[①] 杨小军：《信访法治化改革与完善研究》，载《中国法学》2013年第5期；刘旭：《信访法治化进路研究——以信访的司法分流为视角》，载《政治与法律》2013年第3期；李修琼：《信访的政治进路》，载《郑州大学学报（哲学社会科学版）》2012年第4期；张永和、王炜：《临潼信访：中国基层信访问题研究报告》，人民出版社2009年版，第266页；等等。

泛化、过多介入司法等其他制度领域的现状，不是完全取消信访解决纠纷的功能，而是防止信访直接取代司法及其他纠纷解决方式的做法。在司法等制度功能尚待恢复、逐渐增强的过渡时期，信访制度改革应当采取渐进的策略，逐步收缩信访的解纷与救济功能，弱化行政权力直接调配解纷资源的制度逻辑，提高信访解纷的中立性、规范化程度。可以借鉴欧洲的"行政监察专员"制度，将信访的解纷功能改造为行政ADR（即替代诉讼的纠纷解决）。行政监察专员（Ombudsman，也称"申诉专员"）是不受任何党派政治影响的独立监督行政权力运行的公共官员。监察专员由议会或政府首脑任命，负责处理公众对政府部门违法行政和不当行政的申诉，享有调查、报告以及对个案处理和行政程序规范的建议权。该制度创始于瑞典，为多个国家和地区效仿。监察专员制度的功能主要在于行政监督，也发挥着行政解纷、促进政策和制度改革的功能。该制度具有独立性（即独立于任何政治党派）、非正式性（灵活性）①、社会化（开放性）②等特点。结合我国信访制度发展历史与现状，可以借鉴该制度，强化信访的监督与替代性纠纷解决功能，从赋予信访机构独立监督、建议权开始，逐步脱离政府职能部门性质，走向独立于政府的人大内设机构建制。

3. 信访机构改革。明确信访制度功能为信访体制改革提供了路标。在信访机构设置上，应当改变信访机构隶属于地方政府的设置，避免"运动员—裁判员"合一的角色错位。取消司法机构和各职能部门的信访职能，整合信访机构，作为各级人民代表大会常务委员会的内设机构之一，发挥人大汇聚民意、反映民意、代表民意的制度功能。将信访职能转归人大，不仅为民主决策和民主立法提供了汇聚民意的直接管道，也契合人民代表履行监督"一府两院"的工作职责。这样有助于理顺信访工作机制，以加强系统性和协调性。

4. 信访工作方式的程序化改造。在隔断信访对司法的直接影响的同时，建立起信访事项与诉讼事项的分流机制，让进入信访的可诉性争议顺畅转入司法渠道；凡属于公共政策或立法才能解决的问题则引入公共议事程序。取消法院、检察院的信访部门和信访职能后，当事人对司法裁判有异议、疑问的，通过正常的上诉、申请再审解决。法院收到当事人起诉后，发现不具有可诉性、不适合通过司法途径解决的诉求，应引导其通过信访途径反映。

---

① 是指在不违反法律强制性规定的前提下，对既有规则和程序进行变通，为当事人提供特殊救济，如道歉、物质补偿救助、特殊待遇（职务、任职条件等）以及任何当事人能够接受的结果；可以采取协商、调解和裁决等方式。
② 申诉专员最初是作为行政官员为公众提供服务和救济的，目前则逐步向社会化方向发展。很多公共领域和行业的申诉专员由行业监管机构和行业协会选任，具有独立调查、处理（调解和裁决）投诉案件和纠纷事项的权力。

当事人坚持起诉的,法院应当受理,按照法律规定的程序审理后,仍然认为不属于法律和诉讼解决的问题的,应当作出裁判,充分说明理由,驳回当事人诉讼请求。同样,信访部门受理信访人诉求后,认为属于涉法涉诉请求的,要引导当事人通过向公安机关报案或向人民法院起诉、向仲裁机构申请仲裁等途径解决。当事人坚持信访的,可以尝试行政调解,在当事人自愿基础上促成和解。经调解不能达成协议的,在充分说明理由后,可以决定不予受理。当事人可以向人民法院起诉。

5. 引入第三方力量,提高信访专业水平。社会组织参与信访矛盾化解难题是信访制度改革的内生需求。在社会转型过程中,面对社会矛盾多发、多元利益冲突、结构性矛盾解决难度大等问题,客观上需要社会组织发挥独特的作用。而社会组织的非官方、非营利和专业性强的特点,有助于消除信访人对信访工作的不信任,更有助于提高信访事项处理的质量与效果。从这个意义上看,社会组织作为社会中的一种重要力量,可以发挥联系政府与公民的桥梁和纽带作用,能促进实现民众与政府的沟通对话。[①] A 市信访局 2011 年 4 月创建的"预防和化解突出信访问题专家智囊团"(以下简称"智囊团")就是引入第三方社会力量、提升信访工作实效的有益实验。智囊团依托 A 市若干高校,聘请专家二十余人组成,跨越社会学、法学、政府管理学、心理学等不同学科领域。智囊团工作机制采取"专家包案"方式,即选择矛盾突出、问题疑难(通常是信访老户、长期无法解决)的信访事件,根据当事人诉求和信访案件自身的特点,由包案专家介入信访工作,通过听取信访人陈述和被信访行政部门工作人员介绍,查阅有关证据资料,提出解决方案,进行协调。专家们发挥自身专业特长,分别从法律、公共政策、心理等方面对当事人进行讲解、疏导,居中协调,促进沟通,直至提出解决方案建议。智囊团成立三年来,有效解决了一批疑难复杂突出信访事件,成功率达到 80%。智囊团于 2013 年组建成非营利性组织"信访工作专家智囊协会"(以下简称"协会"),获民政部门登记。2015 年 11 月,A 市信访局在协会工作基础上,依托 M 省紫金传媒智库建设"信访社会矛盾研究中心",围绕信访工作改革与发展、社会矛盾化解等问题开展智库建设。此举无疑有助于拓展协会的工作,促进第三方力量更加深入地参与信访工作。事实证明,第三方力量的介入在提高信访事件化解的实效性和公信力方面的作用显著。引入第三方力量解决突出信访问题的经验证明,信访工作未来的发展方向是专业化。无论是信访事项分流还是发挥 ADR 作用,都需要专业知识与技术为保障。信访专业

---

① 杨国平:《转型期社会矛盾化解与社会组织的发展》,载《人民论坛》2015 年第 5 期。

化发展可以从信访工作者队伍建设开始,加强信访工作人员法律知识、社会工作、心理学等专业知识与技能的培训,采取专兼职结合方式,邀请人大代表、政协委员、新闻媒体及其他领域专家参与,发挥律师和各种非政府组织的作用,提高信访的专业化和解决问题的能力。

6. 提高司法制度的有效性,实现涉诉信访的源头治理。修改完善诉讼法律制度,提高司法制度的有效性,彻底解决司法领域中存在的立案难、上诉难、申请再审难、执行难、执行乱、司法不公与司法腐败等问题,是涉法涉诉信访减生的重要保证。在涉法涉诉信访改革方面,司法改革的第一步已经迈出:改革立案制度,实行登记式立案,保障每个诉求能够进入法院大门。按照2015年《民诉法解释》,法院不能事先正式或非正式地规定一些受理与不受理的标准,提高起诉"门槛",而应让所有的纠纷有接近司法的机会。司法改革的第二步应当是推进诉讼程序规则的改进完善,充实当事人程序异议权,增强程序在吸收当事人不满、提高司法裁判可接受性方面的作用。其中,审级制度改革是当务之急。构建符合中国实际的三审制势在必行。有效的审级制度又以司法权运作去行政化和法院机构改革作为配套,目标指向保障司法权的独立公正行使,保证司法的专业化,提高审判质量。当事人的信访行为不能作为裁判的理由。党委、政府和上级法院不得因为当事人信访而干预案件审理过程。①

第三节　司法去地方化:司法与行政关系的规范化

涉法涉诉信访改革仅仅是司法体制改革的切入点,真正涉及司法体制本身的改革应当是司法与地方行政关系的制度化问题。

一、司法人财物省级统管改革试点难题

按照深改组《司法改革框架意见》,司法人财物省级统管的改革,是指将法院人事及财政管理权提高到省一级管理主体统一管理。司法人事工作的统一管理,即建立法官、检察官统一由省提名、党委审批、分级任免的管理机制;财务的统一管理,主要是建立省以下地方法院、检察院经费由省级政府财政部门统一管理的机制。改革的目标很明确,就是减少各级法院对地方政府的依赖性。实行财物省级统管意味着各地法院将不向本地同级财政部门报送预算,再也不需要围绕预算扣减、临时的经费增加等收入支出、预算决算问

---

① 吴英姿:《从诉访难分看治理模式创新》,载《法治现代化研究》2017年第1期。

题与地方政府"讨价还价"。与此同时,各地法院收取的诉讼费等各种规费无须交地方财政,而应直接纳入省级财政账户,亦不再全额或按比例返回法院,以此彻底隔断法院与诉讼收费的利益关联。①

但决策者清楚地意识到,省级统管是对司法管理体制的一项重大改革,情况复杂,强调要根据不同地区的经济社会发展情况进行试点,积累经验后再逐步推开。所以,《司法改革框架意见》指出,地方各级法院经费上收省级统一管理时,要考虑各地经济社会发展实际,使各地办公经费、办案经费和人员收入不低于现有水平,为办公、办案提供必要的物质保障。② 但是,顶层设计并未就省统管机制建立的具体路径,包括统管方式、统一程度、管理组织与人员架构等,提供细节建议与推进路线图,而是交诸地方探索试验。2014年以来,司法体制改革先后在18个省区市启动两批改革试点。第一批试点城市上海市设计的省级统管实施方案是:建立经费统一管理机制,将各区县法院、检察院作为市级预算单位,纳入市级财政统一管理,经费由市级财政统一保障。落实"收支两条线"管理,各级法院收取的诉讼费、罚金、没收的财产,以及各级法检机关追缴的赃款赃物,全额上缴市级国库。建立资产统一管理机制,集中清查登记各区县法检机关的各类资产,由区县划转市相关部门统一管理。③

如果说上述方案在同质化程度比较高的直辖市上海具有可行性,那么能不能推广到全国就很难说了。2015年12月,中央深改组第十九次会议上通过了最高人民法院《关于在全国各地推开司法体制改革试点的请示》,同意于2016年在北京、天津等13个省区市和新疆生产建设兵团适时推开司法体制改革试点。在前两批试点地方的探索经验表明,省统管改革方案在推行过程中多数遇到障碍,制约了省级管理权的充分落实。省统管遇到的障碍主要包括以下几个方面:一是管理的复杂性过大,管理能力不足,管理有效性不能得到保证。尤其是像江苏、四川等人口大省,作为管理对象的法官、检察官人数众多,地方差异大,导致省级管理部门工作量巨大甚至超载。典型如司法经费预算编制问题。预算编制是高度专业、工作量很大的工作。统管模式下,省级财政部门从过去只要编制一个省法院、检察院的经费预算,突然变为要包揽全省所有法院、检察院经费预算的编制,且不论其人力、时间的不足,就制度供给而言,《预算法》等关于预算编制方式、程序等的规定是适应现行多

---

① 王亚新:《不完全财政与中国司法的去地方化》,载《文化纵横》2015年第12期。
② 张先明:《坚持顶层设计与实践探索相结合,积极稳妥推进司法体制改革试点工作——访中央司法体制改革领导小组办公室负责人》,载《人民法院报》2014年6月16日,第1、2版。
③ 《上海法官检察官设单独职务序列 建立办案人员权力清单》,http://news.ifeng.com/a/20140713/41134660_0.shtml,最后访问时间:2020年2月2日。

级财政预算编制运行机制设置的,对于省统管模式下如何编制预算并无明文规定,显然会给省财政部门落实省统管形成制度障碍。二是管理信息不全,管理的科学性不足。比如员额制改革试点,多采取由全省统一法官检察官遴选委员会,通过笔试、面试加审查申报材料的方式决定遴选结果。该方式突出了遴选主体的客观中立、程序公开公平,但对于遴选委员会而言,在有限的时间内无法对大批量的遴选对象作充分考察,所获得的信息毕竟带有片段性,其对遴选对象的判断也难免会带有一定的偶然性、不确定性。在制度层面,省级统管与地方人大任免之间的脱节也是客观存在的问题。三是司法资源保障能力差异大,可能产生激励不足。全国各省地方财政收入差距悬殊,经费保障能力相差巨大。即便是在同一个省的范围内,地方财政的区域差异也是很大的。典型如江苏省,苏南、苏中、苏北的经济发展差异不仅是历史形成的,也有地域、政治、文化、社会等诸多因素的限制。我国长期实行司法经费由地方财政保障的体制,已经形成地方性补贴和办案补助、考核奖励等收入在法官收入中占据较大比例的格局。如果一步到位实行省级统管,很可能会出现地方法院特别是经济发达地区司法人员收入水平降低的情况。这种情况在2008年开始"阳光工资"改革时就已经出现。阳光工资的目的在于把公务员的所有收入公开化、透明化,办法是将以前工资以外的收入都纳入工资范畴内统一核算。但是,在施行阳光工资后,一线办案法官的收入与工作量完全脱钩,给人干多干少一个样的"吃大锅饭"的感觉。结果办案激励机制消失,法官专业价值得不到体现,行政职务晋升成为唯一向上通道,难免让审判岗位的法官心理失衡,提高专业能力的动能减弱。每年各地都有优秀法官流失。[1] 这是人们对实行司法经费省统管可能引发的后果的普遍担忧。此外,还有一个潜在的担忧就是,司法的运行不可能不食人间烟火,法官检察官司法脱离了地方人财物管控后,还能否获得地方必要的保障与支持。

省统管改革的困难在试点中已经充分体现。作为中央确定的第二批司法体制改革试点省份,江苏省设计的改革方案《江苏省司法体制改革试点方案》于2015年3月获得批准。该方案确定了南京市、苏州市、泰州市、淮安市等中基层法检试点单位16家。根据这个方案,江苏省改革试点工作包括完善司法人员分类管理制度、健全司法人员职业保障制度、完善司法责任制、推动省以下地方法院检察院人财物统一管理等四个方面。在江苏省委政法委

---

[1] 据江苏省扬州市中级人民法院2015年的统计数据,近五年来,该市两级法院共流失干警70人,全部具有本科学历。其中46人具有审判职称,20人具有全日制硕士学历,47人在35岁以下,42人调往党政机关,导致不少法院法官断层现象严重,影响了审判工作的正常开展和队伍稳定。

的领导下,省高级人民法院、省人民检察院广泛动员,克服重重困难,积极推动方案的实施。改革推进一年后,司法人员分类管理和司法责任制两个方面的试点工作都有不同程度的进展,但人财物省级统管及与统管密不可分的职业保障制度的改革却陷入了困境。最大的困难就是在省级机构统一管理能力上。

有实证研究发现,试点省份施行的改革方案多采有限统管,即省级统管与同级保障相结合的管理方式,甚至是形式上的省统管,实质上还是同级财政保障的管理方式。① 比如广东省法院的试点方案,在人事管理上,采取中基层法院院长由省委统一管理,初任法官(包括上级法院从下级法院遴选法官)由省统一遴选,两级法院领导班子成员委托市委管理,其他人员仍按现行管理权限和程序办理的方式;在司法经费方面,省级财政部门按照地方财政部门提供的标准来确定各级法院经费预算,同时除基本工资由省统管外,在地方性津贴、补贴上承认和保留地方差异,仍由地方财政负担。② 江苏省也是如此。客观地说,凡地域辽阔、人口众多的国度,上述人财物统一管理的困难几乎是无法消除的。比如,美国各州之间在经济发展水平、人口资源环境等方面也存在巨大差异。在20世纪70年代开展的州统一保障初审法院经费的改革措施,就是因为这个原因而举步维艰,最终发展为地方与州财政协同保障的体制。③

二、提高人财物管理的制度化程度

如前文所论,司法地方化问题的本质是司法与行政关系问题,而非司法权的事权层级问题。人财物统管改革试点的实践从经验层面支持了这样一个判断:仅仅改变司法人财物供给来源,对于司法体制改革来说是治标而非治本。人财物保障制度改革的焦点,应当是理顺党委政府职能部门与司法机关之间的供给与管理关系,提高这种供给管理关系的制度化程度,将管理权"关进制度的笼子"。在此重点谈谈司法经费保障体制改革问题。

司法经费保障制度改革的目标,应当是建立符合司法功能需要的司法预算制度。新《预算法》于2015年开始实施。该法明确要求把政府全部收入和

---

① 左卫民:《省统管法院人财物:剖析与前瞻》,载《法学评论》2016年第3期。
② 薛冰妮、尚黎阳、赵毅鹏:《广东司法改革致3000法官转为法官助理等岗位》,载《南方都市报》2015年12月1日第A8版;《司法改革调查:财物统管——地方性津补贴和地方考核奖仍由各地保障》,https://www.sohu.com/a/221457273_100063825,最后访问时间:2020年2月2日。
③ 张洪松:《美国州法院统一预算体制及其借鉴——以法院预算过程的内部组织为重点》,载《环球法律评论》2011年第1期。

支出纳入预算，即支出必须以已经批准的预算为依据，未列入预算的不得支出。同时，新预算法确立了全口径预算概念，但只是针对政府预算而言的，强调要把政府所有收支（一般包括公共财政预算、政府性基金预算、国有资本经营预算、社会保障预算以及非税收入）全部纳入统一预算管理，构建一个覆盖所有收支，不存在游离于预算外的政府收支的制度框架。相对应的概念是全口径预算决算，即监督主体通过一系列方法和措施将政府所有的财政收入和支出均纳入预算和决算的法制化运行机制。这对于强化预算约束的刚性具有重大意义。但是其中没有专门规定司法预算制度，还需要进一步完善。这其中既涉及理念转变也包含制度创新，主要包括以下几个方面：

1. 转变公共预算观念，设置专门的司法预算制度。首先，按照现代财税法治与司法规律的要求，重新定义司法预算在国家预算体系中的位置，以此理顺司法权与行政权的关系。应当树立"公共预算"观念，打破司法预算嵌入政府行政预算的格局，将司法预算置于公共预算之下，与政府的行政预算并列，单独编制。

其次，要根据我国国情合理设计司法预算的层级。从规律上讲，司法预算的层级越多，越容易滋生司法地方化问题。因此，大多数国家的司法预算的层级一般不超过两层。法国、日本、英国采取的是国家统一司法预算模式，即所谓单级制模式。美国、德国采取的是联邦、州两级预算模式，即所谓双层级模式。总体上看，幅员较小、人口集中、地区差异不大的国家适合采取单级模式；幅员辽阔、人口分散、地区差异大的国家通常采取双层级模式。但这并非固定不变的公式。比如俄罗斯虽然国土面积很大，但人口聚居区域相对集中，为了强化中央权力管控能力，也是采取单级模式。① 但单级制模式显然不适合我国，甚至二层级模式也不一定适合那些经济社会发展差异大的省份。因此，有必要根据各地具体情况，分别设计二级或三级制预算模式。

最后，改革应当分步走，设置一段过渡时期。在此期间预算编制根据不同省份具体情况，分别采用省级统管或省、市两级管理的模式，司法经费以省级财政与地方财政共同保障为主，部分地区保留中央专项转移支付作为补充。同时要认识到，中央专项转移支付比重越高，就越会影响地方支配和统筹安排资金的能力，不利于发挥地方积极性。应当逐步缩小转移支付的比重，直至取消转移支付，将中央补贴的经费纳入地方预算，统一管理。

2. 完善司法预算制定程序，保障司法机关编制参与权。预算制度运行

---

① 朱大旗、李帅：《法治视野下的司法预算模式建构》，载《中国社会科学》2016年第10期。

过程包括编制、审批、执行、调整、监督等步骤。司法预算程序要明确各个流程的决策主体与行为规范，包括各决策主体的权力、责任。我国目前实行"分级管理、分灶吃饭"的财政体制，加上地区发展不平衡的现实，全国统一制定司法预算还难以实现，采取省级司法预算独立的方案有合理性。关键是抓好预算的编制程序和执行保障。可以考虑由地方各级法院根据实际需要提出经费使用计划，由省高级人民法院编制司法预算，经本省（自治区、直辖市）政府主管部门汇总、平衡，提交人大批准后，政府主管部门按预算拨款，由人大监督执行。具体包括以下要点：

第一，司法预算的编制主体应当是司法机关。每年的司法预算应由省以下各级人民法院分别编制本院年度预算，层层上报至省级法院进行汇总，形成省级司法预算草案，交由省级政府财政部门汇总进入本省公共预算草案。最高人民法院负责编制中央司法预算草案，并由财政部汇总进入中央公共预算。[①]为增强司法预算的科学性、民主性，有学者建议成立专门的司法预算委员会，由司法系统、财政部门派员，加上一定数量的外部专家和人大代表或政协委员等组成。各个法院初步编制本院下一年度的预算方案，提交司法预算委员会进行审核汇总。在社会监督和参与下，法院系统会同政府财政部门，通过充分审议讨论形成各方都能够承认接受的司法预算方案。然后提交省人大按照法定程序进行审议核准并监督执行。任何部门无权单方面地修改或削减。[②]

第二，预算审批主体为本级人民代表大会。人大应当对司法预算与行政预算分别进行实质性审查、讨论，提出修改意见，最后批准通过。在这个方面美国司法经费预算制度的改革经验可资借鉴。在进行统一预算体制改革的过程中发展出了四种预算组织模式：第一种是"集中准备"模式，由州法院办公室为所有由州保障的经费项目向州议会提交单一预算；第二种是"集中审查并提交"模式，由州法院办公室或最高上诉法院从各地方法院汇集对州财政的预算请求，审查后提交给州议会；第三种是"独立提交"模式，由州法院体系的不同部分各自独立地向行政、立法部门的预算官员提交预算请求；第四种是"外部准备"模式，由州财政部门的官员为法官工资等强制性拨款项目准备并提交预算请求。[③] 实践证明，无论是"独立提交"模式还是"外部准备"模

[①] 朱大旗、李帅:《法治视野下的司法预算模式建构》，载《中国社会科学》2016 年第 10 期。
[②] 王亚新:《不完全财政与中国司法的去地方化》，载《文化纵横》2015 年第 12 期。
[③] Tobin, R. W. and J. K. Hudzik (1993). The Status and Future of State Financing of Courts [G]. S. W. Hays and J. Cole Blease Graham. Handbook of Court Administration and Management. New York, Marcel Dekker, Inc. p. 347. 转引自张洪松:《论美国州初审法院经费保障体制及其借鉴意义》，载《四川大学学报（哲学社会科学版）》2010 年第 4 期。

式,由于缺乏司法部门参与而弊病较多,在随后三十余年的改革过程中逐渐被淘汰。"集中准备"模式虽然代表了统一预算体制的最高形式,但是由于预算建议完全由预算官员提出,权力过于集中,预算分配不合理的情形在所难免。最终,"集中审查并提交"模式成为绝大多数州所采用的预算管理模式。①

第三,限定地方财税部门在司法预算编制过程中的地位作用。为保证司法预算的相对独立性,地方财税部门不能直接修改司法机关提出的预算草案,其主要工作是汇总,以保障地方公共预算的统一性、完整性。当然,毕竟还存在一个预算平衡问题,即政府财政部门需要根据地方经济发展情况和财政力量,对司法机关与其他职能部门的预算进行必要的协调,因此,可以赋予财税机关提出建议的权力,但不能随意进行削减。财税部门的建议交司法机关斟酌、协商后,由司法机关进行修改调整。不能协商一致的,交由人大讨论决定。②

3. 改革人大制度,切实发挥人大审批、监督职能作用。审查批准本级政府预算并监督其执行情况,是宪法和法律赋予各级人民代表大会的重要职权。完善全国人大制度,改进预算草案的审查工作程序,提高人大审查预算能力,确保人大依照宪法履行职责的实效,是发挥司法预算制度约束力的关键。这里涉及人大制度及其运行机制的改革。首先,改革预算审查程序,确保人大预审时间,提高政府预算审查监督质量。目前全国人民代表大会有财经委员会,其常务委员会设有预算工作委员会。预算工作委员会的主要职责是:协助财政经济委员会承担全国人大及其常委会审查预决算方案、审查预算调整方案和监督预算执行方面的具体工作,受委员长会议委托,承担有关法律草案的起草工作,协助财政经济委员会承担有关法律草案审议的具体工作等。对司法预算进行实质性审查,表决通过预算案,监督预算执行。预算编制和审查是非常专业和细致的工作,国外预算审查基本要半年到十个月的时间,而在我国,预算工作委员会和财经委提前一到两个月初审,人民代表大会只有一两天时间审查,在时间上与国外成熟的制度安排相比显然存在很大差距,也很难发挥实质作用。因此,需要大幅度提早预算编制与提交预审的时间,延长预算委员会预审的工作时间。其次,调整预算委员会等专门委员会组成人员结构,发挥相关领域专家的作用,设立专职委员,比例至少达到

---

① 张洪松:《美国州法院统一预算体制及其借鉴——以法院预算过程的内部组织为重点》,载《环球法律评论》2011年第1期。
② 汪家乾:《建立司法预算制度的思考》,www.chinacourt.org,最后访问时间:2014年8月28日。

80%,增强人大常委与司法机构、政府部门专业人员的沟通对话能力,以提高常委会工作能力与工作质量。最后,借助人大代表的桥梁和纽带作用,构建预算制度的社会参与平台,动员社会力量参与对预算决算的审查和监督作用。人大可以聘请相关专家、吸引科研机构跟踪研究、分析研判,开展第三方评估、发现问题、提出改进意见。这不仅可以有效发挥社会监督预算编制与执行工作,而且有助于改进下一个年度的预算工作。[1]

4. 明确政府部门执行预算的职责,行政机关首长承担预算执行的政治责任。预算执行是将经法定程序审查和批准的预算付诸实现的具体实施过程。预算执行工作是实现预算收支任务的关键步骤,也是预算管理工作的中心环节。财政部门应当按照人大批准的司法预算及时足额地拨付司法经费,不得擅自截留或挪作他用。在公共预算框架下,政府及其部门不得再将司法经费的支出视为政府支出,行政长官无权为其他行政事务需要而作出挪作他用的决定。行政机关及其领导、工作人员以任何名义不执行司法预算、挪用司法经费的,应当追究其法律责任,同时追究行政首长的政治责任。[2] 在监督预算执行过程中,也应当充分发挥人大和社会力量的作用,采取司法预算执行情况专项检查、专题研究、第三方评估等方式,监督政府部门执行预算的情况,及时发现违法违规妨碍司法经费落实的行为,依据法律追究相关人员或机构的责任。

三、提高党管干部的制度化程度

党管干部原则是党的领导在干部人事工作中的重要体现。2006 年实施的《公务员法》将党管干部作为基本原则进行了规定。党管干部原则既体现在党制定干部工作的路线、方针、政策,对干部人事工作进行管理、监督、检查,指导干部人事制度改革等宏观方面,也体现在由各级党委推荐任用重要干部,实施领导班子和干部队伍建设等具体工作中。2014 年 1 月 14 日,中共中央印发《党政领导干部选拔任用工作条例》。2019 年 3 月 3 日,中共中央发布了修订后的《党政领导干部选拔任用工作条例》(以下简称《干部任用条例》),把党管干部确立为选拔任用党政领导干部必须坚持的第一原则。该条例第 6 条规定,党委(党组)及其组织(人事)部门负责选拔任用党政领导干部。法院、检察院及其内设机构担任领导职务人员的任用适用该条例。

---

[1] 《吴晓灵谈预算制度改革:人大要变成钢印》,http://finance.sina.com.cn/hy,最后访问时间:2017 年 2 月 2 日。
[2] 程竹汝:《司法改革与政治发展:当代中国司法结构及其社会政治功能研究》,中国社会科学出版社 2001 年版,第 301 页。

党管干部是党领导政法工作的重要内容。党管干部旨在确保选任的干部在政治上可靠。① 尤其是对于司法机关领导干部,党管干部是要保证司法机关的"关键少数"人员有较强的政治意识、大局意识和责任意识,能自觉地执行党和国家的方针、政策,以保证司法工作的政治正确,成为党和人民可以信赖的国家机器。长期以来,在司法机关主要领导即法院院长、检察院检察长、党组成员和其他重要领导干部的选任上,都是由地方同级党委协同上级司法机关党组作出决定。执政党借此牢牢掌握着司法机关的人事权。司法机关干部选任方式总体上与地方行政机构保持一致,并与党政部门之间保持干部交流、轮岗制度。近年来,在司法干部队伍建设专业化的背景下,党对司法干部的管理实行统一化与专业化相结合的领导机制,同时通过将法官等级与行政级别挂钩,实现了党组织对领导干部和专业干部的全面管理;"党政同责"则成功地让主要领导承担起对全体司法人员的组织与监管责任,通过加强内部党组织建设,实现了党的领导对每个党员和各领域工作的全覆盖。② 院长及党组织同时拥有党内纪律监督权、行政管理权和审判监督权,对司法人员的行为构成行政管理、党内纪律与法律程序的多重约束,实现了对司法权的绝对掌控。

然而在运行逻辑上,党组织"一切行动听指挥"的上令下行、令行禁止的要求,与司法中立性、被动性、程序性的特点存在天然的张力。长期以来,司法机关主要领导干部"内部决策,同级任命"的任用机制一定程度上给司法权地方化创造了可能。而司法人员专业技术等级与干部行政等级直接挂钩的管理体制是导致司法行政化、法官角色认同错位的根源之一。党的十八大以后推行的司法人员分类管理改革,目标就是实现不同类型干部的差异化管理。改革举措是按司法职业的特点对法官、检察官实行有别于公务员的单独序列管理;推行员额制,将行政领导岗位与审判岗位相分离,要求进入员额者一律在一线办案;取消院庭长的案件审批签发权,强化司法公开,杜绝领导干部插手干预具体案件的审判;在干部选任上突出司法机关领导干部的专业化要求。显然,实行司法人员分类管理的效果之一是院庭长在审判工作方面管理权的弱化。为保证司法公正,防止审判权失控,党的十八大设计的司法

---

① 彭真:《在全国检察工作座谈会、全国高级人民法院和军事法院院长会议、第三次全国预审工作会议上的讲话》(1979年7月27日);彭真:《论新中国的政法工作》,中央文献出版社1992年版,第178—179页;最高人民法院副院长祝铭山在全国法院队伍建设工作会议上的讲话《大力加强法官职业化建设,努力开创人民法院队伍建设新局面》(2002年7月6日);《最高人民法院关于新形势下进一步加强人民法院队伍建设的若干意见》(法发〔2013〕10号)。

② 马骁:《行走的宪制:司法改革中的"党管政法"原则》,载《中国政法大学学报》2018年第5期。

改革思路是一手抓司法责任制,一手抓党的建设。前者是通过落实司法责任制对员额法官检察官形成内在约束或自律;后者是进一步强化党管干部原则,通过抓好法院检察院主要领导的管理和完善党组织建设,巩固抓班子、带队伍、管业务的"党政同责"管理体制,确保党管政法的目标不落空,发挥"以党建带队建促审判"的效用。但是,主要领导"党政同责"的体制中,院长、检察长等在既要对案件质量负责,又要对司法活动的政治责任负责的双重压力下,很难抗拒地方施加的压力,也很容易模糊行政管理与审判干预的界限,重落司法地方化窠臼。如何让党的干部选用与管理在遵循司法规律、防止司法权地方化的同时,确保党对司法权的总体监控和有效领导,就成为司法体制改革中必须解决的问题。

党管干部原则是在建党、建国及国家建设的漫长历程中得出的政治经验,把控好人事权以巩固执政地位也是中外政党政治国家普遍采取的执政法则。① 经年来,中国的干部体制为适应时代发展与治理需要而不断调适,经历了从高度集中的统一管理体制,到分部分级管理,再到分类管理的演变历程②,已经形成一套复杂而精细的规则体系。③ 但不管怎么变化,党管干部原则是贯穿始终的主线与基调。如果把当前司法体制改革提出的人事权省级统管置于整个干部制度体制发展变迁的长河中观察,就可以清楚地看到,无论司法机关干部人事管理体制改革的目标是什么,绝对不可能放弃党管干部这一基本原则。现有的改革方案,是在坚持党管干部原则的前提下,将地方司法机关人事权上提到省级人事部门统管。《司法改革框架意见》提出的改革路径是,各省法官、检察官将由省统一提名、管理,并按法定程序由各级人大任免。但具体如何操作涉及一系列非常复杂的事务性问题。正如全国人大常委会副委员长万鄂湘所言,省级统一管理不仅仅是编制和人额的管理,这些事务统管通过成立省级法官资格审查委员会就能够实现。关键是法官、检察官的任免权的问题。如果把中基层两院的法官和检察官都统一到省人大来任免,就涉及两院组织法、法官法和检察官法的修改,更关涉我国宪法体制问题。目前争议很大。④ 不仅如此,全省法官、检察官资格审查、任免、日常管理工作量之浩繁难以想象,紧靠一个省级资格审查委员会来负责恐怕不具有现实可操作性。另外,如果将所有司法机关主要领导干部的选用任命工

---

① 王长江:《关于"党管干部"科学化的几点思考》,载《中共中央党校学报》2006年第4期。
② 刘胜兰:《中国共产党干部管理体制的历史沿革》,载《北京党史研究》1996年第2期。
③ 中共中央组织部研究室:《中国共产党干部制度建设的回顾与思考》,载《求是》2001年第15期。
④ 王亦军:《法院检察院"人财物省级统管"怎么管》,载《中国青年报》,https://news.sina.cn/gn/2017-11-04/detail-ifynmnae1861439.d.html,最后访问时间:2020年2月2日。

作统一收归省委组织部门,同样面临操作性问题,而且还不利于调动地方党委和司法机关的主动性、积极性,不是长久之计。

　　本书认为,人事权的管理体制改革与财物管理体制改革一样,就摆脱司法对地方的依附性而言,提高人事权的管理层级即便能够施行也只能治标。治本之道还是要改进党管干部的方式,完善党内法规,提高党管干部的制度化程度,包括划定党管干部的权力边界,区别审判业务管理与行政领导干部选任管理。对前者应当主要发挥法律与程序的约束作用。对于后者,应当进一步完善任用程序规范,确保干部任用过程的合法性、民主性与规范性,确保政治合格、素质胜任、专业能力强的人担任合适的领导职务。《干部任用条例》较之原有的规定进一步规范了干部任用的程序,明确了条例适用的范围,详细规定了干部任用研判、动议、民主推荐、考察、集体讨论、作出决定、任命等环节的规范,并就干部交流、回避、免职、辞职、降职的条件、法定事由与程序作出了详细规定。条例在规范党管干部上迈出了新的一步,为实现干部队伍建设专业化、规范化提供了制度保障。

第七章 以去行政化为中心的机制改革

长期以来,审判管理的行政化破坏司法规律、对审判工作弊大于利是有目共睹的。而以审限为节点的流程管理,岗位之间的相互监督,领导对下级的审查监督,无孔不入的监控探头形成的"玻璃屋式"行动监视,不仅耗费了大量的金钱,而且占用了相当数量的优质审判力量。行政监管的逻辑,是利用权力垄断的资源(评优、奖惩、晋升、培训)树立岗位权威,以最小成本获得服从最大化。而在司法个性化特征中,实质评价标准不存在,提高行政监管权威的最有效手段就是采取量化评价方式、通过排序给被管理者施压,形成一种命令与服从的格局。

司法权运作机制的行政化背离司法规律,导致程序规则失灵。祛除司法权机制的行政化的出路是回归司法规律,改革妨碍诉讼程序功能发挥的各种管理制度,确保司法权在程序法规制下有序运作,发挥司法"通过程序实现正义"的制度效能。行政化的成因有外部、内部两个方面的治理结构问题,外部原因即全能政治司法体制导致的司法二元结构,这需要通过治理结构转型、深化司法体制改革来解决;内部原因即科层型治理结构下行政逻辑替代法律逻辑的问题,需要在法院内部对审判管理动大手术,按照司法制度的本质特征和司法运行规律重构内部管理结构。这正是党的十八大以来去行政化改革的路径选择的逻辑基础。目前推行的运行机制改革的举措主要包括:司法人员管理制度改革、司法责任去行政化改造、法院内设机构改革等。将这些改革置于内部治理结构中考察,可以正确理解其之于去行政化的价值并客观评估其改革成效。

第一节 内部治理结构去行政化改革

单从内部治理结构变迁的角度看,正如第五章讨论过的,法院类行政的管理结构的形成原因,可以归结于转型时期社会矛盾高发、诉讼案件数量激增而引发的连锁反应:案多人少——扩编扩容——人多事多——管理的科层制结构——行政逻辑主导,最终导致管理机制、司法责任性质、司法行为模式全面的行政化。于是,改革的思路就是针对上述原因,以符合司法本质属性与运行规律的治理结构为标准,希望标本兼治地祛除行政化机制。首先就是诉源治理,希望从源头上减少诉讼案件,缓解审判压力;其次是控制法官数量,按照"少而精"的标准控制法官队伍发展;接着进行内设机构改革,减少管理层次,转科层制结构为同等结构(或扁平结构);最后将改革的重心放在管理机制的改进,实行"两权分离",即审判权与行政管理权分离,保障审判权在法律与程序的轨道上自主运行。

一、诉源治理

诉讼案件增多的直接原因是社会矛盾多且缺乏有效的、及时的解决机制。因此诉源治理的本质是社会矛盾纠纷的治理。在 20 世纪 80 年代,我国的社会转型刚刚起步,社会矛盾纠纷开始增多,但尚未超过法院审判能力的时候,法院曾经以受理案件的数量不断提高来证明自己在政治生活中的地位是如何的不可替代。因此,法院多收案、多办案、快办案、办好案是那一时期法院普遍追求的工作状态。在过去 20 年的时间里,一方面是市场经济高速发展给社会结构带来了深刻的变化,社会分化分层必然带来社会矛盾常规化、复杂化,其中夹杂大量法律无法评价的结构性矛盾;另一方面是诉讼案件数量的增长很快超过了法院的预期,案多人少矛盾首先在经济发达、人口密集的地区爆发,并向全国蔓延。尽管在这 20 年里,国家在司法机关的软硬件建设上不断加大投入,从政法编制扩容到基础建设、装备配置,法院的发展有目共睹,但是,受制于人员编制增长空间有限,审判力量的增长不可能赶上诉讼案件增长速度,案多人少问题始终存在。更为重要的是,涉法涉诉信访潮的出现令法院开始意识到,司法不是万能的,一些矛盾纠纷,特别是那些因政策变化、社会结构转型产生的带有非现实性矛盾因素的矛盾,并非司法途径可以解决。曾经以为司法是所有纠纷解决的最后一道防线的认识并非完全正确。相反,那种司法大包大揽解决纠纷的做法在不断侵蚀原本属于其他非诉讼解决方式作用的"领地"的同时,将很多矛盾引向了司法。司法对这些纠纷应对能力的不足又严重伤害了社会对司法的信任。法院开始反思司法在纠纷解决机制中的位置,重新发现"马锡五审判方式"在当代的价值,要求法院在审判中重视发挥调解的作用。2008 年,最高人民法院将建立和完善多元化纠纷解决机制列为当年重点改革项目。同年 12 月,最高人民法院公布《关于为推进农村改革发展提供司法保障和法律服务的若干意见》,明确提出法院要推动构建多元化纠纷解决机制,同时要加大诉讼调解的比重,将调解适用的范围拓宽到刑事、行政程序中,鼓励当事人在执行中和解。最高人民法院的改革思路得到中央政法委的认可。中央政法委提出要推动建立人民调解、行政调解、行业调解、司法调解等相结合的"大调解",探索繁简分流机制。之后,最高人民法院又提出"调解优先,调判结合"的司法政策指导地方法院审判,探索新一轮司法改革。上述改革集中体现在"诉讼服务中心"的建设与发展上。诉讼服务中心集"诉讼服务、案件分流、解决纠纷"三大职能于一身,追求为当事人提供"便利有效低成本"的司法供给,最终目标是激活人民调解、行政调解和行业调解的解纷能力,推动多元化纠纷解决机制的形成。此后,"大调解"成为社会纠纷治理的长期政策。在2019年全国调解工作会议上,司法部要求各地司法行政工作要进一步健全完善人民调解、行政调解、司法调解衔接联动工作机制,推动建立"综合性""一站式"调解工作平台,整合各类调解资源和力量,联动化解重大疑难复杂矛盾纠纷。

从个案层面观察,诉源治理改革源于地方法院,尤其是江苏省等案多人少矛盾最为尖锐地区的法院的制度创新。江苏省法院诉讼服务中心改革始于2006年常州市新北区人民法院首创的"新北样本",首创"门诊式一体化诉讼服务中心"模式,在全国法院形成示范效应。具体做法包括以下几个方面:

1. 开展诉讼服务中心建设,整合司法资源,提高司法效率,改进司法作风,提高社会对司法的满意度。2009年4月1日,常州市中级人民法院发布《关于在全市两级法院设立诉讼服务中心的通知》,按照最高人民法院司法便民工作意见精神,提供"便民、利民、惠民"的全方位便民司法服务,做到"咨询有人应,电话有人接,诉讼有人引,材料有人收,案件有人查,法官有人找",同时将大量的审判、执行辅助事务工作剥离出来,实现审判、执行辅助事务流程的集约化管理,减轻办案法官事务性工作的负担,提高审判、执行工作质量与效率。2011年4月,常州市中级人民法院制定出台《关于在全市两级法院创建"门诊式"诉讼服务中心的工作意见》,提出要进一步强化司法服务理念,在解纷程序选择和审判资源配置上求变创新,建立健全纠纷分流、诉前调解、立案调解、速裁紧密衔接的"门诊式"涉诉矛盾纠纷解决机制,将诉讼服务中心建设成为涵盖诉讼服务、诉调对接、诉前调解、立案受理、案件速裁等职能的一体化、规范化、信息化的"门诊式"综合服务机构。再如盐城市中级人民法院根据全市法院行政诉讼和环境资源案件实行集中管辖的状况,制定《关于开展跨域登记立案工作若干问题的规定》,大力推行跨域登记立案,做到"让数据多跑腿,让群众少跑路",对属于本市辖区内法院管辖的一审民商事、行政、刑事自诉案件和申请执行案件,当事人可选择就近的人民法院或人民法庭办理登记立案事务,使盐城市内异地诉讼的当事人避免了奔波之累。利用网站、微博、微信等载体,使当事人掌握并主动选择网上立案、自助查询、电子阅卷等诉讼服务功能。积极探索"互联网+"时代诉讼服务新模式,充分运用网络和移动应用技术,将实体诉讼服务不断向移动终端拓展,让当事人足不出户就可以参与诉讼活动。

2. 搭建诉调对接平台,实现案件诉讼与非诉讼解决渠道分流,指导和提升非诉讼解纷方式的功能。诉讼服务中心的另一个重要功能是诉调对接。具体办法是在中心设置"法院附设人民调解工作室"。如天宁区人民法院民调室配备4位调解员(2位为人民陪审员兼任),钟楼区人民法院民调室配备"3调1书"。调解员由司法局聘请,法院提供业务指导和后勤保障。经费负担方面,天宁区人民法院民调室调解员每月由司法局发放1000元基本工资,另外每调解成功一起纠纷,法院补贴80元;钟楼区人民法院民调室由区财政拨款3万元,另外法院按季度、半年发给奖金(按件给予50—80元)。调解成功的案件需要出具司法文书的,由民庭审核出具,收取1/4的诉讼费。通过诉前的引导和分流,将纠纷纳入社会大调解机制,实现了纠纷解决的多元化。此外,法院牵头与行政部门、行业协会合作,搭建诉讼与非诉讼一体化解决纠纷的平台,在分流纠纷、提高解纷效率方面成效显著。2009年,武进区人民法院针对交通肇事损害赔偿纠纷急剧增加的情况(2003年大约300多件,2009年增加到了1600多件),在事故多发区域设立派出法庭,联合交警支队、保险公司、人民调解等机构和组织合署办公,为纠纷当事人提供"一条龙"的纠纷解决服务,收效良好。2010年4月,武进区人民法院交通巡回法庭正式揭牌。在总结武进区人民法院交通巡回法庭经验基础上,常州市人民法院提出"类案分流"思路,按知识产权、劳动争议、消费者权益保护、医患纠纷、交通道路事故等九大类案件进行分流,联合知识产权局、劳动局、交警大队等相关职能部门或社会团体共同处理。再如南京市江宁区人民法院与区劳动部门联合创立的劳动争议多元化解机制。2016年10月,江宁区人民法院和区人力资源与社会保障局牵头,率先成立南京市第一家劳动人事争议巡回法庭,巡回法庭设在江宁区劳动争议仲裁院;2016年11月,又共同协调工会、司法局、监察部门,建立了劳动争议"五位一体"调处平台,该平台是一个集矛盾纠纷"接待受理、分流办理、联动化解、法律服务、维稳处置"为一体的矛盾纠纷多元化解协调机构,"一站式"解决问题,"一盘棋"整合力量,"一体化"实现诉调分层递进。再如盐城市中级人民法院与市综治办、公安局、房管局等联合出台《关于建立健全物业纠纷多元化解机制的实施意见》,推动相关矛盾纠纷的一体化处理。盐城市亭湖区人民法院会同住建等部门联合出台《关于建立"3+1"链条式物业纠纷处理的实施意见》,全面推行自行和解、社区调解、行政调处与司法裁判有序衔接的"3+1"链条式物业纠纷处理模式,通过个案调解,明确行为导向,发挥调解案件的示范引领作用,达到"调解一件,解决一片"的良好法律效果,最大限度避免批量案件涌入审判环节。东台市人民法院将婚姻家庭、民间借贷等10类案件强制纳入诉调对接办公室进行诉前调解。对人民调解员进行业绩考核,在确定固定收入基础上实施以案定补,压实责任。东台市人民法院还与该市人社局联合出台《关于建立健全劳动争议案件联席会议制度的实施意见》,建立多形式的沟通协调机制,法院和人社局分别确定一名工作联络员,具体负责劳动争议案件相关联络工作,全力推动将该类案件化解在诉前。2018年盐城市基层人民法院一审民事案件收案数总体呈下降趋势,同时在民事案件中占比较大的民间金融借贷、物业纠纷、道路交通损害赔偿、劳动争议等系列案件收案数量出现了较大幅度的下降。矛盾纠纷多元化解工作机制初见成效。

3. 采取诉讼案件分层审理(执行)模式,简化诉讼程序,提高诉讼效率,提高司法制度效能。例如常州市法院设计的案件分流机制,包括"诉前分流、繁简分流、类案分流",对不同的案件分别采取调解与速裁、简易程序、普通程序、巡回审判和协调。法院如此描述诉讼分层的运作方式:诉讼服务中心既有立案"初诊",又有速裁"门诊",既有重大群体性纠纷及矛盾易激化的纠纷诉前多元联调的"会诊",又有如追讨农民工工资这种急事急办的"急诊",还有根据纠纷特点深入社区的"巡诊"。诉讼服务中心的目的是使大量简易的矛盾纠纷通过"门诊看病"的方式得到快速解决,让需要"住院治疗"的疑难复杂案件进入审判业务庭,保证业务庭法官投入足够的精力进行高质量的审理,实现"调审分离"和"简案快审,难案精审"。具体做法是:对当事人前来起诉的纠纷不马上立案,而是进行立案登记,也叫"预立案"。法院认为适合调解的就分流到人民调解,或委托有关解纷机构解决;调解不成又适合速裁的简单案件,即分流到速裁组审理,采取"立、审、执"一体化的快速解决方式;发现纠纷属于特定类型的案件的,分流到专门的诉讼管道处理(如交通事故损害赔偿纠纷统一归入设在交通管理部门的交通巡回法庭,劳动争议类案件归入设在劳动部门的巡回法庭审理,等等)。

在简案快审方面,各地法院结合自身条件创设了各具特色的速裁方式。2009年,溧阳市法院首设速裁中心,专门处理简单的民事案件,对婚姻家庭案件、诉讼标的较小的案件、事实清楚的案件等五类案件在立案环节就开展调解,对于7日内未能调解成功的案件启动速裁程序作出裁判,平均结案时间17天,最长不超过20日。这一经验很快成为"繁简分流"的样板。2014年3月起,江宁区人民法院在劳动争议案件审判工作中试行"要素式审判方式",逐渐形成纠纷双方庭前填写"要素表",审判人员实施"要素式庭审"和"要素式、令状式文书"为核心的审判方式。要素式审判目前已经在全省全面推广。东台市人民法院在小额诉讼案件及民间借贷、物业纠纷、离婚纠纷等固定案由的简案中,大力推广适用令状式、要素式、表格式等文书,简化说理。同时,将上级法院印发的15类令状式、表格式、要素式文书制成电子模版,通过综合信息系统发送给各承办法官,减少重复劳动。诉讼分层审理机制在方便群众诉讼、降低诉讼成本、提高诉讼效率的同时,让有限的司法资源充分运用在真正需要通过司法途径解决的纠纷上,提高了法官集约分类化解矛盾纠纷的能力。

4. 探索民事执行规律,创新强制执行模式,提高执行效率。2018年8月,江苏省高级人民法院为落实人民法院执行指挥中心实体化、标准化、规范化、精细化运行要求,推进建立"基本解决执行难"长效机制,制定《执行指挥中心"854模式"实体化运行工作导则(试行)》,设立了新型执行模式。该模式内容包括:由各级法院执行指挥中心集中办理核对立案信息和初次接待、制作发送格式化文书、网络查控、收发委托执行请求、录入失信被执行人信息、网络拍卖辅助工作、接待来访、接处举报电话等八类事务性工作;提供视频会商、4G单兵连通与执法记录仪使用、执行公开、舆情监测、决策分析等五类技术服务;承担繁简分流管理、流程节点管理、执行案款管理、终本案件管理等四项管理职责。该模式的运行特点是改变传统的"一人包案到底"的办案模式,执行人员被分别组织到不同的执行组中,专门负责执行工作中的某个事项,以充分发挥信息化和集约化在执行工作中的优势,实现线上查控和线下调查有机结合,提升执行工作效率。按照该模式,一起执行案件立案后,执行指挥中心翌日即可在线发起网络查控,只要查到被执行人银行账户,立即按照执行标的额发起网络冻结。被执行标的冻结到位的,只需等待15日异议期满即可发起网络划拨。在执行程序中,专业化小组在规定时间内完成执行法官的事项指令,指挥中心通过执行事项管理系统对流程节点进行督办,对事项节点未能及时完成的案件,向执行法官发起督办指令,要求限期完成。全部流程相互制约、简洁高效,避免了纸质材料流转带来的拖沓,甚至材料"流而不转"的现象,有效解决了案件进程的"梗阻"。新机制的运行,改变了逐案排查、费时费力的传统监管模式,80%以上的辅助事务都由执行指挥中心集中办理,极大地提高了执行效率。系统对执行流程节点实时监控,任何超节点的情况都会直接推送至院局长,形成了前期指挥中心标准化流程作业、中期法官与指挥中心相互协作和监督、全程院局长负责流程监管的新型管理模式,执行案件全过程可掌控、节点可查询、进程可预期。① 针对执行案件数量多、任务重的难题,东台市人民法院推行执行繁简分流,深化执行指挥中心"854"运行模式,执行启动组、综合查控组、快速执行组、结案审查组均实质化运行,一次分流、二次分流简易执行案件分别为50％、12％。以40％的执行人员办理60％的简易案件目标,放大小额速执品牌效应,将5万元以下小标的案件交由2个快执团队专门执行。简易案件平均执行天数仅40余天。探索由专门团队负责资产处置,复杂案件平均执行天数98天,同比下降4.3％。

5. 积极争取党委政府支持,建立矛盾纠纷排查通报预警制度,推动预防和压降社会矛盾纠纷纳入地方考评体系。很多法院建立多渠道、多层次、多主体参与的信息收集网络和预警机制,全面掌握各类涉诉纠纷的总体状况、主要类型和成因,及时向有关部门提出对策建议,推动党委政府和有关部门建立健全长效机制,从源头上预防化解矛盾纠纷。比如江苏省案件数量最多的昆山市人民法院,主动向市委政法委争取,推动成立由政法书记、副市长牵头,法院、公安局、信访局等部门一把手组成的重大敏感纠纷矛盾化解工作组和维稳工作组,建立联席会议制度,通过政府组织重整、牵头清算、法院破产等方式,分流化解大批量系列型纠纷。据该院统计,2017年以来,累计分流及化解涉房产售后包租、企业资金链断裂等引发的群体性纠纷2万余件。该院在政法委的支持下,推动建立辖区"万人传统民事纠纷案件数四色预警平台",逐月向各区镇动态推送涉诉矛盾纠纷预警信息和分析报告,该项工作被市委市政府纳入对各区镇年度绩效的考核指标。该院与周市镇政府共同开发"矛盾纠纷多元化解大数据信息平台",搭建线上解纷平台,全面对接市社会治理网格化管理平台,由人民调解员、网格员将收集到的辖区内矛盾纠纷线索上传至大数据平台,确保第一时间发现矛盾并介入处理。2017年以来,全市有8个区镇的民事纠纷案件数同比下降,最大降幅达23.8％,形成了诉讼案件下降、社会和谐度上升的"一降一升"新格局。再如盐城市中级人民法院提请市委以市"两办"名义出台《关于完善矛盾纠纷多元化解机制的实施意见》,将民事案件万人成讼率等指标纳入对各县(区)综治考核范围,提高地方综治考核对诉源治理的激励作用。针对审判执行中发现的社会管理薄弱环节,及时通过调研报告、司法建议等形式发出风险提示,帮助堵塞管理漏洞。

---

① 朱旻、杨金琼:《江苏法院执行指挥中心"854模式"落地见效》,https://www.chinacourt.org/index.php/article/detail/2019/01/id/3717755.shtml,最后访问时间:2019年12月10日;耿文博、蔡磊:《昆山法院"854模式"破题"执行难"》,http://jsjjb.xhby.net/mp2/pc/c/201907/18/c660650.html,最后访问时间:2019年12月10日。

市中院向市委市政府报送《关于盐城市"十二五"时期审判大数据分析及"十三五"时期经济社会发展建议的报告》，系统提出对策建议。在法院的积极推动下，射阳县委制定了《关于开展"无访无诉镇（区）、村居（社区）建设工作的实施方案"》《"无访无诉镇（区）、村居（社区）"建设三年行动方案（2018—2022年）》，将镇村无访无诉建设先进标准纳入年度考核中，致力于打造区域内少访少诉的司法环境。大丰区人民法院各人民法庭积极向地方党委政府发送平安月报，对审理民间借贷等案件中发现的苗头性、倾向性问题，及时发出风险预警，切实发挥审判工作的"晴雨表"作用。盐都区人民法院在辖区主要村居、社区设立"法官村长"工作室，公布联系方式，充分发挥法治宣传员、矛盾调解员、法律咨询员、舆情信息员、工作指导员等作用，努力将矛盾纠纷化解在当地、消弭在萌芽状态。针对民间借贷高发态势，盐城市中级人民法院出台《关于审理民间借贷纠纷案件若干问题的解答》，加强与公安机关的协调配合，加大司法审查力度，严厉打击非法放贷、套路贷以及虚假诉讼等行为，促进规范民间借贷市场秩序，民间借贷纠纷多发高发势头得到有效遏制。响水县人民法院民间借贷收案数连续多年占民事案件总数的50%左右，2019年上半年新收案件数同比下降26.75%。还有一些法院在依法打击非法集资违法犯罪的同时，积极创新普法宣传载体和方式，通过微信、报纸、深入社区等方式宣传民间借贷等法律法规和典型案例，用多种方式提醒老百姓自觉识别"非法集资""套路贷""电信诈骗"等，有效减少民间借贷和其他民事纠纷。通过开展巡回审理、组织旁听等方式，提高人民群众的法律意识，引导人民群众依法进行生产生活，从源头上减少了矛盾纠纷发生的可能性。

6. 引入市场机制，发挥社会力量化解矛盾纠纷，压降诉讼案件数量。第一，充分尊重仲裁机构裁决的法律效力。近年来，法院改变了对仲裁协议实质审查为主的司法审查方式，对当事人申请撤销、不予执行仲裁裁决的，以形式审查为主，最大限度地维持仲裁裁决的效力、发挥仲裁解决纠纷的效能。第二，开展律师工作站建设。各地法院都在诉讼服务中心开辟了专门的办公室（区域）供律师工作站工作。如昆山市人民法院2016年起与市司法局、律师协会联合制定实施《关于进一步推进建设多元化纠纷解决机制平台的备忘录》，在全市选聘30名公益律师参与诉前调解、法律咨询等工作。第三，引入保险机制，在财产保全、悬赏执行环节，当事人可以就保全错误风险、查找被执行人风险进行投保，保险公司对保全错误产生的损害赔偿、悬赏奖金承担理赔责任，帮助当事人控制诉讼与执行风险。事实证明，法院采取财产保全及时、有效，能促使一些债务人及时履行债务，使相当数量案件在诉前得到及时解决，且有效预防执行难。悬赏执行更是吸引社会力量协助查找被执行人、被执行财产的有力举措。第四，引导当事人运用公证预防、解决纠纷。2014年最高人民法院发布《关于审理涉及公证活动相关民事案件的若干规定》(2020年修正)第3条第2款规定"当事人、公证事项的利害关系人对具有强制执行效力的公证债权文书的民事权利义务有争议直接向人民法院提起民事诉讼的，人民法院依法不予受理。但是，公证债权文书被人民法院裁定不予执行的除外"，改变了过去允许当事人就公证债权文书提起诉讼的做法，其发挥公证预防、减少纠纷的意图非常明显。

  法院案件数量持续增长，司法制度超负荷运转，影响到制度效能的发挥。而司法资源的有限性决定了人民法院不能依赖扩编增员解决"人案矛盾"问题。中央高度重视多元解纷机制的建设。在2019年中央政法工作会议上，习近平总书记指出要把非诉讼解纷机制挺在前面，深化诉讼制度改革，完善政法公共服务体系，加快推进跨域立案诉讼服务改革。推进多元解纷机制建设、改革诉讼服务体系成为深化司法体制改革的组成部分。中央将这项改革提高到建立公平、公正、高效、权威的社会主义司法制度，提升国家治理体系系统性、规范性、协调性的有效保障的高度来强调。2019年7月31日，最高人民法院出台《关于建设一站式多元解纷机制 一站式诉讼服务中心的意见》(以下简称《多元解纷机制意见》)，把建设一站式多元解纷机制、一站式诉讼服务中心(以下简称"一站式建设")作为深化司法体制综合配套改革的重要举措，旨在进一步增强司法能力，为人民群众提供更加优质、高效、便捷的司法服务，打造中国特色纠纷解决和诉讼服务新模式，为世界提供多元解纷的中国方案，为人类司法文明贡献中国智慧。一站式建设的本质，是在法治轨道上整合各类解纷资源，打造共建共治共享的社会治理格局，体现了寓社会治理于诉讼服务之中的司法工作新理念、新思路。

  近年来，各地法院主动融入党委和政府领导的诉源治理机制建设，将一站式建设纳入地方社会治理格局，推动"万人起诉率"纳入地方综治考核，与创建"无讼"社区、一体化矛盾纠纷解决中心、行政争议调解中心等工作对接；建立诉讼服务站、法官进网格等上门服务机制，为辖区内基层自治组织解决纠纷提供培训指导；建设类型化、专业化调解平台，促进诉调对接实质化；组建速裁审判团队，深化案件分流、调解、速裁、快审"分调裁审"机制改革；开通网上立案功能，提供跨域立案服务；等等。经过多年的建设，全国法院全面建成一站式诉讼服务中心，建立起了比较健全的多元解纷机制，基本上实现了《多元解纷机制意见》提出的"走进一个厅，事务一站清"的建设目标。一站式建设的实践证明，加强纠纷多元化解机制建设，深化诉讼服务体系改革，有助于从源头上缓解人民法院案多人少矛盾，增强人民司法公正获得感，提高人民法院为国家治理体系现代化提供司法保障的能力。

二、人员规模控制

控制法官队伍发展规模的主要举措,是推行以法官员额制为龙头的人员分类管理改革,即根据法院工作人员不同的岗位性质、职责特点和成长规律进行分类,采取不同的管理方式。① 同步改革司法责任制,提高法官职业保障,推动法官队伍专业化、职业化、正规化发展。

早在上个世纪 90 年代末期,法院就开始了人员分类管理的尝试。《一五改革纲要》提出要建立书记员单独职务序列制度,试点法官助理制度,建立法警统一管理体制。2002 年 7 月,最高人民法院出台《关于加强法官队伍职业化建设的若干意见》(以下简称《职业化意见》),正式提出法官职业化概念,指出法官职业化,即法官以行使国家审判权为专门职业,并具备独特的职业意识、职业技能、职业道德和职业地位,首次提出对法官、法官助理、书记员以及其他工作人员实行分类管理。该意见第 25 条提出"法官员额"概念:"在现有编制内,合理确定各级人民法院法官员额"。第 29 条提出试行法官助理制度,让那些不能继续担任法官但符合法官助理条件的人员担任法官助理。2003 年,最高人民法院印发《人民法院书记员管理办法(试行)》,将书记员定位于审判工作的事务性辅助人员,在法官的指导下工作,实行单独序列管理。《二五改革纲要》对法院工作人员作出具体分类,分为法官、法官助理、书记员、执行员、司法警察、司法行政人员、司法技术人员等;全面开展法官助理试点,提出研究制定法官员额比例方案,改革法官遴选机制,建立符合审判工作规律和法官职业特点的法官职务序列。2004 年最高人民法院下发《关于在部分地方人民法院开展法官助理试点工作的意见》,并确定 18 个试点法院。2008 年法官助理的试点进一步扩展到 814 个法院。《三五改革纲要》继续将法院工作人员分类管理列入改革项目,进一步细化分类管理措施,强调要完善人民法院编制与职务序列制度,完善法官及其辅助人员分类管理的制度,建立健全以法官、法官助理、书记员和其他行政人员的绩效和分类管理为主要内容的岗位目标考核管理体系,并提出研究建立适应性更强的编制制度,逐步实施法官员额制度。2011 年,中组部、最高人民法院联合下发了《法官职务序列设置暂行规定》,对法官的名称、等级、职务比例都作了规定,并明确规定对法官按照职务序列管理。

这一段时期法院人员分类管理主要处于试点阶段。事实证明,因缺乏科

---

① 陈陟云等:《法院人员分类管理改革研究》,法律出版社 2014 年版,第 68 页。

学的思路和配套条件,试点推进并不顺利。典型如法官助理改革试点。最初的目的非常单纯,即减少法官队伍人数。因此,试点法院的做法有二:一是从现有助理审判员队伍中转岗一部分作为法官助理,二是新招录人员直接担任法官助理,控制甚至不再增加助理审判员。由于改革并未真正建立在法官与法官助理工作岗位性质差异及对分别管理必要性的正确理解的基础上,且法官助理这一职位并没有法律依据,最高人民法院也一直未能出台专门针对法官助理的管理办法,其职级待遇均因没有"名分"而无法得到保障,职业前景不明,导致试点推进困难。一些试点地方法院采用强行转岗办法,遭遇到法官不同程度的抵制。① 类似问题也出现在书记员单独序列改革上。总的来说,由于缺乏法律依据,没有人事部门、财政部门的支持,仅靠法院一己之力,无法突破人员管理的体制壁垒。因此,这一时期法院人员分类管理改革试点范围不大,推动进度有限,法官助理、书记员单独序列改革几乎回到原点。

人员分类管理改革获得实质性突破是在党的十八大以后。2013 年,《三中全会决定》提出推进司法机关工作人员的分类管理改革。2014 年,《四中全会决定》提出建立法官、检察官逐级遴选制度,要求初任法官、检察官由高级人民法院、省级人民检察院统一招录,一律在基层人民法院、人民检察院任职。上级人民法院、人民检察院的法官、检察官一般从下一级人民法院、人民检察院的优秀法官、检察官中遴选。并将人员分类改革纳入深改组的工作日程。2014 年 6 月,深改组第三次会议通过的《司法改革框架意见》,将司法人员分类管理作为司法改革的"基础性与制度性措施"。最高人民法院在 2015 年 2 月发布《四五改革纲要》,对法院人员分类管理制度改革提出了具体要求。2015 年下半年,深改组对法官单独序列管理、法官助理、法官责任制、法官遴选、法官工资、法官履职保障、法官惩戒等内容作出了细化的改革安排。2015 年 6 月,深改组第十三次会议通过了《关于招录人民法院法官助理、人民检察院检察官助理的意见》,强调根据司法队伍职业特点、职位性质、管理需要,遵循司法规律,建立符合审判、检察人员职业特点的法官助理、检察官助理招录机制。作为人员分类改革的配套,2015 年 9 月,最高人民法院《关于完善人民法院司法责任制的若干意见》与最高人民检察院《关于完善人民检察院司法责任制的若干意见》发布。同月《法官、检察官单独职务序列改革试点方案》发布,改革方案的核心是将法官等级与行政级别脱钩,建立一套以法官等级为基础、按期晋升与择优选升相结合,工资福利待遇与法官等级

---

① 贺小荣、何帆:《贯彻实施〈关于全面深化人民法院改革的意见〉应当把握的几个主要关系和问题》,载《人民法院报》2015 年 3 月 18 日第 5 版;刘晨:《法院改革中制度移植的反思——从"法官助理回归助理审判员"想开去》,载《法治论坛》2009 年第 3 期。

挂钩的职级序列;同时扩大高等级的职数比例,让法官无论在哪一级法院、无论是否担任行政职务,都有机会按照工作年限和业绩晋升到较高的法官等级,享受较为优渥的工资福利待遇,"让司法人员对自己从事的事业更有认同感,同时将更注重自身的专业性"①。2016年3月22日,深改组第二十二次会议审议通过了《关于建立法官检察官逐级遴选制度的意见》,明确初任法官、检察官由高级人民法院、省级人民检察院统一招录,一律在基层人民法院、人民检察院任职。上级人民法院、人民检察院的法官、检察官一般从下一级人民法院、人民检察院的优秀法官、检察官中遴选。6月,中共中央办公厅印发《从律师和法学专家中公开选拔立法工作者、法官、检察官办法》,要求按照党管干部,德才兼备、以德为先,专业化、职业化,公开、公正、竞争、择优的原则,从符合条件的律师、法学专家中公开选拔立法工作者、法官、检察官。2016年4月,深改组第二十三次会议审议通过了《保护司法人员依法履行法定职责的规定》,明确规定法官、检察官依法办理案件不受行政机关、社会团体和个人的干涉,有权拒绝任何单位或者个人违反法定职责或者法定程序、有碍司法公正的要求。同时确立司法人员职业保障机制,规定法官、检察官依法履行法定职责受法律保护。非因法定事由,非经法定程序,不得将法官、检察官调离、免职、辞退或者作出降级、撤职等处分。2016年7月,深改组二十六次会议审议通过了《关于建立法官、检察官惩戒制度的意见(试行)》(以下简称《惩戒制度意见》),指出要建立尊重司法规律,体现司法职业特点的法官、检察官惩戒制度。上述文件在整体上搭建起以法官员额制为核心的人员分类制度体系:在人员类型上,司法人员分为法官、审判辅助人员、司法行政人员和司法警察四类;在各类人员单独序列管理框架下,设置相应的员额比例、遴选办法、薪酬制度、晋升机制、履职保障及奖励惩戒制度,初步建立起司法人员职业评价与职业保障制度框架。

为控制法官队伍,同时保障完成审判工作所必需的审判力量,合理设定法官员额比例成为关键。中央采取设定员额比例上限的方式加以总体控制,同时赋予地方结合自身经济的发展状况、人口总量、案件数量等因素,确定适合本地区员额比例的自主权。中央确定的比例上限为39%。地方法院大多按照"以案定额,全省统筹"的原则确定各类人员的比例。比如上海市将员额法官、司法辅助人员、司法行政人员的比例确立为33%、52%、15%。广东省则将比例确定为39%、46%、15%。在同一省份内,不同级别法院法官的员额比例也并非完全统一。如贵州省法院根据案件数的不同,确定从高级到

---

① 《法官检察官试点单独职务序列》,http://legal.people.com.cn/n/2015/0916/c42510-27590817.html,最后访问时间:2020年2月2日。

基层的三级法院法官员额分别为33％、36％和40％。江苏省法院采取员额分配向办案一线倾斜、向基层倾斜、向案多人少矛盾突出的地区倾斜的标准。三级法院、不同地区基层法院员额法官的比例均单独确定,案件数量最多的苏州市,员额法官比例达到了40％,而人口和案件数量较少的地区则达不到平均数。最少的是泰州靖江市人民法院,员额法官比例只占29％。总体来看,全省入额法官共6625名,占中央政法专项编制总数的35.68％,没有突破中央深改组确定的上限。

由于员额制改革是在中央直接领导下的整体推进,极大软化了改革的体制障碍,员额制试点工作得以顺利展开,而且在两年之内在全国全面推进。就官方公布的信息,到2018年1月,全国27个省区市法院均已完成员额法官选任工作,约占全国法院总数的86.7％,共产生入额法官105433名。法官员额制改革试点工作基本完成。①

三、权责合一司法责任制

针对审者不判、判者不审等违背司法规律的痼疾,审判权运行机制改革的目标,是以"审理者裁判,裁判者负责"为主线,改革司法责任制,实现审判合一、权责一致。在党的十八大确定的新一轮司法体制改革中,司法责任制被置于特别重要的地位,习近平将之比喻为司法改革"牛鼻子"。2013年11月,党的十八届三中全会通过的《三中全会决定》中,将司法责任制的主要内容归纳为完善主审法官、合议庭办案责任制,让审理者裁判,由裁判者负责。这被认为是官方文件对司法责任制的内涵的阐述。2014年10月,党的十八届四中全会通过的《四中全会决定》中再次指出,要完善主审法官、合议庭、主任检察官、主办侦查员办案责任制,落实谁办案谁负责。2015年8月,深改组审议通过了《最高人民法院关于完善人民法院司法责任制的若干意见》(以下简称"《司法责任制意见》")和《最高人民检察院关于完善人民检察院司法责任制的若干意见》两个文件。司法责任制改革随后在全国司法系统全面推开。2015年9月,最高院发布了《司法责任制意见》,就法院落实司法责任制提出了具体要求。2016年7月,深改组第二十六次会议审议通过了《惩戒制度意见》。各地成立法官、检察官惩戒委员会,制定实施细则。新的司法责任制框架大体建立起来。

正确理解新型司法责任制需要强调以下四个方面:

1. 保障法官独立公正行使审判权。新型司法责任制以遵循司法规律为

---

① 刘婧:《撸起袖子促落实推动改革见实效——最高人民法院推进司法人事改革工作综述》,载《人民法院报》2017年2月14日,第1版。

皈依,将司法权的判断权加裁量权属性,以及司法的独立性、中立性、程序性和终局性特征作为司法规律的主要内容,强调司法公正是司法制度的最高价值。司法属性及基本特征,要求必须保障法官独立、依法行使审判权,对案件的判断应当建立在亲历案件审理全过程的基础上。因此,《司法责任制意见》将"审理者裁判,裁判者负责"作为司法责任制一体两面的内容,开宗明义以明确审判者的审判权限,增强法官审理案件的亲历性,确保法官依法独立公正履行审判职责作为司法责任制的制度目的,提出改革要遵循司法规律,体现审判权的判断权和裁决权属性,突出法官办案主体地位。引人注目的是,在中央审议通过的文件中首次承认,"法官独立行使审判权"是司法规律的要求,标志着我国关于司法独立的界定在制度层面有了突破,即司法独立不仅是作为审判机构的法院整体上对外独立,也包含法官依法独立行使审判权。

2. 司法责任的性质是违法审判责任,其行政责任性质应予淡化。权力与责任一致是司法责任制的基本内核或主要特征。《惩戒制度意见》第2条规定法官、检察官应当受到惩戒的行为是在审判、检察工作中违反法律法规,实施的违反审判、检察职责的行为。《司法责任制意见》以权力清单的形式详细罗列了独任庭和合议庭司法人员职责、合议庭承办法官和审判长职责、法官助理和书记员职责,同时指明司法责任的性质是履行审判职责的行为责任,以违法审判责任为本质特征。该意见第25条中规定:"法官应当对其履行审判职责的行为承担责任"。这表明司法责任的性质不是过去的行政责任或错案责任,而是法律责任。违法审判责任包括两种情形:一是法官在审判工作中,故意违反法律法规的;二是因重大过失导致裁判错误并造成严重后果的。① 该意见指出,在追究违法审判责任时,应遵循主观过错与客观行为相结合,责任与保障相结合的原则。

3. 追究司法责任的程序遵循法律逻辑。《惩戒制度意见》第1条指出,法官检察官惩戒制度,要尊重司法规律,体现司法职业特点。根据《惩戒制度意见》,惩戒委员会主要由法官、检察官组成,吸纳部分专家、社会人士参与:"惩戒委员会由政治素质高、专业能力强、职业操守好的人员组成,包括来自人大代表、政协委员、法学专家、律师的代表以及法官、检察官代表。法官、检察官代表应不低于全体委员的50%,从辖区内不同层级人民法院、人民检察院选任。"《司法责任制意见》规定的责任追究程序是:由法院院长决定提交法

---

① 《司法责任制意见》第25条第3款规定:"法官有违反职业道德准则和纪律规定,接受案件当事人及相关人员的请客送礼、与律师进行不正当交往等违纪违法行为,依照法律及有关纪律规定另行处理。"表明《司法责任制意见》没有采纳学者主张的司法责任的性质应当是"伦理责任"的意见。

官惩戒委员会审议。法官惩戒委员负责调查核实,根据查明的事实和法律规定作出无责、免责或者给予惩戒处分的建议。具体惩戒决定根据不同的责任性质分别由组织人事部门、检察机关、监察委作出。可见,责任追究程序遵循司法专业性要求,采用同行评价方式,依据法律规定处理。

4. 初步建立起司法豁免制度。《司法责任制意见》第 3 条规定"法官依法履行审判职责受法律保护。法官有权对案件事实认定和法律适用独立发表意见。非因法定事由,非经法定程序,法官依法履职行为不受追究"。

总之,新型司法责任制在本质上不同于过去的错案追究制:(1) 不单独以结果定责任,更注重行为的违法性质。(2) 对违法审判行为的认定权交由同行专家评议确定,最大限度尊重司法活动的专业化、个性化特征。(3) 不似行政追责那样严厉、刚性,更强调依法履职的内在约束,司法豁免制度更体现柔性激励。尽管《司法责任制意见》第 25 条第 1 款规定法官应当对其履行审判职责的行为承担责任,在职责范围内对办案质量终身负责,但基本上没有超出法律责任范围。

四、扁平结构审判管理机制

改革审判权力运行机制是司法责任制的主要内容,也是构建新型司法责任制的终极目标。改革的路径是:实行审判权与管理权两权分离,探索以审判权为核心,以审判管理与审判监督为保障的新型审判管理机制。

1. 两权分离。《司法责任制意见》明确提出"审判权与行政管理权相分离的原则"。员额制的初衷就是管理岗位与审判岗位分离。直白地说就是"当领导就不入额,入额就要在一线办案"。但是,由于审判委员会讨论制度并未取消,而审判委员会委员的"院领导＋法官"的双重身份无法改变,至少在短时间内通过消解院领导的双重身份实现审判权与管理权分离还无法做到。退而求其次的办法是,严格控制院领导入额的比例,明确规定非业务部门领导不得入额,已经入额的必须退出。同时,强调进入法官员额的院长、副院长、审判委员会专职委员、庭长、副庭长应当办理案件。《司法责任制意见》还就落实两权分离和院庭长办案提出了两个试点建议:其一,对于重大、疑难、复杂的案件,直接由院长、副院长、审判委员会委员组成合议庭进行审理。其二,探索实行人事、经费、政务等行政事务集中管理制度,必要时设专门协助院长管理行政事务的行政副院长。

在两权关系上,《四五改革纲要》提出,要严格遵循司法规律,建立和完善以审判权为核心、以审判监督权和审判管理权为保障的中国特色社会主义审判权力运行机制。《四五改革纲要》将审判管理制度对审判权的保障关系描述为：在提升审判质效、规范司法行为、严格诉讼程序、统一裁判尺度等方面发挥"保障、促进和服务作用"。但是在如何理解、把握这种保障促进服务作用方面存在认识上的差异，实践中很多院庭长觉得很难处理好"放权"与"监管"的关系，不同程度地出现了不愿放权、不敢监督、不善管理等问题，还有一些院庭长用口头指导等方式变相干预个案审理。最高人民法院 2017 年《关于落实司法责任制完善审判监督管理机制的意见（试行）》（以下简称《审判监督管理意见》）指出，院庭长不得以口头指示、旁听合议、文书送阅等方式变相审批案件，要求各级人民法院以权力清单方式规范院庭长审判监督管理权。

2. 改进司法决策机制，限缩审判委员会讨论的数量与范围。首先，为减少审判委员会讨论数量与频次，《司法责任制意见》建议各法院根据自身条件建立民事、刑事、行政审判专业法官会议。专业法官会议的作用是为合议庭正确理解和适用法律提供咨询意见，并作为过滤机制减少上审判委员会讨论的案件数量。其次，改进审判委员会运作机制，明确审判委员会的主要职能是总结审判经验、讨论决定审判工作重大事项等。把审判委员会讨论具体案件的目标限于统一本院裁判标准。限定讨论案件范围，即只讨论涉及国家外交、安全和社会稳定的重大复杂案件，以及重大、疑难、复杂案件的法律适用问题。为了解决审判委员会未亲历案件审理、仅靠听取汇报进行讨论作出决策的问题，要求审判委员会委员事先审阅合议庭提请讨论的材料，了解合议庭对法律适用问题的不同意见和理由，根据需要调阅庭审音频视频或者查阅案卷。这尽管与司法的直接言词原则还存在不小的距离，但至少是有所进步。

3. 内部机构改革。以"大部制"为框架，改革法院内设机构，通过整合非审判业务部门，精简管理人员，弱化审判庭建制，减少领导职数，减少管理层级，构建扁平化管理结构。2018 年 5 月 25 日，中央机构编制委员会办公室、最高人民法院联合发布《关于积极推进省以下法院内设机构改革工作的通知》，要求地方法院按照"实行扁平化管理，减少管理层级"的要求调整内设机构。通知对内设机构数量作了严格限定：政法专项编制 50 名以下的基层人民法院，内设机构总数一般不超过 5 个；51—100 名的一般不超过 8 个；101—200 名的一般不超过 10 个；工作任务较重或 201 名以上的，可以根据工作需要适当增加审判业务机构，但要从严审批。建议人员编制较少的法院设置综合审判庭或不设审判庭。整合职能交叉、业务相近的非审判业务机构，撤并与审判机关职能无直接关联的机构。

4. 组建"法官＋法官助理＋书记员"的新型审判团队组合模式，是审判权运行机制改革试点的重要内容。《司法责任制意见》也对加强审判团队建设作出了规定,建议案件数量较多的基层人民法院,可以组建相对固定的审判团队,实行扁平化的管理模式。审判团队模式可以是一名法官加法官助理、书记员和其他辅助人员。要求各地法院根据具体情况,为法官配置必要数量的法官助理、书记员和其他审判辅助人员。鼓励引入市场机制,试行部分行政事务外包,尽可能减少法官事务性工作。

5. 重新定义院庭长监督管理职能。《司法责任制意见》和《四五改革纲要》明确规定,裁判文书由审理案件的独任法官或合议庭全体成员签发。除审判委员会讨论决定的案件以外,院长、副院长、庭长对其未直接参加审理案件的裁判文书不再进行审核签发。院长、副院长、庭长除参加审判委员会、专业法官会议外,不得对其没有参加审理的案件发表倾向性意见。在取消院庭长通过审批裁判文书行使监管的权力的同时,重新定义了院庭长的审判管理职能,主要是对审判工作进行宏观上的指导,组织研究相关重大问题和制定相关管理制度,主持审判委员会的讨论,主持法官考评委员会对法官进行评鉴等综合管理工作。为避免管理权变异为干预审判,强调院庭长的审判监督管理活动应当在工作平台上进行,确保公开透明。

《四五改革纲要》分别就院庭长的"审判管理职能"与"审判监督职能"提出要求。第 29 条提及院庭长审判管理职能,涉及案件审理程序变更、审限变更的审查批准;对诉讼卷宗分类归档、网上办案、审判流程管控、裁判文书上网工作进行内部督导。第 30 条提及院庭长审判监督职责,主要是对重大、疑难、复杂案件的监督。为防止院庭长对案件的监督变味为干预个案审判,纲要提出通过完善主审法官会议、专业法官会议机制,依托现代信息化手段实现监督权行使全程留痕,做到"确保监督不缺位、监督不越位、监督必留痕、失职必担责"。

在取消院庭长通过审批方式直接管理个案审判的方式后,显著减少了行政管理对审判的影响,"审理者裁判,裁判者负责"的改革目标取得了实质进展。总体上看,党的十八大以来针对法院内部治理结构的改革抓到了司法行政化的病根子,诉源治理、员额控制加扁平化结构的改革路径的选择是正确的,以司法责任制为牛鼻子的改革举措堪称对症下药。而看各项去行政化改革措施是否落到了实处,最佳的观察点是所谓"四类案件"的审判管理。因为在审判实践中,绝大多数普通案件并不需要提交审判委员会讨论、协调处理或请示汇报,这些行政化决策方式主要集中在"四类案件"上。不客气地说,四类案件一直是司法行政化的重灾区。下文将指出,就当前最高人民法院对"四类案件"的审判管理要求看,去行政化改革存在明显的路径依赖。

第二节 去行政化改革的路径依赖

司法权行政化方式运行是历史形成的,经过多年发展积淀,支撑这种运行方式的内外部因素包括组织架构、人员构成以及行动模式等,都已经"钙化"为相当稳定的正式与非正式制度。尽管顶层设计为司法权运作机制改革设定了明确的去行政化目标,但与司法体制改革主要依靠外部力量、特别是中央力量推进不同,司法权运作机制改革毕竟主要依靠司法机关自身——依赖其领导层——来推动、落实。而改革的另一个侧面是利益的重新分配,不仅涉及司法机关内部组织机构的关停并转、上下级关系的重新定位,更有内部人员分流、领导职数缩减等问题。对于既得利益者来说,动别人的奶酪增加自己的收益(哪怕不直接获益)都比较乐意,而要拿自己开刀、特别是扣减自身利益的改革,其激励机制一定是不足的。这是去行政化改革面临的最大难题或陷阱。就目前已经全面推行的员额制、司法责任制改革来看,改革的路径依赖明显,效果不彰,需要及时反思。导致改革陷入路径依赖的主要因素正是既得利益者主持推进的改革常常遭遇的利益藩篱。如果不能从根本上摘除司法权行政化运行的刺激源,不能让领导层彻底祛除靠行政化运作获取利益的依赖,去行政化改革的各种措施极有可能沿着旧的轨迹滑行,最终令改革成效趋零。[①]

一、相对合理主义审判监管模式

《一五改革纲要》首次提出,要建立"符合审判工作特点和规律的"审判管理机制,强化合议庭职能。《二五改革纲要》延续这一改革方向,针对"审、判分离"等违背审判规律的现象,提出改革和完善审判组织和审判机构,实现"审与判的有机统一"。总体上看,这十年人民法院关于审判管理的探索,都是沿着突出审判组织的独立性,弱化集体讨论决策和院庭长行政领导对审判活动的影响,还权于法官与合议庭的方向推进的。而第三个五年改革期间,法院受理案件数迅速增加、司法人员编制随之不断扩容、法院内部机构同步膨胀,案多、人多、事多,特别是司法不公和司法腐败问题给法院声誉造成负面影响,给内部管理带来巨大压力。最高人民法院连续发布文件、召开会议,研究部署全面加强审判管理。2010年最高人民法院发布《关于改革和完善人民法院审判委员会制度的实施意见》(以下简称《审委会意见》),扩大了应

[①] 吴英姿:《论保障型审判管理机制——以"四类案件"的审判管理为焦点》,载《法律适用》2019年第19期。

当提交和可以提交审判委员会讨论的案件范围。2011年最高人民法院发布《关于加强人民法院审判管理工作的若干意见》(以下简称《审判管理意见》),提出了"全员、全程、全面"的三全管理架构,管理的范围涉及从立案到分案、排期、开庭、裁判、执行等各个审判环节;管理内容是"既要管理法官,又要管理案件",上级法院承担对下级法院的审级管理工作。按照《审判管理意见》的要求,各地法院先后设立专门审判管理机构,采取流程管理方式,通过程序监控和节点管理,对案件审理进行全程监控。借助信息化技术和指标考核,各项管理措施得到强化,管理的严密性大为提高,其结果是管理中行政元素强力渗透到审判活动中,司法行政化问题日益突出。

龙宗智用"相对合理性"来解释法院审判管理政策的这种调整变化。他认为,基于下列原因,法院原有的司法改革思路遇到了障碍:一是作为国家治理部门的司法必须配合国家强化"集中性统合"管治的需要,将加强审判管理、能动司法作为"创新社会管理"的举措;二是没有司法体制和运行机制改革的跟进,还权合议庭、放权法官导致司法腐败概率的增大。因此,强化审判管理是一种在法治与非法治的状态并存的"有限法治"条件下,"采用不尽合理的方式实现相对合理的目的"的路径,有助于司法公正与效率的实现。同时,他也意识到"将行政干预司法的做法制度化"有悖于法理和司法规律,主张以不损害法官的独立性与权威为底线,限制和规范审判管理权的范围与方式。建议审判管理原则上不得直接干预案件的实体处理,主要采取案件流程管理、案件质量评查、审判绩效考核等外部运作方式,间接影响个案审判。①三五期间审判管理的实践验证了龙宗智的上述判断。梳理法院"一五"改革以来审判管理机制改革的历程可以发现,由于强调体制、机制条件局限,相对合理主义审判管理模式具有高度的存在合理性。即便在党的十八大以来深入到司法体制与机制层面的改革已经进行了8年之后,这种倚重监督管理限制审判权独立行使可能的恣意、通过审判管理方式制度化减少管理权运行对司法规律的背离、防止行政干预对司法公正的损害的相对合理主义/实用主义的管理模式还是很有市场的。② 在员额制等去行政化改革措施全面推行后,一段时间内审判质量有所下滑,普遍表现为审判瑕疵多发,二审发改率提高,裁判尺度不统一,等等。问题的成因被指为"监督不力",即一些法院院庭长没有处理好保障员额法官独立裁判与做好监督管理工作之间的关系,不会监督、不敢监督。加强院庭长监督管理的声音再度放大。前述相对合理主义/实用主义的立场获得很多人的支持,其主张:一是改革是一个漫长的过

---

① 龙宗智:《审判管理:功效、局限及界限把握》,载《法学研究》2011年第4期。
② 龙宗智、孙海龙:《加强和改善审判监督管理》,载《现代法学》2019年第2期。

程,从去行政化最终取决于司法体制改革而言,党统揽全局、协调各方的政治体制不变的大格局下,司法体制中的行政化因素的消解难以一步到位。应当采取渐进式改革节奏,保留原有的审判管理机制,以控制行政化程度为进路,局部地、渐进地改良。二是在如何构建新型审判管理机制方面,主张从审判管理的制度化层面强化并规范院庭长审判监督权,即细化审判监督管理权的范围,比如制定管理权限清单,规范管理权行使方式,包括审判委员会讨论范围甚至发言顺序,发挥专业法官会议、信息化技术的辅助作用,等等。①

但改革实践表明,在相对合理主义管理模式下,如何处理好两权关系始终是个难题。在两权关系上,《司法责任制意见》明确提出"审判权与行政管理权相分离的原则"。法官员额制是实现两权分离的第一举措,即担任领导职务的不入额,入额就要在一线办案。但因审判委员会保留的原因,院庭长"行政领导+员额法官"的双重身份暂时没有改变,两权分离的重点就落在了处理好审判权与管理权的关系问题上。《司法责任制意见》提出按照"以审判权为核心,以审判监督权和审判管理权为保障"原则处理两权关系,以权力清单形式分别罗列了院庭长审判管理权与审判监督权,并将所谓"四类案件"列为院庭长监管权的重点。其中,院长审判监督权主要包括两个方面:一是院庭长对本院/本庭内部行政事务的监督管理权,如制定全院/本庭的相关管理制度、法官的业绩考核办法等;二是对审判业务的监督指导权,包括分案调整、审判质量评查等。院庭长的审判监督管理权包含对承办法官办理具体个案的"过问权":院庭长行使监管权的方式是"要求独任法官或者合议庭报告案件进展和评议结果";院庭长对上述案件的审理过程或者评议结果有异议的,不得直接改变合议庭的意见,但可以决定将案件提交专业法官会议、审判委员会进行讨论。显然,这种监督权超出了诉讼法上的"审判监督权"范围,处理得不好很可能变异为对案件实体审判的"干预"。这明显是保留了《审判管理意见》管住重点案件、重点人员的监管模式,正符合上述相对合理主义设想的审判管理模式。在万毅等看来,就《司法责任制意见》规定的院庭长有权否决法官(合议庭)的意见并将案件移交讨论而言,是变相剥夺了审理者的裁判权,一旦操作不当可能对审判权的独立行使造成妨害。院庭长的这种审判监督权不仅在实在法及法理上均缺乏依据,且在一定程度上与司法责任制改革突出法官办案主体地位的改革目标是相悖的,不能对其中背离司法规律的因素熟视无睹。但是基于员额制刚刚推行,一线办案法官业务素质良莠不

---

① 龙宗智、孙海龙:《加强和改善审判监督管理》,载《现代法学》2019年第2期;顾培东:《再论人民法院审判权运行机制的构建》,载《中国法学》2014年第5期;高一飞、赵毅城:《院庭长审判监督管理机制的当前改革》,载《湖南社会科学》2018年第6期。

齐,法院的司法公信力还不高,又只好承认院庭长审判监督权的存在合理性,认为这是"一种过渡性的无奈之举"。①

事实表明,不仅客观上难以界分干预与管理的界限,而且在全面强化管理责任又缺乏有效的制约机制的情况下,让行政管理权通过自律守住不干预审判权独立行使的底线极其不可靠。现实是,一些院庭长为避免被认为是干预独任法官/合议庭审判,不愿管、不敢管;一些院庭长则走到另一个极端,不愿放权,用旁听合议、口头指导等方式变相干预个案审理。与此同时,审判质量下滑现象普遍出现,表现为审判瑕疵增多、二审发改率提高、裁判尺度不统一、违法审判/执行行为时有发生,等等。问题的成因被指为审判监督管理不力,即一些法院院庭长没有处理好保障员额法官独立裁判与做好监督管理工作之间的关系,不会监督、不敢监督;或者将审判权与审判监督管理权混为一谈,不知道如何把握好审判监督管理权的边界。改善审判管理机制,特别是加强院庭长审判监督管理职责、"放权不放任"的问题再次被提出。最高人民法院《审判监督管理意见》将审判监督权与审判管理权合并统称为"审判监督管理权"。意见将院庭长审判监督管理职责界定为:对程序事项的审核批准、对审判工作的综合指导、对裁判标准的督促统一、对审判质效的全程监管和排除案外因素对审判活动的干扰等方面。《审判监督管理意见》严格禁止院庭长"以口头指示、旁听合议、文书送阅等方式变相审批案件",提出以权力清单方式规范院庭长审判监督管理权。从意见提出要求上看,清单包括基于审判权而进行的审核批准权与基于行政管理而进行的指导、督促、监管和保障等各类权力。院庭长行使监督管理权的方式主要是根据职责权限,对审判流程运行情况进行查看、操作和监控,分析审判运行态势,提示纠正不当行为,督促案件审理进度,统筹安排整改措施。为规范、监督院庭长履行职责,要求将院庭长行使审判监督管理职责的时间、内容、节点、处理结果等在办公办案平台上全程留痕、永久保存。但是有调查发现,《审判监督管理意见》发布实施以来,院庭长不敢管、不愿管,与院庭长违规审核裁判文书、以"咨询意见"方式插手干预个案等两个极端的现象依旧存在,且具有一定的普遍性。而由于几乎没有法官愿意主动记录、报告,全程留痕的监督方式基本上没有发挥作用。②

相对合理主义管理模式最大的问题是始终无法解决强化管理与违背司法规律、背离改革目标之间的紧张关系,因而总是陷入"一管就死、一放就乱"

---

① 万毅、杨春林:《论院庭长的审判监督权》,载《思想战线》2016年第4期。
② 高一飞、赵毅城:《院庭长审判监督管理机制的当前改革》,载《湖南社会科学》2018年第6期;龙宗智、孙海龙:《加强和改善审判监督管理》,载《现代法学》2019年第2期。

的死局。可以预见,如果未来的改革还是按照相对合理主义管理模式,以提高审判监督管理的制度化程度的思路推进,将跳不出"管—放—管"的怪圈。①

二、以"行政监管"为基调的院庭长审判管理监督权

《司法责任制意见》提出要破除审判管理的行政化,同时指出要建立健全"院、庭长的审判监督制约机制"。就院庭长通常采用的监督手段看,主动询问了解、要求承办人报告、检查卷宗、旁听庭审、参与合议等,性质上仍然属于行政监管。各种信息化技术成为助力行政监管的工具。按照《司法责任制意见》等文件精神,强化院庭长审判监督管理权的目的是保障审判质量。《司法责任制意见》在审判管理和监督部分,提出"建立符合司法规律的案件质量评估体系和评价机制"。审判管理和审判监督机构通过定期分析审判质量运行态势,改变单纯依赖统计结果进行评价的"数目字评价方式",采取抽查等多种方式以专业标准对案件质量进行评价。为确保评价的专业性,《司法责任制意见》要求各级法院成立法官考评委员会,建立涵盖法官个人日常履职情况、办案数量、审判质量、司法技能、廉洁自律、外部评价等为主要内容的法官业绩评价体系和业绩档案,以法官业绩评价作为法官任职、评先评优和晋职晋级的重要依据。在落实司法公开方面,要求各级人民法院依托信息技术提高司法透明度,主动接受社会监督。在2018年7月召开的"全面深化司法体制改革推进会"上,中央政法委书记郭声琨特别提出"要着力破解监督不力难题",加快构建新型监管机制。最高人民法院2019年2月公布的《五五改革纲要》把"完善审判监督管理机制"作为全面落实司法责任制改革的重要内容之一,提出构建新型监管机制的举措是:(1)健全院庭长审判监督管理履职规范,包括权力清单、监管职责清单、履职指引、案件监管全程留痕制度。(2)突出监管重点,即完善信访申诉、长期未结、二审改判、发回重审、指令再审、抗诉再审案件的审判监督机制。(3)建立多渠道发现监督重点案件的制度体系。按照全面覆盖、科学规范、符合规律的要求,建立通过信息化办案平台自动识别、审判组织主动提交、院长和庭长履行职责发现、专门审判管理机构案件质量评查、当事人监督和社会监督等多途径、多渠道监督管理体系。

从上述改革举措看,路径依赖比较明显,至少是在"四类案件"等重点监管领域保留了相对合理主义/实用主义的改革思路推进:在约束审判权方面,主要靠"自律"和"监督",即提高院庭长履行监督管理职责行为制度化、规范

---

① 吴英姿:《论保障型审判管理机制——以"四类案件"的审判管理为焦点》,载《法律适用》2019年第19期。

化程度,而监管事项的发现主要靠行政领导/上级法院检查工作发现、当事人与社会监督举报等外部监督途径收集获取;在审判管理路径上,是通过强化院领导的行政管理责任,"既管案又管人",保证审判质效;在管理方式上,采取节点管理加重点案件报告——审查——建议的方式,包含"审查——指令"的行政因素;而权力清单、全程留痕,则模仿了对行政权力的规范与监督模式。

按照上述以"监督"为主的设计,以及通过上级领导给下级领导提出指导、作出指示的方式进行监督管理,其能够发生的效用就是监督下级对命令的遵从程度。这与司法的个性化、专业性,具体个案审判更多强调发挥法官实践理性找到妥当处理方案的特征而言,是不相匹配的。审判监督管理与其说是在追求质量与公正,不如说是在追求效率与整齐划一。因此,强化院庭长监督管理权,实际上是用提高审判效率的途径追求司法公正,恐怕是无法实现改革初衷的。法院内部科层结构不可能在短时间内向扁平结构转变,司法活动中行政逻辑对法律逻辑的干扰一时也很难彻底清除。另外,因为掌控着资源,院庭长监管权的寻租空间很大。于是如何约束监管者成为循环问题。改革不得不叠床架屋地再设计对监管者的再监管,即所谓"审判监督制约机制"。司法责任制方案中提出,要依托现代信息化手段,建立主审法官、合议庭行使审判权与院、庭长行使监督权的全程留痕、相互监督、相互制约机制。一句"现代化信息手段"看似轻描淡写,其成本之高难以估计,而效益之低是可以想象的。更重要的是,强化行政领导的监管权力与监管责任的结果,一定是造就更多管理干部而更少资深法官。在严密监管下从事审判工作的法官,其理想一定不是坚守审判岗位,而是有朝一日登上管理岗位当"监工"。而"多年媳妇熬成婆"的人往往偏好更加严厉的监控。[①] 可以说,院庭长监督管理权越强势,与司法规律距离越远。

三、四类案件成为行政化运行的保留地

实际上,即便在改革之前,司法行政化也不是在每个案件、每个司法行为中都那么明显,而是集中在所谓"四类案件"上。这些案件的共同特点是很容易被问题化,即引发群体性事件、信访上访,将个案审理问题演变为社会治理问题,处理得不好可能导致法院(院长)承担领导责任乃至政治责任等。法院历来将"四类案件"作为审判管理的重点,也是学者论证相对合理主义管理模式的存在合理性的主要理由,因此可以作为观察和研究审判管理方式改革的最佳视点。以下几个方面表明,相对合理主义改革思路下,四类案件成为行

---

① 吴英姿:《论保障型审判管理机制——以"四类案件"的审判管理为焦点》,载《法律适用》2019年第19期。

政化运行的保留地。

1. 四类案件被当作保留审判委员会讨论最后的正当性依据。从《一五改革纲要》启动限缩审判委员会讨论、强化合议庭职能改革开始,"四类案件"就作为审判委员会讨论的保留地被罗列出来。2002 年《最高人民法院关于人民法院合议庭工作的若干规定》第 12 条规定,合议庭必须提请院长决定提交审判委员会讨论决定的案件包括:"(一) 拟判处死刑的;(二) 疑难、复杂、重大或者新类型的案件,合议庭认为有必要提交审判委员会讨论决定的;(三) 合议庭在适用法律方面有重大意见分歧的;(四) 合议庭认为需要提请审判委员会讨论决定的其他案件,或者本院审判委员会确定的应当由审判委员会讨论决定的案件。"《二五改革纲要》《三五改革纲要》均延续了这一保留。2010 年最高人民法院发布《审委会意见》,重申人民法院审判委员会制度是中国特色社会主义司法制度的重要组成部分,充分肯定各级人民法院审判委员会曾经发挥的重要作用,认为审判委员会符合当下司法制度发展的需要,应当不断改革和完善。该意见第 3 条重申审判委员会是人民法院的"最高审判组织"。审理疑难、复杂、重大案件是其首要的职责。除了本院已经发生法律效力的判决、裁定确有错误需要再审的案件应当提交审判委员会讨论决定的外,该意见还将下列案件规定为"应当提交审判委员会讨论决定"的案件:检察院抗诉案件;拟判处死刑立即执行的案件;拟在法定刑以下判处刑罚或者免于刑事处罚的案件;拟宣告被告人无罪的案件;拟就法律适用问题向上级人民法院请示的案件;认为案情重大、复杂,需要报请移送上级人民法院审理的案件;等等。第 11 条还规定了合议庭"可以"提交讨论的案件:合议庭意见有重大分歧、难以作出决定的案件;法律规定不明确,存在法律适用疑难问题的案件;案件处理结果可能产生重大社会影响的案件;对审判工作具有指导意义的新类型案件;其他需要提交审判委员会讨论的疑难、复杂、重大案件。《司法责任制意见》和《四五改革纲要》再次提出要规范审判委员会讨论案件的范围,但并没有明确取消《审委会意见》的规定。同时把"涉及国家外交、安全和社会稳定的重大复杂案件"作为应当提交审委会讨论,且应当就案件事实与适用法律进行全面讨论的案件。

表面上看,上述规定旨在通过明确人民法院组织法和诉讼法规定的"疑难复杂案件"的范围,规范进入审委会讨论的案件范围,但通过这样的解释,客观上大大拓宽了审委会讨论的范围。而且由于这些案件的识别标准都是实质性因素,解释的弹性空间较大,完全可以称为"口袋条款"。只要法官想将案件提交审判委员会讨论,都可以从中找到依据。毫不夸张地说,四类案件是审判委员会制度得以保留的最后理由,也是去行政化改革最难攻克的堡垒。

2. 四类案件被纳入院庭长行使监督管理权的重点。院庭长的监督管理权从案件分配环节开始。一般情况下，案件采取随机分配的方式，但四类案件则进入行政管理的"特别管道"，由院庭长控制分配权，采取指定承办法官的方式分案，或提出分案建议。《司法责任制意见》第 24 条规定院庭长重点监控四类案件：涉及群体性纠纷，可能影响社会稳定的；疑难、复杂且在社会上有重大影响的；与本院或者上级法院的类案判决可能发生冲突的；有关单位或者个人反映法官有违法审判行为的。《审判监督管理意见》规定下列几类案件不适用随机分案，而由院庭长指定分案：(1) 重大、疑难、复杂或者新类型案件，有必要由院庭长承办的；(2) 原告或者被告相同、案由相同、同一批次受理的 2 件以上的批量案件或者关联案件；(3) 本院提审的案件；(4) 院庭长根据个案监督工作需要，提出分案建议的；(5) 其他不适宜随机分案的案件。一些地方法院据此结合本地情况制定了自己的实施意见。如 2019 年 8 月，南京市中院制定印发了《关于进一步落实院长庭长审判监督管理职责的实施意见（试行）》（以下简称《南京意见》），将以下六类案件纳入院庭长监督管理职责范围：(1) 涉及群体性纠纷，可能影响社会稳定的案件；(2) 疑难、复杂且在社会上有重大影响的案件；(3) 与本院或者上级法院的类案裁判可能发生冲突的案件；(4) 有关单位或者个人反映法官有违法审判行为的案件；(5) 超长期未结案件；(6) 重点信访督办案件。《南京意见》比《司法责任制意见》的规定增加了(5)(6)两类；还规定了院庭长行使监督管理权的方式，包括向承办法官了解情况，查阅卷宗，旁听庭审，要求承办法官报告案件进展和合议庭评议结果、案例检索研究报告，参与合议庭评议给出指导性意见，要求合议庭复议一次，提交专业法官会议或审判委员会讨论，乃至更换承办法官或合议庭成员（主要适用于(4)(5)两种情形）。至于六类案件的识别标注，意见提出建设审判监督管理平台，通过立案甄别、信访举报、承办法官报送、院庭长发现等途径进行识别、标注，纳入"六类案件监管模块"，院庭长应当全程监督管理。

3. 四类案件成为要求法官履行请示报告义务的理由。院庭长监督管理四类案件审判活动的方式，是要求承办法官随时报告审判进展、合议庭评议结果。《司法责任制意见》第 24 条规定，对于四类案件，院长、副院长、庭长有权要求独任法官或者合议庭报告案件进展和评议结果。最高人民法院《关于落实司法责任制完善审判监督管理机制的意见（试行）》重申了这一要求，并进一步确定为法官的义务，即独任法官或者合议庭在案件审理过程中，发现符合上述个案监督情形的，应当主动按程序向院庭长报告，并在办公办案平台全程留痕。《南京意见》要求承办法官应当在开庭、合议、宣判等关键环节向院庭长报告。在合议庭评议得出案件处理意见后、裁判文书制作前,必须将审理情况和结果呈报院庭长。①

四、隐形的行政化因素未被触及

司法责任制改革方案中有诸多隐性的行政化因素,且改革的"扫帚"存在死角,对集体决策、行政思维方式等隐形行政化因素始终没有触及。

1. 保留"承办人＋集体决策"裁判模式

《司法责任制意见》提出推行"主审法官责任制",大概的内容是:主审法官可以作为独任法官或合议庭中的审判长。主审法官在院庭长的审判监督下履行审判职责,在其独任审理案件中,有直接签发裁判文书的权力。改革方案在赋予法官独立裁判权的道路上推进了一步,赋予采取独任制审判组织形式的主审法官独立作出裁判的权力。但因审判委员会讨论、请示报告制度的保留,还是可以看到明显的"承办人＋集体决策"的裁判模式。根据目前的改革方案,审判委员会仍然可以讨论决定"重大、疑难或者复杂案件"的法律适用问题,但方案中对什么是重大、疑难、复杂案件没有明确的标准,院庭长拥有实际决定权。而对于"涉及国家外交、安全和社会稳定的重大复杂案件",审判委员会讨论决定的范围不限于法律适用问题,也可以是事实认定问题,陈瑞华认为"这显然就与审判委员会只讨论决定法律适用问题的改革方向背道而驰"②。

近年来,最高人民法院在探索裁判尺度统一机制方面进行了多方探索,包括:(1) 推行指导性案例制度,即最高人民法院每年经审判委员会讨论选取和发布指导性案例,要求法官在审理类似案件的裁判中必须参照执行;(2) 推广类案检索方式,要求法官充分利用司法裁判文书公开平台上的裁判,检索类似案件的裁判,自觉保持裁判尺度的统一;(3) 要求发挥法官专业会议与审判委员会讨论的作用,保持内部裁判法律适用和自由裁量的统一。2019 年 10 月 28 日,最高人民法院印发《关于建立法律适用分歧解决机制的实施办法》(法发〔2019〕23 号)(以下简称《办法》),确立了新的法律适用统一机制。《办法》规定最高人民法院审判委员会是法律适用分歧解决工作的领导和决策机构;最高人民法院审判管理办公室(以下简称"审管办")、最高人

---

① 吴英姿:《论保障型审判管理机制——以"四类案件"的审判管理为焦点》,载《法律适用》2019 年第 19 期。
② 陈瑞华:《法院改革的中国经验》,载《政法论坛》2016 年第 4 期。

民法院各业务部门和中国应用法学研究所(以下简称"法研所")是为审委会决策提供服务与决策参考并负责贯彻审委会的决定的机构。《办法》设计的分歧发现与处理程序是"申请—研究—复审—审委会讨论—决定—落实",即最高人民法院各业务部门、各高级人民法院、各专门人民法院在案件审理与执行过程中,发现在审案件作出的裁判结果可能与最高人民法院生效裁判确定的法律适用原则或者标准存在分歧,或者上述部门、法研所发现最高人民法院生效裁判之间存在法律适用分歧的,应当向审管办提出法律适用分歧解决申请。审管办收到法律适用分歧解决申请后,应当及时进行审查。符合立项条件的,应当立项并将有关材料送交法研所。法研所收到审管办送交的材料后,应当在5个工作日内对申请书中涉及的法律适用分歧问题进行研究,形成初审意见后送交审管办。审管办收到法研所送交的初审意见后,应当按照最高人民法院审判执行工作职能分工,将初审意见送交相应业务部门进行复审。最高人民法院相应业务部门收到上述材料后,应当及时组织研究,形成复审意见后送交审管办。审管办收到业务部门的复审意见后,应当及时报请院领导提请审委会就法律适用分歧问题进行讨论。审委会对法律适用分歧问题进行讨论,作出决定后,审管办应当及时将决定反馈给法律适用分歧解决申请报送单位,并按照该法律适用分歧问题及决定的性质提出发布形式与发布范围的意见,报经批准后予以落实。审委会关于法律适用分歧作出的决定不仅对于报送单位必须执行,而且最高人民法院各业务部门、地方各级人民法院、各专门人民法院在审判执行工作中也应当参照执行。显然,无论指导性案例制度、类案检索加专业法官会议讨论,还是最高人民法院新推出的法律分歧解决机制,都非常依赖集体讨论,且指导性案例的选取过程、法律分歧问题的处理过程,均按照行政程序进行设计。最高人民法院发布的指导性案例与审判委员会对法律适用分歧讨论的决定,具有"参照执行"的效力,带有"命令—服从"的特征。如果不能在根本上解决审判权集体行使的格局,"让审理者裁判,让裁判者负责"的目标就无法真正实现,去行政化改革将无果而终。

2. 司法责任中行政责任属性若隐若现

司法责任制改革方案中提出,要科学界定合议庭成员的责任,既要确保其独立发表意见,也要明确其个人意见、履职行为在案件处理结果中的责任。这里的"责任"是什么性质的责任?《四中全会决定》中提到了实行办案质量终身负责制和错案责任倒查问责制。2018年12月10日至11日,最高人民法院在上海召开全国法院司法体制综合配套改革推进会。会上最高人民法院副院长李少平发表讲话时,提出"司法责任既包括审判组织独立行使审判权的责任,也包括院庭长依法行使审判监督管理权的责任,还包括人民法院对司法裁判承担的政治责任和社会责任"①。可见,以"办案责任"为重心的司法责任性质上还是带有承包责任色彩的行政责任。这个方案显然是管理者的思路,尽管其目的是激发审判者(合议庭成员)的责任心,但以追究责任为手段的"紧箍咒"式管理方式,只能导致合议庭成员因担心错案追究而不敢发表不同意见,从而压制少数意见,加剧"合而不议"现象。以"主审法官责任制"为核心的改革方案追求的效果是:既保障法官独立裁判,又能有效约束法官行为,让法官对案件的审理质量负责(更准确地说是:用负责的态度审判案件)。但是,如果改革思路仍然沿着强化行政监管的老路推进,只能导致监管愈多、责任风险愈大而法官独立性愈弱。法官为防范错案风险而更加依赖集体决策,最终仍然是集体负责就是无人负责的审判"权责分离"结果。然后就是审判质量下降、监管力度加强(领导岗位职数增加、手段翻新、成本提高)、优秀法官流失、审判质量下降的恶性循环。

3. 法官行政化思维方式是改革的死角

去行政化已经在人员分类管理、内设机构改革、审判团队建设、审判委员会改革等方面全面推开,法官职业保障、司法责任制及法官惩戒制度等配套机制也逐步建立起来。可以说,祛除导致司法权行政化运行因素的"外科手术"已经取得了引人注目的成效。但是,法官思维方式的行政化是一个不易察觉的内在的、隐形的行政化因素。行政化的思维方式是一种"命令—服从"式的思维方式。如前所述,中国法官在长期严厉的行政监管下,养成了"服从命令听指挥"的思维方式。审判委员会讨论决定合议庭或独任审判员必须执行,下级法院通过向上级法院直至最高人民法院请示汇报解决疑难案件审判问题,最高人民法院或上级法院通过讨论纪要、个案批复、电话回答等正式或非正式的方式直接就个案审判问题发表意见,二审法院在裁定发回重审的同时附"内部函"指导一审法院重新审理……上述工作方式和以服从为基调的思维方式,与司法的亲历性要求及实践理性正好相反,是典型的"命令—服从式"行政工作方式与思维方式。这是一种长期在行政化司法下养成的"类公务员"思维方式,有强烈的依赖性:依赖立法型司法解释,拒绝独立思考,依赖明文规定的条款、标准、格式,依赖集体决策转移审判风险,依赖请示汇报规避错案风险,以安全结案的个人目的置换公正司法的制度目的;等等。最为

---

① 《全国法院司法体制综合配套改革推进会在上海召开》,http://lawyers.66law.cn/s2617838990731_i528611.aspx,最后访问时间:2020年2月3日。

典型的是最高人民法院发布的数量庞大的立法型司法解释,已经成为法官审判案件的"第一法律"。更准确地说,法官对待司法解释的心理毋宁是把它当作行政命令来执行。这突出表现为用文义解释方法解释司法解释,脱离司法解释针对的具体问题,脱离正在审理的案件的具体事实,更重要的是脱离法律的基本规定和基本法理,机械套用,"一刀切"裁判。① 在最高人民法院出台某个新司法解释前后,同一法院甚至同一法官对类似案件作出截然不同的裁判结论,这种现象在有关夫妻共同财产、夫妻共同债务的认定的司法解释的适用上表现得淋漓尽致。无论当事人如何不理解,只要有最高人民法院的司法解释这把"尚方宝剑",法官判得就理直气壮、问心无愧,因为这样判是"安全的"。司法责任制改革的目标是实现"让审理者裁判,让裁判者负责",如果在整体意义上把握改革精神,应当认识到"审判合一"与"权责一致"是司法责任制的一体两面,而且重心在前面。但是,不少人片面强调司法责任制"让裁判者负责"的一面,突出"实行办案质量终身负责制和错案责任倒查问责制",这无疑对解放法官的思想包袱有一定的消极作用。加上审判委员会、请示报告等审判方式的保留,法官的依赖性难以消除。时至今日,最高人民法院对司法解释的热情不减、地方法院以"审判委员会纪要""指导性意见"等方式发布的"小司法解释"泛滥,给法官行政化思维方式提供了厚实的温床。

第三节 构建新型审判管理机制

一、保障型审判管理机制:以激活法律与程序为核心

审判权的约束机制来自司法制度自身,即法律与程序。司法判断不同于其他判断的本质特征是"透过法律的判断"。而要求法官严格依法裁判,就是对审判权最直接的约束。约束审判权的另一个重要机制是程序。司法的程序性有两个关键词:一是程序的正当化作用,二是程序效力。诉讼法律关系的核心是当事人诉权与审判权相互制约。三大诉讼法的主要内容无不是以规范审判权的程序规则为基本架构。如果法官在行使审判权审理具体案件的过程中,严格依据法律规定,严格遵循程序规则,恣意审判的空间是非常有限的。这是司法制度的内在规律。本轮司法改革的主题正是"回归司法规律"。在审判管理方面,相对合理主义审判管理模式成为改革的对象,是去行政化改革的重要内容。最高人民法院在《四五改革纲要》中提出,构建"以审

---

① 吴英姿:《论保障型审判管理机制——以"四类案件"的审判管理为焦点》,载《法律适用》2019年第19期。

判权为核心,以审判管理与审判监督为保障的新型审判管理机制"。并将审判管理制度对审判权的保障关系描述为:在提升审判质效、规范司法行为、严格诉讼程序、统一裁判尺度等方面发挥"保障、促进和服务作用"。2015 年《司法责任制意见》开宗明义以"明确审判组织权限","增强法官审理案件的亲历性,确保法官依法独立公正履行审判职责"作为司法责任制的制度目的,提出改革要遵循司法规律,体现审判权的判断权和裁决权属性,突出法官办案主体地位。"司法权是判断权""司法要遵循亲历性""法官独立行使审判权是司法规律的要求"等重要命题在中央文件中首次得到承认,标志着我国关于司法规律的认识在制度层面有了重要突破。①

恰恰是司法权行政化运作致法律与程序的约束力失灵,当事人诉权力量不足以制约审判权,结果是审判权的主导地位和决定权贯穿诉讼全过程,几乎处于"裸奔"状态。长期以来,法院主要依靠流程管理、错案追究、纪律检查等自律或监督手段防范和处理法官滥用审判权的行为。但是,监督存在外部性、事后性等天然局限,跳不出"谁来监督监督者"的怪圈。在监管不周到、不及时、不可及的地方,正是审判权滥用的"天堂"。目前的改革试图通过强化院庭长监督管理权来实现对审判权的约束,在本质上还是监督思维。然而,监督永远不可能代替制约,必须对其局限性有足够的重视。从回归司法规律的角度看,去行政化并不是取消行政管理,而是要革除行政管理与审判职能交错的运行模式,消除行政监管鸠占鹊巢替代法律与程序的格局。而去行政化改革成败的标评价准只能是:法官是否能依法裁判,程序的正当化作用是否能正常发挥。

处理好审判权与审判监督管理权的关系,需要区分属于审判权范畴的决定权与属于行政权范畴的管理权,分别采取不同的制约机制。院长根据诉讼法代表法院签署裁定书、决定书的行为性质上属于审判行为,与基于行政事务管理而审查、批准、决策的行为有本质不同。凡是行使审判权的,无论是否带有管理、督促目的,都应当通过发挥程序的约束与正当化作用,保障审判权的合法性与正当性。重点是充实当事人的程序权利,保障当事人参与权、异议权,构建起对审判权的制约力量。比如,在决定立案方面,按照立案登记制的要求,当事人的起诉只要符合诉讼法规定的形式条件,法院就必须予以登记立案,无需院庭长审批。对当事人起诉材料的审核,属于形式审查,由法官助理就可以完成。目前一些法院基于案多人少,应对综合治理对"万人诉讼率"的考核压力,或者完成诉调对接指标等考虑,拖延立案,且不公开不立案

---

① 陈卫东:《中国司法体制改革的经验——习近平司法体制改革思想研究》,载《法学研究》2017 年第 5 期。

的理由,是滥用审判权的表现。对此,应当赋予当事人异议权。当事人对有案不立、超过法定期限不及时立案的情形,有权提出异议,法院必须予以回应,符合起诉条件的应当予以受理,对不符合起诉条件的应作出裁定。法院超过法定的期限不予回应的,视同裁定不予受理,当事人有权向上一级法院提起上诉。再比如决定启动鉴定、审计、评估程序的,本质上属于当事人举证责任范畴,应该遵循证据规则,在分清当事人证明责任承担基础上,由当事人决定是否申请,承办法官根据具体案件事实争议情况,决定是否启动,无需院庭长审批。再比如决定回避、简易程序转为普通程序、延长审限等,均属于诉讼法规定的程序事项,由院长依据案件事实进行判断,依据法律规定的程序规则作出处理决定,也不是审批事项。这类程序事项与当事人程序权利与诉讼利益直接相关,都应当通过充实当事人程序异议权,制约法官滥用程序转换制度。

至于审判团队建设、案件分配、制度建设、绩效考评、对外协调、资源调配等属于人事、经费、财物、政务等方面的行政事务,应当按照审判权与行政管理权相分离的原则,通过建章立制提高管理的制度化、规范化、专业化。可以从设专职行政副院长协助院长管理行政事务,对行政事务集中管理开始,逐步实现《司法责任制意见》提出的院长审判权与行政管理权分离的改革方案。①

二、四类案件监督管理的程序化改造

四类案件是去行政化改革"扫帚不到"的死角,也是行政监管权干预审判权的最后堡垒。要避免司法行政化借由四类案件的审判管理死灰复燃,就必须有断腕的决心,将改革的注意力转移到激活法律与程序机能上来,收回被审判管理侵蚀的制度空间。

1. 疑难复杂案件的审理需要激活合议制"汇聚不同意见"功能。合议制与独任制相比,其不可替代的功能,是汇聚不同意见。合议制的运作机理,是通过各成员充分发表意见,特别鼓励少数意见,让不同意见沟通对话,从中发现重叠共识,再以共识作为裁判理由。合议制的运行成本明显高于独任制,因此并不是所有案件都需要运用的审判组织形式。我国诉讼法将合议制作为普(遍)通(用)程序的固定组成部分,是对合议制功能的误解,大大超出了合议制应该适用的范围,也脱离了审判实践需要,在实际运作中早已被法院用承办人制规避。最高人民法院多年来在强化合议庭职能方面的改革侧重

---

① 吴英姿:《论保障型审判管理机制——以"四类案件"的审判管理为焦点》,载《法律适用》2019年第19期。

在落实合议的实质化方面,实为用力不准,导致"形合实独"问题久治不愈,值得反思。其实,只有需要汇聚不同意见的案件才需要合议制,比如四类案件中的疑难、复杂案件。案件疑难与复杂,或者是案件事实判断上的疑难复杂,即因证据匮乏或证据繁杂无头绪,导致证据认定与事实判断的困难;或者是法律适用上的疑难复杂,法律解释存在分歧、争议,包括当事人因法律适用争议大而上诉的案件。这样的案件最适合发挥合议庭"汇聚不同意见"的作用。其中事实认定复杂的案件特别需要社会经验和审判经验都很丰富的资深法官组成合议庭;而法律适用难题则需要发挥理论能力强的法官在法理论证方面的优势。无论哪一种疑难复杂案件,最终都是依靠专业力量增强裁判说理论证,说服当事人包括败诉方当事人接受裁判结论。对于一些跨越民事、刑事、行政诉讼的交叉型诉讼,可以由审判委员会成员组成合议庭。这种"超级合议庭"实为审判委员会审判职能的程序化改造的最佳切口。

2. 新类型案件、公益诉讼、社会关注度高的案件需要发挥陪审制"司法与社会沟通平台"功能。陪审制作为特殊的合议制,其独特的功能在于"汇聚社会意见",是司法与社会沟通的平台,也是社会参与司法、民意有序进入司法的制度化平台。陪审制的运作机理是"参与—论证",即陪审员代表社会参与司法,将社会朴素正义感与日常生活经验带入司法过程,法官则用法律和法理发表意见、进行论证。社会意见与职业法律家的意见在合议制这个平台上对话沟通,而建立在两者重叠共识基础上的裁判理由,更容易获得广泛的接受。这恰是司法认同的保证。四类案件中特别需要社会参与的是新类型案件、涉及公共利益的案件、社会关注度高的案件。这些案件或者是当事人的权利主张尚无法律规定,可能创设新规则;或者涉及公共利益的认定与保护,需要广泛的社会参与;或者是社会影响大、社会关注度高,案件处理结果必须考虑社会效果的。这些案件的审理有陪审员的参与,有助于避免法官职业思维的狭窄封闭或法官社会经验不足而作出脱离社会的裁判,提高司法的社会认同。

3. 统一裁判尺度主要靠发挥审级制度功能。在司法制度架构中,保障裁判尺度统一的制度安排主要是审级制度,其运作机理是通过上诉将法律适用争议层层递交到高级法院,直至最高人民法院,实现裁判尺度的统一。①四类案件中"与本院或者上级法院的类案判决可能发生冲突的案件",就需要发挥审级制度的作用。当然,统一裁判尺度并非单纯依赖审级制度,也需要法官在审判中养成"类似案件类似裁判"的意识。应当鼓励法官应用裁判文

---

① 傅郁林:《审级制度的建构原理——从民事程序视角的比较分析》,载《中国社会科学》2002年第4期。

书检索、参照指导性案例,尽可能在本案判决中减少类案异判的概率。但是要认识到,实现法律适用统一的根本路径是审级制度发挥作用,指导性案例、裁判文书检索、大数据技术都是辅助手段,不可本末倒置。长期以来,由于两审终审制度缺陷,加上行政化运行方式,导致审级制度失灵的问题被诟病已久,最高人民法院为审级制度改革也做了很多铺垫,是时候纳入改革议程了。发挥审级制度统一法律适用功能,需要在增加上诉审级、设置法律审、废止请示汇报和内部函、四级法院职能分层,尤其是激活最高人民法院作为终审裁判机构的裁判职能等方面进行统筹设计。

4. 防范法官违法审判需要发挥程序制裁和法官惩戒制度功能。"违法审判"是一个模糊的概念,就一般理解而言,既包括法官程序性违法行为,也包括违反职业伦理的行为。前者是指审判行为违反程序法规定,如违法采取强制措施、保全措施,强迫调解、撤诉,对应当受理的案件不予受理,对应当调查收集的证据不予调查收集,拖延审理拒绝作出裁判,等等。审判行为违反法定程序,可能影响公正审判的,应当宣告无效、加以纠正,即应当被程序制裁。① 一审阶段出现的上述违法审判行为,当事人有权提起上诉,二审法院可以作出撤销原判、发回重审的裁定。诉讼程序已经终结、裁判已经发生法律效力后,发现承办案件的法官有贪污受贿、徇私舞弊、枉法裁判行为的,当事人可以申请再审,检察院可以提起抗诉,人民法院应当启动审判监督程序。决定再审的,原审判行为即宣告无效,原裁判的既判力即被否定。

违反职业伦理的行为,是指法官违反法官职业道德或职业纪律的基本准则的行为。按照《法官法》和最高人民法院 2010 年修订的《法官职业道德基本准则》,我国法官的职业伦理规范主要包括忠诚司法事业、保证司法公正、确保司法廉洁、坚持司法为民、维护司法形象等五个方面。违反职业伦理的行为有的与审判行为无关,比如利用法官的声誉和影响为自己、亲属或者他人谋取私人利益,从事或参与营利性活动,为其他法官办理的案件的当事人说情、打招呼、通风报信,就未决案件给当事人及其代理人、辩护人提供咨询意见和法律意见,公开场合对正在审理的案件发表不当言论,等等。有的与审判行为有关,比如在自己承办的案件中私自单独会见一方当事人及其代理人、接受当事人及其代理人、辩护人的款待、财物和其他利益,没有保持中立、对一方当事人有歧视性语言,等等。法官审判行为涉嫌违反职业伦理的,应当由独立的法官惩戒委员会进行认定并作出惩戒决定,不能以院庭长行使监

---

① 陈瑞华:《法官责任制度的三种模式》,载《法学研究》2015 年第 4 期。

管权进行内部行政处理替代。①

三、彻底祛除行政化构建约束审判权长效机制

其实,担心取消院庭长的审批权必然弱化审判权约束,认为"放权"就是让合议庭和独任法官的"审判权裸奔",是一个伪问题。去行政化与审判权恣意之间并没有直接的因果关系。导致审判权恣意的根本原因,是司法制度中固有的约束机制失灵。构建合理科学的审判管理新机制,其重心应该是如何通过科学有效的管理,激活司法制度中固有的权力约束机制。这才是一种保障审判权规范运行、提高审判质量和实现裁判统一的长效机制。

深化司法体制综合配套改革要下决心祛除行政化工作方式赖以存在的制度架构,才能从根本上祛除司法行政化。党的十八大以来司法体制与运行机制改革为审判管理回归司法规律奠定了基础。审判权的约束机制是法律与程序,是通过当事人诉权对审判权的制约实现的。符合司法规律的审判管理,是服务于保障法律与程序有效运行的管理。强化审判管理的着力点,不是用院庭长监管权挤占和替代法律与程序作用的空间,而是激活法律与程序的制度机能。越是疑难复杂案件,越是需要发挥法律与程序的正当化作用。除了各地法院继续深化审判委员会改革、坚持扁平化管理、区分管理事务与行政事项外,更重要的是加速最高人民法院改革和审级制度改革,包括提倡司法解释谦抑性、取消请示汇报制度,逐步压缩最高人民法院行政管理职能,直至成为审级意义上的最高审判机构而不是行政意义上的最高管理机关,激活审级制度在实现司法统一方面的功能。新型审判管理模式应当以此为抓手,在激活合议制、陪审制功能、增强庭审实质化程度,组建高水平审判组织,提高证据规则与法律解释技术水平方面下功夫。院庭长应该尽可能通过亲自参加合议庭审判案件、发挥陪审制作用,保障疑难复杂案件的妥当处理和社会效果。高级法院、最高人民法院应当通过审理上诉案件作出裁判,发挥统一裁判尺度的作用。程序制裁与法官惩戒制度配合作用,是预防和惩治法官违法审判行为的基本管道。审判管理应当变监管为服务,把重点放在做好法官培训、经费保障、信息支持、对外协调等事务性工作上。同时在配备得力的法官助理、提供便捷的信息检索平台、抵御外部干预、改善与社会沟通等审判事务性工作方面做好服务、提供保障,才是院庭长审判监督管理职能应有的模样。否则,改革成效只能停留在治标层面,甚至稍有风吹草动(比如审判

---

① 吴英姿:《论保障型审判管理机制——以"四类案件"的审判管理为焦点》,载《法律适用》2019年第19期。

质量下滑),司法行政化就会以加强监督管理为由死灰复燃,将改革拉回到起点。①

第四节 法官思维方式的去行政化

一、用程序思维改造法官思维方式

去行政化改革应该认真对待法官行政化思维惯性,深入挖掘、根除造就这种思维方式的机制根源,逐步消除法官对集体决策、领导指示和司法解释的依赖性。而培养程序思维是祛除法官思维行政化的重要途径。程序思维是一种用程序的眼光看问题,运用程序技术或程序方法解决问题的思维方式。程序思维建立在承认程序独立价值,洞悉程序价值机理,遵循程序运作规律的基础上。这种思维方式体现了人的实践理性,即人类具有的根据行动的具体环境、依据特定的理由进行判断和选择,进而有意识地采取行动的能力。② 程序思维反对一切皆靠立法解决问题的立法万能主义或法定主义倾向,法官的自由裁量权及自由心证规则都被视为符合司法规律的、必要的制度安排,承认必要的、一定限度内的司法能动。程序思维以"参与—对话"为基本方法,以"共识—合意"为基本要义。程序思维以解决纠纷为问题导向,主张平等对待纠纷各方的利益或价值诉求,为当事人创造在信息对称的前提下缩短彼此认识和价值上的差距的机会,鼓励妥协让步、达成重叠共识。这种共识既可以是实体权利义务方面的,也可以是程序规则方面的。无论是哪一方面的共识,都将提高最终结论的可接受性。经过程序形成的多数意见并非简单的投票表决的结果,而是参与者根据具体情境和具体信息,对自己的行动策略进行反思、斟酌后,调整修正行动方案,与对方相互妥协、彼此磨合而成。越是重要的决定,这种对话—合意的过程就要越充分。司法程序中庭审是各方主体正式对话的关键环节;而合议制的功能也在于汇聚不同意见;陪审制更有汇聚社会意见的功能。某些简单的案件可以适用简易程序。但是,无论怎样简化程序,开庭审理的环节都不可以省略。法院在作出判决之前,必须保障当事人陈述、辩论权的实现。这可谓司法的"最低限度程序保障"。程序思维以实现价值动态平衡为基本目标,即对实现最终的理想目标保持一种循序渐进的态度,是一种用发展的眼光看问题的心态,主张将事物

---

① 吴英姿:《论保障型审判管理机制——以"四类案件"的审判管理为焦点》,载《法律适用》2019年第19期。
② 参见王炳书:《实践理性问题研究》,载《哲学动态》1999年第1期。

置于过程中、运动中、发展中观察,认为任何目标的实现或制度的完善不是一蹴而就的。"平衡"就是兼顾各方价值诉求,避免在价值问题上二择一的立场站队。程序思维毋宁是包容的,提倡"妥协也是智慧",在价值取向上主张兼容并蓄,在处理具体事务时坚持原则性与灵活性相结合,在具体问题上采取在过程中通过对话达成合意来实现不同价值与利益诉求的平衡与兼顾。最后,程序思维遵循"过程决定结果"的逻辑进路,始终把保障参与程序主体的权利放在优先地位,注重发挥程序的正当化作用,强调"过程好结果才好"——理由论证过程决定最终结论的可接受性——的论证逻辑,反对从结果倒推过程的思维方式。此外,程序思维并不提倡程序万能主义,毋宁承认正当程序并不能确保每个决定不出错,程序的正当化作用体现为有助于最终决定在尽可能大的范围内获得接受与认同。用哈贝马斯的话说:"规范性判断的正确性是无法用'真理标准'来解释的,因为权利是一种社会结构,无法实体化为事实。法律上的'正确性'意味着合理的、由好的理由所支持的可接受性。"①

二、以制度保障法官说理能力

如果说法律权威通过民主程序建立,那么司法认同是通过判决说理获得的。② 现代法律的程序正当性是基于商谈理性。按照阿列克西的理解,商谈理论是一种"关于实践正确性的程序理论"。这种商谈程序不是一般的居于主导地位的行动主体单方面作出决策或判断程序(即"独白式"证立),也不是简单地以各方主体达成合意为目标,其核心是"论证"。司法中的论证是指用事实和法律上的理由来支持司法决定的行为,即根据法律来论证某个法律判断的正确性,或者说证明裁判与法律的关联性、一致性。司法程序的要义在于保证商谈的公正性,确保每一个程序主体都能充分参与、独立表达、提出异议,即"每个人都能自由与平等地来决定他将接受什么"。③ 司法的商议性论证程序有助于打破司法决定的"集权主义结构"④,走出独白式论证中形式逻辑的"明希豪森困境"。⑤ 且用经过这样的讨论形成(哪怕是有限的)的重叠

---

① 〔德〕哈贝马斯:《在事实与规范之间:关于法律和民主法治国的商谈理论》,童世骏译,生活·读书·新知三联书店 2003 年版,第 278 页。
② 王卫明:《判决说理与司法权威》,载《读书》2009 年第 12 期。
③ 参见〔德〕罗伯特·阿列克西:《法:作为理性的制度化》,雷磊编译,中国法制出版社 2012 年版,第 8—10 页。
④ 葛洪义:《试论法律论证的概念、意义与方法》,载《浙江社会科学》2004 年第 2 期。
⑤ 明希豪森困境是指形式逻辑的三段论推理永远会面临的困境是:由于一个命题的正确性往往需要依靠另一个命题来证明,每一个命题都面临着需要被证明的问题,因此论证可能陷入三重困境:无限倒退、循环论证、武断终止论证。参见〔德〕罗伯特·阿列克西:《法律论证理论——作为法律证立理论的理性论辩理论》,舒国滢译,中国法制出版社 2002 年版,第 221、366 页。

共识作为理由作出的裁判结论,可以在最大限度内获得各方主体的认同。①相应地,司法角色的理性化也集中表现在法律论证过程中。法律论证是否妥当、充分,直接关涉司法决定的正当性,更是司法理性化的标志。法官的理性人格、法律至上的精神、专业技能等司法角色特质,主要是通过解释法律和法理论证展示出来,并借由裁判文书得以物化。同时,作为司法程序的一环,法律论证也有明确的价值指向,同样服务于公正解决纠纷的司法目的。②裁判文书说理是法院与当事人沟通的最为重要的方式,相较于一些法院采取的判后答疑、信访接待、法官信箱等沟通手段,裁判说理是正式的司法程序制度的一部分,是直接建立在各方陈述、辩论、举证、质证等对话基础之上,是对当事人意见的正式回应,具有制度化程度高、稳定性和可救济性等优势。裁判文书说理借助法理、常识以及逻辑推演,将法院对事实认定与法律适用的理由清晰、明确地传递给当事人,说理充分有助于提高裁判的可接受性,提高司法制度的有效性。

　　实践中,裁判文书说理的主要问题表现有:心证过程说理不足,即缺少证据认定理由,特别是用间接证据推断案件事实的证成过程;法律解释与法理论证不足,经常遗漏小前提被大前提涵摄的过程的分析论证,裁判文书自动套用格式的现象比较普遍。另外,裁判文书格式规范性不强也被指影响了法官说理。最高人民法院因此制定规范性文件,着力从改善裁判文书写作格式、提高裁判文书实质公开方面提高裁判文书说理质量。《四五改革纲要》提出推动裁判文书说理改革,建立裁判文书说理的评价体系,更进一步加强裁判说理。2018年6月,最高人民法院发布《关于加强和规范裁判文书释法说理的指导意见》,指出裁判文书释法说理的"目的是通过阐明裁判结论的形成过程和正当性理由,提高裁判的可接受性";要求裁判文书释法说理要阐明事理、释明法理、讲明情理、讲究文理。具体要求包括:要详细说明事实判断的证据选取依据、心证形成过程;要围绕争议焦点说明法律适用的理由,特别是针对没有法律规定,可能需要依据习惯、法律原则、立法目的等作出裁判的情形;要合理运用法律方法对裁判依据进行充分论证和说明;要按照"合法、合理、公正和审慎的原则"行使自由裁量权,并阐明所考虑的相关因素;等等。

　　关于裁判文书说理不足的成因,多认为主要缘于法官整体素质不高、缺乏理论思维能力,无法撰写出论证详尽、推理缜密的裁判文书。因此,提出的

---

① 〔德〕哈贝马斯:《在事实与规范之间:关于法律和民主法治国的商谈理论》,童世骏译,生活·读书·新知三联书店2003年版,第244页。
② 吴英姿:《论司法的理性化——以司法目的合规律性为核心》,载《政法论丛》2017年第3期。

对策很自然地着眼于培训法官、引导法官努力提高理性思维能力上。① 但是,从司法运行机制角度重新审视该问题,可以看出导致法官"无法说理""不愿说理""不敢说理"以及"没时间、精力说理"的体制性障碍。比如,导致法官"无法说理"的主要有三方面原因:第一,审委会集体定案制。这是"审者不判、判者不审"的制度化原因。承办法官乃至合议庭的判决意见往往难以在审委会上获得多数同意,而审委会最后决定的结果,法官则必须无条件接受,承办法官只是在裁判主文前,附加一句"经本院审判委员会讨论决定"字样,以示裁判结果是由审委会决定的。另外,审委会集体讨论的决定,往往是一种妥协后的结果,纵使意见一致的委员们,也是从各自的角度给出不尽相同的理由,甚至是相互矛盾的。因此,审委会作出的最终决定虽是确定的,但其提供的理由则是零碎的、多样的,甚至是矛盾的,承办法官面对这样的裁判结果,不仅难以论证说理,甚至连简单罗列也难以做到,法官尽量简化说理,甚至不说理也就几乎是必然的结果了。第二,裁判文书签署制度。司法实践中,裁判文书制作完毕后通常都需要庭长或审判长签署后才能付印、然后向当事人送达。一般意义上,签署与否意味着庭长或审判长对法官得出的裁判结果的认同与否,因此,裁判文书由庭长或审判长签署的做法,带有明显的行政化倾向,在此过程中,当庭长或审判长的意见与承办法官意见相左时,庭长或审判长的意见极有可能成为最后的裁判结果。第三,案件请示的做法。即下级法院在案件审理中遇到问题难以决断时,向上级法院反映、请示,请求上级法院就案件审理中的相关问题给予答复。在最高院层面,给予下级法院的正式答复叫批复,具有司法解释的性质,对于全国法院办理同类案件具有拘束力,足见案件请示制度对下级法院的影响力。近年来,全国法院对案件请示的态度逐步趋向保守,通过正式程序请示的案件数量被大幅限缩。但是,被称为"口头请示"的非正式请示做法在各级法院中仍普遍存在,特别是在刑事案件中以及对社会有影响的系列案件或重大案件中,请示是通行的做法,甚至是被作为一项工作纪律规定下来。可想而知,此类案件中当上级法院的意见与下级法院拟判决意见不同时,最后的裁判结果基本上是以上级法院为准。因此,祛除抑制裁判文书说理障碍,还是要结合去行政化改革,落实和保障法官独立自主行使审判权。

第一,"让审理者裁判",解决"无法说理"问题。法官说理的前提是裁判结果由自己决定,必须是其根据查明的案件事实和认为应当适用的法律,按照三段论的逻辑推演得出裁判结果。如果裁判结果不是由法官独立思考或

---

① 参见于晓青:《法官的法理认同及裁判说理》,载《法学》2012年第8期;王申:《法官的理性与说理的判决》,载《政治与法律》2011年第12期;等等。

合议庭共识得出的,那么法官就失去了说理的基础,也就谈不上说理论证的问题了。《三中全会决定》明确提出"让审理者裁判,由裁判者负责"的改革目标,为此,明确了三方面改革举措,包括改革审判委员会制度,完善主审法官、合议庭办案责任制以及规范上下级法院审级监督关系,基本上触及了制约法官"无法说理"的主要症结。推进以上三方面改革举措时,必须坚持以法官独立审判为中心,祛除司法行政化,还法官独立审判权。改革审委会制度,应在大幅缩减进入审委会讨论案件数量的同时,着重推进以审委会委员组成合议庭直接审理案件,推动审委会功能由"只定不审"向直接办理疑难案件转变;完善合议庭、主审法官办案责任制,承认和保障合议庭、法官独立裁判权,最大限度地避免法官"为别人的裁判结论找理由"的尴尬;完善上下级法院关系,弱化上级法院对下级法院的行政控制关系,取消以改发率、上诉率等绩效指标为考核手段的管理办法。2014年12月,最高人民法院决定取消对全国各高级人民法院考核排名,应该说对上下级法院关系去行政化有重要意义。各级法院也应该取消对法官个人的绩效考核排名,特别是改发率指标。只要法官的司法行为不是出于故意或重大过失,案件改发或是进入再审并改判都应当被视为正常的审级监督的结果,与错案无关。

第二,完善约束与激励机制,解决"不愿说理"问题。首先要明确法官说理的法律责任。在法律或者司法解释中,明确规定需要法官裁判说理的案件类型以及针对此类案件没有说理时的相应责任,将法官裁判说理提升为一项法官必须遵守的法律原则。强化法官裁判说理的审级监督,对于需要法官说理的案件,法官没有说理的,二审法院可以裁定发回重审。其次要发挥当事人诉权的制约作用,赋予当事人对法官裁判说理的程序异议权。对于应当说理的案件法官没有说理的,当事人可以以此为理由提起上诉,要求改正。

第三,建立法官说理的正面激励机制。裁判文书不仅是法官裁断案件的载体,优秀的裁判文书及其创制的案例同时也承载着法官职业生涯的成就与荣耀。要想真正激励法官论证说理,除了给予物质上以及精神上的表彰奖励外,更为重要的是要将法官裁判文书的制作质量作为衡量法官优秀与否的重要依据,让优秀的裁判文书成为法官职业荣誉的重要组成部分。为此,要建立一套优秀裁判文书评选、使用机制,让优秀裁判文书借助案例形式,对外指引经济社会生活,对内为法官裁判发挥"类似案件类似处理"的指导作用。并且,法官等级晋升、上级法院法官遴选以及法院内部评先评优都要将裁判文书质量作为重要参考依据,让衡量优秀法官的评价标准逐渐从办案数量多少过渡到庭审驾驭能力以及裁判文书质量高低的评价上来。

第四，确立法官豁免制度，解决"不敢说理"问题。裁判说理是法官为推导判决结果而作出的具体分析和论证，具体来说是法官依据自己的知识和经验，解释法律、认定证据以及逻辑推演的过程。无论是法律的解释、证据的认定还是逻辑的推演都离不开法官的主观认识和内在心理判断，既然涉及人的主观判断，就必须有相对自由的制度环境和社会环境的保障。只有在适当宽松甚至是适度容忍的环境下，裁判文书的说理义务才能得到切实履行，法官的心证也才能最大限度地通过裁判说理公之于众。

三、司法解释的程序化改造

许多审判经验被最高人民法院以司法解释形式总结概括，并以"条文"的形式出现，被赋予了普遍适用性，使得这些审判经验具有了制度化的外观。从实用主义角度说，最高人民法院从审判经验中提炼裁判规则，制定司法解释，为立法、修法奠定了良好的基础。有学者专门就修法如何利用司法解释作过分析。① 事实上，以司法解释为基础制定和修改法律已经成为我国立法的"新传统"。② 这也刺激了最高人民法院不断超出法律规定的"审判工作中具体适用法律的问题"的范围③，就一般性问题制定具有普适性的司法解释。已经有很多学者指出了最高人民法院超越权限制定"立法化"的司法解释产生的不良后果。④ 而如何避免这些不良后果对立法可能产生的不利影响是一个不容忽视的问题。有学者建议由人大授权最高人民法院有限的程序规则制定权，同时建立备案审查机制。⑤ 其思路有一定的启发意义，但理由似

---

① 李浩：《司法解释与民事诉讼法的修订》，载《法学家》2004 年第 3 期。
② 王利明曾说过："很多立法都是在充分借鉴司法解释的基础上制定的，当我们不知道该怎么订时，我们就会把司法解释拿出来看，充分借鉴了司法解释的立法都非常有适用性。"（王利明在 2005 年的"中国司法解释与外国判例制度国际研讨会"上的发言。转引自洪浩：《造法性民事诉讼司法解释研究》，载《中国法学》2005 年第 6 期。）
③ 最高人民法院 1997 年发布的《关于司法解释工作的若干规定》第 2 条规定：法院在审判规则中具体运用法律的问题由最高人民法院作出司法解释。
④ 张志铭：《法律解释操作分析》，中国政法大学出版社 1999 年版；赵钢：《正确处理民事经济审判工作中的十大关系》，载《法学研究》1999 年第 1 期；袁明圣：《司法解释"立法化"现象探微》，载《法商研究》2003 年第 2 期；洪浩：《造法性民事诉讼司法解释研究》，载《中国法学》2005 年第 6 期；等等。
⑤ 洪浩：《造法性民事诉讼司法解释研究》，载《中国法学》2005 年第 6 期。

乎过于牵强。① 无论站在宪政立场还是就保证立法的民主性、科学性而言，最高人民法院都不应当也无能力担当立法者角色。② 更重要的是，按照立法运作方式操作司法解释违背了司法活动的基本规律。

司法活动的本质是用抽象的法律规则涵摄具体的案件事实。③ 司法的本质决定了司法活动的个性化规律。司法活动的规律与司法目的具有内在的一致性，都是指向纠纷的公正解决。而"公正"落实到具体个案并非抽象的宏大叙事可以解决问题，它需要法官针对案件的具体情况，进行利益平衡和价值选择。这些要求裁判者对案件审理必须有亲历经验，才能对案件有整体把握，保证对法律的解释与案件相契合。如拉伦茨所言：

> （判断者）在案件事实与法条之间的"眼光之往返流转"……是一种思想过程。在这个过程中，"未经加工的案件事实"逐渐转化为最终的（作为陈述的）案件事实，而（未经加工的）规范条文也转化为足够具体而适宜判断案件事实的规范形式。这个程序以提出法律问题始，而以对此问题做出终局的（肯定或否定的）答复终。④

司法过程中为具体适用法律而进行的解释不是抽象的解释和规则化的解释，而是针对具体个案的解释；不是要确定永恒的规则，而是要指导当下的实践；不是要进行一种系统的研究，而是要拿出解决问题的策略。因此，司法解释的真谛是法官解释。⑤

---

① 作者套用凯尔森在《法与国家的一般理论》中关于权力分配的理论论证赋予最高人民法院立法权的正当性，忽略了该理论的语渊和语境。用凯尔逊以实证主义眼光对西方后现代时期现代化的反思来论证正在"走向"现代化的中国问题，显然用错了工具。作者还援引美国国会授予联邦最高法院程序规则制定权为例，试图证明最高人民法院行使程序规则立法权的合理性。但是他忘记了美国联邦法律对各州只有指导意义而非直接的约束力的特性。因此，这些理由是站不住脚的。
② 最高人民法院的司法解释大多是司法改革成果，而万毅指出：我国当前改革的主要特点之一就是"缺乏民意表达机制"，司法改革的进程主要为精英意识所左右，许多改革措施成为各种精英阶层利益的体现（万毅：《转折与展望：评中央成立司法改革领导小组》，载《法学》2003年第8期）。苏力更是尖锐地指出，最高人民法院目前的法学和司法的知识储备都注定了无论从合法性上，还是从知识信息上，它都不是一个适当的造法机构（苏力：《司法解释、公共政策和最高法院——从最高法院有关'奸淫幼女'的司法解释切入》，载《法学》2003年第8期）。
③ 参见〔美〕E. 博登海默：《法理学：法律哲学与法律方法》，邓正来译，中国政法大学出版社1999年版，第516页以下；〔美〕本杰明·卡多佐：《司法过程的性质》，苏力译，商务印书馆1998年版，第60页；张志铭：《法律解释操作分析》，中国政法大学出版社1999年版，第76—77页；陈兴良：《司法解释功过之议》，载《法学》2003年第8期；等等。
④ 〔德〕卡尔·拉伦茨：《法学方法论》，陈爱娥译，商务印书馆2003年版，第163页。
⑤ 武建敏：《司法理论与司法模式》，华夏出版社2006年版，第40页。

最高人民法院充当司法解释的主体不符合司法规律,司法解释——特别是针对个案请示作出的"答复""批复""通知"等,很难具有实践理性。赋予司法解释以"合法性"力量的是权力。它反映了司法权的行政化运作机制——下级对上级的服从。此外,司法解释与立法解释并列成为法律渊源的根源还反映了国家权力结构分化程度不高和立法权的分散。最高人民法院的"司法解释权"实际上是立法权的异化形式。这与我国《宪法》关于国家政体和各国家机构的职能分工的规定也是不相符的。因此,作为一部基本法律,《民事诉讼法》的制定与修改只能由立法机关按照《立法法》规定的程序进行。这势必要求立法机关改变长期以来的"立法懈怠"形象[①],担当起修法核心力量的角色;同时健全法律修改的民主参与机制,切实做好立法调研工作,除了采集专家学者的意见外,更要广泛听取普通民众的意见和建议,畅通民意传达机制,真正按照民事诉讼的规律和现代司法制度的要求,制定出具有实践理性的《民事诉讼法》。这样的法才是有合法性的法、有生命力的法。保持修改后《民事诉讼法》的生命力,还必须限制最高人民法院的司法解释,禁止就程序一般性问题作出司法解释,更不允许作出与法律相违背的解释。在适当的时候,最高人民法院的司法解释应当淡出司法活动,其在当下的功能由法官在个案中的法律解释取代。这是遵循司法活动规律的必然做法。

那么是不是说最高人民法院在程序问题上没有丝毫发言权呢?非也。目前正处于制度创生的过渡阶段,许多制度尚处于探索、试错阶段,法官的程序规则意识和经验有待积累,在诉讼制度完全成熟之前,最高人民法院仍然可以在一些程序的具体操作问题上制定司法解释,供法官在审判工作中参照执行。这里有两个要点:一是区分程序规则和操作规程(详见下文),前者属于《民事诉讼法》规定的范畴,司法解释不能"染指"。司法解释只能就审判工作中涉及程序操作的具体问题,依据诉讼法的规定作出解释。二是解释的方式不宜采用"准法律"的"规定""意见"形式,而是用"问题解答",或者"参考""范本"等指导性文件形式,对审判实践不具有一般意义上的约束力,仅有指导性。至于工作中发现的具有普遍意义的有关程序规则的问题,最高人民法院能够做的只是向立法机关提出立法建议。

毋庸讳言,基于特定历史条件下生成的中国式司法解释,其目的从一开始就有超越个案司法的意义——主要是为了指导下级法院业务,还兼顾为立

---

① 郭道晖:《论立法的社会控制限度》,载《南京大学法律评论》1997年第1期。

法积累经验。这种目的已经带有明显的行政管理性质。中国司法解释制度朝着这个目标发展到今天,已经形成"立法型"司法解释模式和行政化的运作机制。当然,行政化的司法决策也可以是理性的,但这种理性属于司法政策决定者"独白式"的单方决断。事实上,行政化的司法解释不仅因脱离具体个案设立一般规则而违背司法规律,而且因解释权高度垄断集中,已经衍生出利益寻租空间。近年来,最高人民法院力图用案例指导制度改进司法解释方式,但在顽固的制度惯性和既得利益者保守力量藩篱下,对旧制度的冲击成效甚微。长期依赖上级法院司法解释,也导致中国法官职业精神不足,法律解释、证据规则等技艺理性提高缓慢。立法型司法解释的反规律性,已经给司法理性化发展造成严重障碍。改革司法解释制度,应当按照司法公正解决纠纷的目的,将司法解释权下放给法官和合议庭,实现司法解释个案化、诉讼化。同时,淡化行政化的司法责任追究,激活法律与职业伦理的约束作用,充分发挥法官角色理性在司法论证方面的能动性。法官在解释法律时要遵循司法克制主义,正确运用法律解释方法,尽量用法律的、公共的理由进行司法论证,通过个案法律适用巧妙弥合形式法治与实质法治的缝隙,彰显司法的公共理性。在诉讼制度上重点改造和完善下列制度:(1)落实司法公开原则,特别是实现司法的实质公开,即强化裁判文书说理,充分展示司法的论证过程;(2)激活合议制和陪审制,让司法过程成为汇聚不同意见、通过充分对话寻找重叠共识的平台;(3)完善审级制度,通过有效的上诉审强化论证,保障当事人异议权,保证法律适用的统一。①

---

① 吴英姿:《民事诉讼程序的非正常运作——兼论民事诉讼法修改的实践理性》,载《中国法学》2007年第4期。

第八章 增强沟通理性提高司法认同

第一节 司法理性的特质

一、司法的公共理性

理性是人的一种寻求合适方法达到既定目的的能力。能够根据目的选择合适的手段是人类理性的体现。康德曾说:"有理性者与世界的其余物类的分别就在于,有理性者能够替自己立个目的。"①马克斯·韦伯把合理性的行为分为形式合理性与实质合理性两种理想类型。形式合理性是一种基于准确把握事实间因果关系,而使实现目的的手段和程序具有可计算性的行动特质,也就是追求一个确定的目标,在对各种手段进行充分评估、预测可能的后果的基础上选择最有效的行动实现目标的能力,也称为"目的—工具合理性"。实质合理性则指立足于信仰、观念的价值判断基础上评价某种行动的合理性,即强调从人们的价值观念或信仰等意识形态的正确性来赋予行动意义,也称为"价值合理性"。因此,司法的理性化可以从制度目的合规律性与制度实现正义的有效性两个方面的要素来评价。"目的决定手段"的一般规律说明,具体制度安排及其运作机制都是服从于目标实现的,故目的合规律性是制度有效性的基础。

在确定行动目的时重视并遵循规律是人类理性的重要标志。目的是人们在根据需要进行有意识的活动时,基于对客观事物本质和规律的认识而形成的理想目标。②目的有三个构成要素:(1)需要。目的是行为主体根据自身需要预先确定的,需要构成行动者动机的主要成分,也是行动追求的效果。(2)意识。目的是人类自觉意识所认知的行为或活动所指向的对象或结果。(3)人与客观事物的关系。人基于智慧与经验能够辨识事物内部、人与事物之间以及人与人之间的基本关系,把握事物发展的一般规律。行动者确定目标前,需要分析判断目标实现的客观条件是否具备。在这个意义上,目的这

---

① 〔德〕康德:《道德形而上学探本》,唐钺译,商务印书馆1957年版,第51页。
② 夏甄陶:《关于目的的哲学》,上海人民出版社1982年版,第7页。

一概念的形式是主观的,其内容却是客观的,是主客观的辩证统一。① 博登海默把理性定义为"人用智识理解和应对现实的(有限)能力"。有理性的人"有可能以客观的和超然的方式看待世界和判断他人"。作为理性人的代表,法官对事实、人和社会关系所作的评价,并非基于自身冲动或成见,而是"基于他对所有有助于形成深思熟虑的判决的证据所作的开放性的和审慎明断的评断"②。

某项制度的目的与其在社会结构中的功能定位是密切关联的。目的是微观层面上的概念,即行动者希望通过该制度实现什么目标、取得什么效果的问题。功能则是宏观层面上的概念,是该制度在整个社会结构中的位置和发挥的作用。司法在一国政治生活中的功能定位,以及支撑制度功能发挥的社会经济条件、社会对司法的需求等因素,都对司法制度目的的确定有影响。中国司法在政治结构中的位置,一直处于动态发展的过程中,其功能定位随着国家政治体制的变革、社会治理结构的转型而不断调整,从中可见司法目的也在顺势转向。值得注意的是,中国司法并非总是处于"被改革"的状态,具体改革举措的提出,往往是基层司法自主探索、创新的产物,而且越来越多地透露出司法的自觉意识与反思理性,其中包含对司法规律的探索,对自身功能定位的检讨,对司法目的合规律性的追求。这正是中国司法走向成熟和理性化的表现。大陆法系国家关于司法目的的研究一直处在争论状态,其中以民事诉讼目的的讨论为典型,历经保护权利、私法秩序保护、解决纠纷、程序保障等争论。当前的理论讨论由于缺乏方法论指引,已经发展到"多元论"与"搁置论"两个极端。这表明司法制度目的是一个恒常的、动态发展的理论问题。"搁置论"没有看到目的之于制度理性的重要性,是不可取的。"多元论"则没有意识到目的多元等于目的不明的悖论,其科学性令人质疑。对于转型中的中国司法制度而言,其面临的现实也是最大的难题之一,正是如何认识司法规律并内化为制度设计者自觉的意识,合理确定司法制度的目的,并以此为指导外化为制度安排。这也是制度选择理论的基本原理之一。因此,将中国司法置于政治体制与治理结构转型的历史背景中,从司法制度功能与目的变动历程,以目的合规律性为坐标,以公共理性为透视镜,或能窥见中国司法理性化发展的轨迹与问题,进而提供方向性指引。③

最早使用公共理性概念的是霍布斯。他的公共理性是指称主权者的理

---

① 杨荣馨主编:《民事诉讼原理》,法律出版社 2003 年版,第 11—12 页。
② 〔美〕E.博登海默:《法理学、法律哲学与法律方法》,邓正来译,中国政法大学出版社 1999 年版,第 454 页。
③ 吴英姿:《论司法的理性化——以司法目的合规律性为核心》,载《政法论丛》2017 年第 3 期。

性或判断,是在公众有充分理由要获取普遍一致的问题上的理性。① 杰斐逊首次将公共理性与法庭审判联系起来。② 康德则从"人理性的公共运用"的角度探讨人类的启蒙。他认为官员、神职人员、公务员、纳税人对支配他们角色的命令、学说和规定必须服从而不能争辩。当他向真正的公众亦即整个世界讲话时,理性的公共运用就会发生,即理性的可公共化性。只有在这种意义上的理性的公共运用(如果得到宽容的话)才有可能造就一个启蒙的民族。对康德而言,可公共化性比公共性要更为根本。交流如果不能传达到那些不接受或没有预设某些权威的人那里,就完全不能算是理性的充分运用。他把忠于理性的"有学识之人"间的交流看作是公共的。尽管这种交流的圈子非常小,而"大众的启蒙"需要公共性也需要可公共化性。③

罗尔斯提出了全新的公共理性概念。与前人不同的是,他界定的公共理性是公民的理性,而不是主权者的理性,并把公共理性的领域限制在宪法根本要素和基本正义问题上。公共理性是一个民主国家的基本特征,是那些共享平等公民身份的人的共同理性。与公共理性相对的是"私人理性",是指公民在私人活动范围内行动中的理性,是受其所属小团体或者特定职业、身份和使命所限制的。如特定宗教团体的牧师对他的会众发表演讲时,使用的就是私人理性。而公共理性是诉诸公共而反对私人利益的理性。

罗尔斯关于公共理性的讨论让人们认识到,就政治正义而言,仅仅由哲学家精心构造一套精致的理论和原则是不够的,因为即便一个社会能够按照一套合理乃至正确的(true)正义原则组织起来,其稳定的运转最终也要依赖于公民的接受和遵循。公共理性关涉的问题正是:什么样的原则具有"可接受性"? 公民如何就公平正义以及在此基础上形成的公共政策问题进行论辩? 在任何社会都不能指望所有人一致接受一套规范。因此重要的问题就是:正义原则只有面向所有公民且得到公民道德共识的支撑,才有合法性,即便有些公民并不接受之。④ 比如在多元化、异质性的市民社会中,法律的合法性就不是天生具备的。所以有学者指出:"在一个祛魅的世界里,法律的规范主张只会在契约主义的框架内被尊重。"⑤

---

① 〔美〕迈克尔·里奇:《霍布斯式的公共理性》,陈肖生译,载谭安奎编:《公共理性》,浙江大学出版社2011年版,第69页。
② 〔美〕劳伦斯·B.索罗姆:《构建一种公共理性的理想》,陈肖生译,载谭安奎编:《公共理性》,浙江大学出版社2011年版,第37—41页。
③ 〔美〕欧诺拉·奥尼尔:《理性的公共运用》,陈肖生译,载谭安奎编:《公共理性》,浙江大学出版社2011年版,第100—103页。
④ 谭安奎编:《公共理性》,浙江大学出版社2011年版,第1—2页。
⑤ 〔美〕大卫·高希尔:《公共理性》,陈肖生译,载谭安奎编:《公共理性》,浙江大学出版社2011年版,第65页。

因此,公共理性是公民在讨论何种正义原则和公共政策(包括立法)可以为自己所接受时所体现出来的理性,是公民能够用其公共意识和公共理由达成关于公共政策的基本共识的能力。它在三个方面是公共的:首先,它是公民基于合作的态度,在追求互利的、可接受的结果的过程中表现出来的理性,是公民公共精神的表现之一。其次,它的目标是实现公共善和根本的社会正义。此乃公众评价某种社会制度结构是否符合政治正义的标准,也是这些制度的目的所在。最后,它的本性和内容是公共的,是平等公民共享的认识与评价。公共理性意味着公民在那些事关支配自己社会立场的基本(或完备性)学说之间达成了"重叠共识"。① 公共理性尤其适用于公民和政府官员在政治论坛上表达政治主张的情形。它同时还支配着公共决策和公民在选举中的投票。公共理性为公民和官员从事公共事务提供公共理由,例如法律理由。公共理性不允许人们以个人道德或宗教学说等非公共理由决定其公共行为。②

公共理性与个人理性的区别在于,公共理性不是某种道德学说或宗教教义,尽管后者对于个体的理性和常识思考来说可能更容易接近。民主社会的基本政治原则和价值虽然是内在的道德价值,但它们是由政治正义观念所确定的。③ 公共理性排斥直接从某种整全性学说或其中的一部分出发,推导出一种或若干种政治原则与价值,及其所支持的特殊制度。④

哈贝马斯从商谈伦理学的立场,聚焦于理性的公共运用程序,用交往理性对韦伯的目的理性和罗尔斯的公共理性概念进行修正。哈贝马斯沿着主体互动的视角重新审视理性问题,在肯定韦伯目的理性概念对现代资本主义社会的解释的有效与深刻的同时,反思该概念的局限性,认为韦伯把理性理解为目的理性是误入歧途,交往理性才是理性的正道,并致力于扭转被扭曲的理性。哈贝马斯指出,目的理性从单个主体的视角出发,以自我为中心,以

---

① 〔美〕约翰·罗尔斯:《政治自由主义》,万俊人译,译林出版社 2000 版,第 225—226 页。
② 〔美〕劳伦斯·B.索罗姆:《构建一种公共理性的理想》,陈肖生译,载谭安奎编:《公共理性》,浙江大学出版社 2011 年版,第 17—18、21、24 页。
③ 罗尔斯认为,能够称之为基本政治原则和价值的东西有三个特征:一是适用于基本的政治与社会制度;二是独立于任何类型的整全性(完备性)学说;三是可以从隐含在民主制度公共政治文化中的根本理念中设计出来。因此,公共理性的内容就是由那一类满足这些社会条件的、自由主义的、政治性的正义观念的原则与价值所给定的。运用公共理性,就是在辩论根本性政治问题的时候,诉诸这些政治观念中的一种,即诉诸它们的理想与原则、标准与价值。这项要求仍然允许人们把整全性的学说或观念引入政治讨论中,只要在恰当的时候给出严格的公共理由支持之。〔美〕约翰·罗尔斯:《公共理性理念新探》,谭安奎译,载谭安奎编:《公共理性》,浙江大学出版社 2011 年版,第 129 页。
④ 〔美〕约翰·罗尔斯:《公共理性理念新探》,谭安奎译,载谭安奎编:《公共理性》,浙江大学出版社 2011 年版,第 130—131 页。

追求成功为旨向,最终逃不脱把他人作为实现自己目标的手段和工具的"铁笼"。以法律为例,现代社会的法律是经济和政治系统用于实现其整合功能的手段。这种法律无论具有形式理性的面相还是实质理性的气质,体现的都是法律施加者的意志,都是源于政治系统的施加,本质上来自统治者的决断,其效力须凭借国家暴力的外在强制来获得实现。就内在而言,这种法律规则只具有合法律性而不具有合法性即正当性,只具有事实的强制力而缺乏规范上的有效性;就外在而言,法治国的法律统治只具有事实的强制性而缺乏规范的有效性或可接受性。在司法领域,法律的这种事实性和有效性之间的内在紧张表现为法的确定性原则和作出正确的判决之间的张力。这种内在自洽性和外在的合理论证之间的紧张构成了现代西方法治国的危机。① 哈贝马斯从主体互动角度构建的公民自我立法的根基,以商谈的民主程序为操作性机制,这样产生的法律不仅可以作为导控社会的制度、稳定人民的行为期待的规则和社会整合机制,而且能够把系统与生活世界联通起来,翻转系统对生活世界的宰制,使系统就范于生活世界的良性导控,使目的理性听命于交往理性的正常指挥。②

总之,公共理性具有超越国家理性、政党理性、利益集团理性和个人理性的公共属性,具有统一工具理性与价值理性、协调个人理性与国家(政府)理性、沟通大众理性与精英理性的能力。罗尔斯明确指出,公共理性理念首先适用于法官(尤其是最高人民法院法官),体现在法官的判决中。不仅如此,公共理性理念的适用对于法官较之其他人更加严格。③

首先,司法权的公共属性及其"用法律来判断"的本质,要求它体现公共理性。在民主社会中,法律的价值取向是社会正义,法律应当是社会关于权利、义务等基本问题的重叠共识。因此,民主社会的法律本身就是公共理性的集合。司法权的核心是国家裁判权,属于公共权力的一部分。从司法的社会功能角度说,司法的运作过程是公共性再生产的过程:每个司法裁判个案都是公共产品,肩负实现法律上的正义价值从而维系社会秩序与整合的使命。为此,司法裁判结论及其所依据的理由应当体现公众关于公平正义的重叠共识,最大限度地满足公共利益的需要。这正是公共理性的表现,也是获取社会普遍认同的基础。卡多佐指出,法官在履行"宣告"法律的义务时必须

---

① 〔德〕哈贝马斯:《在事实与规范之间:关于法律和民主法治国的商谈理论》,童世骏译,生活·读书·新知三联书店2003年版,第244页。
② 高鸿钧:《通过民主和法治获得解放——读〈在事实与规范之间〉》,载《政法论坛》2007年第5期。
③ 〔美〕约翰·罗尔斯:《公共理性理念新探》,谭安奎译,载谭安奎编:《公共理性》,浙江大学出版社2011年版,第122—123页。

虑及法律的道德基础,法律推理不能违反普遍共谕共守的"公理",亦即对于深蕴于特定社会及其人文类型的常态、常规和常例,涉案的常识、常理和常情,法官务予周罗密致,理性彰显。①

其次,司法理性是制度伦理的产物。司法是以制度化的方式追求公正或正义目标的过程,因此司法公正是制度伦理的一种选择形态。司法公正追求的是一种"法律之内的正义",遵循的是制度伦理。制度伦理与个人伦理相对。制度伦理的特点在于它是一种整合性伦理,采取的是非个人化的标准,以程度较低的道德标准为基准,与多数人或普通人的道德水准相适应,以获得多数人的认同与遵守。个人行为伦理是适用于个人决策的伦理,制度伦理是适用于集体决策的伦理。前者进行道德评价时,关注的焦点是个人对行为目标与手段的选择;后者进行道德评价时,关注的焦点是社会对行为目标与手段的公共选择。制度伦理的最大特点在于它是一种整合性伦理,即其道德标准具有非个人化的特征。其功用在于把制度所涉及的那些分散的个人的善、价值、目的和愿望整合为一个大体协调的结构或秩序。② 所以,法官在作出判断和裁决的时候,不能以个人的道德偏好作为裁判的理由,而必须以社会大多数人的评价为标准。这恰是公共理性的本质特征。

再次,司法克制是司法公共理性的题中之义。制度是面向所有社会成员的,其有效运作有赖于人们的广泛合作。为此,制度伦理需要在不同个体的道德标准和原则所限定的范围内追求伦理价值和非伦理价值的最大化,就只能遵循程度较低的道德标准,以便与多数人的道德水准相适应。③ 基于这样的原理,司法需要恪守"窄"和"浅"的克制主义。"窄"是指法官只对案件作出判决而不是制定宽泛的规则。法院拒绝对那些与解决案件无关紧要的观点作出裁决,拒绝对那些尚未成熟到可以下判决的案件进行听审,避免对宪法性问题作出判断。"浅"即尽量避免提出一些基础性的原则,而是试图提供一些就某些深刻问题意见不一致的人们都能接受的东西。通过这种方式达致"不完全的理论化合意"(incompletely theorized agreements)。④ 即便是激进的司法能动主义者也主张,法官的司法能动性要受到严格限制,这是民主国家对司法权和法官的自由裁量权进行严格限制的应有之意。有时候为了

---

① 〔美〕本杰明·卡多佐:《司法过程的性质》,苏力译,商务印书馆1998年版,第54、69页。
② 郑成良:《法律之内的正义:一个关于司法公正的法律实证主义解读》,法律出版社2002年版,第80页。
③ 同上书,第82—85页。
④ 〔美〕凯斯·R.桑斯坦:《就事论事——美国最高法院的司法最低限度主义》,泮伟江等译,北京大学出版社2007年版,第21页。

解决纠纷,法院必须阐释和适用一般性的命题。但是,只有在涉及眼前需要解决的具体纠纷时,法院阐释此类命题的活动才有正当性,不能超过这个限度。法院在个案中确立法律规则的职能只是解决纠纷的"副产品"。①

最后,沟通理性是司法公共理性应有的品格。司法对待民意的态度既非冷漠无视,亦非迁就屈从,而是公开交流、理性对话。法官能够在异质性社会中准确拿捏判决的度,不是靠其个人的智慧,而是经由司法与社会的沟通交流。民主社会的司法是开放性的,有畅通的社会参与渠道和制度化的平台,法官具有与公众对话的能力,能够在多元价值观中发现重叠共识,并用法律论证的形式将之揭示于众。司法还应当置于公共领域的监督和批判之下,促使其裁判最大限度地体现公共精神,这是司法获得社会认同的重要保证。②

二、司法的形式理性与实质理性

罗伯特·阿列克西则认为,法律——作为理性的制度化——应当兼具形式合理性与实质合理性双重特征。他理解,任何一种法哲学,都或明示或暗示地表达了法的以下三个要素:(1)制定的正当性。(2)社会实效。(3)实质正确性。他指出,"任何人在界定法概念时,如果仅仅关注正当制定性和社会实效,而忽略了实质正确性这一要素,他就是在主张一种实证主义的法概念。"③司法作为法律实施的主要管道,其制度属性在于实现法律的价值。这决定了司法理性必然包含价值合理性因素。从人类司法文明发展的总体趋势上看,司法理性化的理想追求就是实现形式合理性与实质合理性的统一。二者的统一正是司法公共理性的体现。

司法过程中的法律推理需要统筹考虑形式依据与实质依据。因为法律的形式理性与实质理性是相互依存的。任何一部法律在制定的时候,都要以道德的、经济的、政治的、习俗的或者其他社会因素等实质性依据为其立法理由。当这些实质性依据用规范性文字表述为立法时,其包含的价值取向和基本原则就已经渗入到该规则的机理中,并具有了形式特征,也因此成为法律解释与法律推理的形式性依据。换句话说,任何一部理性制定的法律是特定的实质理由和文字表达的形式特征的混合体。反过来,法律的形式性依据

---

① 〔美〕迈尔文·艾隆·艾森伯格:《普通法的本质》,张曙光等译,法律出版社2004年版,第7页。
② 吴英姿:《司法的公共理性:超越政治理性与技艺理性》,载《中国法学》2013年第3期。
③ 〔德〕罗伯特·阿列克西:《法:作为理性的制度化》,雷磊编译,中国法制出版社2012年版,第1页。

又发挥着将尚未整合入规则中的某种实质性依据屏蔽掉,防止它进入法律决定过程的屏障功能。正如阿蒂亚和萨默斯指出的:"完全不具备实质性依据的法律实体集合是不可想象的。"法律的实质依据之于形式依据的关系正是:"一般的实质推理通常能够用来证明:根据形式性依据行事的实践是正当的。"① 阿蒂亚、萨默斯尖锐地指出:如果认为经过正当立法程序制定公布的法律只不过提供了字面上的依据(prima-facie reason),还需要通过探寻立法者的原旨或立法目的才能正确理解和适用,那么这样的法律是不具有可操作性的,也无法建立其权威性。更重要的是,由这样的法律构成的法律体系"根本不可能是法治的,无力为事关法治的那些特定价值(例如统一性、可预测性、免于法律执行中的权力专制等)提供周全的服务"②。司法裁判中的实质推理的根本理由和与形式推理的关系是:实质性依据在立法时起决定性作用,因此在法律解释时必然会用到实质性依据。同时,规则的形式性依据很少是绝对化的,一则可能受各种旁证性学说的削弱,二则可能因解释者为实现某种"真正值得追求的目标",对规则作扩张性或限缩性的解释。此时必然将实质性依据考虑进去。如果把法律的形式与实质依据割裂开来,法律理论极易走向两个极端,一个是极端的法律实证主义,片面强调"法律就是法律",过度关注法律概念的内在逻辑,法律理论的意义仅限于为制定法提供说明,且仅限于概念、定义、文字含义及语法逻辑范围的说明,对于应当予以考虑的实质性因素不予考虑。这种态度被称为"形式主义"或"概念主义"。另一个极端,则是过度关注法律背后的实质性依据及其决定性作用,强调不能仅根据字面意思来确定规则的含义,而必须明确——甚至刨根究底地根据人为证据(如立法过程中的记录)探明——立法者的初衷与目的来解释制定法的理论。后者被冠以"实质主义"的帽子。③ 无论是形式主义还是实质主义,都背离了法律的精神,走向法治的反面。例如在近几年部分学者关于善意第三人和表见代理构成要件中的"善意"要件事实的证明责任问题的争论中,自称"实质论者"的几位民法学者以善意要件事实难以证明为出发点,批评罗森贝克"规范说"单一适用文义解释方法,片面注重法条的外在形式而陷入证明责任分配的僵化,无法顾及双方当事人之间的实质公平正义的缺陷,提出为证明责任确立以立法目的为指导的"实质性原则"的观点,即通过目的解释方法缓解法条文字表达所可能存在的不合理之处,同时借助其他解释方法或者依

---

① 〔美〕P. S. 阿蒂亚、〔美〕R. S. 萨默斯:《英美法中的形式与实质——法律推理、法律理论和法律制度的比较研究》,金敏等译,中国政法大学出版社 2005 年版,第 2、21 页。
② 同上书,第 21 页。
③ 同上书,第 19—27 页。

据某些实质性依据(如举证难易、照顾弱者)来填补法律漏洞。① 由于对于立法目的、证明难易的不同看法,实质论中对善意要件证明责任分配出现了截然相反的结论。② 在这场讨论中,实质论者因缺乏法律形式与实质统一性的观念,同时滑向了实质主义和形式主义两个极端。实质论者首先是用形式主义思维解读罗森贝克的"规范说",用概念主义的进路理解规范说关于"基本规范"与"对立规范"的含义,然后向自己假想的对手举起实质主义的批评武器,以善意要件证明难、追根溯源论证立法目的为依据,只为证明应当由原权利人对取得人恶意的要件事实承担证明责任这个结论。由于误认为规范说只是按照法条字面词句分配证明责任,实质论者因此主张实体法文字表述要体现证明责任分配规则,至少也要以证明责任分配为潜台词,斟酌证明责任问题来决定相关法律条文的表述,否则就构成立法缺陷或者会出现法律漏洞。③ 这个药方无疑是把证明责任规则推回到法定证据主义的时代,是典型的形式主义的思维方式。这样的进路是从形式主义思维方式出发,借实质主义思维说理,最终指向构建形式主义法律体系的观点,无疑同时陷入了形式主义和实质主义两个极端。

　　当然,要实现法律形式与实质的统一,光有正确的法律观念还不够。因为法律的形式与实质之间虽然是相互依存的,但二者天然有一种张力:形式正义所强调的依法裁判原则,要求严格遵循法律,只有满足明文规定的法律要件才能产生法律效果,与个案中各方主体对实质正义的不同价值诉求之间,并非永远契合。实质正义往往包含对法律运作的弹性需求,某些价值需求诸如地方习惯、善良风俗或者"事出有因"等不乏正当性,但却明显偏离甚至否定形式依据。无论法官是否斟酌变通这些个性化因素,都存在正当性问题。因此,还需要寻找到一种能够整合法律的形式与实质的长效装置。这个装置只能是程序。哈贝马斯精辟地论证道:在单个的实质性理由或原则与作出"唯一正确"判决的任务之间存在的"合理性缺口",是通过"合作地寻求真

---

① 徐涤宇、胡东海:《证明责任视野下善意取得之善意要件的制度设计——〈物权法〉第106条之批评》,载《比较法研究》2009年第4期;徐涤宇:《民事证明责任分配之解释基准——以物权法第106条为分析文本》,载《法学研究》2016年第2期;胡东海:《民事证明责任分配的实质性原则》,载《中国法学》2016年第4期。

② 参见郑金玉:《善意取得证明责任分配规则研究》,载《现代法学》2009年第6期;吴泽勇:《论善意取得制度中善意要件的证明》,载《中国法学》2012年第4期。

③ 李浩:《民事行为能力的证明责任:对一个法律漏洞的分析》,载《中外法学》2008年第4期;徐涤宇、胡东海:《证明责任视野下善意取得之善意要件的制度设计——〈物权法〉第106条之批评》,载《比较法研究》2009年第4期;徐涤宇:《民事证明责任分配之解释基准——以物权法第106条为分析文本》,载《法学研究》2016年第2期;胡东海:《民事证明责任分配的实质性原则》,载《中国法学》2016年第4期。

理的论辩过程而理想地闭合的"①。

公共理性统一形式理性与实质理性的机理是哈贝马斯所说的交往理性或沟通理性原理,表现为商谈程序。出于对单向度目的理性(价值—工具合理性)的反思,哈贝马斯论证公共理性尊重社会主体的各种价值观,承认法律多元,强调主体之间的对话、沟通,寻求主体间性的"重叠共识"。同时,公共理性是一个包含时空元素的概念,它是身处同时代的、同一个地域空间内的民众的共识。越是在观点存在重大分歧、难以达成价值共识的领域,公共理性越能体现其超越一般理性的意义。他把重点放在理性的公共利用的程序方面,认为公共理性是主体间性的理性而不是一种独白的理性,理性的公共运用需要通过自主的公民在公共领域的商谈过程来实现。因此,需要进一步分析交往性的预设条件,以及形成意见和意志的商谈过程。这是实现公共理性或者理性的公共利用法制化的有效路径。② 它力求借助生活世界的背景共识和通过民主程序及理由来实现社会认同的正义,避免了实体价值标准多元、模糊而带来的"异议风险"③,也与缺乏实体价值标准、单纯依赖程序获得合法性而可能产生的"程序暴力"区隔开来。在通过"交往实现正义"的法律程序主义中,衡量司法公正最为重要的指标不是某种实体价值,也不是不要任何实体价值的"纯粹的程序正义"④,而是商谈程序的合理性和理由的可接受性。其精义是通过程序产生实体,诉诸理由达成共识。同时,公共理性并不能经常导致各种观点的普遍一致,它也不强求如此。它的禀赋是"求同存异"。它的意义在于:当公民们在各种观点的冲突和论证中学习运用公共理由来进行论证时,对于最后形成的结论少数人可以保留反对意见,但必须相信这种经公共论证得出的决定是理性的,因而他们应该承认结果的合法性。换句话说,决定的论证理由的公共性与程序的民主化,使得最终的决定具有了正当性和约束力。司法的公共理性有助于提高司法沟通能力。

三、司法的沟通理性

司法的沟通理性集中体现在程序独立价值上。程序的核心价值,是在多元价值并存状态下,通过平等对话和商谈论证促成合意,确保判断和决定不

---

① 〔德〕哈贝马斯:《在事实与规范之间:关于法律和民主法治国的商谈理论》,童世骏译,生活·读书·新知三联书店2003年版,第280页。
② 〔德〕尤尔根·哈贝马斯:《通过理性的公共运用所作的调和:评罗尔斯的政治自由主义》,谭安奎译,载谭安奎编:《公共理性》,浙江大学出版社2011年版,第335—375页。
③ 高鸿钧:《通过民主和法治获得解放——读〈在事实与规范之间〉》,载《政法论坛》2007年第5期。
④ 罗尔斯设计的"纯粹的程序正义"概念,参见〔美〕约翰·罗尔斯:《正义论》,何怀宏等译,中国社会科学出版社1988年版,第81—82页。

偏不倚的"中立性价值生产装置"。① 程序的突出品格,是形式理性与价值中立。程序的形式理性表现为一套外化的、明确的规则、条件与要求,确保决定形成过程和结果的制度化程度。程序的价值中立本性,使之具有天然的不依附权力、不依赖行政权威获得权威的个性,也是程序能够发挥"控权"作用、整合法律的形式理性与实质理性的基础,也是程序维系中立价值反复再生产的机理,是一套程序规则约束下的程序方法与程序技术。程序发挥整合形式理性与实质理性的功能的机理,是以平等对话为程序技术或程序方法的"沟通—决策"过程。总之,程序价值机理包含规则、对话、共识(合意)等要素。司法程序是典型的例子。

1. 司法程序具有突出的实践理性。实践理性是人类具有的根据行动的具体环境、依据特定的理由进行判断和选择,进而有意识地采取行动的能力。② 在程序视野中观察法律适用活动,可以发现它从来不是一个纯粹的形式逻辑推理过程,而是在具体法律实践过程中发生的,是裁判者根据具体个案情景,遵循法律给定的理由或依据进行判断和选择的过程。无论民事诉讼还是刑事诉讼,都是以本案原告或公诉方提出的"诉"为出发点,以当事人或者控辩双方的争议焦点为中心,围绕具体的诉讼要素展开。在各方主体行使程序权利、履行程序义务的过程中,诉讼标的、诉讼权利与义务关系、证明责任分配、证明标准、法院裁判标的等程序的规定性才能明朗细化起来。也是在争议焦点、证明责任等程序规则明确后,法官才能认定证据、对争议的案件事实作出合乎理性的判断,同时其目光在法律的一般规定与具体争议之间"往返流转",完成法律解释的思维活动,使抽象的法律条文得以具体化并形成该案最终裁决依据。从这个意义上看,程序思维是一种具体化的思维方式:思维进路以具体的、现实的问题为导向,强调具体问题具体分析,反对把任何一种先验的理论奉为公理、作为行动唯一正确的指南。正如沃缪勒所言:法律解释领域真正的问题从来就不是"这个法律文本应该如何解释?"而是"特定的机构,基于其特定的能力,应该用什么样的决策程序去解释法律文本?"他提示说,那种试图直接从高层次概念性诉求(例如民主、法治、宪政)出发,直接推演出操作性的解释规则的所谓"最优概念论"最终都是会失败的,因为无法回避可能出现的"次优效应"问题,更不能忽略不同解释者的能力差异对抽象原则转换为具体的操作标准的影响。③

---

① 季卫东:《法律程序的形式性与实质性——以对程序理论的批判和批判理论的程序化为线索》,载《北京大学学报(哲学社会科学版)》2006年第1期。
② 参见王炳书:《实践理性问题研究》,载《哲学动态》1999年第1期。
③ 〔美〕阿德里安·沃缪勒:《不确定状态下的裁判——法律解释的制度理论》,梁迎修等译,北京大学出版社2011年版,第2页。

职是之故,程序思维反对一切皆靠立法解决问题的立法万能主义或法定主义倾向,法官的自由裁量权及自由心证规则都被视为符合司法规律的、必要的制度安排,承认必要的、一定限度内的司法能动。麦考密特和魏因贝格尔站在超越自然法和实证主义的立场,提出区别于"原始事实"的"制度事实"概念,其特点在于:对制度事实陈述的准确性有赖于按照人类的实践和规范性规则对实际发生的事件作出的解释。认为法律推理不仅是由实践合理性所支配,而且是实践合理性的一种形式。所以,决定的正当化过程是一个不断接受实践理性检验的过程,客观上要给决定者留有主观解释和自由裁量的余地。① 以证明责任分配规则为例,2001 年《民事诉讼证据若干规定》第 7 条赋予法官在证明责任分配上的自由裁量权的规定曾备受质疑。② 但实践证明,由于案件的复杂性与个性化,法官在证明责任问题上保有一定的自由裁量权是客观需要,也是符合司法规律的,由于对我国法官的技术理性缺乏信心而主张取消其自由裁量权无异于因噎废食。

2. 通过对话寻求"未完全理论化合意"③是司法程序的方法论与运行轨道。首先,司法程序以"参与—对话"为基本方法。程序固然表现为一定顺序的步骤和阶段,但程序绝对不是构成机器自动运行的那些命令、步骤的组合,或者说,程序不是目中无人的自动售货机。法治意义上的程序始终是有"人"这个行动主体参与其中的,是在各方主体交互影响下形成相互关系且不断发展、演变的过程。"参与"是程序制约权力最重要的机制。程序是通过保障各方程序主体充分参与,根据主体角色定位明确其相应权力(利)及其边界,从而建立起权力(利)相互制约关系的制度性结构。这正是程序价值作用机理也即程序控权功能机制。同时,参与是以"对话"为基本方式的。诉讼上的参与表现为陈述、辩论、举证质证、异议等一系列诉讼权利的实现。对话不是无原则的妥协,而是在参加议论的各方平等分担责任、有理有据论证的条件下进行的。④ 区别于霍布斯的独白式的"谈判—决断"程序理论,现代程序思维以民主社会商谈理论为根基,其核心是一种论证程序,强调通过自由与平等的论证,确保商谈及其结果的无成见性。论证过程遵循主体平等、无强制性、

---

① 〔英〕尼尔·麦考密克、〔捷克〕奥塔·魏因贝格尔:《制度法论》,周叶谦译,中国政法大学出版社 2004 年版,第 11、15、31 页。
② 霍海红:《证明责任配置裁量权之反思》,载《法学研究》2010 年第 1 期;胡学军:《法官分配证明责任:一个法学迷思概念的分析》,载《清华法学》2010 年第 4 期。
③ 〔美〕凯斯·R.桑斯坦:《就事论事——美国最高法院的司法最低限度主义》,泮伟江等译,北京大学出版社 2007 年版,第 26 页。
④ 〔英〕尼尔·麦考密克、〔捷克〕奥塔·魏因贝格尔:《制度法论》,周叶谦译,中国政法大学出版社 2004 年版,"序"(季卫东),第 Ⅵ 页。

理由的普遍性等规则①,保障主体表达的自由、清晰、完整,尽可能提高对话的有效性,实现充分沟通。所以哈贝马斯说:"所有诉讼过程的参与者,不管动机是什么,都对一个从法官的视角来看有助于得到公平判断的商谈过程作出了贡献。而只有这种视角才是对论证判决来说具有构成性意义的。"②

其次,司法程序以"共识—合意"为决策正当化的策略。现代社会价值是多元与不确定的,无法纯粹依赖一定价值标准或信仰的实质合理性来作出决定,必须把实质合理性提炼为一般规则,由形式合理性保障决定的可预见性,防止专断与反复无常。但是,即便有完美的立法,也无法杜绝冲突与纠纷的发生。有分歧和纠纷就有程序作用的场域。程序思维以解决纠纷为问题导向,主张平等对待纠纷各方的利益或价值诉求,为当事人创造在信息对称的前提下寻求缩短彼此认识和价值上的差距的机会,鼓励妥协让步达成重叠共识。这种共识既可以是实体权利义务方面的,也可以是程序规则方面的。无论是哪一方面的共识,都将提高最终结论的可接受性。立法程序就是一个典型的例子。民主的立法程序要求通过对话形成重叠共识,作为不同价值偏好的最大公约数,再将其固定为规则。司法程序中通过对话达成共识的过程也很直观。尤其是在当事人无法就实体问题达成合意时,有关程序规则的共识就成为最终裁判决定和强制执行的唯一正当性依据。证明责任分配规则就常常扮演这样的角色。

3. 司法程序鼓励当事人"平等—合作"的态度立场。前述类似哈贝马斯理想中的"高层次主体间性"的未完全理论化合意,是在参与主体相互平等、尊重、合作的意识下,求同存异,在局部形成的重叠共识(哪怕是浅层次、窄范围的共识)。正如哈贝马斯所言,当人们在相互说服对方时,已经在依赖一种没有压制和不平等的言语情境构建起来的实践,这是一个有秩序的且不受强制、不被扭曲的论证竞赛过程,任何一个人都只能凭借理由来检验他所提出的主张是否站得住脚,来为一个有争议的意见赢得普遍的赞同与支持。论辩实践有助于参与者的角色担当与反思理性,使参与者"视角逆转"成为可能。③ 阿列克西深刻地指出了程序在其中发挥的正当化作用。在他看来,对于"正确性标准"而言,起决定性作用的不是共识,而是依据商谈规则施行的程序;认为只要通过了程序的检验,即便没有达成共识,"彼此不相容的观点

---

① 参见〔德〕罗伯特·阿列克西:《法 理性 商谈:法哲学研究》,朱光、雷磊译,中国法制出版社2011年版,第124、132页。
② 〔德〕哈贝马斯:《在事实与规范之间:关于法律和民主法治国的商谈理论》,童世骏译,生活·读书·新知三联书店2003年版,第283页。
③ 同上书,第280页。

也可以在一种接近于确定的意义上被看做是正确的"①。麦考密特则认为合意的正当化功能是绝对的,同时指出,合意的质量取决于形式和程序的要件的充足程度;认为只有把合意与议论、程序统一起来、从整体上把握,才能承托以往的自然法论与法律实证主义的争执,使"应然"和"实然"得以在制度层次上结合,使制度的正当性从实质和形式这两个方面得到保障。②

就此表明,经过程序形成的多数意见并非简单的投票表决的结果,而是参与者根据具体情境和具体信息,对自己的行动策略进行反思、斟酌后,调整修正行动方案,与对方相互妥协、彼此磨合而成。越是重要的决定,这种对话——合意的过程就越要充分。司法程序中庭审是各方主体正式对话的关键环节;而合议制的功能也在于汇聚不同意见;陪审制更有汇聚社会意见的功能。某些简单的案件可以适用简易程序。但是,无论怎样简化程序,开庭审理的环节都不可以省略。法院在作出判决之前,必须保障当事人陈述、辩论权的实现。这可谓司法的"最低限度程序保障"。不具备程序的未完全理论化合意机能的认知,就会对程序正当化机理产生误解。典型如夸大投票程序正当化机能,结果把民主协商过程等同于简单的票决程序,通过投票计算出的多数意见获得话语权,要求少数意见者放弃己见,服从多数。现实是,这种披上"民主集中制"光环的票决制被广泛运用于立法修法、公共决策、行政管理、干部遴选、人事聘任、司法裁判中,因为缺乏有效的民主协商或讨论合议,投票过程难以避免掺杂情绪、偏好、人情等诸多不可控因素,最为极端的结果便是以人民的名义行多数人的暴力。民主只有形式没有实质,其实质合理性必然受到质疑。职是之故,程序思维反对用一次简单的投票来使最终的决定正当化。

4. 司法程序遵循"过程决定结果"的逻辑进路。如阿列克西在论证"程序性理论"范畴内涵时指出的,依据一般程序性理论,某个命题或规范的正当性取决于它是否是特定程序的结果。③ 司法程序始终把保障参与程序主体的权利放在优先地位,注重发挥程序的正当化作用,强调"过程好结果才好"——理由论证过程决定最终结论的可接受性——的论证逻辑,反对从结果倒推过程的思维方式。正如麦考密克所言:"在法律推论的场合,预设一种先验的正义原理并通过演绎和因果律使之合理化的做法是不妥当的。"应该

---

① 〔德〕罗伯特·阿列克西:《法 理性 商谈:法哲学研究》,朱光、雷磊译,中国法制出版社2011年版,第112—113页。
② 〔英〕尼尔·麦考密克、〔捷克〕奥塔·魏因贝格尔:《制度法论》,周叶谦译,中国政法大学出版社2004年版,"序"(季卫东),第Ⅵ页。
③ 参见〔德〕罗伯特·阿列克西:《法 理性 商谈:法哲学研究》,朱光、雷磊译,中国法制出版社2011年版,第103页。

把正义原理的确认转变成通过讨论来决定某种归结是否妥当、能否有效地实现个人权利的制度设计的问题。"其中最重要的因素是：程序、讨论与合意。"①沃缪勒批判解释学上的结果主义（即主张法官可以直接去选择能够对其审理的个案产生"最佳结果"的法律解释方法的观点），指出结果主义者始终缺一种可以说明什么才能称得上是最好的结果的价值理论。他建议一种"规则式的结果主义"，认为不妨先搁置价值理论上的分歧，从经验和制度因素出发，让那些严重分歧的价值在操作层面上取得共识，因此就法律解释方法达成一致意见。他认为法律解释理论的目的，应该是先"搞清楚最佳的决策程序"，然后再考虑具体个案的应用。②

综上所述，司法程序的独立价值及其作用机理的核心在于"对话—合意"的沟通理性。

第二节　中国司法的理性化

一、中国司法理性化探索

纵观历史发展，中国司法制度现代化的过程，也是司法理性的探索、争论、选择的过程，尤其是在政治理性与技术理性之间的博弈与选择过程。

1. "司法为民"塑造司法的政治理性

陕甘宁边区政权对旧司法和国民党司法制度进行改造，创造了全新的司法理念和独特的司法技术，对当代中国司法制度及其理性品格的塑形具有深远的意义。在司法权与政权关系上，确立了"司法半独立原则"，即司法机关在党和政府的领导下，依照法律从事审判工作，行使审判权。在司法理念上和司法方法上，确立"司法为民"观点，即司法以为人民服务为目标，以人民满意作为司法公正的评价标准，以群众参与、监督审判为司法民主的保障等。这一套理念和技术在实践中获得了巨大的成功，不仅深受边区民众的欢迎拥护，而且因为司法充当了党的政策的宣传员、贯彻者的角色，也为巩固政权的合法性做出了贡献，政治效果显著。而这一切与边区特定的历史条件是分不开的。

其一，特定历史环境下司法的政治化。延安时期是一个极为特殊的历史

---

① 〔英〕尼尔·麦考密克、〔捷克〕奥塔·魏因贝格尔：《制度法论》，周叶谦译，中国政法大学出版社2004年版，"序"（季卫东），第Ⅳ页。
② 〔美〕阿德里安·沃缪勒：《不确定状态下的裁判——法律解释的制度理论》，梁迎修等译，北京大学出版社2011年版，第5—7页。

时期。其复杂性不仅体现在它一直处于民族战争与社会革命交织的时代,还体现在其现代民主法治的建设须立足于落后的乡村社会基础。① 对于共产党来说,当时的历史环境可以概括为:政治上是以赢得战争和夺取政权为核心任务的战争环境;经济上是为解决生存问题、支持抗战而实行的战时计划经济;在文化和社会建设上则是在最贫穷落后的农村社会地区推行现代民主政治的革命思想与激进的社会改革政策。在这样一个"一切为了赢得战争"的特殊历史时期,为了获得最大多数民众的支持,共产党将所有工作都与政治高度整合在一起,司法也不例外。曾任边区高等法院院长的谢觉哉说:"我们的法律是服从于政治的,没有离开政治而独立的法律。政治需要什么,法律就规定什么",因而司法人员一定要"从政治上来司法"。② 此外,陕甘宁边区地域幅员有限,交通极其不便,人口在最高峰的时候也仅占全国人口的0.3%③,以夺取战争胜利为第一要务的目标也使得社会建设目标单纯化,社会分工不明显,加上整风运动后边区军民思想高度统一,群众组织化程度极高,社会高度整合,权力高度集中,政权结构单一。这些条件都使得司法必须以政权(政治)目标为自己的目标,司法功能专注于社会控制与政权稳固。

其二,社会改革带来的纠纷解决压力。共产党在农业占绝对优势、经济文化都非常落后的陕甘宁边区推行土地制度、婚姻制度改革,推行"平均地权""婚姻自由""男女平等"等激进的政策,建立现代民主法制的新型社会,并通过移民、开荒、通商等经济政策发展生产,加上延安作为全国进步青年向往的革命圣地吸引了大量的人员、特别是年轻人涌向边区,短时间内边区人口激增、经济发展、思想多元,不可避免地引发传统社会的剧烈变革,社会矛盾纠纷激增,给边区的社会稳定和政权安全带来威胁。而一方面是传统观念与社会规范的失效,民间权威的解纷能力被削弱,传统社会自我解决纠纷的途径和渠道已经不能发挥作用;另一方面,新政权注重国家和政府对社会的改造和干预,要求司法机关在解决纠纷、维持社会稳定、维护政权安全方面发挥积极作用,造成了司法机关在解决纠纷上的巨大压力。④

---

① 汪世荣等:《新中国司法制度的基石:陕甘宁边区高等法院(1937—1949)》,商务印书馆2011年版,第2页。
② 谢觉哉:《在司法训练班的讲话(1949年)》,载王定国等编:《谢觉哉论民主与法制》,法律出版社1996年版,第156—159页。
③ 陕甘宁边区北起长城,西接六盘山脉,东靠黄河,南临泾水,南北长近500公里,东西宽约400公里。辖有延安、绥德、三边、关中和陇东5个分区,20余县,面积近13万平方公里;截止到1944年,人口约142.5万人(当时中国人口约为46500万)。曹占泉编著:《陕西省志·人口志》,三秦出版社1986年版,第110页。
④ 汪世荣等:《新中国司法制度的基石:陕甘宁边区高等法院(1937—1949)》,商务印书馆2011年版,第262—263页。

其三，整风运动对司法理念的塑形。在边区司法制度构建过程中，李木庵等接受过法律科班教育的人曾经尝试用西方司法理念和现代司法制度改造苏维埃临时政权时期形成的司法方法，并且引发了两种司法理念的争论。① 但在整风运动开始后，这些争论很快销弭。延安整风运动开展于20世纪40年代初，以反对教条主义、主观主义、宗派主义为主要内容，采取集中学习、批评与自我批评、集体测验等方式进行思想教育，通过内心体验和外部压力双管齐下，达到人人过关，统一思想。终因与甄别"敌特分子"、清洁革命队伍的目标结合而演变为声势浩大的群众运动。面对群众运动压力，各种争鸣观点迅速销声匿迹，以实事求是、群众路线、因地制宜为核心的毛泽东思想深入人心，成为唯一正确的指导理论与工作方法。在这个背景下，近代以来逐渐得到国人信奉的西方司法理念和法治信条被动摇，原本对司法独立等观念就抱有偏见的人强化了固有的偏见，支持者因受到怀疑甚至伤害而不敢再坚持。只有毛泽东思想成为司法工作唯一正确的指导思想，重塑了边区司法理念，催生了"马锡五审判方式"。

从司法理性角度概括边区司法制度的特征有以下几个方面：(1) 注重司法人员的政治立场，即司法人员要站在人民的一边，而不强调"司法中立"；(2) 司法服从政治需要，即以执政党的政策为裁判依据；(3) 裁判过程的政治化，即以在场的多数人意见作出决策；(4) 矛盾观的政治化，即区分敌我矛盾与人民内部矛盾，分别采取不同的解决办法；(5) 司法公正评价的政治标准，即追求司法的人民满意度。与西方司法以法律解释为核心的逻辑理性和以证据规则为核心的技艺理性对比，司法为民的理念与大众化的司法技术透露出边区司法政治理性的充盈和法律技艺理性的虚无。②

2. 审判方式改革催生司法技艺理性

在改革开放政策推行后，中国司法制度面临的新环境、新问题，催生了审判方式的改革。这是一场以司法的专业化、规范化为手段，追求通过司法实现社会的规则之治为目标的改革。其改革的对象恰恰是被认为不适合新的社会变化和社会需要的"马锡五审判方式"。改革的方向是引入西方司法制度和司法理念，追求司法独立；以推动司法的专业化和审判行为的规范化为核心，提高法官法律解释和证据规则适用等专业技能，转变司法"反专业化"

---

① 详见侯欣一：《从司法为民到人民司法——陕甘宁边区大众化司法制度研究》，中国政法大学出版社2007年版，第124—180页；汪世荣等：《新中国司法制度的基石：陕甘宁边区高等法院(1937—1949)》，商务印书馆2011年版，第273—280页。
② 吴英姿：《司法的公共理性：超越政治理性与技艺理性》，载《中国法学》2013年第3期。

的形象。在细微处,审判方式改革的目标与价值追求表现出日益浓厚的反思理性色彩。① 这种反思理性表现在以下几个方面:一是重视学习与研究。从各地各级法院创建学习型法院的运动中,我们看到的不仅是紧跟意识形态的政治学习,更伴随着持之以恒的专业学习与研究。这从法院系统坚持了三十多年的学术征文活动中可见一斑。其征文活动包括一套规范的论题征集、论文组织、专家评审、评优奖励制度。每年评选出的优秀论文都不乏在问题意识、研究方法和理论层次方面颇有学术价值的成果,整体上看学术性正在逐年提高。除此之外,司法系统还非常重视调研活动。最高人民法院每年设置一批调研课题,地方各级法院都以获准承担最高院的重点调研课题为荣。围绕课题建设,法院经常举办各种专题学术研讨会(某种意义上讲,法院系统的学术活动比高校和专业的科研院所还要频繁),而且在调研、论文写作和各种研讨会中经常邀请学界人士参与,在客观上推动了理论界与实务界的交流与相互增进。通过各类学术研究活动,法院和法官实际上在不断探究自身存在的问题,总结经验、提炼观点,也培养了一批具有研究能力的司法人才。二是从被动到自觉地反思自身问题。如果说上个世纪80年代,法院是迫于社会对诉讼效率低下和司法腐败的批判压力而开展了审判方式改革,那么在改革进行了30年之后,尽管以信访潮、申请再审、人大代表对两院工作报告的通过率等表现出来的社会对司法的评价仍然是促使法院和法官反思与改革的主要力量,但这种反思较30年前有了更多的自觉性:既对单纯追仿西方模式的理念或者改革设想保持审慎的态度,亦避免迎合政治主流话语的盲从与左右摇摆,努力以解决中国问题为目标,对司法公正作出切合中国实际的解读,力求在遵循司法规律与发挥政治功能之间保持平衡。三是回应社会需求,持续总结审判经验,不断探索制度创新。② 仍以陈燕萍工作法为例,就陈燕萍工作法在本质上是基层法官的工作法而言,这场经验总结活动可以看作是司法制度创新的一个步骤。尽管陈燕萍法官处理具体案件时所用的方法、手段是地方性的、个别化的,因而其使用范围也是有局限性的,但是,被提升为工作法的陈燕萍经验中则包含着一些契合中国司法特征与规律性的因素,或许可以从中发现些许对重新塑造中国司法具有一般意义的东西。在这个意义上,可以认为能动司法语境下的中国司法正在探索重新塑造自己的路径,一

---

① 所谓反思理性,是指行为主体借助内省式的研究,不断探究与解决自身理念、目的、行动工具方面的问题,以提升行为的实践合理性的能力。自主性、经常性的反思能够帮助主体从盲从的、冲动的或者惯性的行为中解放出来,以审慎的意志方式行动,从而成为更理性、更有效率、更富有创见的行家。
② 关于法院在制度创新方面的实证研究,详见吴英姿:《民事诉讼程序的非正常运作——兼论民事诉讼法修改的实践理性》,载《中国法学》2007年第4期。

些有关现代司法结构的框架性元素已经显现出来:

(1) 司法公正的价值取向:便利、廉价、高效。转型时期社会矛盾的特殊性以及社会自我解纷能力的低下,使得大量纠纷因得不到及时解决而积压在基层,社会稳定面临严峻挑战;同时,大量本该通过自力救济或者民间权威等社会救济途径解决的纠纷直接涌入法院,使得法院需要占用大量司法资源来解决这些简单、小额(既无技术含量,又无经济价值)的案件。因此,当地方政府通过"诉调对接"将基层司法纳入"大调解"机制时,获得了法院的积极响应,人民调解得以顺利进入法院,尽管办公条件有限,法院还是慷慨地为人民调解开辟空间,设立专门的调解办公场所。诉调对接的本意是兼采司法的强制执行力与调解的灵活、温和与便利的优点,不过无形中导致司法与其他调解之间的界限有些模糊(至少在当事人眼里)。那些适合调解、当事人也愿意调解的案件被推荐到人民调解(不少法院专门为司法所提供的人民调解办公室)。经调解当事人达成协议,没有执行内容,或者当事人当即履行义务的,法院不收诉讼费用;如果当事人要求法院出具调解书的,法院减半收费。这样在实现案件的分流、减轻诉讼压力的同时,实际上降低了诉讼费用,有效地节约了当事人的诉讼成本和司法资源。另外,面对大量简单、小额的民事纠纷,人民调解提供的简便、灵活、快捷、免费的解纷方式,客观上与司法形成某种竞争关系。为了避免两相对比再一次削弱司法的亲和力,各地法院以投入更多司法资源为当事人提供诉讼服务和进一步简化程序作为应对措施,包括设立诉讼服务中心,简化立案、咨询、缴费等手续,推广速裁庭、假日法庭、巡回法庭、远程立案和远程审理等,设置各种免、退费机制,便利民众诉讼,降低诉讼费用,提高诉讼效率。

(2) 适度干预:程序规则取向下的职权主义。陈燕萍工作法在很多方面令人回忆起"马锡五审判方式",比如说仍然保留了法官主导诉讼过程的职权主义诉讼模式的许多特征,包括法官主动调查收集证据,力争发现案件事实真相;比如司法的弹性化——在一般意义上强调坚持法律原则的同时,不妨碍个案中的变通处理,即所谓原则性与灵活性相结合,或者黄宗智所说的"实用的道德主义"。① 又如,在价值取向方面,选择的是改造社会取向下的回应社会需要,强调沟通、协调,争取社会的理解、支持;注重寻找法律与情理的结合点,移风易俗,教化民众。再比如,司法的正当化机制较多揉进了法官人格

---

① 黄宗智认为,中国的法律方法可以称之为"实用的道德主义",它既强调道德观念(后来又引进了外来抽象原则),又优先考虑事实情形和解决实际问题。它立足于一种从事实到原则再回到事实的认识方法,允许法律在运作过程中考虑到实用性的因素,灵活使用(也导致含糊使用)。参见黄宗智:《中国民事判决的过去和现在》,载黄宗智:《经验与理论——中国社会、经济与法律的实践历史研究》,中国人民大学出版社 2007 年版。

魅力的成分等。不过在细微处,还是可以发现陈燕萍工作法与"马锡五审判方式"的微妙变化:较多地融合了现代司法的程序规则意识。比如陈燕萍处理的一些案件中对证据的强调,包括指导当事人收集提供证据,注意识别证据的真实性与证明力,用证据证明的案件事实作为裁判的依据等。其中,证据扮演的角色绝对不限于花瓶式的点缀,尽管多数判断可能出自法官经验生活的直觉和朴素的逻辑推理,却与证据规则的基本原理不期而遇。实际上,经验法则恰是证据规则的重要组成部分。再比如法官对调解的选择性适用(所谓"能调则调,当判则判"),以及适用法律作出判决技术的日趋成熟,等等。我们有理由相信,就在千百个陈燕萍式的法官成年累月地处理大量平淡无奇的案件的过程中,伴随法官运用证据和法律进行判断的能力与经验的日积月累,中国自己的证据规则和裁判思维正在生成之中。

(3)法官角色:社会工程师取向下的法官职业意识。在能动司法语境下,司法机关要求法官不能局限于"就案办案",更要有普法宣传、教化民众、消除纠纷隐患、预防新纠纷的意识,此外还要承担指导人民调解、开展调查研究、提出司法建议等工作。即在角色定位上,法官不是纯粹的裁判者,而是肩负治理社会、维护社会和谐稳定责任的"社会工程师"。陈燕萍在长期的基层司法工作中,逐渐深入地理解了时代之于法官的角色期望,并以强烈的责任感努力扮演好这一角色,因此获得了上上下下的一致赞扬。不容忽视的是,从陈燕萍法官的工作思路和话语中,可以读出中国法官的自我角色意识——一种区别于政府公务员、居委会干部和民间解纷权威的职业角色意识——正在觉醒,包括对法律的信仰,以及维护法律尊严的意识和自觉提高法律技术,等等。[①] 而对法律的信仰和法律技术恰恰是法官职业的生命力所在。

(4)民意吸纳机制:司法的公民参与。最近十数年来,法院花了很大力气在公民参与机制的建设上,一是抓法院基本设施(诉讼服务中心)建设与服务态度的转变;二是抓相关诉讼制度的落实与完善,包括完善人民陪审员制度、加强审判公开的力度(包括主动邀请各界人士旁听审判并听取其裁判意见、裁判文书公布上网)、提倡巡回审判(有的法院设置了固定的巡回审判点)、开展法官判后答疑,等等。这些举措的目的主要是为了争取社会理解,增强当事人对裁判的认可度(特别是被告的认可),拉近司法与民众的距离,增强司法的社会亲和性。

巡回审判、听取民众对裁判的意见等颇具马锡五审判风格。审判过程中广泛听取群众意见是马锡五审判的正当性的重要来源之一:"动员群众一起

---

① 比如陈燕萍案例中的"她用耐心缝合手足情""原告被告都冤枉""她让老汉坚信法律的公正""移风易俗播新风""锐利的法眼""未成年人受伤索赔,女法官创新办案",等等。

向当事人说理说法。能调解的交群众调解结案;需要判决的,也在群众中进行酝酿。"①民众对依据自己的意见作出的调解与判决结果,当然容易认同;生活在本社区的当事人,在社区舆论压力下,也容易服从判决和调解结果。在作出裁判之前广泛听取群众对案件处理的意见也被提升为"走群众路线",获得了政治上的认可,成为我国司法活动的新传统。以现代司法视角,马锡五审判体现民意的方式存在历史局限性。它是在司法大众化与非专业化背景下的产物,建立在无程序的司法制度中,尽管能够在个案中实现实质理性,但缺乏形式理性的支撑,完全依靠法官的个人品德、经验与技术,无法在制度层面上实现司法的理性化,影响司法裁判的"民意"也带有地域性,难免有失片面和随意,可能削弱司法的统一。哈贝马斯提出了公民参与公共事务的程序主义法律范式:处于公共领域中的公民通过民主程序参与法律过程,包括法律的产生、诠释与实施过程,使公众意见转化为私人领域、公共领域与政治系统的交往权力,对立法与行政行为提供合法化机制,对司法行为特别是法官的造法行为课加更重的论证义务等,从而确保公民遵守的法律来源于他们通过各种形式的民主商谈所形成的规范共识。② 就司法中的公民参与而言,就是把民众意见当作个人意见与司法裁判意见的交往力量,通过设定法定程序让民意进入司法裁判,强化法官在裁判中的论证义务。程序保障可以减少法官和民意的恣意性,使得真正意义上的代表绝大多数民众一般正义观念的意见(而不是个别陪审员个人的经验与价值观)影响法官的裁判。与马锡五时代相比,当前正在进行的司法公民参与机制建设更加强调通过制度化的程序性规范来实现民意与裁判的良性互动。尽管这样的建设还在探索阶段,而且存在若干有待商榷的问题③,但是,改革的制度化取向是明显的,法官也在逐步锻炼自己理性应对民意的能力。我们在很多案件中看到,法官对于民意并非不分对错地一味迎合,而是仔细辨识、反复斟酌,然后用充分的司法论证加以回应。如果能够沿着这样的方向继续发展,一种适合中国社会需要的,同时也具有相当法律程序主义色彩的公民参与司法机制将有望成型。

3. 能动司法强化政治理性

但是,审判方式改革并非线性发展,司法技艺的理性增长也并未导致政

---

① 张希坡:《马锡五审判方式》,法律出版社1983年版,第46页。
② 〔德〕哈贝马斯:《在事实与规范之间——关于法律和民主法治国的商谈理论》,童世骏译,生活·读书·新知三联书店2003年版,第500—508页。
③ 比如让旁听者即席发言,或者旁听后开评议会,请旁听者提出裁判意见是否符合程序;"海选"人民陪审员是否能够达致预期的陪审员的人民性;巡回审判如何保障其规范性与严肃性;等等。

治理性的弱化。如前所述,转型时期的中国社会面临的社会风险,几乎涵盖所有风险社会理论所讨论到的、源于现代性的社会风险,而且这些风险可能与社会转型产生的社会风险相叠加、相互渲染,呈现出高度的风险状态。与此同时,政治意识形态等旧的控制机制失效,新的控制机制没有形成,社会控制一度出现"真空"状态,社会整合度急剧下降,社会纠纷频发,给国家带来沉重的解纷负担。社会秩序重建的重任史无前例地落到了法律与司法的肩上。社会在解纷方面对制度供给的过分依赖,以及人民调解等其他解纷机构解纷能力的低下①,导致法院在很大程度上不得不充当本该由社会解纷机构扮演的角色。在党委政府维护社会稳定的厚望与压力之下,为了强化司法在社会政治功能方面的能力,提高司法在政治生活中的地位与社会评价,法院把化解纠纷、维持稳定、实现和谐作为当前司法的工作重心,把"有效解决纠纷"(或者说"把纠纷解决在基层")作为司法,尤其是基层司法的功能定位。典型如陈燕萍工作法之所以得到上上下下的一致认可与推崇,是因为它在有效化解纠纷、争取社会理解与支持、修补法律和司法的功能障碍方面成效显著。法院大张旗鼓地肯定与宣传这种做法,表明了司法把有效解决纠纷作为自己的功能定位的姿态。如果说解决纠纷本来就是司法的固有功能,强调个案解纷的有效性,则超出了司法固有的功能,属于政治功能范畴。因为现代司法解决纠纷的原理是"通过程序实现正义",即以充分的程序保障为当事人提供一个对话和表达不满的平台,当程序结束裁判生效时,在法律上视为纠纷已经解决,哪怕当事人私下依然存在纷争。但是,有效解决纠纷要求的是纠纷的彻底解决,即案结事了、"解决问题",要追求个案当事人各方都满意,达到息讼的状态。对于长期信访的特殊案件,或者在所谓的"非常时期",当事人的各项要求(不限于法律意义上的诉讼请求)都会得到考量,个别案件还有可能在法律和诉讼程序之外通过"协调"等非常途径"化解"当事人的纠纷。②比如有的当事人因长期上访,失去工作和经济来源,生活困难,在解决纠纷的诉求中掺杂了要求安排工作、落实政策、帮助治病、给予经济帮助等要求,法院在审判工作之外还要多方努力,既要从心理上、思想上多"做工作",平复当事人激动的情绪,软化尖锐的矛盾;更要多方协调,争取有关部门的协助与配合,从根本上解决当事人的问题,让当事人彻底从纠纷和困顿中解脱出来。可见,把"有效解决纠纷"作为司法的功能定位,是司法的政治功能与审判的固有功能交错的产物。如果说解决纠纷本来就是基层司法在审级制度中的

---

① 国家重振人民调解的努力并未改变民众对这种解纷方式"用脚投票"的局面。
② 吴英姿:《司法过程中的"协调"——一种功能分析的视角》,载《北大法律评论》2008年第2辑。

固有功能,那么强调个案中解决纠纷的"有效性"则体现了法院对其所承担的社会政治功能的强调。

从司法认同角度观察,以审判方式改革为主题的司法改革在世纪之交出现了明显的瓶颈状态。表面上是社会跟不上司法改革的步伐,民众不理解法院的裁判,法院裁判经常受到舆论围攻,当事人不服判决引发大量申诉、信访,加上执行难和司法腐败等问题,司法权威被严重削弱;深层次是社会转型引发的结构性矛盾对社会稳定形成威胁,对党的执政能力提出了挑战。面对转型时期维持社会稳定的压力,执政者希望法院在解决纠纷方面发挥主力军的作用。司法被要求担当起将纠纷解决在基层、维护社会稳定的历史使命。司法的政治社会功能被提到首要的位置,而司法改革对司法独立的追求被视为是没有政治意识的表现,受到党的高层领导的批评。从基层民众的不满到高层领导的否定,司法的公信力降到低谷。努力寻求社会认同的法院重捡延安经验这份遗产,主动将司法置于"大调解"格局,"司法为民"作为优秀传统得到宣扬,把党的"群众路线"融入司法方法,开展"能动司法"。"马锡五审判方式"重新焕发生机,表现出法院积极参与社会管理、服务大局的姿态。法院对党委政府期待的积极回应,为其在政治上赢得了高度的合法性,也将司法重新拉回政治正确的轨道,在司法的政治功能(社会治理与社会控制)凸显的同时,司法的政治理性也空前高涨。① 尽管在审判方式改革以后,最高人民法院不断表现出在技术理性与政治理性之间保持某种平衡的努力——其追求兼顾"政治效果、法律效果和社会效果"的观点就是明证,但总体上中国司法的政治理性要强烈得多,表现在对司法的政治功能的特别注重,专注于政治正确:第一,以政治目标为司法总体目标,司法的中心工作被确定为服务国家政治大局。第二,注重发挥司法的政治功能,把"有效解决纠纷"作为具体案件处理的目标。第三,要求司法主动服务于治理需求,将司法内涵向社会管理延伸。第四,鼓励法官的政治和政策思维,司法对政治的依赖度高,特别倚重调解。当下推行的"调解优先"司法政策不仅加剧了司法的"调解—判决"二元结构,而且表明司法与政治分化程度不高,政治因素对司法的影响畅通无阻。因为调解一直被当作推行贯彻党的政策、实现国家治理目标、争取政治合法性的有效手段;同时,调解不仅可以被法官利用作为防止个案矛盾激化、回避敏感问题、预防和减少信访事件的策略,而且成为法院在当事人和地方党委政府之间巧妙周旋,既能安全稳妥解决纠纷又能确保政治正确的灵

---

① 吴英姿:《陈燕萍工作法的社会认同分析——司法的社会政治功能视角》,载周泽民、公丕祥主编:《司法人民性的生动实践——陈燕萍工作法研究与探讨》,法律出版社2010年版,第98页。

活手段,司法结构中调解的兴衰几乎成为政治因素强弱的风向标。自陕甘宁边区时期至今,当代中国司法演绎了一个从"调解强判决弱"到"判决强调解弱",再到"调解强判决弱"的轮回式(或是螺旋式)发展历程,与司法的政治理性的强弱变化相映成趣。①

二、中国司法理性化两难问题

葛洪义曾指出:"司法权的中国问题,首先是一个公共权力的理性化与民主化问题。"②政治社会生活的理性化必然带来司法的理性化。从目的合规律角度看,中国司法理性化的时代内涵就是通过司法制度安排,实现"让每一个公民感受到公平正义"的制度目标。但是,正处于转型历史时期的中国社会所面临的难题,是要同时面对"现代化前""现代化中"和"后现代"的问题,在法治建设方面表现为"法治不发达"和"过度法治化"问题并存。这使得中国司法的理性化历程变得异常复杂,突出反映在司法改革目的多元、专业化发展与政治正确、遵循普遍规律与迎合中国国情等两难选择上。

1. 理性化难题之一:实现公正与提高效率

中国司法理性化的第一要务是实现司法公正,提高司法认同。然而,在司法公正尚"任重道远"艰难跋涉的状态下,"提高司法效率"的压力又接踵而至。从审判方式改革开始,"效率"就是司法改革的主题。在民事诉讼领域,探索繁简分流、程序简化和速裁程序一直是改革的热点。2011年,最高人民法院下发《关于部分基层人民法院开展小额速裁试点工作的指导意见》,部署在全国90个基层法院开展小额速裁试点工作。2012年《民事诉讼法》修改,正式确立小额诉讼程序制度。在刑事诉讼领域,2014年,第十二届全国人大常委会通过《关于授权最高人民法院、最高人民检察院在部分地区开展刑事案件速裁程序试点工作的决定》,授权"两高"在北京等18个城市开展刑事案件速裁程序试点工作。2015年《四五改革纲要》把健全和有序推进轻微刑事案件快速办理机制作为改革要点。有学者这样分析简化程序的正当性:"在市场经济活动日益频繁、司法资源日益紧张、社会竞争和生活节奏日益加剧的现代社会,单纯追求司法公正、盲目追求司法正义似乎已是心有余而力不足,如何在确保司法公正的前提下,更快提高司法效率、提升司法效益更是今

---

① 吴英姿:《司法的公共理性:超越政治理性与技艺理性》,载《中国法学》2013年第3期。
② 葛洪义:《司法权的"中国"问题》,载《法律科学(西北政法学院学报)》2008年第1期。

天世界各国司法程序所关注的焦点所在,也是其正当性和立足点所在。"①但是,中国司法真正的问题是:司法实务上普遍存在的"效率优先、兼顾公正"的观念,长期不重视对当事人基本人权和程序权利的保障,严重弱化了程序正当化作用的能力,是导致冤假错案屡禁不止、司法不公问题频出、司法认同失落的主要原因。典型的例子是民事诉讼简易程序滥用、普通程序失灵问题。不仅"以适用简易程序为原则,普通程序为例外"成为基层法院受理民事案件的习惯做法②;即便是中级以上的法院审理二审案件,也搞"普通程序简化审",用"承办人制"代替合议制。殊不知,普通程序作为诉讼法规定的"普遍通用程序",包含完整的程序保障要求,是程序发挥正当化作用的基本制度保障。程序的简化必然带来保障的减弱,相应地削弱社会对司法的信任。当事人对小额诉讼程序"用脚投票"的现实从一个侧面暴露出司法的社会信任危机。在司法认同普遍不足的大背景下,如何在确保司法公正的前提下适当提高效率,是中国司法理性化的第一个难题。

2. 理性化难题之二:政治正确与专业化发展

经济体制改革将法律与司法推上政治舞台,成为与政治并列的社会控制手段。理论上说,现代社会法律系统和政治系统功能定位不同,各自拥有独立的运作规则、程序和运作逻辑,是相互独立的两个结构。政治系统以公共决策权为媒介,政党、官僚行政机构以及社会舆论在权力的作用下互动构成相对稳定的结构,权力之有无、权力的等级对最终决策的作出有决定性意义是具体政治行动的运作逻辑。法律系统则以制定法和程序规则为基准,法律规范、法律行为、法律过程以及法律学说在法律技术指导下相互影响,形成一套"自创生系统",合法与非法是评价法律行为有效性的基本准据。③ 中国长期采取执政党一元化集权的政治体制,形成了政治法律一体化的结构。在治理结构现代化转型过程中,由于政治体制改革相对滞后,政治与法律两套体系处于交错运行的状态,出现两种规则与运行逻辑之间的冲突或紧张关系。这在司法领域首先表露出来:司法依法裁判的原则对政治正确标准的权威地位带来冲击。不仅如此,法治模式下法律对政治权力的边界与合法性作出限定,让权力陷入"自掘坟墓"的尴尬处境。政治系统一方面想利用法律来为自身赋予合法性,借助司法解决那些自身无法解决的社会冲突;另一方面又不

---

① 樊崇义:《"把握司法规律 推进司法改革"系列之司法要追求司法公正与司法效率的统一》,载《人民法治》2016年第10期。
② 参见章武生:《民事简易程序研究》,中国人民大学出版社2002年版,第126页。
③ 参见〔德〕贡塔·托依布纳:《法律:一个自创生系统》,张骐译,北京大学出版社2004年版,第49页。

愿意放弃自己对权威的垄断地位。① 具体表现在两套系统对司法目的要求的龃龉:法律的价值理性与调整范围的局限,要求司法在法律的范围内公正解决纠纷;但政治系统则要求司法服从"大局",比如在维护社会稳定的政治目标下,要求司法实现"有效解决纠纷"的目的。"公正"与"有效"的差异不仅仅是效果意义上的,更是专业意义上的。为了"案结事了",法院不能将审判工作局限于作出一纸判决,还要在程序法律和程序之外设法说服当事人服判息讼,有时甚至要超越司法权职能,动用各种资源和手段,协调各方力量,帮助当事人解决问题,包括生活困难、就医治病、上学就业乃至结婚成家……换取当事人息诉罢访的承诺。这些政治要求导致司法过程中实质主义思维方式盛行,非法律因素很容易影响裁判结论,以至于法律失效、程序规则失灵。与此同时,要求司法"法律效果、社会效果与政治效果统一"的政治正确标准遮蔽了法律论证技术层面的方法论研究。司法的技术理性缺乏理论的指导而减弱了持续发展的动力。

政治正确与专业化发展的紧张还有一个原因,就是国家治理方式曾经采取的"运动式"。运动式治理即国家通过发动政治运动的方式来推进治理工作,实现治理目标的方式。② 如前所述,政治运动具有非常规性、反制度化、非专业化甚至违背规律的倾向,但常常因披上了"革命"或"改革"的外衣而获得正当性。③

3. 理性化难题之三:遵循普遍规律与保持中国特色

第三个难题是上述两个难题的逻辑后果。全球化背景下,中国司法改革的大方向是融入世界司法文明。中央顶层设计也将回归司法规律确定为改革的主线。但是,在社会结构转型尚未完成、国家治理体系与治理能力现代化有待实现的特定历史时期,司法理性化的道路注定要受到种种社会因素与制度条件的掣肘。孟德斯鸠的国情决定法的精神的论断在此很经常被援引作为分析工具。有学者强调,一国国情决定了司法在政治结构中的功能定位、条件制约、资源配置,加上制度变迁的路径依赖,最终塑形该国司法运行的基本特征或模式。④ 有学者面对法治理想与中国现实的距离,主张既要承

---

① 参见伍德志:《欲拒还迎:政治与法律关系的社会系统论分析》,载《法律科学(西北政法大学学报)》2012年第2期。
② 政治运动,指一定的政治主体(如政党、国家或者其他政治集团)运用社会动员手段,引导社会成员参与政治行动,以实现特定政治目标的行为和过程。
③ 冯仕政:《中国国家运动的形成与变异:基于政体的整体性解释》,载《开放时代》2011年第1期。
④ 曹全来:《国情与司法模式构造的规律性研究——以司法供求关系为中心》,载《法律适用》2014年第5期。

认法律原则的公理性和普适性,又要承认我国法治尚处于初级阶段的现实,提倡价值标准多元,主张所谓"相对合理主义",即在严控制度底线的前提下容忍具体实施中的灵活与弹性。① 还有人断定,党的领导体制完全嵌入国家政权体制所形成的"单向度二元体制"——政法体制——已经成为中国政治体制的基本形态,是社会主义法治建设的基本经验和必须依赖的路径,主张中国新法治观念与话语权的确立"只能建基于中国现有的同时也在不断调适的政法体制之上"②。

  理论上的国情论、相对合理主义的实质是对改革实践中应对遵循普遍规律与保持中国特色两难问题的一种对策思路。但是,中国特色政法体制毕竟是在旧的治理结构下形成、适应运动式治理需要的。国家建设在不同历史时期中心任务和治理目标的调整变化历程,呼应着当代中国社会结构变迁的历程。如果说,在革命战争时期,革命斗争的目标在于夺取政权;新中国成立初期,国家建设的目标在于巩固政权;在"文革"结束后的一段时期,国家面临的紧迫任务是发展经济;那么进入新世纪以来,国家面对的是社会理性发展与执政正当性问题。在改革开放前社会结构单一、治理目标单纯的时期,党的一元化中央集权领导架构在"集中力量办大事"方面优势显著,在极其艰苦的条件下领导全国人民完成一个又一个建设任务,渡过无数难关与危机。在这个过程中也形成和巩固了党政一体的政治体制。党的政策在政治生活各个领域都是"灵魂"地位,对法律及其他社会规范起指导和统领作用。而经过将近40年改革开放与社会变迁,中国的社会结构出现了社会分工深化、利益取向多样化和价值多元的特征,社会政治生活也从革命斗争转入常规发展阶段。这需要治理结构作出相应的调整。适应社会分工、利益多样和价值多元的特征,国家治理策略从"管控"转变为"治理";治理方式也开始从粗放转向精细化,即走专业化、制度化道路,通过规则、技术与程序来化约异质性社会不同的利益与价值诉求,制约权力、保障权利,实现政治制度化,最终达致社会控制与社会整合的治理目标。因此,"法治"是常规治理发展的必然归属,也是现代政治理性化的产物。在新的历史时期,国家选择了"法治+共治"新型治理模式作为治理体系与治理能力现代化的基本战略后,旧的治理结构趋于解体已经是不可逆转的大势。如果改革跳不出旧体制的运行架构而陷入

---

  ① 龙宗智:《论司法改革中的相对合理主义》,载《中国社会科学》1999年第2期。
  ② 侯猛:《当代中国政法体制的形成及意义》,载《法学研究》2016年第6期。

路径依赖,制度变迁边际效益将递减甚至趋零,无法达致改革目标。① 正是囿于旧体制的藩篱,正在进行的以诉访分离为目标的涉法涉诉信访改革、以去地方化为目标的司法人财物省级统管改革、以去行政化为目标的员额制改革、以保障审判权独立运行为目标的司法责任制改革等司法改革领域,路径依赖现象已经非常明显。② 如果不能清醒地认识到并及时采取有效措施扭转这种路径依赖问题,改革极有可能"换汤不换药",与改革去行政化、去地方化、审判权独立公正行使的总体目标渐行渐远。③

三、培育司法的公共理性

中国司法一直在政治理性与技艺理性之间徘徊,甚至将二者对立起来。其实二者是可以"得兼"、也应该同时具备的。司法的公共理性具有扬弃政治理性与技艺理论的实践理性。因为司法并非"对号入座"般机械套用法律的过程,而是一个对话、论证、寻找共识的过程。在这个过程中,沟通理性可以同时激发各方的反思理性,有助于法官在解释法律和适用法律时,充分考虑不同意见及其理由,从中发现法律与社会意见、政治要求的结合点,以此为理由作出的裁判,不仅能够解决法律的形式推理与实质原则在个案中的冲突,而且能够缓解司法政治理性与技艺理性的紧张,在司法的社会认同层面,更能达致"法律效果、社会效果与政治效果的统一"而提升社会认同。

培育司法的公共理性关键有三:首先,正确看待司法的政治理性。培育司法的公共理性,不是简单地将司法"去政治化",而是要将其政治理性提升到一个新的高度——从追求政治正确到保障政治正义。司法需要从社会公平正义的角度审视执政者的政治要求,为执政者提供一种制度化纠错机制,成为政治正义的再生产装置。

其次,要注重法官公共理性的养成。司法的公共理性最终体现在法官书写的一份份裁判文书中,法官的公共理性是司法公共理性的依托。作为公民,法官首先要培养自己的公民意识与公共精神,将之融入日常司法行动中。作为法律人,法官的职业生命在于对法律精神和法律方法的把握,把法律当

---

① 路径依赖(Path-Dependence),即制度变迁中的惯性现象。路径依赖性会使最初的制度选择不断自我强化。如果当初的选择是错误的,路径依赖性会导致制度发展被锁定在某种无效率的状态之下,与制度变革的目的渐行渐远。往往需要借助外部效应,引入外生变量才能扭转制度发展方向,跳出锁定状态。
② 关于涉法涉诉信访改革路径依赖问题的分析,参见吴英姿:《从诉访难分看治理模式创新》,载《法治现代化研究》2017年第1期。
③ 吴英姿:《论司法的理性化——以司法目的合规律性为核心》,载《政法论丛》2017年第3期。

作其唯一的上司。作为当代中国法官,还需要某种中国问题意识和人文关怀,将社会普遍的正义观与法律价值对接糅合,避免"精英"意识与民众观念的断裂。

最后,完善司法沟通的制度化平台。从制度层面培育和保障中国司法公共理性,需要发挥司法程序的沟通作用。其中,庭审是各方主体正式沟通对话的关键环节;而合议制的功能也在于汇聚不同意见;陪审制更有汇聚社会意见的功能;裁判理由充分公开是法官回应当事人诉讼请求、说服当事人接受裁判结论的重要方式。就我国当前司法体制改革而言,正在推行的以庭审为中心的刑事诉讼改革(庭审实质化)、合议制及陪审制改革、落实裁判理由公开,对激活司法中已有的制度化沟通平台、增强司法的公共理性具有重要意义。

第三节　司法沟通理性与社会认同

一、将人民陪审制改造为司法过程中的公共领域

1. 人民陪审制改革现状与实践难题

如前所述,人民陪审制作为司法与社会沟通的制度化平台,因时代变迁与制度目标缺失等原因,未能发挥应有的制度功能。2004年《全国人民代表大会常务委员会关于完善人民陪审员制度的决定》(以下简称《决定》)施行以来,陪审制的作用并未得到明显改善。陪审员代表性不足、陪而不审等老问题依然存在。党的十八大把广泛实行人民陪审员制度,拓宽人民群众有序参与司法渠道作为司法改革的重要内容。《四中全会决定》就完善人民陪审员制度提出了具体要求。其中一个设计是:逐步实行人民陪审员不再审理法律适用问题,只参与审理事实认定问题的改革方案。这一改革方案很大程度上是基于对陪审员没有受过专业训练,难以胜任法律解释与法律适用的专业性要求的考虑。2015年,最高人民法院联合司法部制定发布了《人民陪审员制度改革试点方案》(以下简称《方案》),确定了50个试点法院,改革期限两年。同年,最高人民法院、司法部发布了《人民陪审员制度改革试点工作实施办法》(以下简称《办法》)。改革内容包括人民陪审员选任条件和程序、参审范围、参审职权、退出和惩戒机制、履职保障制度等方面。具体改革举措,主要是改革人民陪审员选任条件,完善人民陪审员选任程序。按照《办法》降低候选人学历水平,适当提高年龄下限的要求,调整选任条件,增加陪审员数量,提高基层普通民众陪审员比例。此项改革的目的首先是改善陪审员人员结

构,改变过去陪审员人员结构单一,回应关于陪审员"精英化""代表性不足"的批评。其次是完善人民陪审员参审机制,针对陪审员半职业化、思维方式被法官同化的问题,控制每个陪审员参审次数,施行"均衡参审"。再次是保障陪审员实质参与审判,探索多名陪审员参加的人数超过5人的"大合议庭"。最后是规范参审流程,规范法官的法律指引,提高陪审程序的正当性。2017年4月24日,在第十二届全国人大常委会第二十七次会议上,最高人民法院以改革尚未完成既定目标为由,提请审议《关于延长人民陪审员制度改革试点期限的决定》的议案。最终,经人大批准改革试点延期到2018年5月。看起来,改革试点并不如原先设计的那样顺利。问题出在哪里?

回到我国的人民陪审制问题的本质,应该认识到症结出在陪审制制度目标不明,且受审判权本位主义的影响,制度功能发生变异,未能有效发挥司法沟通平台的作用。① 改革试点未能如期完成目标的真正原因,在于没有找准问题的本质,改革思路和举措没有落在正确的轨道上。新一轮改革将陪审制未能发挥作用的原因归咎于陪审员"不懂法律",担心陪审制会把司法引向非专业化,实为伪问题。法官常常被比喻为医生,所以有人担心非专业的陪审员与司法专业化发展趋势相悖。实际上法官与医生的专业性有明显不同。因为法律与社会规范在根本上是相通的。特别是在关于罪与非罪、禁止与不禁止等大是大非的问题上,法律与社会朴素正义观是一致的。陪审制的价值就在于不断地将法官对法律的理解置于社会正义感面前,究问其正当性与合理性。两大法系的陪审制各有其传统和特色,但用日常经验和社会正义观来影响司法裁判是二者的共同点。以经验论为哲学观念和思维方式的英美国家,倚重普通多数人经验的可靠性,把由普通人组成的陪审团审判作为正当程序,并在刑事审判中把罪与非罪问题交由陪审团进行判断。以唯理论为指导的大陆法系国家,则用陪审制将社会朴素正义观念引入司法过程,拉近法律与社会的距离,防止法律职业家的自我封闭、脱离社会。可见,陪审制的价值无外乎"日常经验"与"朴素正义观"两个方面,这正是可以借鉴也应当借鉴的。那种试图通过限缩陪审员审判权范围来解决问题的思路,一方面没有真正理解陪审制作为司法与社会沟通的制度化平台的价值,更重要的是误解了陪审员与职业法官的相互关系,没有把重点放在强化法官的论证能力以及在法律与社会朴素正义观中寻找重叠共识的能力上。这样的改革只会削弱而

---

① 吴英姿:《构建司法过程中的公共领域——以D区法院陪审制改革为样本》,载《法律适用》2014年第7期。

不是增强陪审制的功能,其前景是难以令人乐观的。①

全国人大常委会的立法程序似乎等不及试点工作的完成,在2018年4月通过了《人民陪审员法》,人民陪审员仅参与事实问题的讨论的试点被固定在了立法中。《人民陪审员法》部分认可了"陪审员仅参与审理事实问题认定"的方案。该法根据案件审判组织的不同情形,分别规定了人民陪审员行使审判权的范围:(1)人民陪审员参加三人合议庭审判案件,对事实认定、法律适用,独立发表意见,行使表决权。(2)人民陪审员参加七人合议庭审判案件,对事实认定,独立发表意见,并与法官共同表决;对法律适用,可以发表意见,但不参加表决。

《人民陪审员法》实施以来,"陪审员仅参与审理事实认定问题"规则在实践中不出意料地陷入了困境。实践难题集中在法律问题与事实问题的区分上。从法理上说,事实问题与法律问题往往相互交织,不能截然分开。因为诉讼上的事实是法律要件事实,裁判者的判断是通过法律(证据)规则的判断,判断的过程和结果都杂糅着法律问题。充其量可以将审理过程划分为事实审理阶段与法律适用阶段,却很难将裁判内容清晰地作"法律—事实"的二分。尤其是在法律概念比较模糊而必须结合事实判断才能确定的情形。比如对于行为人是否是"故意"的评价,既要从证据中推论行为人的主观意图,又要分析法律对该情形"故意"的标准。再比如,"罪"与"非罪"的认定也同样离不开对刑法的理解与适用。曾有学者生动地描述两者的关系是:"法律向下滋生进事实的根部,而事实持续不断地向上延伸进法律。"②所以,事实问题与法律问题如何区分在理论上一直是个难题,甚至可以说是无法真正分开的。③ 试点法院尝试以问题清单方式区分法律问题与事实问题,对陪审员进行法律指引。但落实到具体个案,法官普遍感觉非常困难,把握不好,还增加工作负担,索性不加指引。

退一步说,即便法律问题与事实问题能够清晰分开,由于法律规定陪审员只能发表意见,不能行使表决权,在合议庭中只有1名法官的情形下,有关法律问题的合议将名存实亡,不可能形成"多数意见"。这本身是与合议制的目的和功能设置相违背的。

---

① 吴英姿:《构建司法过程中的公共领域——以D区法院陪审制改革为样本》,载《法律适用》2014年第7期。
② 陈杭平:《论"事实问题"与"法律问题"的区分》,载《中外法学》2011年第2期。
③ 姜保忠:《司法裁判中法律问题与事实问题的区分——以两起影响性诉讼为样本》,载《理论与改革》2008年第6期;周赟:《开放的事实——并及我国〈刑事诉讼法〉的修订问题》,载《现代法学》2013第1期;杨建军:《法律事实与法律方法》,载《山东大学学报(哲学社会科学版)》2005年第5期。

2. 从陪审制的功能定位检讨改革方案

陪审制的目的是让民意有序进入司法,让法官在适用法律论证裁判理由时倾听社会意见。让裁判体现民意是实现司法公正的重要保障。虽然不同时代、不同社会乃至不同阶层的人们评价司法公正的标准是不一样的,但是"裁判是否获得社会公众的支持与认同"却是判断司法公正亘古不变的方法。在这个意义上说,司法公正就是"公众认为是正确的"。

目的决定手段。陪审制的目的决定该制度的功能定位与具体构建。围绕让民意有序进入司法并有效影响裁判的目的,陪审制的功能定位应该是一种社会参与司法的公共平台,在司法过程中发挥公共领域作用,促成法律与社会朴素正义观的沟通,拉近法律与社会的距离。公共领域是一种介于日常生活的私人领域与国家领域之间的结构空间和时间,是那些允许公民之间公开地和合理地辩论以形成公共舆论,对抗武断的、压迫性的国家与公共权力,从而维护总体利益和公共福祉的社会机制。哈贝马斯认为,公共领域不是指某种建制或者组织,也不是关于权能分化、角色分化、成员身份规则等的规范结构,而是一个观点、意见的交往网络。在那里,交往之流经某种特定的方式过滤、综合,根据特定议题集束而成公共意见或舆论。一句话,公共领域是在交往行动中产生的社会空间。① 公共领域既存在于正式制度中,如议会;也存在于非正式制度中,如网络等。公众在公共领域中的交往互动是现代法治国家民主的表现,也是法治国实现之本和活水之源。在公共领域,公民可以运用交往理性、行使交往权利平等地进行交流,理性地进行沟通,自由地进行表达,把他们的意见和诉求输入司法过程,再由法官把它们加工成裁判。公民在公共领域的讨论与协商中求同存异,力求达成共识。它力求借助生活世界的背景共识和通过民主程序及理由来实现社会认同的正义,避免了实体价值标准多元、模糊而带来的"异议风险"②,也与缺乏实体价值标准、单纯依赖程序获得合法性而可能产生的"程序暴力"区隔开来。在通过"交往实现正义"的法律程序主义中,衡量司法公正最为重要的指标不是某种实体价值,也不是不要任何实体价值的"纯粹的程序正义"③,而是商谈程序的合理性和理由的可接受性。其精义是通过程序产生实体,诉诸理由达成共识。陪审制被

---

① 参见〔德〕哈贝马斯:《在事实与规范之间——关于法律和民主法治国的商谈理论》,童世骏译,生活·读书·新知三联书店2003年版,第446页。
② 〔美〕马修·德夫林编:《哈贝马斯、现代性与法》,高鸿均译,清华大学出版社2008年版,"通过民主和法治获得解放——读《在事实与法律之间》"(中译者导言),第10页。
③ 罗尔斯设计的"纯粹的程序正义"概念,参见〔美〕约翰·罗尔斯:《正义论》,何怀宏等译,中国社会科学出版社1988年版,第81—82页。

当作典型的协商民主的形式之一,是司法制度中的公共领域。① 公民借助陪审制参与司法过程,用自己朴素的正义感和日常生活经验与职业法官一起就法律问题进行公开的讨论与磋商,存异求同,再通过法官的司法技术转换成裁判理由。这是真正意义上的司法民主。当代社会异质性不断增强,价值取向趋于多元化,执政者的政治目的与公众的目标并非总是一致。但是,基于政权运行与意识形态的惯性,当前中国司法仍然充斥着用政治目的充当司法目标的观念,保持政治正确常常遮蔽了司法自身的目的,不仅影响到具体案件的处理结果,而且削弱了司法的社会认同。作为社会参与司法的正式渠道,陪审制的作用恰恰是让合议庭保持开放性,让法律与公众意见保持交流沟通,让司法与政治保持合适距离,不断唤起司法的公共理性。

陪审制的作用机理是"参与—论证"。作为司法制度组成部分的陪审制,其让裁判体现民意之方式,不是直接根据民意作出裁判,更不是将纠纷付诸"公众审判",其制度机理是陪审员的参与加上法官的论证。陪审员在合议时用其朴素的正义感和日常经验,将来自不同阶层和群体的理性与经验传递到法官面前,增加法官说理负担。法官必须对陪审员的意见作出回应,并体现在裁判理由中。如果说陪审制为司法的公共理性提供了法律程序保障,那么陪审员的意见则为司法保持公共理性提供了民意之源。尽管个案中陪审员的人数是有限的,未必在每个案件中陪审员的意见都能代表社会各个方面,但无数个案中陪审员意见对法官的影响,能够从整体上保证司法不偏离公共理性。从这个角度说,不仅不应该剥夺陪审员对法律问题发表意见的权力,反而应当珍视陪审员基于其自然的正义感而表达的关于法律的看法。即便陪审员表达的观点不同于法律规定,也有助于法官更加周密地思考和补强论证,有助于裁判理由获得尽可能多的普通人的接受。这正是司法认同的不竭源泉。②

3. 强化法官论证能力是激活陪审制的关键

法官论证能力不足,才是制约我国人民陪审制沟通作用的发挥的主要原因。如前所述,陪审制的运作机理是"社会参与"加"法官论证",即由陪审员

---

① 在微观层面讨论协商民主的制度化,主要关注国家内部小规模的组织化场所中的理想协商程序,中立的参与者在同一时间、同一地点共同协商决策的机制。公民陪审团被认为是典型的例子。此外还有协商意见民意调查、共识会议和公民投票等。对于多样化社会而言,这些制度较选举程序更具有可操作性,因而更具有代表性,成为公民制度的缩影。〔英〕斯蒂芬·艾斯特:《第三代协商民主》(上),蒋林、李新星译,载《国外理论动态》2011年第3期。

② 吴英姿:《构建司法过程中的公共领域——以D区法院陪审制改革为样本》,载《法律适用》2014年第7期。

将社会日常生活经验和朴素正义感带入合议庭,由法官运用法律解释、法学原理进行论证,从中找到法律与社会观念的重叠共识,作为裁判的理由。因此,陪审制能否发挥沟通作用,关键在于其"参与＋论证"的运作机制是否正常。长期以来,人民陪审制之所以未能发挥应有的作用,与合议制失灵是有关系的。

从外观上看,少数服从多数原则常常采取投票表决的方式,但合议绝非简单的票决过程。合议的本质是汇聚不同意见,通过合议庭成员平等对话、充分沟通,让不同意见交汇碰撞,合议追求的目标是求同存异,即以各方意见中的重叠共识作为裁判理由,从而作出判决的过程。但是在长期审判实践中,合议制每每被简化成了票决制。面对分歧意见,法官与陪审员充分对话达成重叠共识的情况很难看到,投票表决担纲了主要角色,"合而不议"的现象十分普遍。很多法院以案多人少为名,采取承办人包案模式,即把合议制的主要工作交给一个法官办理,其他合议庭成员仅在开庭和合议(投票)时才参与进来。承办人办案模式使合议制度处于失灵状态。陪审制改革试点方案重视采取措施提高陪审员的参与度,但在保证合议庭实质合议、强化法官的论证能力方面缺乏关注,毫无改进。陪审员参与合议庭评议与专业法官意见分歧时,就按照少数服从多数的原则进行投票,以得票多的意见作出判决。在实行多名陪审员参审的大陪审制的情形下,合议庭中陪审员人数超过法官人数,有可能出现陪审员意见不同于法官意见而在票数上容易获得多数,从而主导裁判结论的局面。如此一来,审判的专业性,尤其是证据规则与法律适用的准确性就可能受到威胁。在南京市江宁区人民法院的"大陪审制"实验中,曾经出现数起以陪审员多数意见判决而被上级法院发回重审或改判的案例。为避免类似情况发生,法院采取了两种应对策略:一是用审判委员会讨论机制"把关"。比如试点法院之一的南京市鼓楼区人民法院规定,当陪审员与法官意见有分歧时,或者法官认为案件属于"重大、疑难、复杂"的情形时,审判长的处理办法是提交审判长联席会议、庭务会或分管领导(院长、审判委员会专职委员)讨论。虽然法院内部的规则是:审判长联席会议、庭务会或分管领导的意见仅作为参考,不具有强制适用的效力,"不得改变合议庭讨论结论",但对法官的影响力是显著的,因此很容易对合议庭结论产生实质影响。不仅如此,在陪审员与法官意见分歧,分管领导认为有必要时,还可以要求合议庭将案件提交审判委员会讨论决定。鼓楼区人民法院规定,人民陪审员应邀列席审判委员会讨论时,可以发表意见,但不得行使表决权。审判委员会讨论决定即为案件最终处理结论,合议庭应当执行。再比如,江宁区人民法院虽然规定根据陪审制大合议庭评议结果形成的裁判结论,院庭领导及合议庭法官不得要求重新合议,且规定陪审员多数意见属于自由裁量权范围的,不得提交审判委员会讨论,但还是保留了审判委员会讨论的最后决定权。当合议庭法官认为陪审员的多数意见"明显违反法律"时,可以提请院长决定是否提交审判委员会讨论。二是通过控制合议庭中陪审员人数来防止陪审员意见主导裁判结论情况的发生。比如鼓楼区人民法院规定,合议庭组成中法官人数要多于陪审员。如果是 3 人组成的合议庭,只能有 1 名陪审员。此举为不少法院所采纳。而且鼓楼区人民法院设计"1＋N"陪审模式的初衷,就是为了避免陪审员的意见成为多数意见而"使合议失控"。① 该法院规定,凡适用陪审制审理的案件,需不少于 3 名同行业的人民陪审员和听审员共同参与审判活动,但只有其中 1 名陪审员加入合议庭,其余人员参与旁听庭审。庭审结束后,由陪审员和听审员进行集体讨论,形成倾向性意见。作为合议庭成员的陪审员将上述意见以书面形式提交合议庭评议,并享有独立的发表意见的权利和 1 票表决权。② 海安市人民法院也有类似做法。

4. 人民陪审制改革的方向

陪审制要浴火重生,就必须紧扣自身功能定位,按照祛除审判权本位的思路进行制度重构,将陪审制构建成司法过程中的公共领域。通过改革陪审员产生方式,增加陪审员数量,规定涉及公共利益和社会争议大的案件必须适用陪审制等渠道,让民众意见有序进入司法,加重司法论证负担,激活合议制,提高法官沟通论证能力,让司法有机会回应社会不同意见,在重大的、基本的问题上发现重叠共识,最大限度地争取社会认同。尤其要鼓励陪审员就事实问题和法律问题全面发表意见。司法的公共目标是公正解决纠纷、恢复社会正义。作为司法的沟通平台,陪审制的价值就在于通过陪审员,源源不断地将普通人的日常生活经验和社会朴素正义感带入法庭,在常识与价值判断两个层面保持司法与社会的沟通,保证司法的公共理性。尤其是在社会异质性不断增强,价值取向趋于多元化的当下中国社会,司法更需要常常与来自不同阶层、代表不同利益群体的陪审员就关于什么是公平、正义,关于是与非、善与恶的价值选择进行对话,通过诉讼程序达致法律与社会价值在具体问题上的重叠共识,争取社会普遍认同。尽管个案中陪审员的人数是有限

---

① 还有的地方法院规定,陪审员意见对裁判结论只有参考作用,实质上剥夺了陪审员的平等裁判权。比如河南省自 2009 年开始、陕西省自 2011 年开始试行的"人民陪审团"参与审判制度,陪审员以集体形式参与审判程序,陪审团不参与案件表决,各位成员可以自由表达关于案件的意见,发表的看法和作出的判断不具有法律地位和效力,只作为合议庭的参考。

② 江苏省高级人民法院政治部编著:《人民陪审工作指南》,南京师范大学出版社 2015 年版,第 73 页。

的,未必在每个案件中陪审员的意见都能代表社会各个方面,但无数个案中陪审员意见对法官的影响,能够从整体上保证司法不偏离公共理性。因此,在法律问题上,没有必要因为陪审员没有经过专业训练而歧视他。相反,法律和司法在蕴含自然正义的社会观念面前,应始终保持必要的谦逊和足够的沟通理性。①

二、通过司法培育法治信念重建社会共享价值体系

社会控制体系最有效的控制机制之一,是社会中存在一个占主导地位的、共享的价值观。当这一价值观内化于大多数社会成员的观念,构成了社会成员行动的目标、标准甚至习惯时,它就具有了行为导向和规范的作用。在日益复杂的现代社会中,存在这种共享价值观对于社会整合来说尤为重要。② 在民众中确立新的共同价值观和实现社会治理模式的规则之治恰恰是转型时期中国社会风险控制与秩序重建的两个基点,而联结这两个基点的理想装置或许非司法莫属。因为司法是公认通过法律适用实现规则之治的最有效途径——法官在用法律对当事人的纠纷作出评判的同时,彰显法律的价值取向;在为当事人厘定权利义务关系的同时,为社会秩序的良序化提供切实的指针。通过司法的运作,抽象的法理念、法价值和法规则得以具象为生活图景,正是经由一个个具体的司法过程,人们得以将外在的法律规则内化为行动自觉,法律价值也借此成为社会的共同价值观。在现代社会里,司法被视为社会有机体中存在的一条人们寻求安全、公正、权利保障的制度通道。这条通道越畅通,制度化程度越高,各种异常行为所受到的压力就越大,社会的秩序状态就越佳。③ 当下,发挥司法的风险控制和秩序重建装置的作用,重建社会共享价值体系和法律的规则之治就成为司法改革和提高司法认同的应有之意。

1. 通过裁判确立风险社会的法治信念,重建社会共享价值体系

以重建秩序为使命的司法应当有意识地通过适用法律和判决说理培养公民法律意识,确立自由理性的法观念,塑造以法治信念为核心价值观的社会共享价值体系。风险社会的法治信念需要有特别的反思理性:(1) 西方的现代性发展是一种理性化的进程,尤其是现代形式主义的法律,意味着在国

---

① 吴英姿:《构建司法过程中的公共领域——以D区法院陪审制改革为样本》,载《法律适用》2014年第7期。
② 贺雪峰:《村治模式:若干案例研究》,山东人民出版社2009年版,"中国村治模式实证研究丛书总序",第2页。
③ 〔美〕罗斯科·庞德:《通过法律的社会控制》,沈宗灵译,商务印书馆1984年版,第26页。

家预先制定好的普适性规则基础上来处理和调适社会关系。而近代以来,理性主义精神同现代科学技术相结合,逐渐形成了一种"技术理性主义"。它在带给人类丰裕生活和空前主体能力的同时,也逐渐异化为脱离并凌驾于人性之上的统治力量。"法律被看作是社会管理和社会控制的一种独立工具,好像在社会内部体现一种自律性。现代法律体系被看作是一组运用专职国家机构所创造、解释和实施的、理性地制定一系列原则的特定政府机制。"① 现代性法律异化成一种单纯的"工具主义",以法律的名义助长权力的扩张和滥用,从而压制个人权利和自由,形成一种外在的、异己的规则秩序,贬损人的主体精神和价值。近年来,西方社会开始对这种过于注重形式法律的现代性法治信念进行反思。我们也必须以现代性反思和重建的思路,来审视和推进中国的法治进程,防止重蹈西方现代法治的覆辙。有学者因此主张:既要强调法律至上,又要提防"法律工具主义"的倾向,注重法律多元主义的规则秩序的培育;既要严格形式主义的法律,坚持程序正义和实质正义诉求,也要抵制其中可能出现的理性扩张和压制倾向,确立诸如 ADR、辩诉交易、集体谈判制度等反思回应性的程序主义框架,从而推进主体性、对话协商性、反思衡平性的社会秩序的形成。② (2) 以风险社会为元素,重塑权利观。与传统社会的"我饥饿"不同,风险社会是"我害怕"的社会。③ 在风险社会中,最大限度地抵消由于风险带来的冲击和侵害理应成为法律权利的宗旨之一。如果说传统社会的权利观表达的是人们对自由与平等的追求,那么在风险社会,基于风险的难以预知和个体无力抵御的特点,要求政府承担起更多的保障责任,因此权利内涵中应增加积极权利的比重,以提振人们共同抵御风险的信心与力量。(3) 明确风险时代的责任意识。相对于传统社会受害者比较容易找到责任主体而言,在风险社会的复杂系统中,现代化代理人都是精密分工和高度专业化的,导致社会问题产生的因素多元且包含诸多专门知识,具有系统的相互依存性,难以分离出单一的原因和责任主体,即贝克所说的"组织化的不负责任"。现代化不仅导致了民族国家的形成、资本的集中、日益紧密的分工网络和市场关系、社会流动和大众消费等,也导致了个体化,即单个的社会成员将不再能投身于任何先赋和固定的集体保护网,而是直接暴露在风险中,不得不严重依赖于制度。不无悖谬的是,在个体自主性极弱的时代,其承担的责任却越来越重。这种现象呼唤着责任理念的更新和完善。一方

---

① 〔英〕罗杰·科特威尔:《法律社会学导论》,潘大松等译,华夏出版社 1989 年版,第 51—52 页。
② 马长山:《现代性重建进程中的法治变革趋向》,载《政法论坛》2007 年第 2 期。
③ 〔德〕乌尔里希·贝克:《风险社会》,何博闻译,译林出版社 2004 年版,第 2 页。

面是公权力应当把责任理念作为行使权力者的核心价值观,并贯穿于权力运行的始终;另一方面要求每个社会成员树立"预借权利观",这是一种动态的、前瞻性的权利观,即把当下拥有的权利视为从后代那里预借过来的,为保证后代权利的完整,当下行使权利理应慎之又慎。无论是"权力责任观"还是"预借权利理论",都强调了责任理念,对于预防风险和风险责任分担有积极的意义。① (4)以公平分配社会风险为内涵重塑社会正义观。风险分配逻辑与财富分配逻辑有很大区别。财富累积在社会上层,而风险聚积在社会底层;贫穷吸附了大量的风险,而财富可以购买安全和避开风险;由于现代化风险对于知识的依赖性,现今所遭遇的无形风险,只有在科学化的思想(scientized thought)中才能进入意识。通俗地说就是,有钱和有知识就能更好地处理风险问题。风险扩散虽然具有"飞去来器"效应,即贝克所谓的"财富分二六九等,而烟雾则一视同仁",但当下问题是发达国家和地区将风险大量向发展中国家和地区转移,而后者难以抗拒这种可以带来就业和税收的"危险的诱惑"。就中国而言,这两种分配逻辑共同发挥着作用。因此,社会不平等并未消失,而是在新的层面上受到强化。② 法官需要树立风险公平分配意识,不能被资本和财富牵着鼻子走,也不能对科学技术光环下的专家言论轻信盲从,尤其是当事人双方在资本实力和技术知识上差距悬殊的时候。法官应当充分利用程序和法律解释技术,平衡双方地位与利益,实现风险损害结果及其责任的公平分担。

2. 通过始终如一地适用法律,实现社会治理模式向规则之治转型

如果说风险的本质是"不确定性",那么提供确定性的法律就是风险的克星;如果说社会冲突或纠纷是风险的神经末梢,那么社会解纷机制就是感知风险的触角,司法是其中制度化最高的风险探测器。当然法律提供的确定性不同于自然科学意义上的技术控制。在社会控制的机制中,法律的独特功能在于:化约了社会的复杂性,使人们的行为具有了理论上的可预测性和确定性;而司法就是利用法院及其审判行为使这种可预测性和确定性进入现实过程,从而使人们的行为处于实际的控制之中。③ 司法的社会控制作用的实现依赖于司法制度的最终产品——公正裁判。在这个过程中,诉讼程序的正当

---

① 有关风险社会的权利观和责任意识概念,参考了杨春福在2010年度江苏省法学会法理学与宪法学年会上的主题报告:《风险社会的法理解读》。
② 成伯清:《"风险社会"视角下的社会问题》,载《南京大学学报(哲学·人文科学·社会科学版)》2007年第2期。
③ 〔美〕E.博登海默:《法理学:法律哲学与法律方法》,邓正来译,中国政法大学出版社1999年版,第334页。

化作用和法官的裁判行为起核心作用。

针对司法的社会控制功能障碍问题,当下社会秩序重建的核心就是如何营造一个现实的法律权威。为实现这一目标,法官坚持始终如一地适用法律,充分发挥判决理由的说服作用,巧妙运用法律技术转化机制,缓解利益冲突的敏感性与激烈度,是实现法律的社会控制目标,增强人们的可预见性及抵御风险的信心的基本要求。除此之外,为应对当前中国社会的高风险性,能动司法还应当在法律解释技术上特别增加公共政策考量的内涵。基于对社会风险控制的需要,公共政策向实定法中渗透已经是大势所趋。这在现代刑法、侵权行为法、劳动法、环境保护法等领域均有突出表现。法官在适用法律和解释法律的过程中不能不注意到这一趋势,树立风险意识,在法律解释方法上与时俱进,否则可能会偏离立法的时代精神。当然,在法律解释中增加公共政策的考量应当处理好公共政策与法律原则之间的关系。首先要接受法律原则的规制,仅仅宣称"基于公共利益",是不足以作为突破法律对个人权利与自由保障的底线的理由的,还需要法官提供特别的理由、深入充分的论证和充分的程序保障。①

3. 司法过程中的公共政策考量及其限度

值得注意的是,在法律解释中适当考量公共政策,并不意味着法官可以在裁判中直接制定公共政策。以个性化、被动性及法官中立为制度特征的司法使得法官不可能进行民意调查,司法过程也无法安设一个民主表决机制,这构成了司法程序与"政治"程序在运作机制和社会职能两个方面截然区分的基本特征。② 更何况现代风险的特性还决定了,对抗风险的公共政策的基调是设法控制不可欲的、会导致不合理的类型化危险的风险,并在实质意义上公平分配风险。这大大超出了司法的能力。对于公共政策的形成,法官的贡献最多是站在社会发展和风险防范的角度,透过具体案件发现社会风险的某种新动态,及时向管理决策机构提供相关信息。这在某种程序上有助于将法律与司法的社会控制作用提前至风险形成阶段,而不局限在损害成为现实后的事后补救。③

三、通过程序整合法律的形式与实质理性

司法的沟通理性最为突出地表现在对法律形式要求与社会实质正当性

---

① 劳东燕:《公共政策与风险社会的刑法》,载《中国社会科学》2007 年第 3 期。
② 吴英姿:《司法的限度:在司法能动与司法克制之间》,载《法学研究》2009 年第 5 期。
③ 吴英姿:《风险时代的秩序重建与法治信念——以"能动司法"为对象的讨论》,载《法学论坛》2011 年第 1 期。

诉求的巧妙融合。而司法程序是发挥整合形式与实质的关键装置。

1. 司法程序整合形式与实质动力机制是实践—反思理性。程序主体求同存异的能力是典型的实践—反思理性。程序通过行动主体的具体实践，激活其理性与创造力，并根据具体情境找寻既符合法律形式条件，又满足特定的实质性理由的法律适用方案，最终还以实践来检验方案的正确性。行动主体在参与程序过程中，实践理性会促使他根据所获得的信息和对方的理由反思自己的策略与方案，根据具体情境进行利弊权衡，适时采取调整策略，从而有助于妥协与合意。所以季卫东说，程序"具有扬弃形式理性和实质理性的反思理性"①。环境侵权纠纷案件证明责任分配的实践就是生动的例子。长期以来人们已经达成的共识是，此类案件受污染影响一方举证困难，从实质公平的角度，应当由（距离证据近的）排污方就其排污行为与损害结果之间不存在因果关系承担证明责任，即所谓举证责任倒置规则。该规则先后在《环境保护法》和《侵权责任法》上明确下来。但是，司法实践却出人意料。有统计发现，超过半数的环境侵权纠纷案件并未适用证明责任倒置规则。② 环境法学研究也表明，环境侵权因果关系与传统侵权法上的因果关系有很大不同：很多情况下损害结果可能是多因一果，环境污染或许只是一般因中的一个；简单地把证明责任倒置给排污者并不一定是公平的。③ 这就是司法实践并未机械执行立法上证明责任分配规则的原因。事实证明，尽管具体个案中证明责任分配的微调修改甚至偏离了立法规则，但只要是程序主体实际参与的结果，是他们实践理性与反思理性的产物，就能够对裁判结论有正当化作用，比较容易获得当事人的接受。

2. 司法程序整合形式与实质的正当性基础是价值中立。程序是一套不偏不倚的中立的技术性规则。无论持何种价值或利益观点的人，进入程序的门槛一致，权利义务相当，胜败机会均等。正当程序的核心就是平等保障受决定结果影响的各方主体充分参与、沟通对话，通过求同存异缓和实质性问题争议，防止任何一方打着实质正义的旗号占领道德制高点而掌握话语霸权、压制不同声音。程序的这种价值中立装置，其本质是把实质争议转化为单纯的技术问题，从而让最终的结论或决定看上去是纯粹的技术处理，让每

---

① 季卫东：《法律程序的形式性与实质性——以对程序理论的批判和批判理论的程序化为线索》，载《北京大学学报（哲学社会科学版）》2006年第1期。
② 吕忠梅、张忠民、熊晓青：《中国环境司法现状调查——以千份环境裁判文书为样本》，载《法学》2011年第4期。
③ 陈伟：《疫学因果关系及其证明》，载《法学研究》2015年第4期；邹雄：《论环境侵权的因果关系》，载《中国法学》2004年第5期；胡学军：《环境侵权中的因果关系及其证明问题评析》，载《中国法学》2013年第5期；王社坤：《环境侵权因果关系推定理论检讨》，载《中国地质大学学报（社会科学版）》2009年第3期。

一个参与者都觉得自己的诉求得到了足够的尊重与参酌,即便败诉的一方也更容易接受这样的结果。程序的这种中立性技术转换装置,特别有助于维系现代社会主体间性的状态,经过正当程序所作的决定能够获得普遍认同。典型如证明责任分配规则,就是一套在当事人之间公平分配证明(说服)负担和败诉风险的程序技术。

3. 司法程序整合形式与实质的关键是说理论证。在商谈理论看来,程序理论属于论证理论范式。① 论证是程序确保最终的决定符合公共理性的基本路径。首先,程序是汇聚不同意见的平台。没有不同意见的程序不是问题,但人为制造一致意见的程序就是伪程序了。其次,不同意见是有理由支撑的。程序不能停留在各执己见的阶段,需要在不同意见中寻找接近的可能。这些可能性就隐含在各方意见所赖以成立的理由之中。大量立法、司法与行政决定的程序经验表明,只要讨论过程是有效的,能够保证各种论证依据或理由充分碰撞,行动主体的理由与主张就都有可能在程序进行中被改变。② 再次,理由不是基于各自的偏好或情绪等非理性因素决定的论据,而是在法律的框架内,在形式理性约束下,以现行法律规定为依据,严格遵循逻辑规则进行的论证。值得注意的是,承担说服责任的并非裁判者或决策者个人的独白。因为没有一个法官或决策者具有赫拉克勒斯那样的全能力量,单凭唯我论努力能够完成在复杂的法律体系中作出唯一正确的选择且永不出错这一"不可能完成的任务"。当然,这并不意味着无视法律规定及法律专业技术的正当化作用(恰恰相反,包括程序法在内的法律的形式及专业技术在目的向度、时间向度、角色向度和效力向度上明确了论证的制度框架,提高了论证过程的制度化程度,降低了论辩程序及其结果的不确定性),只是在承认决定者理性的有限和法律内在的不确定性不可避免的前提下,强调要发挥所有参与主体多方论证过程的正当化作用。程序的正当化是指用足够的理由和说服技术来使程序结果获得正当性的过程。其中的决定性因素就是说服的理由是否能被接受。充分的论证有助于防止公共决策和司法判断明显违反常识和社会朴素正义感,强调法律决定不能超越常理和社会批评之外。③ 最后,法律论证不可能在现行法建立的封闭领域中自足地进行,必须时常吸

---

① 〔德〕罗伯特·阿列克西:《法 理性 商谈:法哲学研究》,朱光、雷磊译,中国法制出版社2011年版,第104页。

② 阿列克西把保障论证充分有效并对个体理由与诉求产生足以改变的影响作为商谈理论的典型特征。〔德〕罗伯特·阿列克西:《法 理性 商谈:法哲学研究》,朱光、雷磊译,中国法制出版社2011年版,第104页。

③ 〔英〕尼尔·麦考密克、〔捷克〕奥塔·魏因贝格尔:《制度法论》,周叶谦译,中国政法大学出版社2004年版,"序"(季卫东),第VIII页。

纳来自法律之外的诸如伦理、道德、成本收益、实用性等实质性的理由。在从大前提、小前提的确定到得出结论的推理过程中,实质性理由往往是影响各方说服力大小的变量,虽然不是决定性变量。就是说,在法律推理中,形式合理性与实质合理性的论证均是必要的,但各自的正当性都有限度。麦考密特等特别提醒说:"经验的判断不能超出任何以法律的逻辑解释的理由。在法律和程序中,合理性是首要的优点;但除它以外还有别的优点。如果没有智慧、同情和正义感的话,仅有合理性就似乎可能让我们有理由去做真正无理的事情。"[1]总而言之,程序不仅重视论据的质量,更重视论辩过程的结构,以及那些保障公平判断成为可能的论证条件是否得到满足。这也成为衡量法律判决的正确性的最根本标准。[2]

4. 司法程序规则确保实质因素进入裁判结论的制度化和结论的可预测性。如前所述,程序主体的论辩贯穿程序全过程,程序结论也是程序主体自主合意的结果,尤其是在强调尊重主体处分权的民事司法程序中,最终结论取决于共识与合意,那么个案结论是否完全取决于具体条件与偶然因素,导致裁判结果"一切皆有可能",充满不确定性呢?其实不然。因为程序过程是在形式性很强的程序规则的严格限定下进行的。这些规则明确限制了证据的获取、事实的发现、各方发表意见和提出异议的范围与程度,并通过角色分化、权利边界在各方之间构建起权利(力)相互制约关系。在这些规则的约束下,程序主体提出证据、提供理由、展开论辩都必须在法律的框架内,最大限度地避免恣意,确保论辩的制度化与结论的可预测性。如此,程序实现政治理性与技艺理性整合的步骤是:首先就程序问题达成合意,设立各方主体一体遵循的程序规则。接着各方按照程序规则展开对话,包括证据与法理的"说服力竞争"。在这个过程中,各方主体在听取对方观点的基础上获得反思、调整机会。在此基础上,有可能寻求实体问题的重叠共识。最后,如果在实体问题上无法达成合意,之前经合意形成的程序规则就成为最终决定的唯一正当化依据,即程序经过所产生的法律效果就具有了正当性和强制执行力。在这个意义上,经过正当程序作出的决定都因为有共识做基础而更容易获得各方认同,并内化为自觉的约束力。[3]

最高人民法院在《关于切实践行司法为民大力加强公正司法不断提高司

---

[1] 〔英〕尼尔·麦考密克、〔捷克〕奥塔·魏因贝格尔:《制度法论》,周叶谦译,中国政法大学出版社2004年版,第248页。
[2] 〔德〕哈贝马斯:《在事实与规范之间:关于法律和民主法治国的商谈理论》,童世骏译,生活·读书·新知三联书店2003年版,第277、282页。
[3] 季卫东:《法律程序的形式性与实质性——以对程序理论的批判和批判理论的程序化为线索》,载《北京大学学报(哲学社会科学版)》2006年第1期。

法公信力的若干意见》（法发〔2013〕9号）第10条提出，人民法院应当注重司法审判工作与社会生活的融合。要求人民法院在日常审判中，要准确把握人民群众对法院工作的需求与期待，高度重视人民群众对法院工作的关切和评价，切实尊重人民群众对司法公正的普遍认知和共同感受。要做到这一点，法院可以经常性地对社会生活进行调查研究，了解各类社会关系和社会交往的规则与习惯，自觉总结和运用日常生活经验，使司法过程和处理结果在符合法律规定的基础上，贴近人民群众的公平正义观念。同时更要注重发挥司法制度中制度化的沟通机制作用，通过人民陪审制，有针对性地将社会日常生活经验以及社会一般人关于公平正义的朴素的法感情引入司法过程，借由程序的正当化作用，让法律与社会获得沟通机会，从对话中发现法律与社会的重叠共识，从而提高司法裁判的可接受性，这或许是更为直接、有效且规范的途径。

第四节　以程序保障为重心增强司法制度的有效性

程序的沟通理性是经由庭前程序、开庭审理、合议庭评议等具体程序过程发挥作用的。具体程序过程的实质展开伴随程序保障的实现与程序效力的发生，正是让每一个当事人感受到公平正义、"胜败皆服"的机理。因此，程序保障是否到位，是衡量司法制度有效性的关键要素之一，也是评价司法沟通理性高低的指标之一，更影响着社会对司法的感知乃至对司法的认同感。在此以开庭审理、合议制、程序简化、法院调解为例，讨论深化去行政化改革、增强司法制度有效性问题。

一、以提高庭审辩论有效性为核心的庭审实质化改革

针对长期以来公、检、法权力配置与运行机制中存在的"以侦查为中心"，导致审判程序形式化、庭审走过场等违背司法规律、影响司法公正的问题，党的十八大提出了"以审判为中心的刑事诉讼制度改革"。以审判为中心的诉讼制度改革的关键在于庭审实质化，而庭审实质化的重点与难点在于证据规则真正发挥作用。因此，最高人民法院院长周强概括刑事诉讼制度改革的核心内容是："诉讼以审判为中心，审判以庭审为中心，庭审以证据为中心"；要求法院在推进庭审实质化的过程中，重点完善并全面实施庭前会议、非法证据排除、法庭调查等"三项规程"，完善证人、侦查人员、鉴定人出庭作

证机制。① 其实,改革不过是把法律已经有的规定落实到实践。换句话说,庭审实质化改革的本质,就是激活诉讼程序,提高刑事诉讼制度的有效性。

庭审实质化改革的目标在于保护当事人诉权和犯罪嫌疑人(被告)的人权,改变"侦查机关做饭,检察机关端饭,审判机关吃饭"的先定后审逻辑,切实发挥庭审查明事实、依据法律作出最终裁决的决定作用。最高人民法院《四五改革纲要》将建立以审判为中心的诉讼制度作为全面深化人民法院改革的主要任务之一,提出"建立中国特色社会主义审判权力运行体系",切实发挥庭审在保护诉权、认定证据、查明事实、公正裁判中的决定性作用,实现"诉讼证据质证在法庭、案件事实查明在法庭、诉辩意见发表在法庭、裁判理由形成在法庭",初步提出庭审实质化的改革思路。

庭审实质化改革在根本上需要理顺公、检、法三个主要的政法机关的相互关系,真正按照《宪法》和《刑事诉讼法》的规定建立刑事诉讼法律关系。2016年6月,中央全面深化改革领导小组第二十五次会议审议通过了《关于推进以审判为中心的刑事诉讼制度改革的意见》,随后经最高人民法院、最高人民检察院、公安部、国家安全部、司法部联合印发。该意见明确了审判在刑事诉讼中的中心地位,重申公、检、法三机关的职责,强调当事人权利保障。2017年2月,最高人民法院印发《关于全面推进以审判为中心的刑事诉讼制度改革的实施意见》(以下简称《实施意见》),开宗明义强调了"无罪推定"原则,突出了审判在确定犯罪嫌疑人是否有罪上的决定地位,重申了公、检、法在办理刑事案件时的分工、配合、制约关系。该意见第一点指出:"未经人民法院依法判决,对任何人都不得确定有罪。人民法院、人民检察院和公安机关办理刑事案件,应当分工负责,互相配合,互相制约,保证准确、及时地查明犯罪事实,正确应用法律,惩罚犯罪分子,保障无罪的人不受刑事追究。"

庭审实质化的关键在于证据规则的有效运用。《实施意见》着重对侦查机关收集证据提出了规范性要求,特别提出要"完善讯问制度,防止刑讯逼供,不得强迫任何人证实自己有罪"。强调了检察机关承担证明责任,对事实不清、证据不足而未达到法定证明标准的案件,应当依法作出不起诉决定。《实施意见》还要求规范法庭调查程序,确保诉讼证据出示在法庭、案件事实查明在法庭。证明被告人有罪或者无罪、罪轻或者罪重的证据,都应当在法庭上出示,依法保障控辩双方的质证权利。落实证人、鉴定人、侦查人员出庭

---

① 周强:《全面落实司法责任制 统筹推进人民法院司法体制综合配套改革》,2018年7月周强出席最高人民法院贯彻落实全面深化司法体制改革推进会精神专题视频会议上的讲话。https://www.thepaper.cn/newsDetail_forward_2293536,最后访问时间:2019年11月23日。

作证制度,提高出庭作证率。2017年6月,最高人民法院印发了《人民法院办理刑事案件第一审普通程序法庭调查规程(试行)》,将证据裁判、程序公正、集中审理和诉权保障确立为法庭调查的基本原则,规范开庭讯问、发问程序,落实证人、鉴定人出庭作证制度,充分听取控辩双方的意见,完善各类证据的举证、质证、认证规则。与此同时,最高人民法院、最高人民检察院、公安部、国家安全部、司法部联合发布了《关于办理刑事案件严格排除非法证据若干问题的规定》,对非法证据排除规则进行了详细规定,反对强迫当事人自证其罪。明确下列手段和方法取得的证据为非法证据,应当予以排除:(1)采取殴打、违法使用戒具等暴力方法或者变相肉刑的恶劣手段,使犯罪嫌疑人、被告人遭受难以忍受的痛苦而违背意愿作出的供述;(2)采用以暴力或者严重损害本人及其近亲属合法权益等进行威胁的方法,使犯罪嫌疑人、被告人遭受难以忍受的痛苦而违背意愿作出的供述;(3)采用非法拘禁等非法限制人身自由的方法收集的犯罪嫌疑人、被告人供述;(4)采用刑讯逼供方法使犯罪嫌疑人、被告人作出供述,之后犯罪嫌疑人、被告人受该刑讯逼供行为影响而作出的与该供述相同的重复性供述;(5)采用暴力、威胁以及非法限制人身自由等非法方法收集的证人证言、被害人陈述;(6)收集物证、书证不符合法定程序,可能严重影响司法公正且不能补正或者作出合理解释的证据。五部门的规定还分别就侦查、起诉、审判各阶段收集、提供证据、认定证据制定了详细的程序规范。2017年6月,最高人民法院印发了《人民法院办理刑事案件排除非法证据规程(试行)》,明确规定在庭审中,经依法予以排除的证据,不得出示、宣读,不得作为判决的依据。同时指出:人民法院应当对证据收集的合法性进行调查。证据收集合法性的举证责任由人民检察院承担。人民检察院未提供证据证明证据收集的合法性,或者提供的证据不能证明证据收集的合法性,经法庭审理,确认或者不能排除以非法方法收集证据情形的,对有关证据应当予以排除。被告人及其辩护人申请排除非法证据的,应当提供相关线索或者材料,但不承担刑讯逼供等非法取证的举证责任。

庭审实质化的另一重要内容在于法庭辩论的充分性、有效性。《实施意见》提出,要完善法庭辩论规则,确保控辩意见发表在法庭。法庭辩论应当围绕定罪、量刑分别进行,对被告人认罪的案件,主要围绕量刑进行。法庭应当充分听取控辩双方意见,依法保障被告人及其辩护人的辩论辩护权。而刑事诉讼律师辩护权的保障与辩护有效性,是法庭辩论充分有效的重要因素。《实施意见》要求健全当事人、辩护人和其他诉讼参与人的权利保障制度,依法保障当事人和其他诉讼参与人的知情权、陈述权、辩论辩护权、申请权、申诉权。犯罪嫌疑人、被告人有权获得辩护,人民法院、人民检察院、公安机关、国家安全机关有义务保证犯罪嫌疑人、被告人获得辩护。依法保障辩护人会见、阅卷、收集证据和发问、质证、辩论辩护等权利,完善便利辩护人参与诉讼的工作机制。

2018年10月,庭审实质化改革的主要举措被写入新修订的《刑事诉讼法》。

二、发挥合议制汇聚不同意见的作用

合议制不可替代的价值是汇聚不同意见。其运作机理是:让各种关于裁判的意见及理由在制度化的平台上交流讨论,从中发现重叠共识。再以这样的共识为裁判理由,有助于提高裁判结论的可接受性。合议制赖以建立的现代司法程序,是以民主社会商谈理论为根基的。商谈理论的核心是一种论证程序,强调通过自由与平等的论证,确保商谈及其结果的无成见性。论证过程遵循主体平等、无强制性、理由的普遍性等规则①,保障主体表达的自由、清晰、完整,尽可能提高对话的有效性,实现充分沟通。所以哈贝马斯说:"所有诉讼过程的参与者,不管动机是什么,都对一个从法官的视角来看有助于得到公平判断的商谈过程作出了贡献。而只有这种视角才是对论证判决来说具有构成性意义的。"②现代司法程序以"共识—合意"为基本要义。因为,现代社会价值具有多元化与不确定的特点,无法纯粹依赖一定价值标准或信仰的实质合理性来作出决定,必须把实质合理性提炼为一般规则,由形式合理性保障决定的可预见性,防止专断与反复无常。司法程序以解决纠纷为问题导向,主张平等对待纠纷各方的利益或价值诉求,在信息对称的前提下寻求缩短彼此认识和价值上的差距的机会,鼓励妥协让步达成重叠共识,以提高最终结论的可接受性。现代司法程序还具有"平等—合作"的特质。前述类似哈贝马斯理想中的"高层次主体间性"的未完全理论化合意,是参与主体相互平等、尊重、合作的意识下,求同存异,在局部形成的重叠共识(哪怕是浅层次、窄范围的共识)。正如哈贝马斯所言,当人们在相互说服对方时,已经在依赖一种没有压制和不平等的言语情境构建起来的实践,这是一个有秩序的且不受强制、不被扭曲的论证竞赛过程,任何一个人都只能凭借理由来检验他所提出的主张是否站得住脚,来为一个有争议的意见赢得普遍的赞同与支持。论辩实践有助于参与者的角色担当与反思理性,使参与者"视角逆转"

---

① 参见〔德〕罗伯特·阿列克西:《法 理性 商谈:法哲学研究》,朱光、雷磊译,中国法制出版社2011年版,第124、132页。
② 〔德〕哈贝马斯:《在事实与规范之间:关于法律和民主法治国的商谈理论》,童世骏译,生活·读书·新知三联书店2003年版,第283页。

成为可能。① 阿列克西深刻地指出了程序在其中发挥的正当化作用。在他看来,对于"正确性标准"而言,起决定性作用的不是共识,而是依据商谈规则施行的程序;认为只要通过了程序的检验,即便没有达成共识,"彼此不相容的观点也可以在一种接近于确定的意义上被看做是正确的"②。麦考密特则认为合意的正当化功能是绝对的,同时指出,合意的质量取决于形式和程序的要件的充足程度;认为只有把合意与议论、程序统一起来、从整体上把握,才能承托以往的自然法论与法律实证主义的争执,使"应然"和"实然"得以在制度层次上结合,使制度的正当性从实质和形式这两个方面得到保障。③

"对话—共识"正是合议制的精髓所在。经过程序形成的多数意见并非简单的投票表决的结果,而是参与者根据具体情境和具体信息,对自己的行动策略进行反思、斟酌后,调整修正行动方案,与对方相互妥协、彼此磨合而成。越是重要的决定,这种对话—合意的过程就越要充分,反对用一次简单的投票来为最终的决定正当化。长期以来,我们的立法与司法实践对合议制的理解存在偏差,简单地将合议制的意义解释为"发挥集体的智慧",甚至将合议制定义为"司法民主",把民主生活中通过投票形成多数人意见的所谓"民主集中制"作为合议制运作的基本原则和方式,结果合议制立法与运行均脱离其程序原理,把民主协商过程等同于简单的票决程序,通过投票计算出的多数意见获得话语权,要求少数意见者放弃己见。"少数服从多数"的集体决策模式替代了合议制"对话—共识"的决策模式。合议只有形式没有实质,其实质合理性必然受到质疑。

同时也要看到,合议制的运作成本相对是比较高的,需要足够的人力、物力、时间、场所,保障合议的充分、有效。因此,并非所有的案件都需要适用合议制这样的审判组织形式。只有那些可能有分歧意见、需要各方意见参与讨论的案件,才需要组成合议庭审理。通常是最高人民法院审理涉及在全国范围内有一般意义的法律适用问题的案件、上级法院审理涉及法律适用争议的上诉案件、一审法院审理涉及公共利益等社会关注度高的案件、可能判决剥夺被告人生命或终身自由的重大刑事案件,诸如此类。也正是因为对合议制功能认知的偏差,立法上不恰当地将合议制与普通程序捆绑起来,相应地独

---

① 〔德〕哈贝马斯:《在事实与规范之间:关于法律和民主法治国的商谈理论》,童世骏译,生活·读书·新知三联书店2003年版,第280页。
② 〔德〕罗伯特·阿列克西:《法 理性 商谈:法哲学研究》,朱光、雷磊译,中国法制出版社2011年版,第112—113页。
③ 〔英〕尼尔·麦考密克、〔捷克〕奥塔·魏因贝格尔:《制度法论》,周叶谦译,中国政法大学出版社2004年版,"序"(季卫东),第Ⅵ页。

任制与简易程序挂钩,导致合议制适用范围过大、过滥,不仅造成司法资源不当耗费占用过多,也削弱了合议制的价值。

三、程序简化不能突破最低限度的程序保障

就程序简化问题,罗科斯·庞德在担任民国政府司法行政部顾问期间曾经有过语重心长的告诫。他说:"程序的简化在任何地方都是一个循环呈现的问题。中国已经有了一种先进的现代程序,有些人在强烈要求简化之。首先必须注意,在经济组织化的复杂社会之中,让当事人和法官来个简单的碰头会,临机应变地调节人与人之间的关系,这样一种外行人的理想是不可能实现的。过分简单从事是危险的……为了保证决定的合理性,必须要求在认定事实的陈述和适用法律的主张之中系统阐明其理由,舍此没有更有效的方法……废除或松弛关系到判断基础的程序要件(requirements),势将利少而弊多。"① 程序正义的各项原则对于法院和当事人而言重点是不一样的。正如贝勒斯指出的,程序正义原则一般只适用于公权力行为,而不适用于个人的行为。② 换句话讲,程序正义原则对于法院和法官的要求重点在于克制和约束权力,对于当事人则重点在于保障权利。尽管在不同的程序和处理不同的案件时,程序正义标准可以存在不同的层次。对于一些争议不大的简单民事案件,或者争议标的额较小的小额诉讼案件,程序保障的要求可以适当降低,程序可以适当简化。但在简化程序的制度设计中应当正确处理权力约束和权利保障的关系,并遵循下列原则:简化审判手续而不是减少当事人程序权利,减轻当事人诉讼负担而不是减轻法官工作负担,降低当事人诉讼成本而不是削减司法开支。一个最低限度的程序保障要求是:程序无论怎样简化,当事人的参与权、程序选择权和程序异议权等基本程序权利不能缩减。

当前法院简化程序的动机在于缓解"案多人少"矛盾压力。但真正造成案多人少矛盾的症结有二:一是司法权行政化运作,大量资深、优秀法官脱离审判岗位;二是审判行为(特别是庭审)的有效性不足,大量的无效审判行为导致审判效率低下。前者要通过改革司法权运作机制,实现审判职能与行政管理职能的分离,让优秀法官留在审判一线来解决(这正是员额制改革要达到的目的);后者则要通过改革庭审方式来实现,包括强化争点治理意识与能力,正确分配举证责任,强化交叉询问等对人证的质证规则,准确识别证据能

---

① 季卫东:《法律程序的意义》,中国法制出版社 2012 年版,第 90 页。
② 陈瑞华:《走向综合性程序价值理论——贝勒斯程序正义理论述评》,载《中国社会科学》1999 年第 6 期。

力等审判技能,提高审判行为的有效性和工作效率。换句话说,加快办案速度、提高审判效率应当主要从司法权运作机制和审判行为自身去挖潜,而不能以克减当事人程序权利为手段。

从根本上解决公正与效率的价值困境,需要确立祛除审判权本位主义的改革方向。将法院审判经验和改革成果写入法典是中国特色法律发展之路,这使我国的法律制度在不知不觉中带上了审判权本位主义。其中尤以诉讼法为典型:制度设计以审判工作为中心,司法解释则以方便审判为出发点。这导致在很长的时期里,当事人诉讼主体地位不彰,审判权决定诉权和诉讼权利行使,甚至损害当事人诉讼权利的现象屡屡发生。这都违背了程序正义的要求,对诉讼程序的品质带来污损。近年来,中央从政治体制改革的高度把握司法改革的方向和进路,对司法改革进行顶层设计,有助于超越司法部门视角和利益局限。诉讼费用制度改革、涉法涉诉信访改革以及人民陪审制改革等,都对审判权本位主义形成一定冲击。比如人民陪审制改革,根据深改组制定的《人民陪审员制度改革试点方案》和第十二届全国人大常委会通过的《关于授权在部分地区开展人民陪审员制度改革试点工作的决定》,改变人民陪审员的遴选、培训、管理完全由人民法院负责的做法,要求同级司法行政机关共同负责;人民陪审员制度实施所需经费列入人民法院、司法行政机关业务费预算予以保障;在陪审制功能定位、适用案件范围、人民陪审员履职保障机制等制度安排上,都开始摆脱服务于法院需要的窠臼。当然,改革总体目标和路径上的正确,不代表具体改革举措的设计与施行就一定合拍。就改革方案具体落实而言,制度细化和推进的主要力量仍然来自各级司法机关。因此特别需要警惕改革的审判权本位主义。一方面要有意识地将改革的视角和重心转换到保障人权与诉权、充实当事人程序权利上来;另一方面要注重改革的社会参与,搭建公共讨论平台,广泛吸收社会各界关于改革的意见建议,最大限度保证改革方案的公共理性。

四、确保法院调解的公共理性

法院调解是实质主义裁判方法大行其道的领域。在制度层面控制实质主义司法就不能不思考法院调解制度的改革问题。前文对法院调解政策变迁及其背后的社会原因的分析表明法院调解在当代中国社会的存在合理性,也预示着因其在特定历史时期承载的特定政治使命与社会功能,当下中国司法制度中的法院调解制度不仅不会被废除,而且会在相当长的时期内继续发挥作用。试图在民事诉讼中取消法院调解或者用纯粹的当事人和解取代之,至少现在还为时尚早。从法院调解复兴的社会原因可以看出,司法政策的调整是为了配合国家治理战略转型的需要,法院调解仍然没有摆脱成为社会治理的工具的命运。但是,社会转型、社会纠纷性质的变化和司法制度改革进程决定了法院调解的再度兴盛不是改革前司法制度的回归,也不是"马锡五审判方式"的简单复兴。事实上,法院调解的复兴不纯粹是国家推动、法院被动接受的结果,它也是法院争取社会认同的一种努力。在这层意义上,法院调解制度的转型可以成为反思司法改革、重构适合于中国社会发展的新型司法制度的一个机会。

一个制度的现实存在本身往往反映了这个制度对社会的有用性。但是,我们不能以纯粹实用主义和功利主义的态度看待这个制度,而必须客观分析该制度对我们的价值目标的积极作用与消极影响,这样才能在法律制度设计时尽可能限制其"负功能"而发挥其"正功能"。实践证明,法院调解不仅在彻底解决纠纷、维持当事人之间社会关系的和谐方面具有判决所不可替代的意义,在某些包含非现实性冲突因素的纠纷解决过程中,法院调解在一定程度上也可以发挥软化社会矛盾、维护社会稳定的功能。而且在转型时期的中国社会,法院调解在某种意义上还起着沟通法律与社会、帮助法律与司法获得合法性的作用。审判方式改革带来了诉讼制度的程序主义,也带来了现代司法公正观念与中国社会正义观念的冲突,加上现行法律因其移植背景在解决纠纷方面的有效性不够,致使法院的审判常常遭遇合法性危机。尽量采取调解手段,通过法官"做工作",使案件处理过程和结果显得合情合理,向当事人讲解宣传法律规定,争取当事人对法律和司法的理解等,成为审判获得合法性的有效手段之一。

但是,法院调解制度存在的问题也是很明显的。学者早就针对该制度与现代司法制度的价值取向的不尽吻合,以及调解导致实体法和程序法对审判活动约束的双重软化、影响了民事诉讼制度目标的实现等方面提出过尖锐批评。[①] 追根溯源,法院调解所有问题的症结就在于其审判权本位的结构特征,具体表现在:(1)调解的启动由审判权决定,实践中调解程序的启动随意性较大;(2)调解过程由审判权掌控,从当事人之间信息沟通到调解方案的形成,基本上由审判权说了算;(3)在促成调解协议形成方面审判权没有制约,容易出现强迫调解。由于调解中当事人的主体性地位不明显,诉权对审判权的制约机制阙如,加上调解天生的反程序性,致使审判权在调解中几乎没有约束。尽管民事诉讼法为调解制度规定了"自愿、合法""查清事实,分清是非"和"调解不成,应及时判决"等原则,但都不属于刚性很强的要求,很容

---

① 李浩:《论调解不宜作为民事审判权的运作方式》,载《法律科学(西北政法学院学报)》1996年第4期。

易被规避。其结果是,法院调解制度能否发挥正功能,以及在多大程度上发挥这些正功能,完全取决于法官个人的品德、经验和业务素质。于是,当法院调解在为数不少的个案中有效地解决了纠纷,并取得良好的社会效果的同时,以判压调、以拖促调、诱导调解等滥用审判权的现象总是屡禁不止,以至于人们陷入两难:该制度究竟是保留还是废除,"这是个问题"。

  三十余年的司法改革为法院调解的重构积累了理论和制度基础。特别是正当程序理论,它在一定程度上可以为法院调解制度的未来走向指明方向。正当程序的核心是程序保障,通过赋予参加者以平等的人格和主体性,以及程序权利义务的合理配置,形成程序主体之间的相互作用和相互制约的关系。这种程序设计立足于诉权对审判权的制约——当事人行使诉权应产生法律效果,对审判权产生约束力。这种制约能够确保个人权利与国家权力取得更加平等的地位,使个人能够与国家权力机构展开平等的交涉、对话和说服活动,抑制国家权力的恣意与专断,从而保证司法过程的理性与公正。司法的理性化正是在司法权受到诉权的制约,不断回应诉权要求的过程中得到发展的。诉权对审判权的制约非但不会削弱审判权,相反,诉权的充分实现有利于司法权机能的不断扩大,并推动司法权在国家政治体系中的地位与作用的提升。[①] 从这个意义上说,如果我们能够把握住当下深化司法改革的时机,通过构建诉权对审判权的制约机制,提升司法程序的制度化程度,逐步实现调解与审判的分离,不仅能更好地发挥调解制度的作用,实现其社会功能,而且能够促进中国司法制度的现代化转型。

  调审的逐步分离可以从提高法院调解程序的制度化程度入手。《民事诉讼法》修改后设立了调解的司法救济程序,包括将调解协议内容纳入审判监督程序范围、设第三人撤销之诉作为对恶意调解的救济手段等,为调解程序的制度化奠定了立法基础。未来调解程序的制度化构建重点包括以下内容:(1)调解程序的启动必须建立在当事人的程序选择权上。(2)必须保障当事人在信息充分的前提下,自主决定是否调解。同时考虑到当事人往往开庭后很难改变立场的心理因素,建议调解程序最好置于开庭审理之前进行。但是为了杜绝法官"以判压调"和利用当事人信息不完全的弱势进行调解,调解的时间应当限制在当事人交换证据之后。(3)赋予当事人相应的程序异议权。当事人认为法官在调解中违反自愿、合法原则,滥用审判权的,有权提出异议。当事人的行使异议可以导致调解程序终止。(4)规范调解笔录的制作等。

  [①] 蒋秋明:《诉权的法治意义》,载《学海》2003 年第 5 期。

调解需要许多灵活的机制,包括调解时机的把握、调解者的经验和技巧、调解者自身的威信、和解因素的利用等难以制度化的东西。调解的制度化程度的提高可能需要付出调解成功率下降的代价,但可以保障调解的正当性,这是实现司法公正所必须付出的成本。应当认识到,法院调解只是诉讼制度的一环,它所能发挥的作用也只是诉讼制度功能体系的一部分。随着社会转型的完成、社会理性的成熟、法律与社会的磨合、社会自治的提高,社会自我消解纠纷机制将逐步形成,其解决纠纷的有效性也将不断提升,社会对法院调解制度的价值和功能的评价与期待也会慢慢发生转变。这些都将影响法院调解制度的未来发展。①

---

① 吴英姿:《法院调解的"复兴"与未来》,载《法制与社会发展》2007年第3期。

结　　论

以制度认同及其影响因素为分析框架,一个基本的判断是:当代中国司法正在经历历史性转型,从制度化程度较低的"马锡五审判方式"迈向制度化程度较高的现代司法制度,由此带来社会对司法的认同从过去基于情理而生的身份认同转向以法律和程序为关键变量的制度认同。而习惯了依赖法官个人的品德、技术与能力获得当事人认同的中国司法和社会尚不适应,各种改革思路的路径依赖并没有换回社会的理解与重新认同,于是出现了司法认同危机。社会结构变迁和治理结构的法治化客观上要求司法认同模式转型;法治建设的成就和现代司法制度的基本成型,为司法认同转型提供了条件。有迹象表明,司法的社会认同从依赖法官人格魅力和个性化司法技术形成认同的模式转向更多倚重司法制度的品质及其有效性的制度认同模式。

制度认同强调的是行动者的主体性地位和自主选择,即行动者是在对制度作出价值判断和价值选择(认为该制度是公正的且契合其利益需求的)的前提下自愿服从。现代司法的特质是:以法律实施为核心,司法结构高度组织化,司法权运作高度制度化。这些特质决定了司法活动的规律,如司法权独立行使,司法过程的程序化,严格依照法律进行裁判,司法目的愈发突出公共性等。当司法遵循上述规律时,其权威就能树立起来,也容易获得当事人和社会的赞同与支持。而导致当前司法公信力低下的因素无不与违背司法规律的制度安排有关。司法实践中法律的有效性不足、程序正当化作用不够,社会关于司法公正的共识阙如是导致当前社会对司法认同危机的三个主要原因。进一步透视导致法律失效、程序失灵的司法体制、机制根源,可以探知二元结构司法体制致非法律因素侵入司法、司法权行政化运作与程序失灵的正相关关系、司法沟通理性不足且缺乏制度化沟通平台妨碍司法公正的社会共识,是司法认同危机的根本原因。

党的十八大以来的司法改革抓住司法体制、司法权运作机制和司法沟通机制三个重点,以去地方化、去行政化、强化社会参与为改革目标,找到了重树司法认同的三个支撑点:(1)矫正司法的功能定位与制度目的,激活司法制度的有效性。(2)让司法权运行回归司法规律,重树司法职业角色认同。(3)提高司法的沟通理性,增进社会对司法的理解与支持。2013年《最高人民法院关于切实践行司法为民大力加强公正司法不断提高司法公信力的若干意见》把"努力让人民群众在每一个司法案件中都感受到公平正义"作为司法工作的总目标,以"加强公正司法,提高司法公信力"作为人民法院工作的主线,从依法独立审判、坚持服务大局、提升审判工作的质量与效率、深化司法公开与司法民主、构建科学合理的审判运行机制、加强法院队伍建设以及加强司法保障等方面提出改革意见。其根本思路,是遵循司法规律,保障法律实施,发挥司法的规则再生产功能,提高司法制度效能。其主要举措包括完善诉讼制度,调整四级法院职能定位,建立健全审判质量控制体系,等等。党的十九大延续了这一改革进路,提出深化司法体制综合配套改革,即"破难题、强弱项、补短板"。① 近八年的改革取得的成效是有目共睹的。但也要认识到,不同的改革举措的成效显现有快有慢。比如员额制改革、内设机构改革、立案登记制改革等都属于改革的"快变量",有中央政策依据、地方党委重视、组织领导得力,新制度的推行几乎没有障碍,而且改革成效立竿见影。但人财物省级统管、诉访分离、审管分离等改革,则属于改革的"慢变量",需要外部条件与环境的根本改变、配套机制完善,才能让改革成效显现。而不同举措改革进度的不同步、不协调,必然引发配套制度相互间的龃龉,而改革进度较快的部分很可能因不能为旧体制、旧机制中难以克服的堡垒所容而出现排异反应。但只要改革目标是明确的,改革的路径是正确的,那么就应当有信心、有定力,并拿出壮士断腕的决心,坚定改革方向,最终达到提高司法公信力的改革目标,不断增进司法的社会认同。

---

① 周强:《以习近平新时代中国特色社会主义思想为指导 深入推进司法体制综合配套改革》,2018年7月26日在最高人民法院司法改革领导小组2018年第一次全体会议上的讲话。http://www.sohu.com/a/221623597_170817,最后访问时间:2019年11月23日。